Blue Book of Innovation Development in Nanjing 2023-2024

南京市创新发展蓝皮书

2023—2024

周蜀秦 主编

南京出版传媒集团
南京出版社

图书在版编目(CIP)数据

南京市创新发展蓝皮书. 2023—2024 / 周蜀秦主编
. -- 南京：南京出版社，2023.12
ISBN 978-7-5533-4520-8

Ⅰ. ①南… Ⅱ. ①周… Ⅲ. ①区域经济发展-研究报告-南京-2023—2024 Ⅳ. ①F127.531

中国国家版本馆 CIP 数据核字(2023)第 242763 号

书　　名: 南京市创新发展蓝皮书 2023—2024
主　　编: 周蜀秦
出版发行: 南京出版传媒集团
南 京 出 版 社
社址:南京市太平门街 53 号　　邮编:210016
网址:http://www.njcbs.cn　　电子信箱:njcbs1988@163.com
联系电话:025-83283893、83283864(营销)　025-83112257(编务)

出 版 人: 项晓宁
出 品 人: 卢海鸣
责任编辑: 刘　娟
装帧设计: 石　慧
责任印制: 杨福彬

排　　版: 南京新洲印刷有限公司
印　　刷: 南京玉河印刷厂
开　　本: 787 毫米×1092 毫米　1/16
印　　张: 20
字　　数: 369 千字
版　　次: 2023 年 12 月第 1 版
印　　次: 2023 年 12 月第 1 次印刷
书　　号: ISBN 978-7-5533-4520-8
定　　价: 80.00 元

用微信或京东APP扫码购书　　用淘宝APP扫码购书

营销分类:社科

编　委　会

序言

党的十八大提出实施创新驱动发展战略以来，习近平总书记围绕创新之于民族、之于国家发展的特殊地位作用发表了一系列重要论述。“实施创新驱动发展战略，是加快转变经济发展方式、提高我国综合国力和国际竞争力的必然要求和战略举措”“抓创新就是抓发展，谋创新就是谋未来”。习近平总书记的这些论述，对于适应和引领我国经济发展新常态，加快形成以创新为主要引领和支撑的经济体系与发展模式，实现“两个一百年”奋斗目标，实现中华民族伟大复兴的中国梦，具有十分重要的指导意义。

长期以来，国家到地方高度重视创新工作，坚持把创新作为引领发展的第一动力，把科技创新摆在国家发展全局的核心位置。党的二十大报告将科技、教育、人才三大战略摆放在一起集中表达，既坚持了教育、科技、人才是全面建设社会主义现代化国家的基础性、战略性支撑，又强调了三者之间的有机联系，通过协同配合、系统集成，共同塑造发展的新动能新优势，共同服务于创新型国家的建设。

省委十四届五次全会全面贯彻落实党的二十大和二十届二中全会精神，对学习贯彻习近平总书记关于江苏工作重要讲话重要指示精神进行阶段性总结和进一步部署推进，奋力谱写“强富美高”新江苏现代化建设新篇章。按照省委部署要求，全面推动党的二十大精神落地生根，南京正在以高质量的教育涵养源头活水、以高水平的科技创新激发动能活力、以高素质的人才夯实基础力量，不断塑造发展新动能新优势，把创新作为城市发展的主要动能，奋力打造全国重要的区域创新高地和人才高地，努力成为中国式现代化城市实践的示范引领。

为分析和总结南京创新发展经验，预测和展望南京创新发展趋势和前景，提出助力南京创新发展的对策建议，2023 年南京市社科联（院）会同南京大学、东南大学、省生产力促进中心、市委政法委、市科协、敏捷智库等相关单位，汇集反映南京创新发展的专题案例，主持编撰出版《南京市创新发展蓝皮书》，为南京市“两会”代表、委员参政议政和推动南京建设引领性国家创新型城市提供参考。

《南京市创新发展蓝皮书（2023—2024）》分为创新战略篇、科教人才篇、产业创新篇、场景创新篇和协同创新篇五个部分。创新战略篇在高质量发展的背景下，以数字化和智能化为方向，加快推进特大城市基层治理现代化，探讨中国式现代化南京实践的策略及路径；科教人才篇以人才新政为抓手，打造高水平人才集聚平台，着重对知识产权赋能南京高质量发展、校企联动与科创引领进行剖析，并给出对策建议；产业创新篇围绕新能源产业、工业机器人产业和数字康养产业的发展现状，对南京未来产业的发展新模式进行研究；场景创新篇遴选了 2023 年南京在社区科普大学、“双智”城市建设、养老服务等方面的几个代表性应用场景创新案例，优化了南京社区工作减负的路径；协同创新篇着力于对南京都市圈、南京对口支援与协作帮扶的跨区域协同治理创新探索进行总结与展望。

本书坚持求真、务实、科学、严谨的原则，立足省市相关部门和高校科研机构的统计数据，依托作者客观细致的科学研究，深度全面地分析了南京创新发展的现状、问题和展望，并提出理论对策和战略建议，力求全面展示南京创新发展的整体情况，为党政科学决策、政策有效执行、公众咨询参考提供理论与数据支撑。此外，本书涉及大量统计调查数据，由于来源和口径的不同，请读者引用时仔细审核。

本书的编撰和出版得到了市委、市人大、市政府和市政协的大力支持。我们还要感谢省市各有关部门、在宁高校科研院所和头部企业的高度重视和密切配合，感谢各位作者提供的高质量文章！本书作者除了市社科院和在宁高校的专家学者外，更多的是来自奋战在南京市创新发展一线的政府部门同志，他们深厚的理论素养、丰富的实践经验为本书如期成书做出了突出贡献。本书是南京社科院推出的系列蓝皮书之一，在联院党组关心指导下，在科研处和各研究所全力支持下，由社会发展研究所和城市创新发展研究所具体承担全书框架设计及稿件的组织工作，在此对参与本书策划、组织、编校和审读等具体工作的各位领导、专家和工作人员一并表示深深的感谢。

科技是第一生产力、人才是第一资源、创新是第一动力。让我们坚持以习近平新时代中国特色社会主义思想为指导，坚持把改革创新作为推动高质量建设“强富美高”新南京的根本动力，不断将研究成果转化为建设引领性国家创新型城市的现实力量。

周蜀秦

2023 年 12 月

（南京社科院副院长、教授，青海省“千人计划”领军人才，苏南国家自主创新示范区专家咨询委员会委员）

目 录

创新战略篇

科教人才篇

产业创新篇

场景创新篇

协同创新篇

创新战略篇

以数智化推动中国式现代化南京实践的策略及建议

党的二十大报告强调“高质量发展是全面建设社会主义现代化国家的首要任务”，这一论述明确了中国式现代化的建设路径。为贯彻落实高质量发展首要任务，扎实推进中国式现代化南京新实践，南京党外知识分子联谊会组织开展专题研究，总结当前南京市现代化实践的基本情况及成效、发展中存在的问题，并借鉴兄弟城市现代化实践的经验启示，针对性地补短板、强弱项、扬优势，提出将数智化作为城市现代化发展的主线，以“数智科技、数智产业、数智治理、数智文化”四位一体融合创新体系，助推南京争当中国式现代化城市实践引领者。

一、 中国式现代化南京实践的现状与问题

（一）基本情况及成效

1. 创新能力大幅提高

党的二十大报告中提出“坚持创新在我国现代化建设全局中的核心地位”。近年来，南京市创新能力大幅提升，在科技部 2022 年发布的国家创新型城市排行榜中南京稳居第 4 位，在世界知识产权组织发布的 2022 全球创新指数报告中，进位至全球第 13 位。紫金山实验室进入国家战略科技力量序列，中科院麒麟创新高地建设取得突破性进展，国家第三代半导体技术创新中心正式落地运营，现代综合交通实验室成为交通运输部行业重点实验室。截至 2022 年底，全市高新技术企业从

1844家增加到8800家以上，技术合同成交额从285亿元增长到850亿元。国家级科技企业孵化器获优数量连续3年位居全国首位。

2. 产业能级显著提升

建设现代化产业体系是实现中国式现代化的必然要求。南京市聚焦创新型产业体系打造，形成1个五千亿级和4个千亿级新兴产业集群，软件和信息服务、智能电网入选首批国家先进制造业集群，获批创建全国人工智能创新应用先导区。基因与细胞技术产业集群成为省创新型产业集群。截至2022年底，规上工业企业超4000家、增长70%，培育国家制造业单项冠军企业16家、国家级专精特新“小巨人”企业106家。

3. 重点领域改革深化

习近平总书记指出，要把全面深化改革作为推进中国式现代化的根本动力。南京市坚定贯彻落实重点领域改革，制定实施优化营商环境三个“100条”政策，率先开展“不见面”审批，“一件事”改革在全国推广，启用“宁企通”惠企综合服务平台，连续2年获评营商环境全国标杆城市。全面开展“一网统管”工作，建设市、区两级城运中心，完成全市36个部门和各区“一网统管”数字化体检。推进数字赋能基层治理，完成北斗网格数据图基础平台一期项目建设，为网格内警务、应急等业务数据的融合提供基础支撑。

（二）存在的问题

1. 成果转化“走而不进”，融合创新机制有待健全

科技创新成果转化的最终成效在于“用”，但目前科技成果从“实验室”走向“应用场”，创新成果向现实生产力转化的“最后一公里”还没有完全走通。产学研用协同缺乏合力，创新成果转化率低。一方面，高校、科研院所受价值导向和利益分配机制影响，面向企业、面向市场、面向实际应用做研发的动力不足，科教优势、临床资源优势未能充分转化为产业创新优势；另一方面，企业技术成果在发现、评估、筛选、转移机制方面尚待完善，技术交易、科技信息服务等科技中介服务体系还不够健全。以企业为主导的产学研创新合作、校地合作等大多处于自发状态，组织化和协同效应尚未形成。

2. 数据资源“多而不活”，联动流通机制有待探索

数据要素的流通交易是推动数据要素市场化配置的关键环节，也是数据要素价值充分释放的基础①。目前数据资源丰富，信息产业发展迅速，但数据要素在创

---

① 王雅君．创新驱动要素重组：乡村产业振兴的路径[J]．中共杭州市委党校学报，2020，(05)：54-60．

造价值等方面还面临一些体制机制障碍和技术短板。以“数据”为核心的数字政府、数字社会、数字经济等工作缺乏整体谋划，没有形成合力，信息孤岛、各自建设、融合不够等现象依然存在。大量的互联网、物联网数据仍处于互相割裂、难以流动、无法打通的“数据孤岛”状态。数据链与创新链存在脱节现象。人才和技术集聚的科研院所缺乏一手数据的研究样本，拥有海量数据的政府机构和头部数字企业欠缺数据分析人才，大数据领域依旧受困于“两张皮”①。

3. 产业结构“有而不优”，供给需求适配有待挖掘

数智产业还处于发展不平衡不充分状态，供给侧数智生产力优势尚未充分转化为需求侧的现代化产业效能优势。以南京市工业互联网为例，虽然发展步伐较快，但与先进制造业和传统产业实现深度融合还不够，省级智能制造示范工厂数量不及苏州、无锡两地。在人工智能推进智慧工厂建设方面还有很大提升空间，全省拥有 9 家全球灯塔工厂，苏州占据 6 家，南京仅有 1 家。拥有自主知识产权的核心技术并不多，产品的二次开发多于原始创新，部分产品仍处于全球分工的中下游，核心竞争力不强②。全市产业结构缺乏均衡性，存在区域同质化竞争倾向。根据市人大常委会教育科学文化卫生委员会 2022 年调研报告数据：全市 15 个高新区(园)中，以软件信息为主导产业的园区达到 9 个，以智能制造为主导产业的园区达到 8 个，以生物医药为主导产业的园区有 5 个。以软件信息产业为例，在基础软件、平台软件等领域，存在产业链空白，新兴软件中，缺少移动互联网巨头企业，未能形成浓厚的互联网产业生态。

4. 链主企业“大而不强”，支撑引领能力有待提升

“链主”企业在促进新动能快速成长、增强经济发展内生动力、服务国家产业链供应链安全中发挥着引领支撑作用。目前南京市除软件和信息服务、智能电网、轨道交通等产业外，大部分重点产业还缺乏具备产业格局控制力和产业生态主导力的“链主企业”。根据市人大财政经济委员会 2022 年调研报告统计口径数据：南京市规模以上工业企业共 3260 家，在全省排名第 5 位(苏州 11913 家、无锡 6995 家、南通 5647 家、常州 5122 家)，重点产业链上规模达百亿级的龙头企业数量只有 13 家。以生物医药产业链为例，链内最大的企业先声药业营收为 50 亿元，仅为泰州扬子江药业的 5.5%、连云港恒瑞药业的 21%，对产业高质量发展的影响力和带动

① 于施洋，王建冬，郭巧敏. 我国构建数据新型要素市场体系面临的挑战与对策[J]. 电子政务，2020，(03)：2-12.

② 张文涛，王世春. 优化科技园区医药产业发展环境对策研究——以南京生物医药谷为例[J]. 江苏科技信息，2020，37(25)：22-25.

力略显不足。

二、兄弟城市现代化实践的经验启示

随着数字化和城市化进程的加速，越来越多的城市开始探索和实践现代化建设的新路径。在这过程中部分兄弟城市取得良好成效并积累相关经验，为其他城市现代化实践提供了有益启示。其中，数智化驱动城市现代化建设已成为重要方向和发展趋势。

（一）北京：率先推出“数据二十三条”

北京把释放数据价值作为减量发展条件下持续增长的新动力，开展数据基础制度先行先试，从数据产权、流通交易、收益分配、安全治理等方面构建数据基础制度。率先落实数据产权和收益分配制度。探索建立结构性分置的数据产权制度，推动界定数据来源、持有、加工、流通、使用过程中各参与方的合法权利。同时，按照“谁投入、谁贡献、谁受益”原则，建立数据要素由市场评价贡献、按贡献决定报酬的收益分配机制。加快推动数据资产价值实现，涉及开展数据资产登记、探索数据资产评估和入表、探索数据资产金融创新。全面深化公共数据开发利用，遵循“开放是常态、不开放是例外”原则，完善公共数据开放体系与推进公共数据专区授权运营。开展数据基础制度先行先试，打造数据基础制度综合改革试验田，支持北京经济技术开发区等开展数据基础制度先行先试，打造政策高地、可信空间和数据工场，并建设可信数据基础设施。

（二）上海：坚持“技术＋制度”双轮驱动城市治理

上海始终坚持“技术＋制度”双轮驱动，以规则之治守护治理现代化转型道路，城市数字化转型推进到哪里，制度供给就要跟进到哪里。建立完善数字规则体系，按照数字中国、数字政府和“数据二十条”有关要求，加强对数据的全流程规范管理，激发数据要素价值。健全共建、共治、共享的制度规范，完善支持创新的容错机制、包容审慎的监管制度，积极调动各方共同参与的积极性。全面保障数据安全，建立健全安全隐私保护标准，形成数字技术应用潜在风险评估与防范机制①。

（三）深圳：加快建设数字孪生先锋城市

深圳加快建设“数实融合、同生共长、实时交互、秒级响应”的数字孪生先锋城市。明确了打造“四个先锋”的重点任务，分别是：先锋底座——建设一个一体协同

① 更深入系统地推进城市数字化转型 李强主持召开推进座谈会[EB/OL].(2021-03-26)[2023-10-26]. https://www.shanghai.gov.cn/nw4411/20210326/c57a16d17efa43a6928a547164665fb3.html.

的城市级数字孪生底座，先锋数据——构建不少于十类数据相融合的孪生数据底板，先锋应用——上线承载超百个场景、超千项指标的多跨协同数字孪生应用，先锋科技——打造信创驱动、数字赋能的万亿级核心产业增加值数字经济高地。以先锋城市为内核，加强深圳智慧城市和数字政府建设顶层规划，进一步提升深圳智慧城市和数字政府建设运营管理工作的整体性、协调性和可持续性，助力推动城市高质量发展。

（四）杭州：实施数字经济八大攻坚行动

杭州通过数字安防、电商平台交易、第三方支付等抢先搭上数字经济列车，近年来已经积累起数字经济消费互联网领先优势、创新创业活力优势、体制机制先行优势等先发优势。杭州下一步将实施科技铸魂强基、数据要素激活、智能物联强链、企业梯队培育、数字赋能转型、业态模式创新、数字基建提升、平台经济创新发展八大攻坚行动，高水平重塑“全国数字经济第一城”，打造数字经济理念和技术创新策源地、数字产业和人才高地、数字经济政策和制度先行地、数字资源配置和开放合作战略枢纽。

（五）苏州：聚焦中小企业构建智能制造生态

苏州始终坚持以智能制造为主攻方向，推动制造业加快智能化改造数字化转型网络化连接，提升核心竞争力。为降低中小企业转型门槛，优化企业发展环境，启用“中小企业数智化转型公共服务”平台。该平台将为中小微企业数字化转型提供一批小型化、快速化、轻量化、精准化的分场景工具包，驱动中小微企业在生产方式、业务模式、组织结构、运营管理等方面加速数智化变革。苏州市智能制造产业联盟携手生态合作伙伴，纳入中国联合网络通信、北京银行、中国工业合作协会、中国电子装备技术开发协会等构建“社—企—银”深度融合新模式，在数智人才培养、咨询诊断、供需平台搭建等方面为数字化发展提供智力支撑，促进智能制造生态圈以及产业链的不断完善。

三、以数智化推进中国式现代化南京实践的策略建议

数智化在城市发展中发挥关键作用，其中数智科技为城市创新注入强劲动力，数智产业构筑现代化经济产业新形态，数智治理提升城市治理公共服务质量，数智文化满足人民对美好生活的向往。将数智化作为城市现代化发展的主线，以“数智科技、数智产业、数智治理、数智文化”四位一体融合创新体系，助推南京争当中国式现代化城市实践引领者。

（一）新思路：以“数智化”为主线支撑贯穿现代化南京实践

习近平总书记多次为数字中国建设把舵定向、擘画未来。推动数智化须从更新观念入手。在推进中国式现代化中走在前、做示范，必须把习近平新时代中国特色社会主义思想学深悟透，在融会贯通中把握要义。

1. 充分认识、把握数智化发展趋势

当前蓬勃兴起的“数字经济”必将推动人类社会进入“数业时代”。“数字经济”基于后工业提出，其发端于工业经济但目前已呈现超越工业之势，“数字”和相关的信息、数据、智能、网络以及其他新兴技术的快速发展，势必催生出数字化、数据化、智能化等融合创新的“数业”时代，迭代超越“分工协作”的工业，升级至“融合创新”为本质属性的“数业”，是新型的中国式现代化的物质基础，数智化是它的必由之路。

2. 设计谋划应当遵循“数智”及“数业”规律

新的制度设计和治理体系必须基于数业的逻辑来构筑和建设。需要加强学习和研究，在发展实践中全面提高对于“数业”规律的认识及理论建设，并以此指导于制度设计、政策制定及规划建设。在制度设计方面，应注重打破部门壁垒，加强协同和共同治理，推动数字、数据、认知及智能科技的广泛应用和融合发展。在政策制定方面，应精准把握数业发展的需求和趋势，提出科学、灵活、创新的政策措施，激发创新活力与发展动能。在规划建设方面，应充分考虑数智化时代的新需求和新挑战，制定可持续的数智化的规划方案，推动城市现代化发展。

（二）新动能：以“数智科技”驱动高水平科技自立自强

在参加江苏代表团审议时，习近平总书记强调高水平科技自立自强对于高质量发展的引领作用。科技自立自强内核在于数智科技的能量释放。

1. 推动数智融合与资源聚合

加强“一院两带五园”主承载地布局，促进江苏省产业技术研究院、环紫金山科创带和江北新区产业创新带的互动和协同发展。加快整合优化科技创新资源，进一步加大对战略性新兴产业的培育和支持。进一步整合南京市内外的创新资源，构建集中攻关机制，加大对紫金山实验室等高水平科研机构的支持力度。鼓励这些机构承担更多国家战略科技任务，加强在6G、集成电路EDA、第三代半导体等领域的创新突破。

2. 注重前沿交叉学科建设与人才培养

数智化的时代背景为社会计算与智能的发展创造了新机遇，跨学科交叉融合将是其深化发展的必然之路。南京市要充分利用科教资源优势，优化学科建设布局，鼓励学科交叉融合，把发展科技、培养人才、增强创新融合发展作为第一生产力、第一资源以及第一动力①。以数智化为主线牵引各个方面，打破专业壁垒，整合优质资源，探索建立数智研究中心、数智实践基地、数智科研与教学机构。同时推进科技与人文的融合创新，培养多领域、综合素质的创新人才。在国家创新布局中找准定位，打造全国重要的区域创新高地和人才高地。

（三）新赛道：以"数智产业"探索强链补链延链

习近平总书记在江苏考察时强调："在强链补链延链上展现新作为。"数字化、智能化是数字经济和实体经济融合发展的重要方向，更是实现"强链补链延链"重要有力手段。

1. 适度超前布局新兴产业领域

结合南京市区位优势和产业特点，在生物技术、新能源、新材料、高端装备、绿色环保等新兴产业领域规划布局。注重营商环境和区域生态化建设，培好"土壤"，"筑巢引凤"，政产学研用金各司其职、综合谋划、统筹推进。构建产城耦合、城乡融合机制。引导各地差异化布局数智核心产业、平台支撑产业、融合应用产业等，不断提升全市产业创新发展协同度。聚焦网络医疗、智能制造、社会管理、社会民生服务等领域，打造若干个有影响力的"新资本建设"应用示范。加快推进各行各业5G场景应用，围绕智慧交通、智慧医疗、智慧物流、智慧能源、智慧水利等推进典型应用示范，突出新型基础设施建设实效。

2. 打造"三链融合"的数字产业生态

正确理解产业链现代化的内涵，牢牢把握智能化、绿色化、融合化基本特征和完整性、先进性、安全性基本要求，聚焦"2＋6＋6"主攻方向，推动"制造＋服务"，强化"实体＋数字"，充分发挥主导产业链中的"链主"企业在产业生态中的核心作用，支持"链主"企业按照自身技术突破和市场需求的方向引进和培育配套企业，提高对产业链供应链的整合和把控能力。聚焦于潜力较大且积极性强的重点产业链，运用数智化手段和技术制作企业画像和企业标签，按照产业链领航型企业、专精特新企业和单项冠军企业进行分类，滚动建立产业链重点"链群"企业培育库，实施靶向培育。以大中小融通发展平台载体为"链核"，为产业链中"链主"企业发挥作用提供支撑。通过行业协会、产业联盟等方式，向上下游"链群"企业开放资源，促进

---

① 庞海燕.我国高校深化协同创新工作的思考——基于发达国家的模式特点[J].高等农业教育，2015，(05)：120-123.

技术攻关、产品配套、品牌渠道以及资金融通等方面的合作，推动高关联度、高协同性的中小企业加入产业链、供应链和创新链的行列，构建以链主牵引、链群协作、链核支撑的融通生态。

（四）新能力：以“数智治理”提升社会治理水平

面向中国式现代化的新征程，用数智化提升社会智能治理水平，赋能现代化新城市发展已不再是“选择题”，而是关乎长远发展的“必答题”。

1. 做好“数智政府”大规划

在总体规划的框架下，进一步明确“数字政府”建设重点领域和主攻方向，合理统筹、整合资源，避免重复建设。建立健全数字政府建设领导体制和管理机制，明确各部门的职责和分工，强化协调配合。同时，要注重加强数字政府建设过程中的风险防控，确保数字政府建设的安全性和可靠性。学习领悟“枫桥经验”城市版，深入推进“精网微格”工程，通过数字政府规划建设带动多元主体参与提供综合性、适配性解决方案，并根据场景变化进行动态优化等，支持本土应用场景建设商发展壮大，提升南京市治理能力现代化水平。

2. 用好“电子证照”等小切口

以电子证照汇聚应用为抓手，通过数据联通实现跨部门跨层级的协同，营造场景、引育企业、发展产业、服务社会、惠及市民等服务事项清单为牵引，持续建设迭代数据化、数字化、智能化的治理体系。在过程中注重利用数智化科技手段，完善电子证照的采集、存储、使用等环节，推动政府部门间的信息共享和协同工作，提高政府服务效率和质量。同时，不断拓展电子证照的应用场景，面向B端企业和C端大众提供更加便捷、高效的服务，更好地满足人民群众的需求，带来更加优质的公共服务体验。

（五）新画卷：以“数智文化”描绘城市现代文明

以数字技术和智能化手段为基础，将城市管理、规划和创新相结合，推动了城市现代文明的发展，为人们创造了更好的生活环境和发展机会。

1. 建好城市更新行动场景

在实施城市更新行动中用好数智化技术，融入现代化文化理念。建议以浦口火车站、小西湖、石榴新村等城市更新项目为试验田，开展数智场景测试，将数字化城市模型与历史文化保护需求相结合，考虑传统建筑、文化景观等的保护和修复。利用数智技术平台，通过虚拟展示和在线互动，鼓励公众参与规划过程。基于数字技术的模拟和分析，综合考虑生态环境、资源利用等因素，制定可持续发展的规划策略。

2. 打造多功能“城市创新实验室”

营造城市创新文化氛围，遴选高新园区、专属社区等创建多功能“城市创新实验室”，为新兴技术和创新解决方案提供真实环境和场所进行测试与验证。建立城市创新实验室的合作机制，吸引政府部门、企业、学术机构、社会组织等相关参与者加入，共同参与研究和实践。通过协同合作，促进知识和资源共享，实现更好的成果。建立开放和共享的创新平台，鼓励城市创新实验室之间的交流合作，以及与外部机构和社区的合作。将实验室的成果与经验向公众和其他城市分享，促进更广泛的创新和城市发展。

【本文系中国共产党南京市委员会统一战线工作部 2023 年度支持项目《以数智化推动中国式现代化南京实践的策略研究》相关研究成果。】

作者：张晓东　夏凡　陆田野（江苏敏捷创新经济管理研究院）

南京深化引领性国家创新型城市建设路径与展望

近年来，南京充分发挥创新在经济发展中的引领作用，深入实施创新驱动发展战略，贯彻落实习近平总书记赋予江苏“四个走在前”“四个新”重要指示要求，紧抓打造具有全球影响力的产业科技创新中心主承载区这一重大战略机遇，坚持在培育本土科技创新“高峰”上求突破，积极促进教育、科技、人才三位一体融合发展，构建完善充满活力的区域创新体系，持续提升产业科技创新策源能力，为深化引领性国家创新型城市建设提供有力支撑，不断推动地方经济实现高质量发展。

一、 南京建设引领性国家创新型城市建设现状

南京自获批全国首个引领性国家创新型城市以来，在重大平台建设、科技企业培育、产学研融合发展、创新产业集群集聚、创新环境优化等方面持续发力，树立国家创新型城市建设新标杆。据《国家创新型城市创新能力评价报告 2022》评价结果显示，南京居全国城市创新能力百强榜第 4 位。

（一）加快锻造战略科技力量，提升创新策源能力

南京坚持走求实扎实的创新路子，积极融入国家战略科技力量布局，发挥科教资源禀赋优势，以“十年磨一剑”的韧劲，着力培育国家战略科技力量，梯次布局建设国家实验室、全国重点实验室、国家技术创新中心，培育领军型企业，着力推动原始创新“0—1”“1—10”的突破。紫金山实验室已成为国家战略科技力量的重要组

成部分，18 家在宁实验室通过全国重点实验室重组。南京持续跟进国家技术创新中心发展，现有国家技术创新中心 2 家。国家集成电路设计自动化技术创新中心揭牌运行。国家第三代半导体技术创新中心(南京)研发生产的碳化硅高压电力电子器件达到国际先进水平。

(二) 加快技术攻关突破，实现关键核心自主可控

南京连续 3 年组织实施市级科技重大专项，围绕集成电路、新材料等技术领域立项 17 个，投入资金超 1 亿元。积极对接国家、省“双碳”战略，争取专项 18 个，总经费达 1.5 亿元，居全省第一。开展绿色技术攻关，在节能环保、新能源汽车等领域立项 46 个。持续实施生命健康专项攻关，从临床前技术突破、医工结合和多中心临床 3 个方向对 108 个项目给予近亿元资金扶持，截至 10 月 20 日，南京市 2023 年新获批药品 54 个，居全省第一，4 个一类创新药获批上市，居全国第二；新获批二类医疗器械 215 个，占全省 16.5%。

(三) 加快创新型企业培育，激发科创产业发展活力

南京实施创新型企业集群培育“筑基”“强基”“链基”“固基”四基工程，多措并举加大创新型企业培育力度，按照科小、高企、规上高企、领军型企业创新矩阵梯次进行培育，构建创新型领军企业为龙头、高企为骨干、科小为基础的协同发展创新矩阵。今年上半年，高新技术产业产值占全市规模以上工业总产值比重达到 55.1%，科技型中小企业入库超 1.7 万家，同比增长 35.5%，总量居全省第一，新增 6 家上市公司中，4 家登陆科创板，数量仅次于上海，与北京并列第二。在科技部火炬中心公布的第二批“创新积分 500 强企业”榜单中，南京入围积分企业共有 189 家，居全国首位。举办“扬金融之帆，筑科创大舰”2023 年南京市科技企业上市培育活动，成立南京市科技企业上市培育联盟。

(四) 加快产业集群发展，提高产业核心竞争力

南京重点围绕软件和信息服务、新型电力(智能电网)、新能源汽车、智能制造装备、生物医药、新型材料、集成电路、航空航天、新一代人工智能、第三代半导体、基因与细胞、元宇宙、未来网络与先进通信、储能与氢能等产业方向，以产业链关键产品创新、创新链关键技术突破为核心，以园区的产业链关联企业、研发和服务机构为基础，通过科技招商、分工合作、协同创新、资源配置等手段，促进产业持续集聚，构筑产业发展新动能和新优势。今年上半年，全市创新型产业集群业务收入同比增长 10%以上，6 个未来产业整体增速近 30%。软件和信息服务、智能电网入选国家先进制造业集群，生物药品制品制造创新型产业集群入选国家创新型产业集群，未来网络产业科技园成为国家首批 10 家未来产业园试点之一。

（五）加快畅通产学研合作，推动科技成果转化落地

南京持续推动新型研发机构建设，建立技术成果发现机制，梳理形成重点高校院所可转化成果清单、省成果转化项目承担单位成果（技术）供需清单。推进全市技术转移服务体系建设，兑现市技术转移奖补资金超千万元，积极争取省技术转移奖补政策支持，省技术产权交易市场南京分中心平台累计发布成果2000余项、需求1000余条，承办省“揭榜挂帅”技术转移“专利（成果）拍卖季”和“J-TOP创新挑战季”生物医药产业专场活动。创新主体培育推动了成果转化和产业发展，前三季度全市技术合同成交额近700亿元。

（六）加快创新氛围营造，增强全面创新软实力

南京持续完善科技创新政策体系，强化科技金融支撑，充分发挥科创金融改革试验区先行先试作用，建立首批6家科创金融服务驿站，开展“价值发现”“陪伴成长”“助力腾飞”三大行动，构建“宁科贷”“宁科投”“宁科债”三位一体的多元化金融赋能机制，推出科技保险、科创担保等多元化科技金融产品。常态化开展“科技金融双周汇”活动，市级科创基金累计投资近600家企业，投资额超50亿元。扎实落实税收政策，科技类税收减免总额超过200亿元。研究制定《南京市科技人才评价改革实施方案》，建立起科学的人才分类评价体系，激发科技人才活力。多措并举做好人才引进服务，新入选国家、省级重点人才工程总量突破800人，海外引才数量占全省36%。成功举办2023年南京都市圈创新合作大会，发布2023年南京都市圈科技创新合作白皮书。

二、南京建设引领性国家创新型城市面临的挑战

南京在科技创新和产业发展上取得了显著成效，但与周边城市竞相布局创新赛道、打造创新高地的态势相比，南京科技创新工作仍面临一些挑战。

（一）支持锻造重大战略科技力量的举措仍需加强

国家在上海、杭州、广州等11座城市布局了16家国家实验室，南京目前仅有1家国家实验室基地。国家已批复建设了55个国家重大科技基础设施，南京仅建成未来网络试验设施1项，南京布局建设的重大科技基础设施与上海、西安等城市相比仍有一定的差距。南京仅获批2家国家技术创新中心，国家产业创新中心、国家制造业创新中心尚未实现零的突破。创新资源配置的精准性和集聚度还不够，资源布局分散的问题依然存在。

（二）支持长周期支撑创新的研发投入仍需提高

南京全社会研发投入增长平稳，研发投入强度逐年提高，《2022年江苏省科技

经费投入统计公报》显示，南京研发经费投入达到 645.3 亿元，但与省内的苏州（961.4 亿元）仍有一定的差距，也低于杭州（723.03 亿元）。企业研发投入占比还不高，仅为 60%左右，远低于苏州（96%）、深圳（94%）。从规划目标来看，南京“十四五”末研发投入强度目标值为 4%，低于深圳（5.5%—6%）、西安（5%）等同类城市。

（三）支持引领产业集群的龙头企业仍需挖掘

南京领军型科技创新企业偏少，企业创新能力和竞争实力还有提升的空间。南京高新技术企业总量达到 9068 家，从纵向上看增长较快，但与其他城市横向比较，与苏州（13473 家）、杭州（12700 家）、武汉（12400 家）仍有一定差距。南京国家级产业集群数量还不多，目前仅有 4 个（软件和信息服务、新型电力装备、智能电网、生物药品制品制造），不及深圳（9 个）、苏州（8 个）、武汉（8 个）。创新型产业集群规模还有待提升，仅有软件和信息服务业有望率先达成万亿规模。缺乏产业领军企业来引领产业的提质增速和转型升级。

（四）支持强化应用型技术源头供给的能力仍需提升

南京技术转移转化交易中，输出与吸纳技术比值为 1∶1.23，偏向技术引进吸纳型城市，而科教资源丰富的同类城市大多为技术输出型，如上海为 1∶0.49、西安为 1:0.35、武汉为 1∶0.56。此外，南京技术合同交易规模整体偏小，低于武汉（1355.25 亿元）、合肥（1083.42 亿元）、杭州（1061 亿元）。在宁高校、科研院所科技成果转化本地市场化率仍有待提升，基础研究、核心技术突破到工程化、产品化的中间环节存在断点，创新要素供给与企业需求不匹配。科技、产业、金融等连接通道有待进一步打通。

（五）支持利于创新资源要素集聚的生态仍需完善

南京人才资源总量超 300 万人，过去 5 年年均增长率超过 6%，但顶尖人才和技能型人才呈现“双缺”现象。相较于北京、上海等地，南京高质量人才服务机构等平台数量也较少。同时，近年来，南京在科技政策上投入很大，取得了阶段性成效，但政策比较优势是个动态变化的过程，随着周边城市的不断加码，导致部分政策优势被摊薄，一定程度上降低了创新资源要素的集聚度。

三、南京建设引领性国家创新型城市的路径与展望

南京在全国创新布局中具有重要地位、承担着重要使命，需要进一步将教科产才的优势潜能转化为创新发展的澎湃动力，大幅提升自主创新能力和核心竞争力，促进创新链产业链资金链人才链深度融合，加快建设引领性国家创新型城市，更好

地展现当表率做示范走在前的果敢担当。

（一）加快打造产业科技创新中心主承载区

强化省会城市担当，发挥“引擎”核心作用，把南京建设成为具有全球影响力的产业科技创新中心的主承载区。优化创新空间布局，加快打造区域创新发展增长极，统筹推动重点创新功能区建设，建设重大科技基础设施承载区。大力推进南京科创圈建设，以沪宁产业创新带、宁镇G312产业创新走廊和宁马同城化先行区、宁合创新服务发展带等为主轴，向东承接上海国际科创中心技术辐射，向西联结合肥综合性国家科学中心知识溢出的长三角智能产业创新大走廊，充分发挥科教人才优势和创新策源功能，支持高水平创新平台和产业园区联合共建。

（二）打造创新型链主企业培育机制

培育集聚领航型创新企业，加强“链主”企业培育，瞄准产业龙头企业和具有关键核心技术的高成长性企业加大支持力度。集成创新平台优势、整合集聚创新资源，构建跨领域、高强度的创新基地，提升产业共性关键技术研发、科技资源共享服务能力。推动产业龙头企业开展前瞻性基础研究，超前布局产业前沿技术。培育中小创新企业雁阵，向中小创新企业开放创新资源、场景、需求，推动中小创新企业瞄准所属细分领域，积极培育新技术、新模式、新场景、新业态。推动南京都市圈内企业与国际、国内先进标准的对接，支持链主企业牵头参与国际标准、国家标准、行业标准制（修）订，加快培育一批具有国际竞争力的“南京标准”。

（三）构建完善的全域人才引育机制

加强人才引育工作的统筹推进，加大各类人才引进力度和服务质量，围绕创新型产业集群紧缺人才绘制产业人才地图，加快培养与产业体系需要相适应的高素质技能人才。完善人才落地服务保障，建立人才保障快速响应机制和工作团队。依托国家实验室体系、中科院系单位等培养高层次复合型人才；引导高校院所、企业等联动支持青年人才发展。加快锻造高水平复合型“科技经纪人”队伍，构建概念验证、技术熟化、小试中试贯通式成果转化平台，培育一批高水平、平台型新型研发机构。

（四）畅通科技成果转移转化机制

以重大科技创新为引领，加快科技创新成果向现实生产力转化。加快建设概念验证中心，支持高校院所联合企业建设概念验证中心和成果转化基地，为实验成果提供技术验证和商业化开发等服务。探索成立南京市技术银行，着力提供“技术存储、筛选、评价、转化、推广＋金融”全流程服务模式，配合科创金融改革试验区建设，加快构建广渠道、多层次、全覆盖、可持续的科创金融服务体系。深化推进职务科技成果赋权改革试点，进一步打通成果转化堵点，激发科研人员内生动力。联合都市圈各城市共同实施“科技创新＋场景应用”行动，发布社会发展领域的科技创新成果清单，强化科技创新在节能环保、公共健康、安全韧性、智慧城市等领域的场景式创新应用。

（五）优化创新生态协同发展机制

充分发挥南京科技、教育、人才融合发展的优势，构建教育链、人才链与产业链、创新链有机衔接的城市创新系统，创新重大技术攻关项目组织实施，探索建立多维度的科技成果评价模式。积极开发和搭建城市数字化治理的应用场景，推动生产、生活、生态和谐发展，全方位提升城市生活品质环境。鼓励在打造区域开放协同创新网络、职务科技成果确权、科技人才分类评价、金融改革试验区建设等方面先行先试，高位协调相关部门实现产—才—城的创新战略、体制、政策的系统整合，培植创新氛围浓厚、包容性强的文化环境。

作者：吴铮悦　李闽慧（南京市科技信息研究所）

党建引领治理创新：加快推进特大城市基层治理现代化

2023年3月，习近平总书记参加十四届全国人大一次会议江苏代表团审议时强调，基层治理和民生保障事关人民群众切身利益，是促进共同富裕、打造高品质生活的基础性工程，必须牢牢记在心上、时时抓在手上，确保取得扎扎实实的成效。2023年7月，习近平在江苏考察时再次强调，必须在保障和改善民生、推进社会治理现代化上走在前列。必须全面学习把握落实习近平总书记重要讲话精神，自觉把加快推进基层治理现代化融入高质量发展各方面全过程，为中国式现代化南京新实践夯基垒台、蓄势聚能。

一、把握基层治理的功能定位

基层是城市治理的基础所在、重心所在、支撑所在，要充分认识推进基层治理体系和治理能力现代化在党的事业发展、国家长治久安、社会和谐稳定、人民幸福安康中的重要意义。

（一）从政情看，这是贯彻中央要求、追随看齐的需要

习近平总书记高度重视基层治理工作，在中央政治局集体学习、参加全国人大代表团审议、地方考察、基层代表和专家座谈时多次强调，必须抓好基层治理现代化这项基础性工作。党的十九届五中全会提出，要努力实现社会治理特别是基层治理水平明显提高。中共中央、国务院印发《关于加强基层治理体系和治理能力现

代化建设的意见》，就加强基层治理的基本原则、主要目标、重点任务、组织保障等作了前瞻性布局、全局性谋划、系统性部署。要站在捍卫“两个确立”、践行“两个维护”的政治高度，全面落实习近平总书记和党中央关于基层治理决策部署，不断构建基层治理新体系、开展新探索。

（二）从党情看，这是巩固执政基础、赢得认可的需要

习近平总书记指出，要从巩固党的执政基础和维护国家政权安全的高度，深刻认识做好基层治理工作的重要性。党的工作最坚实的力量、最深厚的支撑在基层，基层治理能够把广大人民群众、社会组织、企业单位有效组织起来、动员起来、凝聚起来，持续形成坚定不移听党话、矢志不渝跟党走的政治局面。

（三）从国情看，这是融入国家治理、服务发展的需要

党的二十大吹响了以中国式现代化全面推进中华民族伟大复兴的冲锋号。中国式现代化是包括经济、政治、文化、社会、生态等各领域全方位现代化。基层治理是国家治理的“微细胞”，是实现中国式现代化的重要组成部分。只有在基层治理中促进自治、法治、德治相融，实现共建、共治、共享同频，提高基层治理社会化、法治化、智能化、专业化水平，夯实国家安全和社会稳定基层基础，才能实现从“基层善治”走向“大国之治”。

（四）从民情看，这是回应群众关切、服务人民的需要

习近平总书记指出，创新社会治理，从人民群众最关心最直接最现实的利益问题入手。新时代人民群众对美好生活的向往提出了更高要求，基层治理关乎人民群众衣食住行、生老病死、安居乐业等最关心最直接最现实利益的实现，优质教育、满意收入、社会保障、医疗服务等多元化、个性化、品质化的需求也离不开基层治理精细化精准化服务作用的充分发挥。

（五）从社情看，这是化解问题矛盾、维护稳定的需要

习近平总书记指出，要加强和创新基层社会治理，坚持和完善新时代“枫桥经验”。基层是社会利益的发生源、社会矛盾的聚合源、社会秩序的基础源，各类矛盾风险的跨界性、关联性、穿透性、放大性对基层治理的理念、制度、方式、能力都提出了更高要求，守护好统筹安全和发展的基层“第一道防线”任务尤为艰巨。“枫桥经验”最突出的特点，就是牢牢抓住基层基础这一本源，通过基层有效治理及时解决基层群众的操心事、烦心事、揪心事，让矛盾纠纷化解在基层，将和谐稳定创建在基层。

二、南京基层治理的实践探索

近年来，全市政法系统高举习近平新时代中国特色社会主义思想伟大旗帜，把基层治理体系和治理能力现代化建设作为重点工作不断推进提升，取得了积极进展和良好成效。

（一）建立了覆盖广、触角深的网格化治理体系

1. 科学规范划好网格

在全省率先制定《南京市社会治理网格划分规范》，与公安部门“一标三实”相衔接，建成覆盖城乡、条块结合、横向到边、纵向到底的服务管理网格体系。规范化推进“精网微格”工程，全市划分微网格3.9万个，配备微网格员4.4万名，完成微网格覆盖率、微网格员配备率两个100%的工作目标。

2. 资源整合壮大力量

在全省率先实现社工、网格员队伍一体建设、一体管理，吸纳志愿者、“五老”人员、物业服务人员以及政法网格员等力量进网入格各尽其能。

3. 数据赋能提升效率

街镇实现了综治中心与网格化服务管理中心（社会治理指挥中心）一体化建设，开发“社区治理一体化平台”，将综合网格微信群全覆盖作为民生实事大力推进，全市建设综合网格微信群13175个。

（二）建立了化解快、效率高的多元化调解体系

1. 以制度供给强保障

市区两级制定出台《关于进一步完善矛盾纠纷多元化解机制的实施意见》《关于发挥人民调解基础性作用推进矛盾纠纷多元化解机制完善的意见》《受理事项全链条闭环管理工作规范》等一系列基础性、指导性、操作性文件，为基层提供制度指引、政策依据和体制保障。

2. 以探索创新增实效

创新推进“一站式”多元解纷体系建设，设立各类人民调解委员会近1500个，成立旅游、跨境电商、二手车、宠物医疗纠纷等行业性专业性调解组织500余个，建成家事调解社区工作室900家、个人调解工作室489家，溧水、高淳社会矛盾综合调处化解中心有效整合非诉讼服务、诉讼服务、人民来访接待、涉法涉诉、公共法律服务、心理健康服务等力量，秦淮区建成区、街道（部门）、社区“苔花调解工作室”168个，形成“15分钟调解为民服务圈”。2022年，各类调解组织化解矛盾纠纷17.4万件，95%矛盾纠纷案件在街镇、村（社区）化解。

3. 以信息支撑提动能

推行应用“苏解纷”小程序，平台入驻服务机构1000余家，2022年累计办理纠纷申请3400余件，发挥网上诉讼服务中心、“江苏微法院”、12368诉讼服务热线等

平台作用，实现当事人、律师与法官的网上沟通联系。建邺区开通线上“调解小助手”“云调解室”，实现在线立案、咨询、调解、援助、公证、评估、考核，大量矛盾纠纷依法及时就地化解。

（三）建立了责任明、防范严的常态化防控体系

1. 维护政治安全

建立各级人民防线组织，确保风险发现在萌芽、化解在属地。部署开展“反邪教宣传月”活动，发挥市区两级“反邪教宣讲团”作用，开展警示宣讲和业务培训，提升反邪意识和防邪能力。

2. 推进风险攻坚

以统筹发展和安全“大走访、大排查、大攻坚”行动为抓手，推动各级领导干部下沉一线、靠前指挥、全程参与，形成党政领导、条块齐抓、整体响应格局。统筹 60 家成员单位和 12 个板块资源力量，走企业、进村居，查找薄弱环节，摸清问题底数。推行领导干部每日滚动接访、滚动点调，组建驻区督导组开展全面督查，交办市级攻坚清单事项，推动积案难题攻坚化解。开发“宁稳通”重大风险管控平台，建立市、区、街三级维稳工作体系，实现在线调度和闭环管控。

3. 规范稳定评估

出台《南京市重大决策社会稳定风险评估机制实施办法》等文件，把稳评纳入“三重一大”事项决策和监督意见，为实现“应评尽评”和规范评估提供保障。每年向各部门各板块征集梳理报备拟实施重要决策、重点改革、重大项目、重要活动，建立源头预防第一手资料。每年指导完成稳评备案项目 500 多个，经过稳评的事项未发生重大不稳定事端。

（四）建立了力量全、促和谐的专业化群防体系

1. 坚持最广泛发动

组建市、区和街道（镇）三级平安志愿服务组织，吸纳社区干部、网格员、老党员、治安积极分子等社会力量 54 万人。2022 年，1500 余万人次参加抗疫防疫、巡防值守、纠纷调处等工作。建立 176 家见义勇为工作站，吸纳信息员 9462 名、志愿者 6780 名。

2. 推动最深度参与

在社会治安领域，以警企共建、警民共建为依托，组织商贸商场医院学校安保力量、景点景区重点单位志愿者及环卫工人等，参与巡逻防范、信息收集、案件现场保护、群众求助帮助、突发事件互助工作。在交通安全领域，日均组织近千名驾校学员、志愿者、劝导员参与路面协勤。创新开展“政法网格员”，发动全市政法机关

干部、“三官一律”（警官、法官、检察官、律师）等下沉一线进社区、进企业、进学校、进园区，参与法治宣传、安保维稳、平安创建等工作。

3. 力求最显著成效

南京作为省会城市，承担众多全国全省大型活动安保任务，群防群治作为重要补充力量，在加强社会面巡防警力、织密治安防控网络方面发挥了重要作用，全市群众安全感持续提升，创 99.3%历史新高。

虽然取得了一些成效，但仍有一些难题需要破解、一些障碍需要突破。如部分网格覆盖范围过大、管理服务人口过载，服务还不够精细、不够深入。如有的部门过度依赖专业力量、忽视群防力量，群防群治工作分散于相关部门和行业系统，全市层面的统筹相对较弱，重大活动期间、重要时间节点的统一指挥调度还不够完善有力。如各类解纷机制衔接不够健全，由于运作体系、程序规则存在差异，可能出现职能重叠、范围交叉，一些解纷机制在新类型、群体性以及信访矛盾等方面介入较少，部分基层调解组织存在专业专职人员比例偏低、队伍不够稳定、年龄结构老化等问题。如基层在维护社会稳定方面行政干预“硬手段”运用多，文化、道德、经济等“软手段”运用少，方式仍然较为粗放，基层一线单兵作战能力及经验不足，统筹好政法系统和机关部门的资源力量上还有欠缺，问题联治、工作联动的局面未有效形成。

三、加快推进特大城市基层治理现代化

锚定“在基层治理和民生保障上走在前”的目标定位，立足现有基础和优势，明确努力方向和重点，以更加科学的设计、更加完整的思路、更加务实的举措，全面提升基层治理现代化水平，确保总书记重要讲话和全国两会精神在南京落地生根、开花结果。工作中，应注重把握好以下原则：

一是要坚持党建引领。发挥基层党组织战斗堡垒作用，不断扩大党的组织覆盖和工作覆盖，推动党建向基层治理新领域、新阶层、新空间拓展，把党的领导落实到基层治理各领域各方面各环节。二是要坚持人民至上。践行以人民为中心的发展思想，完善联系服务群众、解决民生难题、增进百姓福祉机制，努力提高人民生活品质，激发群众对基层治理的参与意识、认同意识，引导通过各种途径和方式参与基层治理。三是要坚持系统观念。统筹经济、生活、生态、安全需求，统筹规划、建设、治理，以改革创新破解难题，努力探索更多特色性亮点、创新性品牌，持续增强发展动力和活力。四是要坚持强基固本。推动治理重心、资源配套向基层下沉，推进行政执法权限和力量向基层网格延伸，统筹整合各类资源力量，持续为基层赋

权、增能、减负。

从全市政法工作的角度，努力在“四个方面”走在前、作表率。

（一）优化完善网格化社会治理机制，为人民群众提供家门口的优质服务和精细管理

1. 优化空间布局

将优化完善综合网格作为常态化工作，重点关注出租房人员流动情况和新商品房小区人员入住情况，动态开展网格规范调整。通过“精网微格”持续推动组织体系向末梢延伸、治理力量向末梢下沉、平台阵地在末梢筑牢。

2. 壮大多元力量

按照“公开公平、优中选优、梯次过渡”原则，将符合条件的网格员逐步纳入社区工作者管理，实现两支队伍融合发展，统一管理。加强对网格员专业能力和职业素养培养，真正做到及时有效反映诉求、维护权益、解决问题。以网格党建引领和动员，驱动多元力量参与治理，支持鼓励社会组织参与基层事务和公共服务，最大程度实现良性互动。

3. 提升智慧水平

理顺各级指挥中心与业务条线在网格化管理中的职责，建立全市统一地址库，建立起结构完整、动态更新的网格化社会治理数据共享池，减少基层数据重复报送，提升网格事务流转处置效能。

4. 完善联动机制

完善网格事项准入工作机制，规范微网格权责事项，严格执行“非准不入”规则，对于确需下沉事项，严格落实“费随事转”制度，探索对微网格力量的奖补激励、聘用选拔、培养帮带等长效保障机制，逐步固化微网格事件处置的工作流程，以机制保障提升工作实效。

（二）坚持和发展新时代“枫桥经验”，及时把矛盾纠纷化解在基层、化解在萌芽状态

1. 织密解纷网络

创新基层“枫桥式”工作法，以街道（镇）为主体，深化推进“一站式”多元解纷平台建设，推动各类调解在主体、制度、程序和效力上实现有机衔接，整合辖区职能部门、城乡社区资源和社会各方力量，开展常态化、滚动式摸排化解，实现“小事不出村、大事不出镇、矛盾不上交”。完善调解员招聘录用、管理使用、业务培训、考核奖惩等制度，探索建立调解员队伍职业水平评价体系，推广以案定补、以奖代补等方式，调动工作积极性主动性。

2. 提升解纷质效

充分运用新媒体、大数据、云计算等科技手段，畅通网上表达诉求渠道，促进调解资源跨区域跨领域共享应用。融合“江苏微解纷”“调解小助手”等平台功能，加快“智慧矛调”系统开发运用，实现“申请—受理—分流指派—调解”全流程线上办理。积极开展远程心理咨询、远程调解、远程开庭等“线上服务”，让“数据多跑路，让群众少跑腿”。

3. 凝聚解纷合力

鼓励引导社会各界为公益性纠纷解决服务提供捐赠资助，探索建立矛盾纠纷化解基金会等组织，提升多元解纷工作市场化运作水平。广泛动员网格员、平安志愿者、“五老人员”等积极参与纠纷预防化解工作，发展心理咨询师、婚姻家庭指导师等专业力量以及特殊领域的专业人才成为调解志愿者，打造全社会共同参与的多元化立体化解纷格局。加强多元化解工作宣传普及，引导人们以理性合法方式表达诉求、解决纠纷、维护权益。

（三）提高防范化解重大风险能力，夯实国家安全和社会稳定基层基础

1. 提升维护政治安全能力

完善制度化督导协调机制，推动基层政治安全工作实现力量整合、素能提升。针对网络意识形态碎片化、隐蔽化、泛娱乐化等新动向，加强意识形态领域形势研判分析，综合施策加强网络治理，做到应对迅速及时、处置精准有效。

2. 提升反邪教工作能力

推进反邪教宣传市、区、街三级联动、内容共享，建好用好反邪教宣传阵地，打造反邪教主题文化广场，充分发挥市区两级“反邪教宣讲团”作用，面对面开展警示教育和业务培训。

3. 提升风险防范能力

（1）抓好“源头关”，从法律制度层面将风险评估列为重大决策必经前置程序和刚性门槛，制定出台南京地方标准，进一步提高风险评估公正性、增强决策公信力。建立基层公共安全风险查控机制，定期梳理重点人群、重点领域、重点行业和新技术、新业态、新领域、新经济带来的各种风险，实现动态管理。

（2）抓好“预警关”，加快以信息化、智能化为新特征的防控体系建设，强化“宁稳通”风险管控平台对各类基础要素的时空关联和动态信息的汇总研判、挖掘分析。建设社会稳定指数体系、公共安全风险监测预警体系，形成集信息共享、综合研判、部门联动、跟踪督办、应急处置于一体的维稳工作指挥体系。

（3）抓好“责任关”，建立风险管控责任分担制度，科学界定、合理分配各主体的风险管控责任，编制责任清单，使各级各类主体既各担其责，又统筹协调，形成整体合力。

（四）发展壮大群防群治力量，建设人人有责、人人尽责、人人享有的社会治理共同体

1. 加强市区统筹

强化各级党委、政府和主管部门对群防群治组织领导，制定详细发展规划，确保有人抓、有人管。发挥市、区平安志愿者联合会或平安办统筹作用，统筹重点目标任务安排，探索建立信息共享、战时联动、业务培训、专群结合等机制，将实名制登记落到实处，推动规范化建设。

2. 加强宣传引导

宣传群防群治的特色做法、见义勇为的经典案例、群众参与的实际成效，加强品牌挖掘和培育，每年评选一批先进典型，广泛调动各方参与积极性。

3. 加强激励奖励

探索建立以“经济报酬为主导、精神鼓励为补充”原则的配套激励措施，对在同违法犯罪分子作斗争中受伤、致残、牺牲人员给予妥善治疗、安置及家庭抚恤。

4. 加强信息支撑

借助于现代化信息手段，利用智慧平台、社区微信群等实现警情险情在最短时间互通互知，调动群防群治队伍有效快速参与。

作者：南京市委政法委课题组[①]

---

① 执笔人：印文华、杨昕、孙雪颖、何佳恒。

高质量发展背景下的南京市开发区“二次创业”路径

开发区是南京市经济发展的主引擎、对外开放的主战场、科技创新的主阵地。自1988年开启“一次创业”以来，经过30多年的发展，南京市开发区的体制机制、产业结构、空间发展和土地利用等方面都发生了实质性的变化。当前，南京市开发区已经开启了“二次创业”的新征程，面向建设“强富美高”新南京的长远目标，如何更充分地发挥自身优势，高质量、高效率、高水平推进“二次创业”实施，需要顶层设计和认真谋划。

一、举措与成效

南京市开发区的“二次创业”始于2004年，根据不同时段的发展方向和重点可以进一步分为三个阶段：外延式发展向内涵式发展转变的开发区统筹整合阶段（2004—2010年）、从单一的产业驱动向多要素驱动转型的开发区再开发阶段（2011—2017年）、向网络化和数字化转型发展的新阶段（2018年至今，下文称“新阶段”）。依托创新资源丰富、政策环境良好、地理区位优越等优势，经过近20年的“二次创业”探索与经验积累，进入新阶段的南京市开发区在体制机制改革、产业转型发展、产城融合以及土地集约利用四个方面取得了较好成绩。

（一）依托“去行政化”改革实现政企分离，大幅提升了开发区的发展效能和活力动力

自南京市出台《关于优化开发区管理运行机制的若干指导意见》以来，江宁经

开区等22家开发区先后启动“去行政化”改革，逐渐剥离社会事务管理职能，“回归”属地政府，改革工作取得了良好效果。一是各开发区进一步厘清了经济发展类和社会事务类的职责边界，开发区的经济发展类事务和社会发展类事务处于“双轨运行”状态。二是开发区管理机构和层级更加精简，激发了开发区发展的内在动力，各单位分工更加明确，有利于各项工作的高效开展，能够间接提升开发区发展效益。

（二）培育数字经济产业，植入数字管理技术，建设科创平台，显著增强了开发区的综合实力和创新活力

当前，南京市开发区已进入了数字经济和科技创新“双轮”驱动发展的新阶段，产业转型升级工作有序展开。一是把数字经济产业作为核心发展要素之一进行统一规划布局、培育壮大，并和资本实力、创新资源等有机融合，综合实力不断增强，产业辐射范围实现新突破。二是植入数字管理技术，部分开发区管委会、企业办公大楼内专门设立大数据云中心以及智慧园区、智慧企业运营指挥中心等，大幅提升了管理和生产效率。另外，各开发区正加快实施创新驱动发展战略，着力推动孵化载体的布局和科创平台的建设，以进一步打造特色化双创空间，引导双创生态抱团发展，促进资源开放共享，优化创新创业生态体系。

（三）坚持产城融合的发展道路，各开发区内的生态资源、产业要素、城市空间和社会发展等得到了充分的整合

通过第二阶段的“二次创业”，南京市各开发区已经基本实现了产业园区向综合型新城的初步转变。一方面，大部分开发区内已经初步建成了优质教育和医疗服务资源载体，引进了相应的商业综合体项目和中高端商业、住宿、餐饮、文体等消费设施，在一定程度上满足了居民的生活需求。另一方面，部分开发区结合自身区位优势和资源禀赋，进一步融合了园区内的生态板块和港口板块等，如溧水经开区与禄口机场的互联互通不断加强，航空物流等产业发展迅速等。此外，依托智慧园区、智慧产业开展的南京市智慧城市试点工作也取得了较好的实施效果。

（四）通过盘活低效和闲置用地，有效提升了土地使用效率，优化了开发区的空间结构

近年来南京市内土地资源日趋紧张，南京市各开发区都开始积极探索盘活存量用地的新模式、新机制。一是采用“工改工”“退二进三”“工业上楼”等方式提升土地利用效率，形成了第二、第三产业用地与多元地类的融合布局和垂直多层级发展模式。存量土地资产被盘活后，新项目、新产能大量进驻，开发区经济效益显著提升，并且实现了建筑环保、安全、稳定等多面共赢。二是部分开发区如雨花经开区等，利用盘活的土地建设相应的产业配套设施和邻里中心等，推动了“园区经济”向“城市经济”转变，开发区发展空间的拓展进一步带动了开发区整体空间结构的优化提升，和城市核心区域的联系程度也日趋紧密。

二、问题与挑战

经历“一次创业”和两个阶段的“二次创业”后，南京市开发区在完善园区运营环境、优化产业资源配置、协调园区空间发展、提升土地利用效率等方面都积累了一定的经验，但在“二次创业”的新阶段，其体制机制等方面仍存在一些短板。此外，随着经济社会的不断发展和新政策的不断出台，现有的产业发展方向、产城融合路径和土地集约策略等也逐渐表现出一定的不适用性。面向未来，南京市开发区的“二次创业”面临着相应的挑战。

（一）体制机制改革后开发区组织运行效率和员工积极性并未得到明显提升

一方面，部分园区机构设置过多，或者管委会和平台公司的职能存在重复，且平台公司定位模糊、业务分散，造成人员冗余与组织运行效率的降低；另一方面，对开发区工作人员而言，改革后其晋升通道单一，形成“为官一条路”，上升发展主要靠“熬年头”，造成人员活力不足。虽然大部分开发区管委会及平台公司对员工都设立了 KPI 考核机制和奖惩措施，但绩效考核以主观评定为主，且与经营业绩不直接挂钩，“做好做坏一个样”，造成人员动力不足；薪酬体系以固定工资为主，不同岗位差异性较小，造成人员激励性不足。此外，南京市各开发区之间的发展存在差距，并非“党工委（管委会）＋平台公司”的发展模式适用于所有开发区，因此，如何因地制宜地探索“党工委（管委会）＋”创新运作模式，也是未来开发区体制机制改革需要考虑的一项内容。

（二）部分开发区现状产业基础难以与数字经济与科技创新“双轮”驱动下的发展要求相匹配

一方面，当前南京市大部分开发区都开启了数字化转型发展工作，但是，有的开发区的数字经济龙头企业和链主企业数量较少，数据资源难以得到有效释放，无法带动开发区内的中小企业融入数字化应用场景和产业生态；还有的开发区“数字项目优先”导向不明确，新型基础设施建设投入不足。此外，待数字经济产业发展趋于成熟后，如何构建起相应的数字经济产业链、推动开发区间的数字经济发展合作，也是未来开发区“二次创业”也需要考虑的一大问题。另一方面，由于国省两级开发区享受的发展政策不同，大部分科创平台和红利都落在国家级开发区，而省级开发区尤其是相对远离城区、高等院校的省级开发区创新资源分配较少，创新研发联动不足，进而引发了人才流失等一系列问题。同时这一现象在一定程度上会致使开发区“强的更强，弱的更弱”。

（三）面对高质量发展的要求和人民对美好生活的需求，产城融合的路径亟须“更新换代”

由于“一次创业”中开发区主要聚焦生产功能，在“功能分区”的规划思想引导下，开发区与城市生活区在规划编制与管理上存在明显分异，开发区在空间规划中呈现出功能单一和服务边界明确的特点。经过一段时间的“二次创业”探索，南京市开发区的“硬环境”在基础配置问题上已经得到重视与缓解，但“填补”过程中的产城融合，只是初级的产城融合，其着眼点是既有的产业，并不利于高能级产业的成长与发展，最后也会导致核心动力的缺失。进入到高质量发展阶段，区域发展的核心在于其软实力的发挥，体现为以现代服务业、特色型产业、创新型产业形成的城市辐射力、吸引力和发展潜力等方面。开发区作为区域发展的重要载体，也将面临更新迭代的挑战，需要“人、城、产”三者在结构、空间和运作上相互地协调配合，形成以人为本、功能融合、内涵多元的城市功能载体平台。

（四）土地的节约集约利用在精细化管理和专业化创新方面仍需提升

南京市开发区的土地利用状况和管理水平参差不齐。根据 2020 年度国家级开发区土地集约利用省内排序及主要指标数据，部分开发区土地开发率已高达 94%甚至 100%，部分开发区仅有 64%，部分开发区已无地可用，但有些开发区的土地却长期未利用，发展不平衡。而在 2021 年度的省级开发区土地集约利用全面评价结果中，南京市开发区的综合排名集中在腰部，综合分值名列前茅的开发区较少。整体而言，南京市开发区的土地集约利用相比同省其他城市的开发区仍有提升空间。究其原因，主要有以下两个方面。

1. 土地管理精细化程度有待提高

南京市开发区存在土地的低效利用情况，部分企业由于历史原因占用低价土地，同时这种低效存量建设用地因其零碎化分布和管理机制的过时，使得土地转型升级缺乏动力，导致低效存量建设用地改造效率低。部分企业规模不大、高耗能低产出低效利用甚至闲置土地，却占用了开发区的优良地段，导致综合实力强、绿色发展好、产业定位高的优质企业无法引入。

2. 土地利用的专业化程度需要创新

随着经济和产业格局的不断变化，开发区分化演变出各式各样的园区，各类园区用地形态发生了很大变化，从用地效益角度，产业用地的产出效益增速由于企业的转型升级逐渐放缓，但高新技术和特色产业的开发区用地效益持续增加，开发区针对该类新兴技术和产业缺少配套的灵活开发机制和管理平台与措施，应通过专业化创新进一步释放用地效益。

三、建议与对策

新时代的南京市开发区，要在“二次创业”新阶段完成高质量发展的目标，就必须坚持一切从实际出发，结合当前开发区发展面临的问题和挑战，建立一套适合当前时代背景与开发区发展逻辑的体制机制，构建适宜的产业发展目标与路径、健全科技创新体系，建立健全区域统筹、城乡一体的空间支撑体系，直面挑战，破除现实问题，以推动园区自主创新能力的整体提升和经济社会的可持续发展。

（一）以“机构整合、岗位聘任、绩效考核、薪酬激励”四大领域为突破口引领体制机制改革

立足南京市开发区“去行政化”改革的基础，从“机构整合、岗位聘任、绩效考核、薪酬激励”四个层面提出南京市开发区“二次创业”在体制机制改革上的四条建议。

1. 权限梳理归位，进一步整合较大的、职能相似的部门

依据精简高效、适度合并的原则，将职能相近、业务范围相似的科室进行合并，由一个部门统一进行管理，实现机构精简，利于未来人才培养。例如江宁经开集团公司既有市政工程建设科，也有水电工程建设科，还有建筑工程建设科。这种情况下，建议将这些科室合并整合，形成综合工程建设科等，但同时需考虑部门之间的制衡，尤其是需相互监督制衡的科室不合并，例如人社局下属的劳动监察科与劳动仲裁科不建议合并。此外，对于数字经济产业发展到一定程度的开发区，可以增设大数据管理局等相关部门，以顺应开发区进一步发展的需要。

2. 全员采取聘用、职员管理的方式，以企业化的晋升通道促活力

基于员工专业能力和实际贡献进入岗位，全部岗位实行公开招聘、竞聘上岗、按岗聘用。同时设立聘期，例如一般为三年，三年期满后重新竞聘，促进人员能上能下、能进能出。此外，可设计职务档案与岗位双轨运行机制进行过渡，即档案任职与实际任职同步运行、档案工资与实际薪酬同步运行。同时根据未来政策情况，在不发生大的变动情况下，原编制内人员在办理调动、退休、参加社会保障时可考虑按档案身份办理。对于落聘人员，可以根据实际情况考虑采取降级聘任、转岗聘任、下属单位聘任、考核期聘任等差异化的方式予以安置。针对连续三次仍考核“不合格”者，依法解除劳动关系。

3. 建立完善的绩效考核评价机制，发挥绩效考核的激励、导向和监督作用

设计绩效指标层层落实机制，针对开发区三类主要人员采用差异化的考核指标。

（1）将管委会管理干部的绩效考核与管委会关键指标、重点任务完成情况挂钩，通过年度结构化述职进行评定。

（2）对综合职能类人员主要以该岗位工作任务、能力态度、红线指标等为主要考核内容，增加量化考核比例，拉开人员差距。

（3）对招商等一线人员完善项目化业绩考核体系，将考核结果与个人目标绩效奖惩挂钩，鲜明奖优罚劣导向。设计绩效考核层层关联机制，即管委会业绩完成情况决定局办考核等级比例分布，局办考核等级决定员工绩效等级比例分布。

4. 以“水平适当、结构合理”为原则，因事设岗、以岗定薪、岗变薪变

建议推行灵活的绩效薪酬体系，薪酬管理由“铁工资”向“活薪酬”转变。一方面，按照倾斜一线、以岗定薪、优绩优酬的薪酬分配原则，合理拉开收入差距，对引进的高级专业人才实行更具竞争力的市场化薪酬；另一方面，在既有工资、津补贴及奖金的基础上，增设同绩效挂钩的专项绩效奖励。对于聘用的高层次管理人才和招商人员，可实行年薪制、协议工资制等多种分配形式。

同时，建议因地制宜、有针对性地推行“党工委（管委会）＋”创新体制，持续催生发展动能，提升服务效能，实现开发区高质量发展。例如，鼓励有条件的开发区，如南京经开区、江宁经开区等国家级开发区采取“党工委（管委会）＋基金”的发展模式，设立科技创新发展基金、创业投资基金、产业投资基金，鼓励各类金融机构在开发区设立具备信贷融资等功能的分支机构；对于产业招商相对滞后，亟须提升发展层级的开发区，如六合经开区等，可以采取“党工委（管委会）＋专业招商团队＋商会＋协会”的发展模式，借助“商会”“协会”信息渠道、桥梁纽带作用，拓宽项目来源渠道，聚焦区内主导产业方向和产业链条延伸需求，在更广范围内引进优质项目和创新资源，不断提高精准化招商水平。另外，允许开发区在权限范围内制定投资奖励、人才补贴、贷款贴息、技术奖补等“双招双引”优惠政策，对重大项目和企业优惠政策按规定程序“一事一议”；对于正处于转型发展阶段或者新成立、“二次创业”刚刚起步的开发区，如高淳经开区，可考虑积极推行“党工委（管委会）＋智库”模式，探索引入专业化智库机构，聚焦开发区经济发展、项目建设、运营管理、招商引资等专业领域，不断探索适合开发区发展的新模式、新动力、新赛道，做大做专产业园区；另外，对于规模较大且存在“园中园”的开发区，如江宁经开区等，也可以采取“党工委（管委会）＋园区平台”的发展模式，“大园”与“小园”联合成立开

发区管委会，实行联合招商、运营服务会商、联合走访、信息互动共享等既分工协作又互动融合的合作机制，加快推动开发区创新、融合、集聚发展和产城一体生态圈建设。

（二）依托“新经济、新配套、新平台”三大要素带动产业转型发展

立足南京市开发区产业提质转型的基础，南京市开发区应从产业本身、产业支撑体系、产业载体三个层面，实现“二次创业”在产业发展上的突破。

1. 全面普及数字驱动的产业发展模式，加快推进产业数字化创新，依托新经济培育面向未来的基于数字技术的新模式、新业态、新动能

对于数字经济发展尚处于起步阶段的开发区，如溧水经开区、高淳经开区等，建议重点引入人工智能、大数据、未来网络、区块链等新兴数字产业，并深化研发应用。有条件的开发区可以进一步聚焦云计算和大数据、信息技术应用创新等关键软件和短板，培育产业健康持续发展新动能；在产业数字化方面，建议优先选取制造业、建筑业、服务业相关的特色产业开展试点工作。另外，2022 年 2 月国家全面启动“东数西算”工程，该工程拟在长三角枢纽规划设立长三角生态绿色一体化发展示范区数据中心集群和芜湖数据中心集群，此次布局使得高淳无形中成为南京乃至全省与国家级数据中心集群最近的地方，也成了发展数字经济和融入新格局的潜在前沿区。在此背景下，建议高淳经开区、高淳高新区等开发区充分利用自身的区位优势，承担长三角数据资源流通的枢纽功能，并依托特色产业开展专业化、特色化的数据中心建设工作，同时积极引入外部发展数字经济的高端要素特别是头部企业。此外，还建议全省和全市的数字经济资源适当向高淳的开发区倾斜。对于数字经济产业发展情况较好的开发区，如江宁滨江开发区、浦口经开区等，应发挥自身优势，进一步整合相关产业资源，构建数字协同开放格局，如领衔组建南京市数字经济产业园区联盟等，并借助区块链平台实现精准、安全、高效的开发区大数据共享。

2. 加快构建适应开发区生产环境和生产需要的新型基础设施，夯实数字经济产业和其他新兴产业的发展基础

一方面，以 5G、物联网、工业互联网等新型网络为核心，加快构建适应生产环境和生产需要的新一代通信网络基础设施，夯实数字经济发展基础，基于自身数字经济产业领域，推进开发区内“5G＋智能制造”“物联网＋智慧交通”等的融合应用，并大力推广智慧生产、远程运营、在线服务等新的生产运营模式；另一方面，依托开发区本身特色产业或区域特色资源，建设开放共享的大数据中心，并依托既有数字产业技术，为数据中心提供高性能的数据存储与处理等服务，未来形成长三角

地区乃至全国的南京数据中心集群。同时，大力支持智算中心建设，为开发区产业提供智慧计算服务，实现“云+数+智”一体化发展。

3. 从空间供给、服务体系、培育模式三个方面强化高水平科创平台建设、吸引高端人才集聚，从“以产业配套留人”转向“以创新要素留人”

（1）在空间供给上，为不同空间体量需求的企业提供可拓展的科创空间，实现从“固定空间”到“弹性空间”的模式升级和从“办公空间”到“创新空间”的内涵升级。

（2）在服务体系上，建议完善从“创新苗圃”到“孵化器”再到“加速器”的全链条政策支持体系，并建立起“加速成长—保留与收获创新价值—反哺创新孵化”的政策反馈回路，从而形成具有内在良性循环机制的创新生态，同时构建全市层面的开发区科创平台管理信息系统，将各个开发区的创新平台、研发载体等全部纳入系统，为开发区科技创新提供专业化和一站式服务。

（3）在培育模式上，构建科技条件平台群为科研机构创新提供综合性服务和整套技术解决方案，对基础性、公益性实验室、技术中心，重点探索服务绩效的社会评价制度；对于优秀平台和基地，从市财政基金中建立专项给予稳定支持，保障优秀科研基地持续开展原创性工作。此外，以“宽容政策”鼓励持续创新，对于首次创业失败的创客采取宽容政策，并优先向驻区企业推荐，以解除创新主体的后顾之忧，鼓励更多的人参与到创新工作中来。

（三）基于“产城一致”和“产城互动”推动产城融合实现共建共享格局

坚持以人民为中心，聚焦人民群众的需求，合理安排生产、生活、生态空间，实现产城资源高效配置和利益共建共享。进一步构建开发区服务业与主导产业双轮驱动，持续推动开发区与城区、景区、港区、校区等的多区融合发展，充分利用开发区周边要素形成内外互补开放共享的格局，实现城市建设与经济发展深度融合。

1. 统筹开发区与城市发展规划的一致性，形成特色化的开发区增长优势布局

国家级开发区要着力打造高质量产城融合的现代化发展极，作为服务南京市“强富美高”发展目标的引领区域，在引领产业集聚提升的同时承担提升和延伸南京贸易环境的历史使命，以浦口区—南京高新技术产业开发区、栖霞区—南京经济技术开发区、江宁区—江宁经济技术开发区形成“三区引领”的建设创新转化高地和区域服务中心。省级开发区要积极融入区域主导功能，结合《南京市国土空间总体规划(2021—2035)》中“市级中心—市级副中心—地区级中心”的城市功能体系布局，以白下高新技术产业园区等为代表的开发区，以完善的配套设施和品质的商业生活为目标，共同承载城市核心功能；以六合经济开发区、溧水经济开发区

等为代表的开发区，推动开发区与城区形成优势互补的功能区，以面向区域的综合服务职能为目标，打造市域片区综合服务中心；以江宁滨江经济开发区、高淳经济开发区为代表的开发区，培育新功能与新特色，形成创新型现代化生态宜居发展区。

2. 培育开发区与城市发展功能的互动性，提出全时空的开发区配套服务标准

根据企业、员工、居民等多维度需求，以社区服务为配套理念，为《南京市国土空间总体规划（2021—2035）》中提出的“产业园区、城市型产业社区、城镇型产业社区”三类产业社区构建产业生态圈、居住交往圈、城市服务圈。以江宁滨江经济开发区、溧水经济开发区为代表的产业园区，打造面向企业的 8 小时产业生态圈，针对企业成长与产业创新的需求设置配套设施，如大型试制中心、孵化中心等创新服务平台，税务、中介服务等商务服务平台，中小型共享会议、培训空间等交流共享平台；以徐庄高新区、江宁经济技术开发区为代表的城市型产业社区，构建面向员工的 12 小时居住交往圈，以 15 分钟社区生活圈导则为参考针对就业人群的通勤特征及交往习惯设置配套设施，如结合商务楼宇、园中园办公区布置咖啡馆、健身房等职场交流空间，智能服务中心、婴幼儿托管、高端诊疗所等职工关怀设施；以高淳经济开发区、白马高新技术开发区为代表的城镇型产业社区，创造面向居民的 24 小时城市服务圈，一方面弥补城镇区域高等级公共服务设施的缺失，提供如城市书房、商业综合体等市场运营的文体休闲设施，另一方面是考虑地区安全韧性，为城镇型产业社区配置食堂、人才公寓等平台运营的基本保障设施和可改造的物资储藏空间等应急保障设施。

（四）依托高效复合的利用模式和数字驱动的管理模式推动土地提质增效改革

在城市土地资源趋紧的环境条件下，开发区应顺应“二次创业”下新产业、新业态、新技术的发展要求，进一步推进工业用地提质增效改革，探寻以数字化改革为重要牵引，加速土地要素的市场化配置。

1. 鼓励用地集聚集约开发和复合利用，增加土地投入产出效益

建议优先鼓励高容积率高效利用导向发展，正向激励与反向倒逼相结合推动提升产业用地效率，支持建设多层厂房、高标准厂房，并充分利用地下空间。一方面，探索提升 M 类工业用地和 C65 研发总部类用地容积率上限，出台专项资金奖励计划，鼓励现有企业提容，探索落实工业上楼标准及规范；另一方面，针对容积率下限采取市场手段进行引导。此外，完善资源要素差别化配置，推行分类指导，对低效用地企业进行帮扶升级以提质增效，或“腾笼换鸟、凤凰涅槃”“退二优二”以淘汰落后产能。

2. 以数字化改革为推动，实施更加灵活细致的全生命周期管理，引导土地要素的市场化配置

（1）在土地供应阶段，根据企业生命周期，结合税收、就业、人口、教育、历年土地利用评价结果等相关数据，共享建立全生命周期应用场景，确定土地出让方式和年限，采取长期租赁、弹性年期出让、先租后让三种方式供应工业用地，深化落实江苏省“标准地＋双信地＋定制地”模式，严格控制出让地块能耗、环境、容积率、亩均税收、投资强度等各项用地条件和产出标准，提高开发区土地配置效率。

（2）在评估监管阶段，结合多源数据建立规范标准的数据库，根据法律法规及管理需要建立共建共享机制，充分运用数字技术记录土地开发利用成果，纳入数字化平台滚动管理，同时建立实时反应机制，对异常及低效用地进行及时的督导和处理。在南京市出台全市土地效益指标分类监管办法的基础上，结合数字技术的引入更新评估方法及指标颗粒度，落实各区制定符合本区实际情况的工业用地项目土地利用绩效评估实施细则。

（3）在土地退出阶段，完善准入与退出机制，对不同类型退出项目采取政府回购、置换转移、转型提升等差别化政策盘活土地，提升存量用地产出水平和环保水平。同时，探索实时联动的数字化管理平台对异常土地进行督查和处理，运用司法手段处置闲置低效用地的路径，倒逼存量土地权利人实施盘活开发。

【本文系2022年南京市政府决策咨询研究课题成果。】东南大学可持续产业园区发展与规划国际合作研究中心研究助理雷于萱、闫怡然、韩静参与本次研究，在此一并致谢！

作者：王兴平　卢宇飞　董明娟（东南大学城乡规划与经济社会发展研究中心、东南大学可持续产业园区发展与规划国际合作研究中心、东南大学建筑学院）

打造碳中和的"软着陆"路径：构建"双碳"产业创新发展的新格局

自2020年9月22日国家主席习近平在第七十五届联合国大会一般性辩论上提出"我国力争2030年前实现碳达峰，2060年前实现碳中和"的目标以来，"双碳"目标被纳入经济社会发展和生态文明建设整体布局。减碳不能运动式，需要按照中央强调的"先立后破"，在绿色转型中，系统、梯次、有序打造低碳化转型发展的高效合力。目前，以太阳能电池、锂电池、电动汽车"新三样"为代表的绿色低碳产业异军突起，成为我国经济增长新亮点。碳中和"先立"和"后破"将涉及新兴和传统多个产业链的融合发展，将会带来较大的投资需求，催生"双碳"产业生态的形成，构建系统性的绿色产业体系。在这个过程中，需要多种资源和能力匹配才能将这项工作做好。因此，新时期、新阶段，需要正确理解和准确把握"双碳"产业的定位、角色和作用，围绕"双碳"目标打造绿色产业体系工作的重点、关键路径和对策，推动地区"双碳"发展，为低碳转型做出坚实的贡献。剖析存在的问题和面临的挑战，探索基于"双碳"产业创新发展的新生态，打造碳中和的"软着陆"路径。

一、"软着陆"目标的意蕴

减排降碳与区域经济的可持续发展，已经成为地区发展以及地方主政者首要考虑的长期战略命题。拉闸限电等运动式的减碳将长期化、系统化的双碳目标"短期化、碎片化"，以非科学的方式加重了转型压力，短期内带来了负面影响并影响当前的经济复苏。相反，同“双碳”相关的新经济，比如电动车、新能源，在中国都出现井喷式增长。实际上，在新能源、电动车等领域，中国在世界上居于第一方阵，2023年更是成为拉动出口的主要经济板块，具有明显的优势。因此，“双碳”战略给中国经济绿色转型和换道超车提供了重大战略机遇。

“双碳”战略并不是泛泛的口号，虽然全国涌现了一批“零碳城市”“零碳产业”，其中不乏空谈之举，因为现实中仍然存在诸多问题。譬如：当前地方经济发展的现实困境就是新产业按照双碳标准招不进来，原有的双高产业虽是高税收的产业，但也面临着出清转移的压力。不同城市有不同城市的路径，谁能抢先破题双碳，制定低碳转型发展战略，重塑产业体系，发展一批双碳产业的新动能，打造一系列双碳落地的示范性样板及业态，就能抓住双碳时代的话语权，赢得城市发展的未来。

目前我国的产业结构还是以第二产业为主，其中大量重工业行业的发展对能源投入要求较高，而碳中和阶段经济增长与碳排放之间需要“脱钩”。其中，需要考虑三对核心的关系：碳减排和经济安全的关系、碳减排和能源之间的关系，还有碳减排和民生之间的关系。同时，在能源领域存在一个不可能三角，即在能源安全稳定、价格低廉、清洁低碳这三方面，存在此消彼长、不易得兼的关系。从目前的研究情况可知，“双碳”政策给 GDP 增长带来 1.05%至 2.1%左右的冲击，但是新能源相关行业的潜在投资对产出的拉动约占 GDP 的 1.6%至 2.6%之间，减碳政策带来的新增投资机会能够弥补高碳行业减产带来的增加值损失。可以看出“双碳”目标并未拖累经济发展，“双碳”目标的实现还是顺应全球经济发展趋势，也是我国跨越“中等收入陷阱”，实现可持续高质量发展的重要内生动力。

因此，我们要正确认识和把握碳减排的客观规律，循序渐进，避免运动式“减碳”。需要考虑“碳中和”转型过程中会发生成本过高，也会发生收益曲线波动，以及长期不可预测性，需要多种资源和能力匹配才能将这项工作做好。同时为了使得碳达峰到碳中和的曲线更为平滑，实现软着陆，需要构建“双碳”产业创新发展的新生态。

二、“双碳”产业形成的逻辑

党的二十大报告明确提出，要发展绿色低碳产业，健全资源环境要素市场化配置体系，推动形成绿色低碳的生产方式和生活方式，这一核心战略路线为我国未来绿色低碳高质量发展确立了核心目标与方向。伴随着双碳领域“1+N”政策体系中核心要素的落地和各领域“双碳”政策与“十四五”规划的陆续发布，双碳产业在未来相当长的一段时间将有望成为我国经济增长的新动力。

基于此，中国的“双碳”目标属于政策驱动型，其实现主要依赖国家强有力的环保政策和各级政府的积极干预，具有目标显性化、多样化、结构化等特征。相较于自然达峰，中国当前的“政策驱动达峰”面临很多阻力和挑战。因此，有必要分析中国当前“双碳”目标的形成逻辑，关注“双碳”目标的现实挑战，分析推进“双碳”目标达致的社会风险，进而提出实现“双碳”目标的可能路径。一方面，要做好整个行业的碳排放约束，实现2030年的碳达峰目标；另一方面要调整产业结构，向优化产业结构方向发展。当前，尽管仍面临着科研投入偏弱、人才储备不足等困难，但产业整体持续向好的趋势明显。

双碳是一场广泛而深刻的经济社会系统性变革，将重塑我国经济结构、能源结构、生产生活方式，涵盖能源、工业、城乡建设、交通运输、科技创新、全民行动等多维度各方面，蕴藏着巨大的发展机遇和广阔的市场空间。双碳目标，将有助于产业布局的优化调整，促进绿色能源和低碳产业项目的投资。2030年前碳达峰需要大力推进清洁生产、节能减排、新型能源体系建设和循环经济的发展，总资金需求规模将会超过60万亿元。2060年前碳中和将拉动可再生能源、能效零碳技术、储能技术等领域几百万亿的投资需求。

如此体量的资金投入能源、工业、建筑、交通等重点领域，可以加快绿色技术创新，推动低碳企业发展，拉动绿色产品生产和消费，创造更多的绿色就业岗位，实现绿色教育、经济效益、社会效益的多景共赢。双碳目标倒逼行业深入研究低碳绿色技术，包括低碳零碳技术、碳吸收、碳中和技术和新能源、电气化相关的技术领域，以推动实现产业转型。需要准确预测未来40年生态系统碳汇增长潜力和空间分布，在林业和草原的管理实践中如何实现“双碳”目标与林业和草原实际工作的有机结合，准确监测与评价气候变化特别是极端天气对生态系统的影响。

落实双碳目标，是能源绿色低碳发展的关键。到2030年规划能源消费比重可达到26%左右，到2060年非化石能源消费比重可达到80%以上。能源转型拉动相关产业投资增加主要包括新能源领域的替代性投资和能源转型拉动的连带性投资两部分。适度超前投资，加大新能源等领域基础设施的建设，优化能源产业结构，增加新能源消纳能力。要加快规划建设以稳定安全可靠的特高压输变电线路为载体的新型能源供给侧大体系，全面推进“源网荷储”一体化建设，将极大带动可再生能源发电、智能电网、储能等领域技术装备研发制造、投融资创新，相关行业企业也将迎来新的发展机遇。在此基础上，必然促进双碳产业的形成，带来四方面的机遇：一是创造新兴产业和创新机会。通过“双碳”政策，投资可再生能源、清洁技术和环保工程等领域，可以带动新兴产业的发展和创新，为经济创造新的增长点。

二是倒逼技术升级，提高能源效率。低碳零碳技术、碳吸收、碳中和技术或将取得长足进步，新能源、电气化相关的战略性新兴产业技术或将取得一定突破。通过推动能源效率的提升，可以减少资源浪费并降低能源成本，从而为企业和消费者节约开支。三是增加就业机会。实施“双碳”政策需要大量的人力资源，包括研发、工程施工、维护和管理等方面，这将为就业市场提供更多机会。四是促进经济结构升级。转向低碳经济模式可以推动经济结构的升级和转型，加强可持续发展能力，提高产业的竞争力。“双碳”目标有助于改变生产方式，加快节能减排改造，培育新的商业模式，从而实现结构调整、优化和升级的整体目标。

三、“双碳”产业面临的现实挑战

实现“双碳”目标面临着诸多现实挑战。在全球推进碳中和的进程中，西方发达国家由于经济结构中第二产业比重降低，第三产业比重提升，相对容易实现能源结构调整，能够逐步实现自然达峰。而中国的工业化、城市化进程仍在继续，高耗能、高碳排放的第二产业在大多数城市占比超过 50%，能源消费总体上还处于达峰饱和前的上升阶段。长期以来，我国第三产业占比相比发达国家仍较低，第二产业仍是经济结构的重要组成部分，大规模的投资是推动经济发展的重要动力，而其中的部分行业，天生具有能源密集、资本密集的特点，是拉动经济增长的重要助益，却也有赖于能源的大规模开发和投入。当前中国的城市化率、产业结构、能源结构等方面与发达国家自然达峰时的指标仍然存在较大差距。

实施“双碳”政策可能对传统高碳行业造成冲击。这些行业包括煤炭、石油和天然气等能源产业，以及钢铁、水泥等重工业。从碳排放来源看，六大部门主要承担了减碳的成本，分别为：电力、热力的生产与供应，石油、炼焦产品和核燃料加工品，化学产品，非金属矿物制品，金属冶炼和压延加工品，交通运输、仓储和邮政。这些行业通常对碳排放贡献较大，从数据来看，近几年来，我国制造业能源消费总量保持增长态势，而在其中，重化工行业的占比持续较高。因此在减少温室气体排放的政策下可能面临生产减少、转型成本高等挑战。比如，为了实现“双碳”目标，我国推出了碳排放权交易市场，这使得某些高排放企业不得不调整生产计划，可能会导致就业减少和经济活动的放缓。本文分析“双碳产业”建设的条件、困境以及优化建议，深度把握“双碳”视角下双碳产业培育与积聚的实践要点。双碳产业体系建设的条件较为复杂，主要包含技术条件、产业发展条件、城市规划条件以及生态环境条件等方面，由此导致双碳产业建设具有较高的复杂性，面临的困难较多。当前，双碳产业体系建设过程中，常见的困境主要有以下四点。

1. 城市生态空间的破坏

随着建设规模的扩大，部分城市在土地资源分配上的不合理之处逐渐显露。而且，城市生态环境存在污染，主要表现在水污染、空气污染以及固废污染等方面。从“双碳”的角度出发，受经济发展与城市化发展提速的影响，部分城市空气污染逐步转化为复合型污染状态。主要包含机动车保有量增加、城市建筑施工、化工园区工业排放等，其中交通与工业的排放占比更高。

2. 信息资源的共享偏低

在“双碳”政策的影响下，由于规划助推力的缺失，导致部分城市存在重复建设的问题。由于信息传递质量与效率不足，导致部分城市难以促进绿色生态城市建设有效性的提升。由此，在构建双碳产业体系时，应当重点把握城市规划情况，具体包含历史建设数据、城市发展实况、城市建设原则以及现行发展规划策略等数据信息。将城市内的公安、农林、交通、建筑以及金融等信息进行整合，在此基础上，构建以物联网、云计算等技术为核心的智慧共享平台，实现相关数据的高质量共享，为“双碳”目标实现提供平台支持。重点把握城市发展符合绿色生态城市建设的客观条件，以促进双碳产业体系建设有效性的提升。

3. 产业发展条件的薄弱

产业类型直接影响双碳产业体系的建设效果。对此，在建设双碳产业体系中，应当深度了解城市各项产业发展的实际情况，具体了解数据包含消费品零售总额、人均可支配收入、高新技术企业数量等信息。此外，还应当了解当地发展政策，明确城市未来的发展走向，要重视低污染、低排放以及低能耗的新型产业的发展，予以新兴服务业、高新技术产业以及高附加值产业扶持，推动城市产业的进一步转型。把握新兴产业譬如CCUS(碳捕集、利用与封存技术)、纳米催化材料、生物可再生材料及氢的制、储、运、用等高新产业的发展情况，为城市双碳产业体系建设提供重要助力。

4. 技术支撑条件的缺失

技术是双碳产业体系建设的核心支持。对此，在建设双碳产业体系时，应当把握城市的技术条件。近年来，不少城市紧抓“双碳”发展机遇，致力于建设创新型城市。相较而言，城市各类科技载体面积、国家级创业基地、公共技术服务平台、科技项目为双碳产业的孵化与培育提供了必要的支撑条件。应当重视新型研发组织的扶持，予以政策的专项支持。重视引导新能源、新材料研发机构积极展开清洁技术开发，为双碳产业的发展提供必要技术支持。

四、推进"双碳"产业创新发展的新生态的可能路径

绿色低碳科技创新作为实现"双碳"目标的关键驱动力，而绿色低碳产业是将绿色低碳技术研发转化为现实科技成果的重要载体，成为引领绿色经济发展的重要方向。需要统筹利用好创新要素资源，通过绿色低碳科技创新助推传统产业绿色低碳转型和壮大新兴产业，培育高质量发展新动能，对内增强产业链、供应链韧性，对外促进数字化、绿色化和产业化的深度融合，为实现"双碳"目标提供全方位支撑。要在"硬实力"上突破绿色低碳科技创新，聚焦产业链薄弱环节和技术瓶颈，同时在"软实力"上推动政策供给发力：碳排放数据质量监督管理能力的提升，助推碳排放权、用能权等交易市场的建设，而市场机制间的有效衔接也将反向促进产业链供应链韧性重塑。需要通过如下四项措施，作为"双碳"产业发展的关键路径。

（一）壮大绿色低碳技术企业群体

打造绿色低碳、附加值高、竞争优势明显的绿色产品供给体系，引导绿色消费，增强企业开展绿色低碳技术研发的内生动力。

（二）打造绿色低碳产业发展集群

加强区域合作，增强知识溢出，促进产业分工协作，充分实现资源高效利用，延续创新要素生命力，提升创新体系效能。

（三）推动重点产业领域绿色改造

推动生产流程和生产工艺的革新以促进减碳，加强固废综合利用，促进资源循环利用。钢铁、有色金属、化工等重点行业以及能源、工业、建筑、交通等重点领域的碳排放总量得到有效控制，不仅是"双碳"目标顺利实现的基础，还将助力构建绿色低碳、协同发展的产业新格局。

（四）增强产业链供应链韧性

增强产业链供应链韧性既是如期实现"双碳"目标的战略机遇，也是畅通产业循环、构建现代产业体系、提升经济发展韧性的迫切需要，以及推动实体经济高质量发展和重塑我国工业竞争优势的关键举措。加速整合各类技术和创新要素，辐射带动相关产业发展，从源头上加强对碳排放的控制，强化自主创新能力和成果转化能力，深度释放绿色低碳科技创新的活力和潜力。

五、"双碳"产业高质量发展的机制构建

围绕绿色低碳转型的新形势、新要求，更好地发挥"双碳"产业在促进转型中的重要支撑作用，亟须加快完善以减碳为导向的"双碳"经济基础，加强关键技术创新和市场化应用，培育壮大相关产业，加强国际合作交流，构建面向"双碳"目标的"双

碳”产业创新发展的经济体系，建议采取如下三项措施，作为“双碳”产业发展的机制保障。

（一）科学规划，完善绿色发展基础

双碳产业体系建设实质是着眼于“生态导向”的社会、经济、生态一体化规划，这就要求在规划时，从生态学的角度出发，将生态环境的基本规律与产业经济的发展规律相结合，因地制宜地进行规划。建立完善双碳产业体系碳减排贡献的核算方法。从区域、行业、企业等不同层面，研究完善核算方法，明确核算边界范围等关键问题，建立形成统一的核算框架、方法工具和核准机制。探索增加生产、消费、流通环节中循环经济活动的经济产出、资源节约和碳减排效益的统计核算职能。建立规范统一的碳减排评估标准，完善认证核查体系，基于 MRV（监测、报告、核查）体系，基于稳健透明的碳核算，保障碳减排数据的真实性、准确性，形成以市场化为基础的双碳经济活动的碳减排核算和认证体系。

（二）创新技术，促进绿色产业发展

建设双碳产业体系，实现“双碳”目标，必须有技术体系的支撑。一方面，要加大能源技术创新，要增强城市生态的韧性，提高城市系统的恢复能力，通过建设城市防洪防灾等工程，保障城市的自愈能力，实现资源循环利用。另一方面，通过优化生态模式与新技术可以为传统产业带来新业态，发展节能环保产业，促成第三产业与生态相融合，进而带来新的经济增长点。建立基于全生命周期分析的绿色技术综合评估筛选机制，筛选节约资源、低碳、经济可行的关键与前瞻技术，淘汰不低碳、不经济的技术和产能。加强绿色循环产业链、多源固废协同处置技术研发创新，加强特定种类固废在特定应用场景下的精细化利用技术研发、大宗工业固废高值化利用技术研发。重点开展化石能源材料化利用过程中关键脱碳技术研发与创新；加强新能源产业对应的关键矿产资源的高效使用、资源回收、材料替代与循环利用技术研究与创新，如清洁能源储能设施、光伏发电设施报废后的回收与资源化利用技术等；加速推动二氧化碳的循环利用、综合利用技术创新，探索成本有效的二氧化碳制燃料、材料等碳捕集与利用技术。探索与创新技术融合，推动双碳经济相关技术与工业 4.0、大数据等数字经济领域的融合，提升资源能源的综合利用效率。

（三）智慧治理，提高城市建设效率

为达成“双碳”目标，在双碳产业体系建设中需要充分利用互联网、云计算等智慧化信息技术手段，建立数据库和数据监控面板，对碳排放、城市交通、绿地系统等进行实时监管。定期监测企业的污染指数和土地利用情况，约束减少碳排放，监测城市整体的生态情况，为生态城市的建设提供精细化的管理，全面提高城市生态环境的管理和保护效益。实现资源与空间共享，构建功能复合的多中心化发展格局式绿色生态城市。通过城市资源共享、合理分配，可以避免资源浪费，将有限的生态资源通过共享共管，提高资源的使用效率，促进资源可持续利用。在双碳产业体系建设中，应在绿色交通、公共服务、园区建设等方面提倡大力共享，统筹治理城乡环境，实现各区域互补，以绿色发展促双碳经济的发展，将城市资源发挥出最大的效益。

六、总结和展望

我国当前正处于推进新型城镇化、注重高质量发展时期，加快推进生态城市建设对我国实现“双碳”目标、推动社会经济可持续发展而言十分重要。提出“ 双碳”目标是我国绿色、低碳和高质量发展的第一步。从碳达峰到碳中和只有 30 年的时间，我们面临的压力前所未有。产业绿色转型升级稳步推进，绿色产业集群崛起已成各界共同期盼。产业绿色低碳转型既有助于资源型企业摆脱资源消耗路径依赖，实现可持续发展；也有益于区域产业绿色、协调、可持续发展，突破“资源诅咒”的困境；还有利于统筹节能提效和减污降碳协同增效，有效推动“双碳”目标的实现。首先，在保持经济持续健康发展、居民收入不断增加的基础上，提高整个社会对绿色商品价格上涨的承受能力。其次，通过加强低碳清洁能源技术创新，加快能源体制机制改革，提高能源利用效率，努力实现低碳能源的规模化，降低低碳能源使用成本，缓解绿色商品价格上涨压力。再次，未来对于煤电等高碳产业要谨慎决策、严控总量规模，并加大超低排放和节能改造力度，加快向低碳、清洁化转型。这样的碳中和的“先立”和“后破”的协同发展，促进经济结构由“量”向“质”的根本性转变，实现双碳目标的“软着陆”，从而树立在新竞争格局中的新优势。

作者：卫旺（江苏省环境综合治理产业创新中心）

数字化时代下数据安全治理的创新发展

一、数字化时代的数据安全发展现状背景

(一) 数据安全成为数字化发展基石

2021年9月1日,《数据安全法》正式执行,为数据安全保护制定了明确的规定。内容包括将数据安全问题提升到国家整体安全的战略层面;明确规定了在数据流动中,组织需要负责的安全责任和义务,并制定出监管标准。同时,该法也阐述了数据安全与发展的相互关系,"在发展与安全的统筹考虑中,要坚定推动以数据开发利用及产业发展来提升数据安全,同时利用数据安全来确保数据开发利用和产业发展"。

(二) 数据成为关键生产要素加速数据流转

目前,我们全面步入数字时代,激发数据的深层能量以及将我国塑造为网络大国的重要性不言而喻。同时,全世界也在向全面数字化转型,数据作为生产活动的重要元素,正在产生巨大的影响。传统的信息技术正在向以数据和业务为焦点的新一轮信息技术革命转型,数据资源的种类、量、联接度、应用领域和价值现实等维度在继续拓宽,数据资源也渐渐超越了公司的实体边界。大数据和物联网等创新业务模式正在将各企业的业务和数据打开并整合,实现了跨部门、跨平台和跨业务的数据融合,消除了各业务和部门之间的数据壁垒。这个变革的一个显著特征便是企业之间的信息交流大幅提升,企业与其外部合作伙伴的关系也变得更加紧密,

优化流程和合作共赢的业务协作和数据共享已经形成一种共识。

显然，未来数据流环境的开放度将逐渐提升，业务生态系统也会越来越复杂。与此同时，数据处理的参与者会展现出更大的多样性。由此，系统、业务和组织边界的界限开始逐渐模糊，使得数据的产生、流通和处理等环节比过去更为丰富和多元。然而，数据跨行业流动及多环节信息的暗藏性储存，都给数据安全带来了严重的挑战。一方面，由于数据在不同的组织和部门之间流通，系统和数据安全的责任范围开始变得不明确，责任人难以确定，权限控制不足，因此，数据泄露的事件频次增加。另一方面，数据在跨组织流动，原有的边界安全保护机制无法有效地保护流出边界的数据，现有的边界安全管理和技术手段已经不能满足当前的安全需求。随着数据安全风险的日益升级，安全性已经成为发展的强大保障，而数据安全已经成为数字经济时代最紧迫和最基本的安全问题。

（三）应用架构演变伴生数据使用场景日趋复杂

随着云计算平台、大数据算力融合平台技术架构的演进，硬件平台和网络体系经过多次结构化重组，以容器、微服务、DevOps（一种重视软件开发人员和 IT 运维技术人员之间沟通合作的文化、运动或惯例）为代表的云原生技术发展，以及边缘计算技术的大规模采用，企业普遍应用新技术，帮助企业提升决策水平、构建新型业务模式，实现产业升级。如微服务架构的盛行，导致数据被调用得更加频繁。单体应用架构下数据只经过单个服务的处理就流向了访问主体（人、应用、终端等），而在微服务架构下，服务的职能被切分得更加细致，数据可能需要经过几个甚至十几个服务的处理才会流向访问主体。同时，组织的数据业务交互变得更加开放，数据的访问可能来源于组织内部，也可能来自分支结构，甚至是外部的第三方合作伙伴。

另外，新技术、新业态的应用架构带来数据交互日益频繁的同时，业务上云、远程办公、应用程序的频繁调用，数据的流动区域、传输链路、访问行为等都发生了根本性的改变。数据使用场景的日益复杂化，数据安全防护需求随之动态变化，但由于各组织的数据安全能力不一致，属性不同，难以进行有效管控。正常使用的环境中往往掩藏着数据安全的违规行为，比如在数据 API（应用程序编程接口）根据业务需求被开放后，有可能有合法授权的第三方服务并没有依照约定的场景进行使用，或长时间无人使用而导致的暴露在外的幽灵 API 等问题。因为从职业视角看，短期内这些行为似乎都是正常的，但其实也已经构成了潜在的数据安全威胁，应利用动态的安全策略来应对这些新增的需求与挑战。

二、数字化时代的数据安全挑战

（一）边界弱化，企业资源暴露面增加

随着新一代信息科技的飞速进步，像移动互联网、物联网、工业互联网和车联网这样的新兴技术及新应用领域纷纷出现。这些技术的蓬勃发展引领了应用架构的深度变革，废弃了过往传统的单一数据中心部署方式，转而向云端、端点等多元环节拓展。如今，各种组织的网络环境越发丰富多样，例如移动网络、固定网络接入、虚拟网络等；接入设备种类也大幅度增加，包括手机、台式电脑、平板电脑以及各式端点等。传统的网络安全边界已然模糊，用户、设备、业务、平台等各个方面的多元化发展势头十分强劲。然而，新技术的出现也加剧了网络安全威胁和风险的频繁出现和传播，公司和组织的数字化系统正面临来自多方的严重安全挑战，对于安全保护能力的需求也随之不断提高，使得传统的安全保障策略的不足之处愈发突出。

（二）目标攻击的焦点已经从网络转移到身份、应用以及数据上

数据的要素化促进了数据的价值体现和价值释放，数据已成为各企业或组织的重要资产。数据的巨大价值无疑吸引了众多黑客；审视近些年网络安全事件，清楚地看出，网络攻击的焦点因为利润的驱动已经从平台、网络、系统落到了数据资源。根据风险情报机构 Cyble 的公开信息，2021 年 8 月，美国的电信大鳄 T-Mobile 遭遇了一次严重的安全事件，黑客声明窃取了数个数据库共计 106GB 的数据，影响了近一亿用户的数据，其中还包括了 T-Mobile 的客户关系管理(CRM)数据库，通过在黑市出售这些数据获取了大笔的非法收益。

（三）在远程工作中，数据泄露和滥用权限的风险增加了

常规的工作方式已经转变为遍布各地的远程工作，这只是流动办公发展的一个自然阶段。工作环境的界限已经扩大，超越了传统的协作沟通和视频会议等，包括远程工作平台、远程研发、远程技术支持、远程客服和远程教育等各种形式都已经成为现实，而且不再受限于特定的工作地点（如办公室、写字楼），可以在任何地方、任何时候进行工作。然而，远程工作的日常化和数据的公开协作可能会增大数据泄露的可能性，员工身份和权限管理的混乱，各种设备（个人设备、合作伙伴设备）的安全状况也参差不齐，再加上各种远程连接软件的使用，可能会让设备、人员权限管理变得更为复杂和充满未知的安全风险，并增大数据意外泄露的风险。如何确保数据在流通和存储的各个计算环境和终端设备中的安全性，这已经成为一个大问题。

（四）内部威胁成数据泄漏主要原因

来自 Fortinet 的《内部威胁报告》指出，近 90％的网络安全实体经历着来自内部的攻击性威胁；在过去的一年，有 53％的网络安全从业者承认，他们所在的机构遭遇了内部攻击。就内部威胁来说，存在两类表现方式：一类源于内部人员由于安全意识不强和工作中的失误操作，导致安全薄弱环节受攻击，进而产生数据泄漏等安全问题；另一类则是来自组织内部员工滥用自身的权限或非法获取权限，盗取机构的数据资源，例如，Download 少量敏感信息，通过加密压缩后储存在个人云盘，此行为也被誉为“水滴泄密”。此外，“网络清理”年度行动也展示出，不乏内部员工恶意窃取数据的案例，尽管他们的权限看起来较小，但仍然有可能通过盗取高权限人员的登录信息，进入内网获取敏感数据。

三、 基于零信任思路构建数据安全保护体系

（一）数据保护需要新思路新方法

传统的信息化环境相对静态，安全防护方法和思路一般在边界或网络层面进行粗粒度的、静态的身份验证和授权，缺乏针对数据的细粒度的、动态的持续验证，难以应对日益变化的安全威胁。

在数字化时代，我们的安全思维和方式需要不断改进，因为这个时代的信息环境、商业需求、风险，以及数据管理需求都是不断变化和发展的。因此，我们需要以更加灵活和动态的安全策略来应对这些新的需求和挑战。零信任就是这种基于动态策略的安全思维和方法的具体体现。

零信任原则侧重于把数据资源作为核心，根据需要保护的数据制订具体的授权方案。该方案是由主体、客体和环境的多层面特征来创建并不断评估的，影响方案的属性一旦发生变化，用户的权限也随之自动调整，这是一种灵活和敏感的方法，能够有效地保护数据。

（二）零信任理念和方法

以保护资源为主导的网络安全思维方式就是零信任。它主张，无论访问资源的实体是来自内部还是外部，构建实体和资源之间的信任关系都应该依赖持续的评估，并进行动态调整。同时，它坚持最小权限的原则，采取动态的多属性访问策略，并根据动态信任决定访问权限。

“零信任”的核心思想在于，在面对可能遭受攻击或已受攻击的网络，或者可能存在的内部威胁时，将安全防护的范围从边界扩展到主体、行为、客体资源这三个方面。这样可以建立起一套动态的、综合的、深度的安全防御能力，这种能力包括

主体身份的可靠性、业务访问的动态合规性、客体资源的安全防护以及信任度的持续评估。

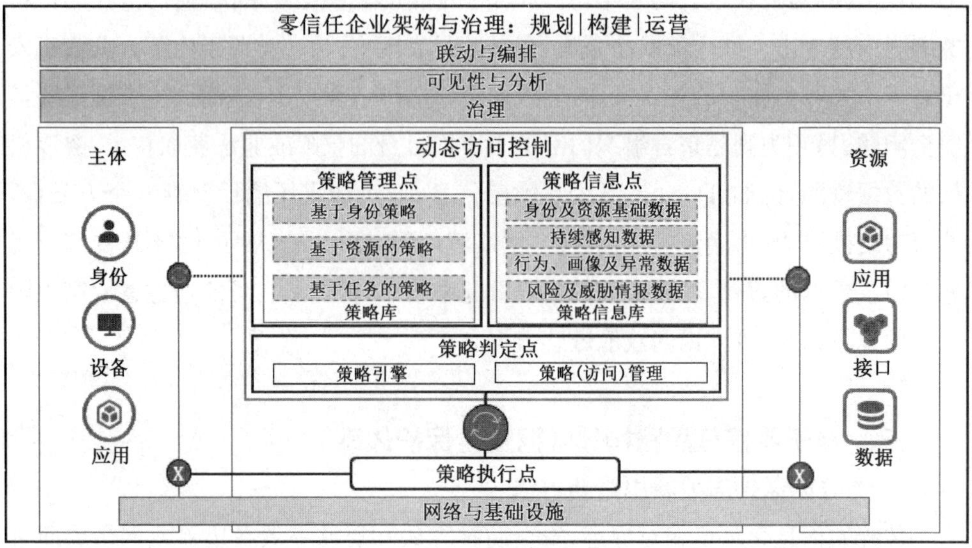

图1　零信任架构

如图1所示，零信任系统通过采取多元化的管理策略，围观身份、硬件、应用以及数据资源、接口等为管控对象，力争建立动态访问控制的功能。零信任应被视为一种持续改良的企业安全策略，需在一个统一的企业安全访问框架下，持续进行规划、建设和操作，从而逐步提升企业数据安全的访问管理、访问可视化以及分析，并在动态策略的反应和编排中提供支撑。

（三）在数字化环境中理解并实施零信任模式

一个重要的零信任要素是将控制的实施范围从基础设施扩展到应用和数据领域，如果我们仅在网络通道层面实施访问控制，而不从数据和应用的角度进行精细的访问控制，那么就偏离了零信任的原始目标，这也是当前实施零信任所普遍存在的误解和问题。

其实，美国政府对零信任的采用主旨，同样是以数据保护为核心进行的，或者可以这么说，零信任是美国政府在数字化进程中的一种策略决策。自2019年起，美国的军事部门和联邦政府增强了对零信任的研究和宣传力度，并接连发布了12项与零信任相关的报告、计划及其他政策和指导性文件，并委托相关科研机构展开研究和试验，从而推动了零信任步入了快速发展的阶段。美国推进零信任的过程可追溯到过去的十多年，美国政府和军方推出的一系列政策、规划、规范和标准都旨在限制对数据和资源的非授权访问，而推行零信任更是旗帜鲜明地将“网络为中心”向以“数据为中心”的网络安全模式转变。美国政府认为在当前的威胁环境下，不能再完全依赖基于传统边界防御（传统的防火墙、入侵检测等）的手段来保护基础设施、网络和数据。因此，需要通过对网络环境中各方面要素进行充分的安全监控、细粒度基于风险的访问控制、自动化与编排，以便在动态威胁的环境下实时保护数据。

在中国，很多大规模的政策性企业采纳零信任应用，主要出于满足各种数字化环境产生的需求，同时也侧重于商业和数据的实时活动，并进行细致的保护，零信任技术的成熟程度已经得到了广泛的认可，而且在保护信息与应用方面也取得了显著的成就。例如，有些部门通过零信任原则，实行了对数据和商业访问的精准分配，大大降低了敏感信息非法查询的可能性；有些国有企业在数字化转型深化过程中，将业务系统集中于云服务器，通过零信任来减少互联网出口，由此提升了全面的防护能力；还有的大银行大规模发展移动商务，借助零信任来实现移动办公的常态化，实现业务支持、降低成本提高效率和保障安全连续性。

在 2021 年 7 月 12 日，工业和信息化部的官方网站公布了《网络安全产业高质量发展三年行动计划（2021—2023 年）（征求意见稿）》。该意见稿的第二章“重点任务”中的第五项任务“发展创新安全技术”，明确提出了推动网络安全系统向内生和自我适应的方向发展的目标，要求加快开展基于开发安全运营、主动免疫、零信任等框架的网络安全体系的研发进度。此外，计划也建议加快动态边界防护技术的发展，并倡导企业更加深入地采用微隔离、软件定义边界、安全访问服务边缘框架等技术产品。该文档还对零信任作为网络安全的关键技术进行了详细定义，强调了加快基于零信任等框架的网络安全体系研发的重要性。

在数据安全的环境中，选择零信任作为策略是至关重要的。只有真正在数字化环境中实施和应用零信任，我们才能充分展现出零信任所带来的巨大保护价值。

（四）在“一中心两体系”框架下构建零信任动态授权能力

一个具备完整性的数据保护体系，需以“网络安全三巨头”：内在的保护观念、综合的保护策略以及安全管理确保其动态运行。同时，安全管理需要构建“一主枢纽两系统”，也就是网络安全感知及控制中心、网络安全防控体系和零信任动态授权系统，以此培育认知、保护、授权三大关键技能。“一中心两体系”的关系如图 2 所示。

态势感知和管控中心就像是具备了脑力、体力和攻击力的身体系统，执行了认知技能的实务操作。这里的“脑力”对应的是监测态势，“体力”意味着运行态势，而

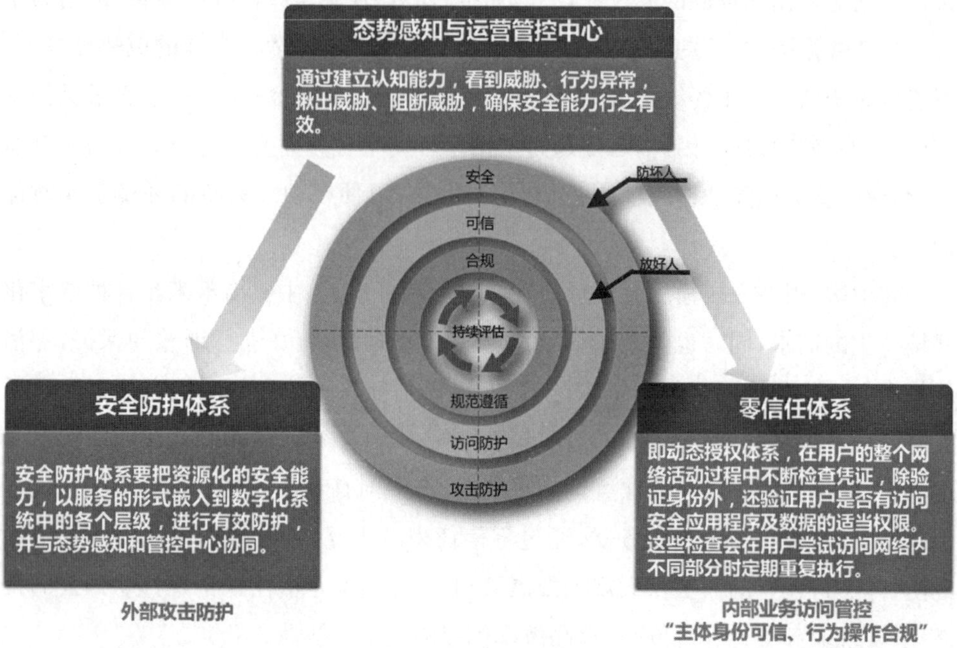

图 2 “一中心两体系”关系图

“攻击力”体现在进攻防御态势上。通过这三者的紧密结合，态势感知和管控中心不仅可以识别威胁，还可以发现威胁，甚至能排除威胁。

互联网保护系统构成了稳固的安全力量，扮演着针对实体安全防护的关键角色。创建这样的系统需要实现“三合一”的策略，也就是要将安全技能与 IT 技能融为一体，将安全信息与 IT 信息整合，将安全专业人才与 IT 专业人才联合。而实现“三合一”的基础是将安全产品进行“三化”处理，即技能化、资源化和服务化。

零信任动态授权体系实际上是赋予颁授权能力的实践。数据访问保障的难题在于信任问题，动态授权体系正是数字时代处理信任问题的方法，它通过在数据级别上进行分类和分级，在访问的层级上进行细致的访问控制，以此来“明确定义到底哪一个部门的哪个成员，在何处，为了什么样的任务，访问哪些数据里的哪种信息”。

确保数据保护的实施，依赖于零信任模型和数据安全防护系统的紧密配合，实现了“身份可信、行为符合规定和数据实体以及计算环境得到有效防护”的目标。这样，只有适合的人员、在正确的时间以及适宜的方法，才能获取适当的数据，具体展示在图 3 中。

根据图示，我们必须对请求的发起者、响应的承接者的资源，以及授权的需求

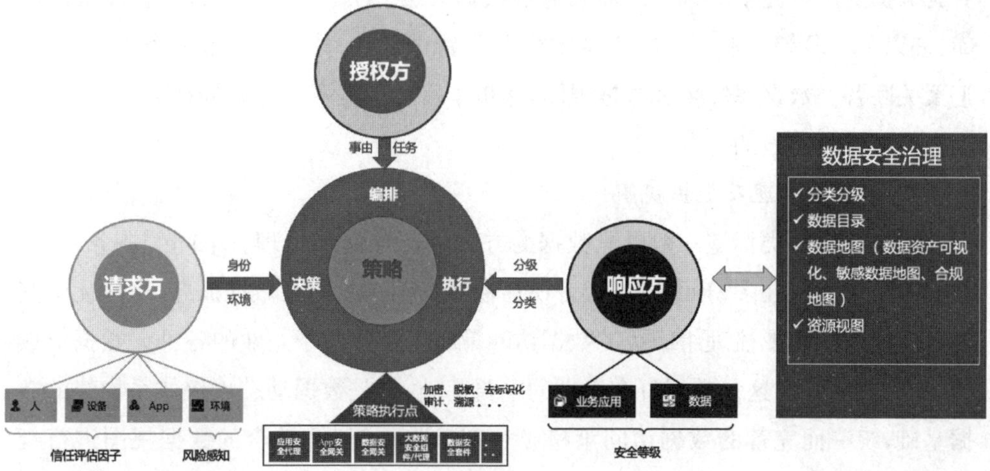

图 3　零信任和数据安全融合图

和相关政策进行抽样，以建立零信任动态授权的办法。它需要我们形成一个覆盖全范围的深度防护系统，核心行动包括：

根据数据安全管理的成效，对响应方的数据资源和属性进行整理，创建数据视图。对对象的资源进行管理，添加标签，作为其数据资源的属性；设立对象的数据资源目录。通过大数据平台，对初级数据进行操作和打包，数据被打包后提供服务，可供主体访问。

建立身份观点，整理申请方的人员、设备以及其特性，阐明数据访问的场景：从设备及用户的身份确权开始，进行主体身份管控，利用真实人员验证、设备验证以强化验证的程度，确保主体身份的可靠性。判定主体属性（如部门、角色、职责）。

持久的信赖评价与策略管理：收集环境感知信息，这包括系统、网络、软件、物理环境、时间和地点等，以建立环境信赖风险级别。同时，会持续收集并分析用户及应用的行为数据，对访问的情况进行连续评估，并灵活修改安全策略。

四、构建零信任数据动态授权能力的关键举措

（一）基于数据安全治理成果，构建数据视图

1. 数据分类分级

Gartner 对数据安全治理（DSG）的定义是“作为信息治理的一部分，依赖明确的数据策略和流程保护企业数据（包括结构化数据库和文件型非结构化数据）”，而对数据进行等级划分的任务是数据安全治理的最初和基本工作。组织有哪些敏感数据？谁在使用这些数据？这些数据存储在哪里？如何描述这些数据？组织需要

对其数据资产有完整的视图。需要通过数据分级分类活动的成果，为客体资源的库、表以及字段等要素打上标签，厘清数据资源的属性，建立客体数据资源目录，并汇聚关联各类数据属性生成数据视图，逐步丰富对数据资产的全局认知，这是数据动态授权体系建设的基础。

2. 元数据管理及数据视图

数据分级分类标签一般以元数据的方式进行存储和管理。不同的业务系统、数据系统可能存在多份元数据，或者说存在多个不一致的元数据孤岛，这样无法基于一个统一的视图梳理组织级的数据访问策略。需要基于企业的各种元数据形成统一的数据视图，这是数据资产管理的重要基础，更是数据动态授权体系构建的数据基础，统一而完备的数据访问策略必须基于高质量的、整合的数据视图进行规划、实施与控制。

如图 4 所示，通过数据视图，用以驱动企业的数据动态访问策略，持续地跟踪和分析元数据，元数据一旦变更，驱动访问策略就会动态调整，这样就将数据安全治理活动与零信任数据动态授权体系有机结合起来。

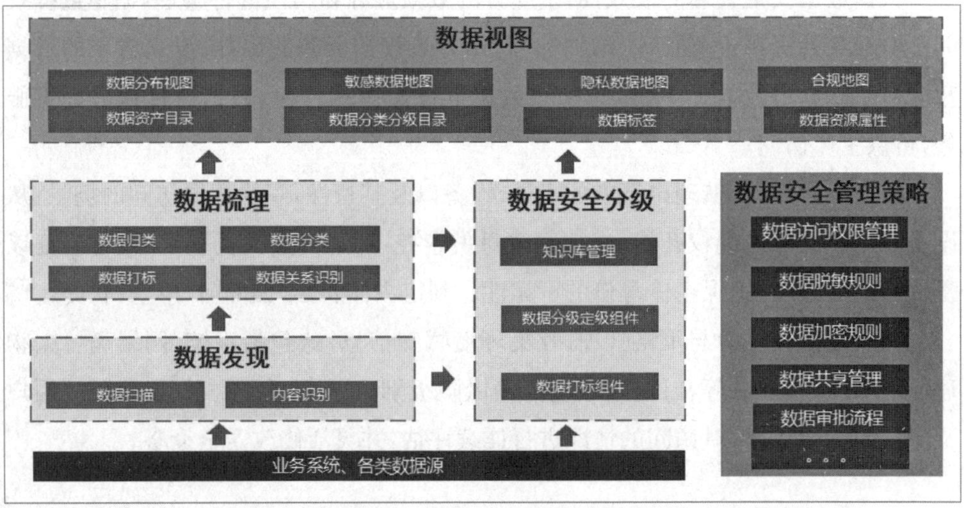

图 4　数据视图整体架构

（二）构建身份视图，明晰数据访问上下文

基于数据安全治理成果构建数据视图，便于组织对数据建立更全面的认知，也是制定数据访问安全预期和策略的依据。在此基础上，还需要进行主体身份治理，构建身份视图，对组织范围内的人员、设备、终端应用等主体进行细致刻画，基于全面的身份视图数据和属性，从而真正实现对数据的精准访问控制。

1. 构建主体信任,需要丰富的上下文数据

在根本上,主体信任的关键问题是处理“哪个部门的哪一个成员,在哪里,执行什么任务,访问数据中的哪一部分”。为了实现这一目标,最优的策略就是在数据访问过程中融入用户、数据和意图的上下文,也就是说要关联用户的身份、数据的种类以及访问的目的。假设某个用户通过某台设备正在尝试访问财务数据,需要足够多的上下文信息才能判断这是员工的合法访问还是潜在威胁。这名员工是什么岗位的？近期有无任务安排需要访问这个数据？当前的接入网络是来自国内还是海外？设备是否是在册的？设备的健康度是否合规？这些信息都是这次数据访问的上下文,上下文越丰富,对访问请求的决策就会越精准。

2. 身份视图:人、设备、应用的数字身份化及整体视图

统一的身份、设备、应用等实体视图,包括了身份、设备、应用的所有信息,如图5所示,身份视图具有如下特性:拥有所有的实体身份,无论它们存储在何处或如何存储;构建来自每个身份存储库和信息源的所有实体的全局列表;拥有身份实体唯一标识,将正确的身份与正确的标识符关联到正确的应用程序,以获取并关联身份实体信息;拥有丰富的身份上下文,拥有全局关联信息,并且可以知晓身份实体之间的关系,身份、对象等之间的关系;身份实体可持续完善并扩展,通过建模和多源数据汇聚手段,持续构建新的身份实体模型或扩展已有身份实体的信息。

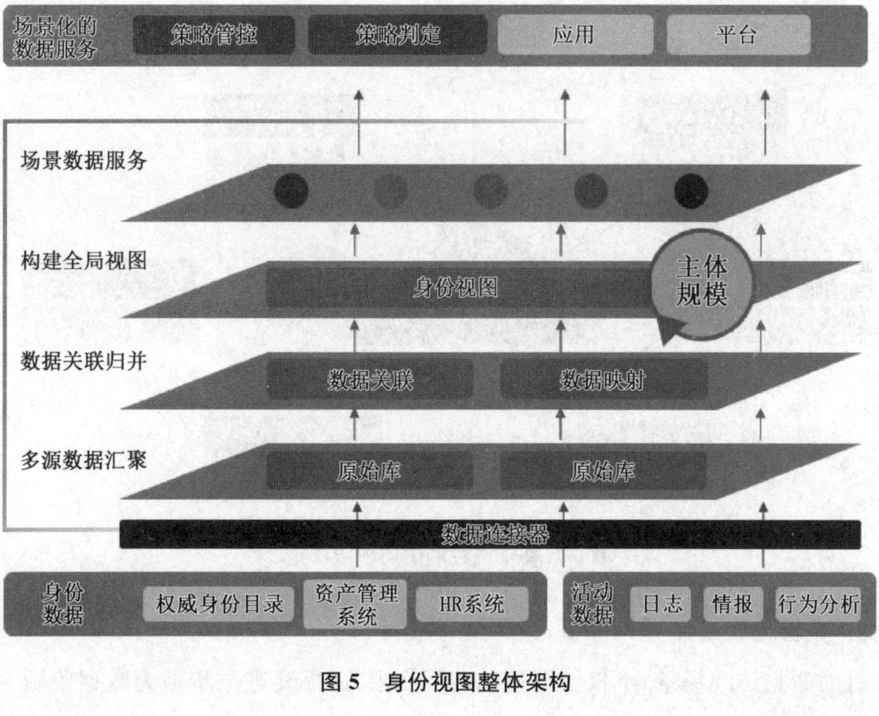

图5 身份视图整体架构

（三）创立一个以资源为核心的统一战略管理系统

1. 基于数据视图、身份视图和环境因子构建动态访问策略

经典的访问控制策略都基于主体、客体进行构建，控制主体对客体的操作。主体是试图对客体执行操作的参与者。客体是一种需要防止未经授权使用的资源。操作是主体可能对对象执行的任何动作，不同的操作可能与不同类型的对象相关。所谓的权限是用户对指定对象执行某种操作的集合。在数据访问场景中，主体可以是用户或应用程序。资源可以是不同类型和不同粒度，例如数据库、表、列等。在这些资源的上下文中，相关操作对应于数据库的各类访问，例如创建、读取、更新和删除。最简单的数据访问模型可以用访问控制列表来标识，指定每个主体的权限清单。其代表访问控制模型：RBAC（基于角色的访问控制）可以定义与开发人员、会计人员、HR 人员、数据分析师等相对应的角色，赋予每个这样的角色适当的权限。

以每个用户为基础维护访问控制列表对于用户数量较少的场景下是可信的，但是随着主体和资源数量的增加，将变得难以管理。本质上来说，RBAC 还是主要基于静态信息来控制访问决策，并且容易形成策略孤岛，这对于当今动态的数据访问环境是远远不够的，在零信任架构下，推荐采用基于属性的访问控制（ABAC），通过各种动态属性来进行策略决策（如图 6 所示）。

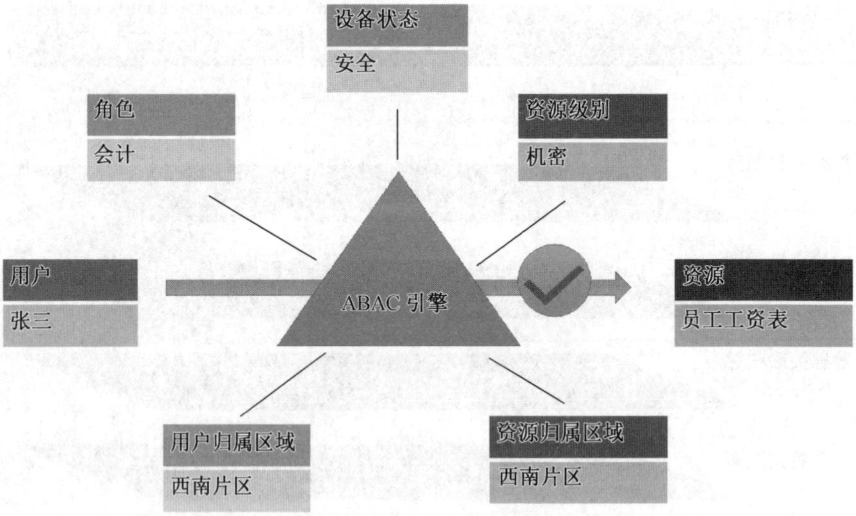

图 6　基于属性的访问权限决策

2. 数据脱敏策略

针对数据访问场景，不仅仅要控制访问权限，还需要进一步地为数据脱敏制定

策略，在用户访问信息或数据流转时实时更改信息，任何未授权用户访问的数据都是被屏蔽的数据，实现数据的可用不可见。基于各种属性制定不同数据集的脱敏策略，作为数据访问策略的补充，是实现动态授权策略的一项重要能力。

3. 行为过滤策略

行为过滤策略主要解决业务合规性问题，对数据进行记录级别的隔离。对数据访问进行行级安全控制是一项重要的能力，确保数据管理者能够根据条件对用户的数据访问实施更细粒度的限制，允许他们查看数据的特定行，而不必限制对特定数据表的整体访问，或者必须为其创建临时视图或存储过程。

4. 基于任务和事由的权限策略

传统的访问控制模型所述的主体和客体，在实际业务场景下表征的是数据的请求方和数据的提供方。在数据访问场景下，还需要考虑数据的授权方，授权方的意图在策略上应显性体现。事实上，对数据做精细化访问控制时，以最小化权限为准则，而最小权限很大程度上取决于授权方的授权。

5. 零信任动态策略和数据业务平台的内生聚合

零信任数据访问策略需要通过策略执行点才能应用到数据业务场景，实现数据访问策略和数据业务平台之间的内生聚合。在数据访问场景，典型的策略执行点可以考虑如下三类：

一是和数据中台进行聚合，通过联动和集成，将动态策略的执行逻辑嵌入到数据中台中实现。

二是通过 API 网关进行聚合，API 网关对数据内容进行解析，和动态策略平台联动实现数据的动态访问控制。

三是通过数据过滤网关或插件进行聚合，对数据库的访问进行拦截，解析数据查询语句，并和动态策略平台联动，实现数据的动态访问控制。

（四）持续的信任评估与策略治理

数据访问活动是动态的，需要通过对数据访问活动持续监控确保访问合规性，对访问主体进行持续感知和分析实现持续信任评估，对权限进行挖掘并结合访问申请与审批等治理活动，实现策略优化。首先，通过访问合规性分析对可执行的业务规则和控制进行评估，通过监控访问行为维护数据的完整性及业务安全。其次，通过对多源数据分析，包括了身份分析、行为分析等，实现对每一次访问行为的信任评估，信任评估结果不满足访问控制要求的，将回收访问资源的权限或终止权限。最后，访问策略的有效运行离不开各类上下文属性的支撑，为主体进行画像，为正常活动生成基线；根据组织内部的正常活动模式检测威胁，挖掘异常主体、行为属性；关联威胁情报或通过分析发现常见威胁模型无法捕获的独特恶意活动，生成威胁相关标签属性。对主体、资源、行为属性的持续挖掘与运营，分析所有数据端点的聚合活动信息，落实持续信任评估和策略治理，提供更安全的访问保障。

五、以工程化思维推进零信任架构演进

实现数字化转变和信息化发展都是一项持久的任务，不能一蹴而就。同样，创建零信任系统也不是短时间能完成的，需要结合信息化发展的计划，对当前的安全状况进行适当的规划，然后逐步开展。

在实施零信任的过程中，安全专业人员应是积极参与业务建设的协作者，他们要全程参加数字化建设的同步设计、落地实施以及日常管理。

（一）以系统思维推进零信任架构演进

在实施零信任框架时，尤其是在数据访问领域中，零信任的确定取决于我们需要什么样的零信任能力，而这个需求又依赖于零信任应用的场景和公司的安全政策。

1. 零信任目标及策略

零信任策略是实现特定目标的高层级计划，只有确定了零信任演进策略（结合业务场景）以后，才可以通过规划活动，设计零信任能力模型，采用相关技术组件来推动这些目标的实现。

2. 零信任能力

零信任工程实现需要技术组件来支撑，这些组件包含要实现的特定能力。为支持这些能力，需要定义相应策略、流程和过程。

3. 零信任技术

在阐明了战略目标并确定了在每个零信任组件中需要开发的关键功能之后，需要考虑支持零信任策略的工具、软件项或平台。

4. 零信任特性

零信任相关方案的产品都必须描述他们提供的特定功能如何与零信任实施策略所要求的功能特性保持一致。

（二）制定阶段性行动计划

1. 确立建设思路

结合应用场景规划制定阶段性行动计划。首先确立建设思路是能力优先型还是范围优先型。针对实施工程的问题，我们可以进行全面的整合和调度，对现有的安全能力、需求、业务状态和优先顺序进行清晰地梳理，从而确立一个初步的整体

开发方案。

2. 厘清项目性质

需求决定零信任构建项目的特定阶段,它可能是创新建设、扩充或升级改革。零信任与新建业务和核心业务的对接也须放在第一要位。如零信任体系与新兴业务的同步策划,将形成全新的零信任框架。而如果零信任框架是与核心业务的改造升级同步策划,会有零信任与传统框架并存的混搭现象。在不同的情况下,对零信任能力因素的策划也将有所区别。

(1) 全新的零信任模型:以零信任模型为基础,打造出一个全新的网络架构。

从企业的当前设置和运营方式,确定企业要操作的应用程序和工作流程,为这些工作流程生成基于零信任原则的体系结构。

(2) 混合零信任和传统架构共存。

一段时间内,零信任工作流与传统企业架构的共存。这是零信任迁移的重点,要保障现有业务和新建业务混合运行,平稳过渡。

3. 制定分步迭代建设方案

建立分步施行方案是实现从策略布局到实施策划的零信任的最终阶段,且内容根据规划理念来确定。

(1) 以能力优先的建设思路:需要从底层开始,为少数业务搭建能力并逐渐提升,通过对个别业务场景的检验来证明零信任的全面能力,接着就可以步步推进,迁移更多的业务。

(2) 以范围优先的建设思路:在同一个适当的能力层面上,先迁移尽可能多的业务,然后再逐步提升他们的能力。

作者:曲爱妍(金陵科技学院)

科教人才篇

以人才新政为抓手，打造高水平人才集聚平台

千秋基业，人才为先。人才是国家强盛和社会进步的第一资源，得人才者得天下，失人才者失未来。为了深入实施人才强国战略，习近平总书记早在2021年中央人才工作会议上就作出加快建设世界重要人才中心和创新高地战略部署，明确在一些高层次人才集中的中心城市建设吸引和集聚人才的平台。南京作为全国唯一的科技体制综合改革试点城市、国家科技人才评价改革试点城市、首个引领型国家创新型城市，拥有50多所普通高校，120多个国家级研发平台，90多名在宁两院院士，具有得天独厚的人才智力资源优势和发展潜力。“人才强市25条”和“重点产业人才7策”的颁布，既为南京率先建成高水平人才集聚平台进而向全国人才强市迈进，提供了前所未有的政策保障，又为探索新的人才举措、打造富有生命力的人才发展生态注入了强劲动力。如何以人才新政为抓手，充分释放新政的应有潜力，是需要深入探讨的现实问题。

一、人才新政所取得的突破

与以往已出台的人才政策相比，这次人才新政是在原有一系列人才扶持政策基础上的创新升级与综合施策，在以下五个方面取得了突破。

（一）有了更高和更明确的目标

新政以加快打造国家高水平人才集聚平台为总牵引，对人才政策体系进行全

面升级，既明确了到 2025 年实现的具体指标，又明确了为建设“具有全球影响力的产业科技创新中心主承载区提供有力人才支撑”的长远目标，明确了未来人才发展的新路标，堪称是全市人才政策一个重要里程碑。

（二）人才政策覆盖范围全面拓宽

新政着力将南京丰富的科教资源优势转化为高质量发展优势，面向在宁高校院所、国防科工单位、科技领军企业人才精准施策，推进校地人才发展通盘考虑，尤其对全市范围内高等院校和科研院所予以了更大倾斜，使得人才的蓄水池得以加深、加宽、加高，既弥补了过去政策的不足，也拓宽了人才发展的思路。

（三）政策组合拳全面打通人才“引育留用”全链条

人才新政提出了人才支持计划提优、人才创新载体提能、产才融合发展提速、人才合作开发提质、人才服务生态提升等“五大行动”，“重点产业人才 7 策”从引才用才、配套机制、生活服务等方面，为产业人才集聚提供支撑，进一步畅通“引育留用”全链条、推动“政产学研”相融合，以“人才强”实现“科技强”和“产业强”的“三强鼎立”，实现强强联合，相互赋能，形成更为强大的合力。

（四）政策支持力度空前提升

新政明确，对符合相关要求引进的顶尖人才，给予 300 万元安家补贴和 1000 万～2000 万元支持，综合资助最高 1 亿元，大幅度提升了支持力度，显著提升了南京在招引国内外优秀人才方面的吸引力。

（五）赋予了用人主体更多的自主权

新政通过推出人才事业编制“周转池”的方式，让用人主体有更多的人才选聘决定权，有效地解决了用人主体单位在事业编制使用方面无法根据实际情况做出调整的棘手问题。

二、打造高水平人才集聚平台所面临的挑战

在当前新的形势下，打造高水平人才集聚平台面临着五个方面的挑战。

（一）城市间人才争夺战硝烟四起

各地都把争夺高端人才、扩大人才数量作为目标任务。各种引人政策“水涨船高”，广东东莞市近期宣布将特级人才的购房补贴从原标准的 250 万元提高到了 1000 万元，其他层次人才的购房补贴标准也均有大幅提升。一石激起千层浪，各地正在爆发人才招引加码战，很大程度上也为南京新政的实施带来不利影响。

（二）人才存量不足、增量有限

从我国当前如火如荼的人才大战中可以发现，各地招才引才基本是对人才存

量开展“零和”竞争，是在有限数量的人才群体中开展激烈争夺，但人才存量总数是固定的，尤其是高端人才极为稀缺，如何赢得他们的“芳心”，难度变得越来越大。众所周知，人才的成长需要漫长而又曲折的过程，特别那些富有实战经验的复合型、综合型和领军型人才必须经历长期的打磨才能最终“百炼成钢”。因此，有限的人才增量正在给当前各地的人才工作带来新的困扰，南京也概莫能外。

（三）人才吸纳能力存在短板

南京市在人才吸纳大户大型企业集团和民营企业方面优势明显不足，与兄弟城市杭州相比，该市当前拥有 8 家世界 500 强企业（其中 5 家——阿里巴巴、荣盛控股、吉利控股、恒逸集团、海亮集团均为民营企业），南京已连续两年无企业上榜世界 500 强，无论是大型企业集团数量还是民营企业实力，均存在明显差距。企业壮大和人才成长是双向赋能，南京市在当前面临的挑战面前，如何形成新的机制还任重道远，需要做更加深入系统和更富长远眼光的实践探索。

（四）在新兴产业布局方面尚需进一步发力

南京有良好的制造业基础和软件信息服务业基础，但新能源汽车、动力电池等高成长性产业布局不足，一定程度上削弱了人才创新创业的吸引力和容纳力。常州新能源汽车产量累计已超 100 万辆，江苏 2/3 新能源汽车产量产自常州，牢牢把握住了全省新能源汽车领跑者的地位，相关的经验值得学习和借鉴。

（五）南京的科教人才资源优势尚需进一步放大

怎样让更多的在宁学子留宁扎根、在宁建功立业，一直是南京市人才工作关注的一个重要问题，尽管采取了不少有效的举措，但成效还不够明显。与此同时，南京拥有国内领先的海外留学人才资源优势，比如蜚声海内外的南外学子，是不可多得的人才宝库，如何打好这张特色鲜明的人才牌，亟须创新思路、拓宽发展路径、开创新的局面。

三、打造高水平人才集聚平台的国际经验

打赢人才保卫战、构筑人才新高地，是世界各国共同的选择，目前国际上已形成了不少有价值的经验和做法，值得学习和借鉴。

（一）美国着力构筑 STEM 人才发展新高地

STEM（科学、技术、工程和数学的英文缩写）人才是美国人才政策的重点，早在 1986 年美国国家科学委员会建议培养优质科技人才、工程师、科学家，以及数学家来提升国家的竞争力。数十年来，STEM 国际人才为美国的繁荣发挥了重要作用，如特斯拉是南非移民 STEM 留学生埃隆·马斯克所创立；Google CEO 是印度

移民 STEM 留学生桑达尔·皮查伊；Zoom 是中国移民 STEM 留学生袁征所创办的。

拜登上台后一改特朗普时期不断收紧的 STEM 人才政策，加大了相应的投入，2021、2022 年 STEM 教育总预算分别为 39.22 亿美元和 42.28 亿美元，比过去有了大幅度的提升。

2022 年 1 月 21 日，美国国务院和国土安全部公布了一项新政策，在四个方面为吸纳 STEM 人才大开绿灯。一是放宽了 STEM 专业人才拿美国绿卡的要求，同时新增 22 个 STEM 专业，除了传统观念上的生物、化学、计算机外，还覆盖了金融科学、社会科学、商业分析、环境科学等，大大扩充了 STEM 专业的范围；二是 STEM 留学生 OPT（为在美国留学生量身打造的美国就业许可）从过去的 12 个月延长至 36 个月；三是延长了 J-1 签证 STEM 人员实习工作时长，允许持有 J-1 签证的 STEM 学术人员毕业后在相关领域工作时间从过去的 18 个月延长至 36 个月；四是放宽了 O-1A 签证审理规则，修订了 STEM 专业申请人在递交 O-1 签证的相关标准，简化了程序。

美国制造业协会的报告显示，到 2025 年，美国各行业将有 350 万个 STEM 职位亟待填补，但目前，美国本土学生仅有 16%的学生申请 STEM 专业，而国际学生却对 STEM 专业热情十分高涨。2023 年 8 月，美国国土安全部和移民局进一步扩大了 STEM 的专业范围，新增了 8 个专业领域：景观设计，机构研究，机电一体化、机器人技术和自动化工程技术，复合材料技术，语言学与计算机科学，发展与青少年心理学，地理空间情报以及人口统计学和人口研究等。

毫无疑问，美国的 STEM 人才新政必然对世界各国人才政策带来影响，进一步加大了包括南京在内的国内城市招引国际 STEM 人才的难度。

（二）日本为中国人才开辟绿色通道

曾经长期位居全球第二经济体的日本为挽回颓势、重振雄风，将吸引以中国人才为重点的国际顶尖人才作为重要战略。2023 年 9 月，日本政府推出了两项计划：一是“特高人才认证及未来创造人才认证计划”，只要从世界大学排名前 100 名大学毕业的外国公民即可获得“未来创造人才”资格，并可享受相关的福利待遇；二是“特别高度人才制度（Japan System for Special Highly-Skilled Professionals，简称 J-Skip）”，规定只要是研究人员或年收入超过相应标准并且具有硕士及以上学历者在日本工作满一年后即可申请永久居留权。

在日本，高端外国人才被定义为“拥有专业知识和技能且在日本企业和研究机构等工作的外国人”。数据显示，截至 2022 年 6 月底，日本共有高端外国人才

17199人，占到在日居留外国人总数的0.6%。其中，来自中国的高端外国人才占66%，远远领先于第2名印度(6%)和第3名韩国(4%)。

日本的就业形势总体已呈现全面复苏的势头，2023年3月毕业的大学生截至4月1日的就业率为97.3%，比上年高出1.5个百分点。为了吸引中国等国优秀毕业生去日本就业，日本政府推出了“J-Find签证”，为中国离校未就业毕业生打开了新的就业机遇。申请该签证要求满足三个条件：一是毕业于至少两个世界大学排名(如QS或THE)前100名的大学；二是必须在毕业后五年内；三是在逗留之初至少有20万日元(约1400美元)的生活费。这一政策无疑对符合条件的中国尚未就业或者未达预期理想的毕业生有极大吸引力，申请人数正不断上升。

(三) 新加坡为人才振“新”开足马力

不足600万人口、国土面积仅有733.2平方公里的弹丸之国——新加坡，是亚洲领先的国际人才聚集地，其长期奉行的“人才立国，人才治国，人才强国”的国家战略，以其优越的就业环境、富有吸引力的移民政策、较低的税负以及灵活多样的支持国际人才发展政策，成为国际人才的向往之地。2022年8月，新加坡面向商业、艺术和文化、体育以及学术和研究领域的外国顶级专业人士出台了“顶级专才准证”国际人才计划，该计划只要求申请者满足两个条件即可成为该国顶级专才：一是过去或将来一年内月薪达到3万新元(或等值外币)；二是海外申请者要在市值超过5亿美元或年收入超过2亿美元的海外知名公司供职一年以上，或提供将在新加坡知名公司供职不少于一年的合同。

这一人才计划作为新加坡政府为确保在顶级人才国际竞赛中具有强吸引力而推出的重要举措，具有“五更”的独特优势。一是更自由。“顶级专才准证”持有者可随时或同时创立、经营或为多家企业工作。二是更灵活。获得准证后留新期间更换工作，无须申请新的准证。三是更方便。持有者的配偶获得同意书(LOC)即可在新加坡工作。四是更多样。不仅可以为合法登记的配偶、21岁以下的子女申请DP家属准证，还可以为父母、配偶、21岁以上的未婚残疾子女、21岁以下未婚继子女申请LTVP长期探访准证。五是更长久。准证有效期高达5年，达到续签要求可续期5年。

这一人才计划推出后起到了立竿见影的效果，包括中国在内多国高端人才获得“顶级专才准证”的人数正在不断提升，将会给我国的人才发展环境带来一定影响。

(四) 对国际人才发展趋势的评判

从国际范围来看，人才争夺战正呈现出以下几个方面的趋势：一是国际人才争夺战将会越演越烈，并将长期处于“紧张”状态；二是人才政策在构筑人才发展优势方面将会起到越来越重要的作用，缺乏有力人才政策支持的国家或地区会错失人才发展机遇；三是人才政策的创新要求越来越高，传统的引才政策、激励措施正越来越难以适应时代发展的需要。

面对新的国际发展形势，我们既需要以积极的心态融入国际发展大环境，又要从实际出发，努力探索出一条行之有效的发展道路。

四、构建高水平人才集聚平台的若干建议

习总书记在江苏考察时指出，江苏拥有产业基础坚实、科教资源丰富、营商环境优良、市场规模巨大等优势，有能力也有责任在推进中国式现代化中走在前、做示范。当今世界处于百年未有之大变局的大背景下，作为江苏省会的南京需要从自身实际出发，以人才新政的实施为契机，审时度势、积极布局高水平人才集聚平台建设，力争用五到十年的时间，构筑起在国际上有影响力、有竞争力、有辐射力的人才聚集地，为我国打赢新时期人才保卫战做出前瞻性的探索。为此提出以下建议。

（一）解放思想、凝聚共识，积极推进高水平人才集聚平台建设

纵观全球，世界经济政治风云变幻，各种不确定、不安定、不稳定因素普遍存在，中国作为最大的发展中国家，政治稳定、经济繁荣、科技崛起，有目共睹，越来越多的海外华人的回流是一个例证。南京作为江苏省省会和新一线城市，与国际、国内一线城市相比，尽管在城市规模、人口基数等方面存在差距，但自身的优势也不可多得，比如在科教资源、历史文化、人文环境、生活配套等方面具有领先优势，是广受认可的宜居、宜业、宜游、宜商、宜学、宜研、宜医、宜养的“八宜”城市，对国内外人才有极大的吸引力，有足够的条件和能力建设成为高水平人才集聚平台，需要我们形成广泛的共识，并要以人才新政为契机，着眼长远、放大格局、科学谋划，全面开创南京人才战略新局面。

（二）从大一新生抓起，奋力打造高水平人才蓄水池

中国改革开放的总设计师邓小平在中国计算机严重落后于国际发展的1984年，作出了“计算机普及要从娃娃抓起”的指示，这一具有深远意义的指示开启了我国信息通信技术追赶世界脚步的新征程，既改变了无数中国年轻人的命运，也为中国科技的进步立下了汗马功劳。南京作为国内领先的高等教育之都，当前在校生数量超过85万人，近几年每年高校毕业生超过25万人，是极其宝贵的人才富矿。为了让更多的大学生留宁发展，一定要提前布局，积极探索“人才留宁从大一新生

抓起”的发展新思路，做到早行动、早落实、早见效。具体建议如下：一是为大一新生提供“南京新市民”身份，为他们早日融入南京城市生活提供全方位的关爱和帮助；二是从大一开始为在宁大学生提供公园门票减免等各种优惠福利，让在校大学生享受南京城市的温暖；三是精选南京博物院、中山陵、侵华日军南京大屠杀遇难同胞纪念馆等南京标志性场所设立“大一新生开放日”，安排专业人士提供接待和讲解服务，既为在宁大学生解除各种繁复的“预约”烦恼，同时也让他们真切感受到城市的人文关怀；四是充分挖掘全市党政机关、企事业单位为在宁大学生提供实践实习机会，为他们提升能力以及找到可能的工作机会创造条件；五是鼓励校地之间双向“挂职”，促进在宁高校与各大园区、相关企事业单位更深层次、更高水平的合作，为在宁高校毕业生留宁发展打通可能的关节。

（三）创新人才激励措施，形成强大人才吸引力

在全国各地正在掀起的招才引才的大比拼中，最大的杀手锏基本是“物质激励”，这种同质化竞争一方面会加大引才的难度，另一方面也会与人才战略的初衷背道而驰。何况，大部分高端人才已经对物质待遇的敏感性显著降低，更注重“以事业留人”“以感情留人”“以情怀留人”。所以，南京市应在基于不降低物质待遇吸引力的前提下多管齐下，创新激励机制，形成更强大的人才牵引力。建议如下：一是提升人才的荣誉感和归属感。通过评选“荣誉市民”、不同级别的“领军人才”“行业带头人”等形式，激励更多高端人才更好地在宁发展。二是组织召开年度人才工作大会。通过人才工作大会的方式，既对政府人才管理工作条线、人才服务先进企业以及优秀人才代表进行高规格表彰，又能交流经验、促进全市人才管理和服务水平的整体提升。三是切实解决人才婚恋难题。很多高端人才由于受教育年限长、接触范围小，个人婚恋问题存在较大的困难，尤以女博士群体最为明显，南京市人才工作要勇于碰这个“硬钉子”，倡导建设“人才婚恋友好城市”，切切实实解决他们的婚恋难题，为他们爱情美满、婚姻幸福助力。四是帮助解决人才子女教育问题。让子女获得尽可能满意的教育，是广大人才所共同关注的问题，需要市级层面出台相关的政策，争取能根据人才的级别和贡献的大小，提供相应的政策支持。五是为人才父母等老人提供精神慰藉和健康照护。建议通过颁发“南京市高层次人才家庭”牌匾以及证书等形式给人才家庭提供荣誉激励，为人才老人组织专门的游乐活动（包括集体出游、健康讲座、入读老年大学等），让老人感受到被关怀和照顾，为老人组织常规性的免费体检并提供诊疗便利，以南京市创立的“时间银行”为依托为人才老人提供高标准的志愿者服务等。

（四）拓展思路，让各路人才为有源头活水来

争抢数量不足的“存量人才”只会使各地的人才竞争加剧，如能在存量基础上拓展增量的思路，能显著增加人才资源的供给。建议如下：一是做大外籍和港澳台人才蛋糕。以做精做优在宁外籍和港澳台人才服务为基础，为他们提供多方面的精神激励和生活便利，并通过他们吸引更多外籍和港澳台人才来宁发展。二是为海外南京籍人才效力家乡提供支持。充分发挥各级侨联、欧美同学会等机构的作用，为数量众多的海外南京籍人士提供对接服务。三是充分发挥知名中学在招才、引才中的作用。南京拥有南京外国语学校、南师附中、金陵中学等全国领先的中学，这些中学拥有大量海内外知名校友资源，可联合相关中学开展人才专项服务，尤其是对每年新出国的留学生进行专门关爱，鼓励他们学成归来，报效家乡。四是为南京乡贤助力家乡建设搭建舞台。南京籍乡贤是不可多得的人才资源，通过定期设立乡贤茶话会、乡贤走访日等方式加强感情交流和信息沟通，以促进更多的合作。五是加强老年人才资源的开发利用。南京拥有十分丰富的离退休人才资源，需要由政府部门牵头建立相应的机制，在保障老年人才相关权益的基础上，为他们发挥余热、贡献更多的聪明才智创造条件。

（五）加强政产学研多方联动，构筑充满活力的人才成长生态环境

南京科教资源优势明显，人才基础十分稳固，但在如何激活发展潜力方面还有许多文章可做。建议如下：一是打破政产学研合作的障碍。在宁高校数量众多，但隶属关系不同，与南京市的合作有各种有形、无形的障碍，需要驻地政府部门主动破冰，伸出橄榄枝，为促进政产学研深度合作建立新的平台和机制。二是积极为高校教师提供企业实践对接支持。高校培养的人才与社会需求脱节是国内较为普遍的现象，高校教师缺乏企业实践经验是重要的原因，南京市可以选择相关高校和园区作为试点，力争在全国率先探索出一条破解高校与企业人才培养脱节顽症的有效之道。三是下力气破解高校科研成果转化难题。国内高校普遍存在的科研成果转化难题，很大程度上是由于相关人才被科研“伪需求”牵引，而不是以企业所需要真正攻克的技术难题为出发点，政府可以为高校人才和企业技术攻关架起桥梁，同时为促进合作、形成高水平技术成果提供相应的支持。四是进一步发挥“科技镇长团”的作用。江苏已实施多年的科技镇长团已取得了多方面的成效，为促进高校科研机构与地方的合作起到了积极的作用，南京市应在总结经验的基础上结合实际进一步深化，重点鼓励相关园区吸纳更多高校人才，促进深度合作。五是充分发挥学会、协会在促进产学研合作中的作用。南京市有一支政府相关部门支持的学会、协会队伍，是连接政府、高校、科研机构和产业界的重要力量，目前这支队伍的作用还需要进一步加强，政府主管部门既需要给予必要的管理和约束，更需要从资金、资源和政策等方面予以必要的支持。

（六）推动产业和人才双向奔赴，打造近悦远来、富有竞争力的人才聚集地

产业既是人才成长的土壤，也是人才创造价值的载体；人才既是产业兴旺的根基，也是产业回馈的重要对象。人才和产业的双向奔赴，不仅是地方经济和社会发展生生不息的源泉，更是城市发展和人民群众的美好追求。相关建议如下：一是要夯实支柱产业转型升级的人才基础。电子信息、汽车、石化和钢铁是南京四大支柱产业，需要在产业高端化、智能化、绿色化发展方面提供强有力的人才保障。二是进一步打造优势产业的人才沃土。为两大优势产业集群（软件和信息服务、新型电力〔智能电网〕）、六大产业集群（新能源汽车、智能制造装备、集成电路、生物医药、新型材料、航空航天）、六个未来产业（新一代人工智能、第三代半导体、基因与细胞、元宇宙、未来网络与先进通信、储能与氢能）拓宽人才渠道，加大引进力度，提升激励强度。三是创新人才评价机制。重点围绕职称评审、职级提升、绩效奖励等方面展开人才评价机制的改革，加快建立以创新价值、能力、贡献为导向的人才评价体系，让更多富有真才实学、真抓实干的人才，尤其是要让奋战在一线的专业技术人才脱颖而出。四是加强产业专门人才的教育和培训。面对新兴产业技术变化速度快、更新迭代周期短的挑战，政府层面需要通过组织公益培训或设立专项人才培养项目予以应对，可以借鉴省工信厅“英才名匠”项目组织模式有序推进。五是鼓励更多企业参与高校人才培养。为进一步提升高校人才培养的适应性和前瞻性，鼓励更多企业与高校以共同组建实验室、共建学院或专业、提供奖教金或奖学金、共同组建师资团队、共同开发实验项目、共同指导学生毕业课题等方式，建立起产业界和高校的纽带，构筑起新的适应时代发展需要的人才培养通道。

有着“六朝古都”“十朝都会”之称的南京，之所以在浩瀚的历史长河中闪耀出迷人的光芒，正是因为一代又一代的灿若繁星的精英人才点亮了前行的道路。今天，伴随着人才新政的发布，期待南京再次吹响前进的号角，为早日成为高水平人才集聚平台、建成世界一流的人才高地迈出更加坚实的步伐。

作者：姚国章（南京数字经济科技学会理事长、南京邮电大学数字经济研究所所长）

南京知识产权事业创新发展报告（2023—2024）

2023年，南京市知识产权工作以习近平总书记关于知识产权工作的系列重要论述为根本遵循，深入学习贯彻党的二十大精神，全面贯彻落实《关于强化知识产权保护的意见》《知识产权强国建设纲要（2021—2035）》《"十四五"国家知识产权保护和运用规划》，在国家知识产权局、省知识产权局的指导下，在市委、市政府的决策部署下，全面提升知识产权创造、运用、保护、管理和服务水平，奋力开创国家知识产权强市建设新局面，为全面推进中国式现代化南京新实践作出新贡献。

专利是知识产权的核心要素，是准确识别技术机会、顺利开展技术创新活动的重要前提，也是技术创新的重要阶段性产出，反映了产业技术创新的活跃程度。作为公开技术源，专利文献包含了90%～95%的技术信息，具备权威性和时效性，已成为掌握产业技术创新状况和发展的重要工具①。

为准确把握2023年南京知识产权事业创新发展现状，本文以2023年1月1日至2023年10月1日期间南京申请的国内专利和PCT（Patent Cooperation Treaty，《专利合作条约》的英文缩写）国际专利为研究对象，采用国家知识产权局数据库、INCOPAT专利数据库，重点针对新一代信息技术产业、高端装备制造产业、新材料产业、生物产业、新能源汽车产业、新能源产业、节能环保产业、数字创意

① 刘庆红.中国环保物联网专利发展动态专利情报研究[J].情报科学，2016，34(08)：53-56.

产业、相关服务业等 9 大战略性新兴产业,分析南京创新主体年度创新活动。同时,为明确南京知识产权发展能力在全国的占位,重点分析南京与北京、上海、广州、深圳、天津、重庆、武汉、成都、合肥等 9 个重要城市,在专利质量及战略性新兴产业八大细分技术领域的创新活力上的优势与劣势,旨在客观评价南京知识产权事业现状,为科学决策提供信息支撑。

一、 研究方法

《国际专利分类表》(IPC 分类)是目前国际上唯一通用的专利文献分类工具,它采用功能性为主、应用性为辅的五级分类原则,即部、大类、小类、大组和小组①。专利数集中的 IPC 类组通常是技术研发的活跃区域。在对南京战略新兴产业 9 个细分技术领域进行研发热点分析时,采用 IPC 小类对专利数据进行分类统计,且只针对排名前 10 的 IPC 小类进行分析。由于一件专利可能涉及多个专利分类号,因此排名前 10 的 IPC 小类专利总数可能会大于该产业专利总申请量。

重要申请人是指专利申请量排名前 10 的申请人。

发明专利是指对产品、方法或者其改进所提出的新的技术方案,具备新颖性、创造性和实用性等特征。实用新型专利是指对产品的形状、构造或者其结合所提出的适于实用的新的技术方案。发明专利在某种程度上更能表征技术创新水平,因此将发明专利授权量在授权专利总量中的占比作为评判南京创新主体创新能力的指标之一。

PCT 是有关专利的国际条约,作为国内创新主体在海外寻求专利保护的主要途径之一,正受到越来越多创新主体的关注。由于 PCT 国际专利是衡量创新主体国际竞争力的重要标尺之一,因此将 PCT 国际专利申请量作为评判南京创新主体创新能力的另一指标。

为评价知识产权质量,采用专利价值度作为分析指标。INCOPAT 中,专利价值度主要通过技术稳定性、技术先进性和保护范围来衡量专利的价值。其中技术稳定性主要通过稳定性好、无诉讼行为发生、未发生过质押保全申请人、未提出过复审请求、未被申请无效宣告等方面衡量;技术先进性主要通过该专利及其同族专利在全球被引用的次数、是否发生许可或转让等方面衡量;保护范围主要通过专利拥有的权利要求数量、剩余有效期、在国家/组织/地区专利布局情况等方面衡量。专利价值度从 1 分到 10 分不等,满分为 10 分,分值越高,代表的专利价值就越高。本报告中某市专利的价值度为该市所有专利价值度的平均值。

---

① 张慧卿,郭倩玲,张杰.电池成组技术国际专利情报分析[J].现代情报,2014,34(11):131-137.

二、南京专利态势

2023 年，南京专利申请量为 36908 件，其中发明专利申请量 22993 件，战略新兴产业专利申请量 33528 件；PCT 国际专利申请量为 159 件；专利价值度为 6.43。如图 1 和图 2 所示，与 2022 年同期相比，2023 年专利申请量增长 16.14%，其中，发明申请量增长 8.73%；战略新兴产业专利申请量增长明显，达 48.55%；发明专利的占比降低 4.24%；战略新兴产业专利占比提高 19.82%，达 90.84%；专利价值度提高 0.24。专利价值度为 9 的专利去年有 112 件，今年为 504 件，是去年的 4.5 倍；价值度为 10 的专利去年为 0，今年为 14 件，取得了新的突破。

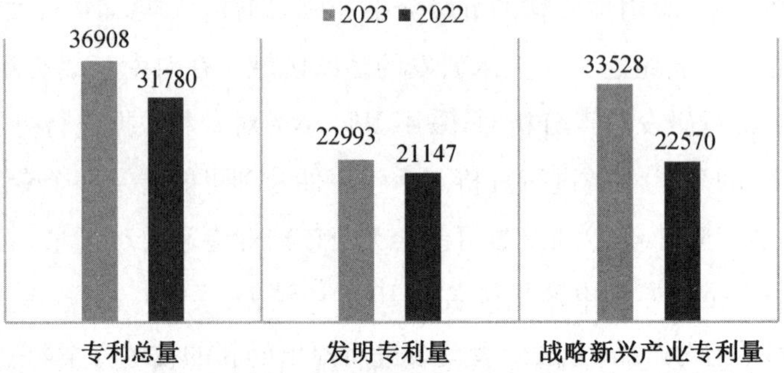

图 1　2022 年和 2023 年南京国内专利申请情况同期对比

注：统计数据来源于 Incopat 专利数据库。

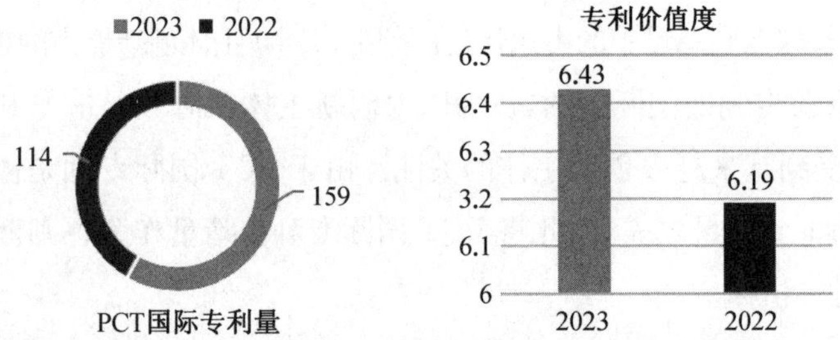

图 2　2022 年和 2023 年南京 PCT 国际专利量及专利价值度同期对比

注：统计数据来源于 Incopat 专利数据库。

三、南京与国内重要城市专利态势对比

（一）专利申请情况对比

从全国来看，如图 3 所示，全国 10 个重要城市中，在专利总量方面，位列前 3 位的分别是北京（115573 件）、深圳（100101 件）和上海（26574 件），位列后 3 位的分别合肥（30258 件）、重庆（29165 件）和天津（20574 件）；在发明专利量方面，北京（80237 件）、深圳（42805 件）和上海（40105 件）位列前 3 位，重庆（15826 件）、合肥（15693 件）、天津（11221 件）位列后 3 位；在战略新兴产业专利量方面，北京

(111670 件)、深圳(78620 件)和上海(61448 件)位列前 3 位,合肥(24722 件)、重庆(21556 件)、天津(19668 件)位列后 3 位。可见,2023 年,北京、深圳和上海在专利总量、发明专利量和战略新兴产业专利量方面优势均较大,大幅领先于其他重要城市,重庆、合肥和天津等城市则表现相对偏弱。

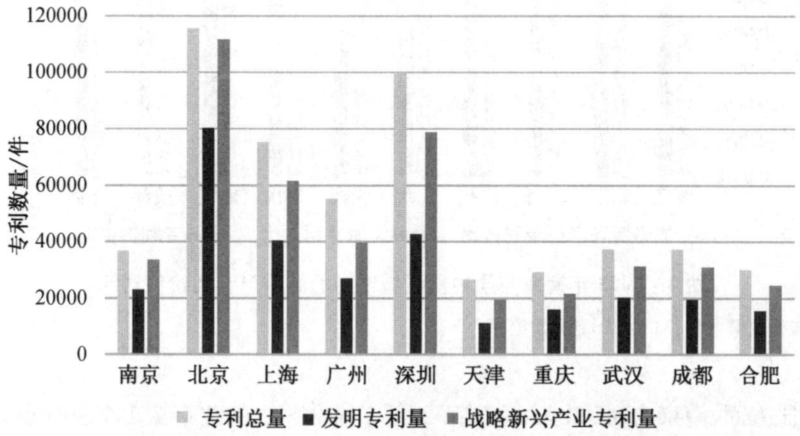

图 3　2023 年南京与国内重要城市专利申请情况对比

注:统计数据来源于 Incopat 专利数据库。

从南京来看,南京在专利总量、发明专利量、战略新兴产业专利量上均位列第 5,分别是排名第 1 的 31.93%、28.66%和 30.02%,与头部城市相比差距较为明显,尚有一定的提升空间。

(二)专利结构与专利价值对比

从全国来看,如图 4 所示,在战略新兴产业专利占比方面,位列前 3 位的分别是北京(96.62%)、南京(90.84%)和武汉(83.84%),位列后 3 位的分别是天津(74.01%)、重庆(73.94%%)和广州(71.76%);在发明专利量占比方面,位列前 3 位的分别是北京(69.43%%)、南京(62.30%)和武汉(54.90%),位列后 3 位的分别是广州(49.00%)、深圳(42.76%)和天津(42.76%);在专利价值度方面,位列前 3 位的分别是天津(6.67)、合肥(6.54)和成都(6.49),位列后 3 位的分别是重庆(6.20)、广州(6.10)和深圳(6.05)。可见专利价值度波幅整体不大,最高 6.67,最低为 6.05,两者之间相差仅为 0.62,表明 10 个主要城市在专利价值方面表现均不俗。

从南京来看,在战略新兴产业专利占比方面,南京为 90.84%,位列第 2,表现优异,仅低于排名第 1 的北京 5.8 百分点,表明南京在加快发展壮大战略性新兴产业创新,推动产业结构优化升级产业机构方面力度较大,取得较好的成效;在发明

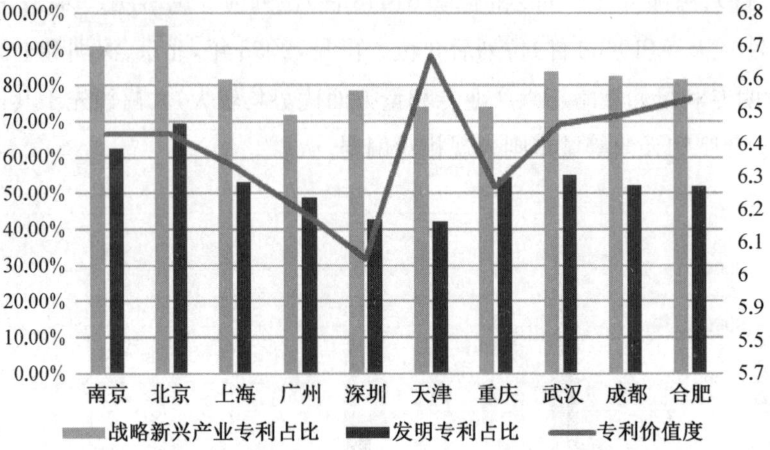

图 4　2023 年南京与国内重要城市专利结构与专利价值对比

注:统计数据来源于 Incopat 专利数据库。

专利占比方面,南京为 62.30%,位列第 2,低于排名第 1 的北京 7.1 个百分点,表明南京注重专利质量的提升,专利结构更趋优化;在专利价值度方面,南京与北京并列第 5,较去年上升 1 名,与排名第 1 的天津仅相差 0.24 个百分点,差距有所缩小。

四、南京战略新兴产业专利态势

(一) 新一代信息技术

在新一代信息技术领域,东南大学、南京邮电大学等 10 个申请人是该领域最重要的创新主体,TOP10 申请人专利量 3726 件,在该领域专利总量中占比 34.41%。TOP10 申请人最关注的 10 个技术研发热点聚焦于 G06F、G06N 等 10 个 IPC 小类,各技术热点主要技术内容详见表 1。

表 1　2023 年新一代信息技术 TOP10 申请人和技术研发热点

重要申请人		技术研发热点		
申请人名称	专利量/件	IPC 分类号	专利量/件	技术内容
东南大学	964	G06F	4732	电数字数据处理
南京邮电大学	845	G06N	2642	基于特定计算模型的计算机系统
南京航空航天大学	746	G06Q	1874	电数字数据处理
南京理工大学	407	H04L	1177	数字信息的传输
南京信息工程大学	405	G06V	1088	图像或视频识别或理解
南京大学	384	H04W	794	选择设备或装置的零部件

续表

重要申请人		技术研发热点		
申请人名称	专利量/件	IPC 分类号	专利量/件	技术内容
河海大学	321	G06T	765	一般的图像数据处理或产生
国网江苏省电力有限公司	156	H04B	560	传输
南京工业大学	141	H02J	410	电能存储系统
网络安全与通信紫金山试验室	103	H04N	334	图像通信

注:统计数据来源于 Incopat 专利数据库。

(二)新材料

在新材料领域,东南大学、南京工业大学等 10 个申请人是该领域最重要的创新主体,TOP10 申请人专利量 1412 件,在该领域专利总量中占比 32.88%。TOP10 申请人最关注的 10 个技术研发热点聚焦于 G01N、H05K 等 10 个 IPC 小类,各技术热点主要技术内容详见表 2。

表 2　2023 年新材料 TOP10 申请人和技术研发热点

重要申请人		技术研发热点		
申请人名称	专利量/件	IPC 分类号	专利量/件	技术内容
东南大学	330	G01N	793	借助于测定材料的化学或物理性质来测试或分析材料
南京工业大学	244	H05K	596	印刷电路;电设备的外壳或结构零部件;电气元件组件的制造
南京理工大学	157	B01J	311	化学或物理方法
南京大学	121	H01R	273	导电连接
南京航空航天大学	109	C04B	254	石灰,氧化镁,矿渣,水泥,其组合物
南京林业大学	105	E04B	251	建筑物
南京邮电大学	102	C08L	245	高分子化合物的组合物
河海大学	100	C01B	218	非金属元素,其化合物
南京钢材股份有限公司	77	B01D	215	分离
中铁八局第三建设有限公司	67	C08K	160	使用无机物或非高分子有机物作为配料

注:统计数据来源于 Incopat 专利数据库。

（三）高端装备制造

在高端装备制造领域，南京航空航天大学、东南大学等10个申请人是该领域最重要的创新主体，TOP10申请人专利量953件，在该领域专利总量中占比27.49%。TOP10申请人最关注的10个技术研发热点聚焦于B65G、G05B等10个IPC小类，各技术热点主要技术内容详见表3。

表3　2023年高端装备制造TOP10申请人和技术研发热点

重要申请人		技术研发热点		
申请人名称	专利量/件	IPC分类号	专利量/件	技术内容
南京航空航天大学	298	B65G	425	运输或贮存装置
东南大学	150	G05B	357	一般的控制或调节系统
南京理工大学	124	B23K	318	钎焊或脱焊
南京邮电大学	80	B25J	236	机械手，装有操纵装置的容器
河海大学	60	G01B	226	长度、厚度或类似线性尺寸的计量
农业农村部南京农业机械化研究所	55	H01Q	188	无线电天线
南京信息工程大学	53	B66C	161	起重机
中建安装集团有限公司	48	H04B	129	电通信技术
南京工业大学	46	A01C	128	种植，播种，施肥
南京林业大学	39	G06F	128	电数字数据处理

注：统计数据来源于Incopat专利数据库。

（四）节能环保

在节能环保领域，东南大学、河海大学等10个申请人是该领域最重要的创新主体，TOP10申请人专利量710件，在该领域专利总量中占比20.03%。TOP10申请人最关注的10个技术研发热点聚焦于B01D、C02F等10个IPC小类，各技术热点主要技术内容详见表4。

表4　2023年节能环保TOP10申请人和技术研发热点

重要申请人		技术研发热点		
申请人名称	专利量/件	IPC分类号	专利量/件	技术内容
东南大学	135	B01D	872	分离
河海大学	90	C02F	858	水、废水、污水或污泥的处理

续表

重要申请人		技术研发热点		
申请人名称	专利量/件	IPC 分类号	专利量/件	技术内容
南京工业大学	88	G01D	234	非专用于特定变量的测量
南京航空航天大学	71	G01R	207	测量电变量,测量磁变量
生态环境部南京环境科学研究所	71	B01J	200	化学或物理方法
南京天加环境科技有限公司	58	B02C	182	一般破碎、研磨或粉碎,碾磨谷物
江苏省环境工程技术有限公司	56	H02K	176	电机
南京大学	52	F24F	168	空气调节
南京理工大学	51	F21V	152	照明装置或其系统的功能特征或零部件
中建八局第三建设有限公司	38	G01N	139	借助于测定材料的化学或物理性质来测试或分析材料

注:统计数据来源于 Incopat 专利数据库。

(五) 生物

在生物领域,中国药科大学、南京农业大学等 10 个申请人是该领域最重要的创新主体,TOP10 申请人专利量 1264 件,在该领域专利总量中占比 33.03%。TOP10 申请人最关注的 10 个技术研发热点聚焦于 A61K、A61P 等 10 个 IPC 小类,各技术热点主要技术内容详见表 5。

表 5 2023 年生物 TOP10 申请人和技术研发热点

重要申请人		技术研发热点		
申请人名称	专利量/件	IPC 分类号	专利量/件	技术内容
中国药科大学	218	A61K	842	医用、牙科用或梳妆用的配制品
南京农业大学	213	A61P	777	化合物或药物制剂的特定治疗活性
南京工业大学	160	C12N	726	微生物或酶
江苏省农业科学院	121	A61B	411	诊断,外科,鉴定
南京林业大学	113	G01N	377	借助于测定材料的化学或物理性质来测试或分析材料
东南大学	102	C12R	362	与涉及微生物的 C12C 至 C12Q 小类相关的引得表

续表

重要申请人		技术研发热点		
申请人名称	专利量/件	IPC分类号	专利量/件	技术内容
江苏省人民医院（南京医科大学第一附属医院）	99	A01G	317	园艺，蔬菜、花卉、稻等的栽培
南京师范大学	88	A61M	317	将介质输入人体内或输到人体上的器械
中国人民解放军东部战区总医院	76	C07D	304	杂环化合物
南京大学	74	C07K	267	肽

注：统计数据来源于 Incopat 专利数据库。

（六）新能源产业

在新能源产业领域，东南大学、国网江苏省电力有限公司等 10 个申请人是该领域最重要的创新主体，TOP10 申请人专利量 1138 件，在该领域专利总量中占比 39.03%。TOP10 申请人最关注的 10 个技术研发热点聚焦于 H02J、G01R 等 10 个 IPC 小类，各技术热点主要技术内容详见表 6。

表 6　2023 年新能源 TOP10 申请人和技术研发热点

重要申请人		技术研发热点		
申请人名称	专利量/件	IPC分类号	专利量/件	技术内容
东南大学	241	H02J	1064	供电或配电的电路装置或系统
国网江苏省电力有限公司	130	G01R	569	测量电变量，测量磁变量
国网江苏省电力有限公司电力科学研究院	123	G06F	325	电数字数据处理
国电南瑞科技股份有限公司	120	H02M	289	用于交流和交流之间、交流和直流之间或类似的供电系统一起使用的设备
南京理工大学	111	H02B	277	供电或配电用的配电盘、变电站或开关装置
河海大学	108	G06Q	260	专门适用于行政、商业、金融、管理、监督或预测目的的数据处理系统或方法
江苏省电力试验研究院有限公司	89	H02S	202	由红外线辐射、可见光或紫外光转换产生电能

续表

重要申请人		技术研发热点		
申请人名称	专利量/件	IPC 分类号	专利量/件	技术内容
南京航空航天大学	79	H02H	172	紧急保护电路装置
南京邮电大学	69	G06N	149	基于特定计算模型的计算机系统
南京工程学院	68	E04G	142	脚手架、模壳

注:统计数据来源于 Incopat 专利数据库。

（七）新能源汽车

在新能源汽车领域,南京航空航天大学、东南大学等 10 个申请人是该领域最重要的创新主体,TOP10 申请人专利量 414 件,在该领域专利总量中占比 27.22%。TOP10 申请人最关注的技术研发热点聚焦于 H01M、B65G 等 10 个 IPC 小类,各技术热点主要技术内容详见表 7。

表 7　2023 年新能源汽车 TOP10 申请人和技术研发热点

重要申请人		技术研发热点		
申请人名称	专利量/件	IPC 分类号	专利量/件	技术内容
南京航空航天大学	107	H01M	332	用于直接转变化学能为电能的方法或装置
东南大学	76	B65G	224	运输或贮存装置
南京理工大学	46	G01M	218	机器或结构部件的静或动平衡的测试
南京工业大学	41	H02J	206	供电或配电的电路装置或系统
南京邮电大学	37	B60L	203	电动车辆动力装置
中汽创智科技有限公司	36	G06F	97	电数字数据处理
南京信息工程大学	21	H02K	89	电机
南京工程学院	19	B23K	84	钎焊或脱焊
南京工业职业技术大学	17	B60W	83	不同类型或不同功能的车辆子系统的联合控制
南京林业大学	14	G01R	63	测量电变量

注:统计数据来源于 Incopat 专利数据库。

（八）数字创意

在数字创意领域,东南大学、南京邮电大学等 10 个申请人是该领域最重要的创新主体,TOP10 申请人专利量 636 件,在该领域专利总量中占比 39.82%。

TOP10 申请人最关注的 10 个技术研发热点聚焦于 G06T、G06F 等 10 个 IPC 小类，各技术热点主要技术内容详见表 8。

表 8　2023 年数字创意 TOP10 申请人和技术研发热点

重要申请人		技术研发热点		
申请人名称	专利量/件	IPC 分类号	专利量/件	技术内容
东南大学	124	G06T	974	一般的图像数据处理或产生
南京邮电大学	99	G06F	476	电数字数据处理
南京航空航天大学	93	G06Q	419	专门适用于行政、商业、金融、管理、监督或预测目的的数据处理系统或方法
南京理工大学	61	G06N	328	基于特定计算模型的计算机系统
南京信息工程大学	59	G06V	323	图像或视频识别或理解
南京大学	53	H04N	291	图像通信
河海大学	47	H04L	122	数字信息的传输
南京砺算科技有限公司	39	H02	J42	供电或配电的电路装置或系统
砺算科技(上海)有限公司	38	G02B	39	光学元件
南京师范大学	23	H04R	39	扬声器、传声器

注:统计数据来源于 Incopat 专利数据库。

（九）相关服务业

在相关服务业领域，东南大学、南京航空航天大学等 10 个申请人是该领域最重要的创新主体，TOP10 申请人专利量 603 件，在该领域专利总量中占比 37.49%。TOP10 申请人最关注的 10 个技术研发热点聚焦于 G06T、G01N 等 10 个 IPC 小类，各技术热点主要技术内容详见表 9。

表 9　2023 年相关服务业 TOP10 申请人和技术研发热点

重要申请人		技术研发热点		
申请人名称	专利量/件	IPC 分类号	专利量/件	技术内容
东南大学	105	G06T	805	一般的图像数据处理或产生
南京航空航天大学	94	G01N	461	借助于测定材料的化学或物理性质来测试或分析材料
南京邮电大学	83	G06V	428	图像或视频识别

续表

重要申请人		技术研发热点		
申请人名称	专利量/件	IPC 分类号	专利量/件	技术内容
南京理工大学	68	G06N	331	基于特定计算模型的计算机系统
河海大学	65	G06Q	319	专门适用于行政、商业、金融、管理、监督或预测目的的数据处理系统或方法
南京信息工程大学	53	G06F	237	电数字数据处理
生态环境部南京环境科学研究所	41	G01C	91	测量距离、水准或方位
南京大学	39	G01B	58	长度、厚度或类似线性尺寸的计量
南京工业大学	32	G08G	41	交通控制系统
南京林业大学	23	G01D	33	非专用于特定变量的测量

注：统计数据来源于 Incopat 专利数据库。

五、南京知识产权事业发展综合评述

（一）2023 年南京知识产权创造能力有所增强

专利申请量较上一年增长 16.14%，其中，战略新兴产业专利量增长迅速，在专利总量中的占比较上年提高 19.8 个百分点。专利价值有所提高，专利价值度为 10 的专利去年为 0，今年为 14 件，取得了较大突破。但发明专利占比较上年降低了 4.24%，专利结构有待进一步优化。

（二）南京知识产权发展水平与全国重要城市相比具有一定的优势

南京在战略新兴产业专利占比和发明专利占比方面表现优异，在 10 个重要城市中均位列第 2；发明专利量、战略新兴产业专利量均位列第 5，与去年持平；专利价值度位列第 5（并列），较上年提升 1 名，与头部城市相比差距较小。

（三）南京战略新兴产业创新活力进一步增强

2023 年，战略新兴产业专利量在专利总量中的占比达 90.84%，东南大学、南京航空航天大学、南京邮电大学、南京理工大学、国网江苏省电力有限公司等创新主体聚焦新材料、新能源、新一代信息技术等战略新兴产业技术创新，取得了一批新技术新成果。

（四）企业创新主体地位尚未确立

从新兴战略产业各细分技术领域 TOP10 创新主体分布看，高校和科研院所占据绝对主导地位，在生物和相关服务业领域，TOP10 创新主体均无企业在列，其他领域也不超过 3 家，表明南京企业创新动能仍显不足，需要进一步统筹市域科技创新资源，解决好科技体系发展不平衡不充分问题。

六、知识产权赋能南京高质量发展的路径与对策

（一）推进知识产权高质量创造

持续培育高价值专利。以重点产业链和区域主导产业为重点，整合各类创新资源，组建一批高价值专利培育中心，推进关键技术领域的前沿研究和原始创新，推进关键技术专利布局，培育一批国际竞争力强、引领产业发展的高价值专利和专利组合。加大商标品牌培育力度，提升高新技术企业、规模以上工业企业、创新型企业等重点市场主体注册商标拥有率。加大马德里国际注册商标布局引导，提升商标品牌知名度和美誉度。强化地理标志培育，加强南京国家现代农业产业科技创新示范中心和南京国家农业高新技术产业示范区的知识产权工作；鼓励高校和科研院所围绕农业现代化开展技术攻关与产品研发，提升知识产权引领农业科技创新发展实效。提升版权产业影响力，打造特色版权产业集聚区。在动漫游戏、网络文学、新媒体等新兴领域，在人文典故、智慧旅游等特色领域，实施文艺精品创作工程，形成一批版权作品。

（二）推进知识产权高效运用

全力推进知识产权转移转化，支持运营中心对所持有可运营专利进行分类标引、分级管理，及时发布供给信息，有针对性征集企业技术需求，开展精准化专利供需匹配，提高专利运用水平。打造“专利拍卖季”服务品牌，组织专利拍卖专场活动，常态化开设线上专利交易集市。强化知识产权金融支持，聚焦重点产业链发行知识产权证券化产品，形成可复制、可推广的知识产权证券化模板，打造全国知识产权金融创新引领型城市。强化产业知识产权布局运用，组建产业知识产权联盟，建立专利池，强化产业链知识产权布局和运用。发挥知识产权产业导航作用，实现全市重点产业、新兴产业专利导航全覆盖。

（三）营造良好的知识产权保护环境

完善知识产权保护体系，推进行政执法和刑事司法立案标准相衔接，建立一支高素质、高水平知识产权行政执法队伍，加强知识产权仲裁、调解、公证、社会监督等人才配置。强化知识产权行政保护，综合运用行政处罚、强制措施等加大对制假售假、重复侵权、恶意侵权等行为的查处力度。推动知识产权协同保护。建立健全跨区域、跨部门的知识产权协同保护机制。发挥国家海外知识产权纠纷应对指导中心南京分中心作用，培育海外知识产权公共服务平台，完善海外知识产权纠纷预警防范机制，指导企业积极应对海外知识产权纠纷，支持创新主体“走出去”维护自

身合法权益。持续推进南京市知识产权保护中心高水平建设，在新一代信息技术、生物医药、节能环保基础上，争取实现更多产业领域专利快速审查、快速确权、快速维权“一站式”服务。

（四）加强知识产权交流合作

加强知识产权国际交流合作，有序推进知识产权领域国际合作，积极参与世界知识产权组织框架下的全球知识产权治理，深化与“一带一路”沿线国家和地区知识产权合作。引导企业加快海外专利布局，推动成立知识产权涉外维权联盟。加强知识产权区域交流合作。发挥长三角城市群创新资源集聚优势，建设具有国际影响力的沿沪宁产业创新带。实施南京都市圈知识产权保护一体化工程，建立知识产权主管部门的定期会商与研讨机制，开展关键领域知识产权保护联合行动，实现跨区域知识产权保护协作。加强知识产权部门横向协作，加强各区、园区知识产权管理机构建设，加强各级管理机构的业务交流。

（五）深入实施知识产权强企行动

提升企业知识产权综合能力，推进实施《企业知识产权管理规范》国家标准，重点提升高新技术企业、专精特新企业、拟上市企业等重点群体贯标覆盖率。建立知识产权重点企业培育目录库，为更多的企业提供精准化指导，提升企业知识产权管理能力。完善企业知识产权战略梯队培育体系，支持和指导初创期的中小微企业、成长期科技型企业、产业链龙头企业实施符合其发展需要的知识产权战略推进方案。加大知识产权优势示范企业培育力度，遴选一批具有较强创新实力、较大品牌优势、良好发展潜质的骨干企业，培育一批具有国际竞争力的国家知识产权优势示范企业。

（六）加强知识产权高层次人才的供给

加强知识产权人才培养，充分发挥南京市科教资源丰富的优势，整合国内外优质知识产权教育资源，通过合作办学等形式，大力培养国际化知识产权人才。支持高校知识产权学院建设，引导更多高校设立知识产权专业、开设知识产权专业选修课程。设立知识产权高端人才引进计划，建立健全知识产权人才梯度培养体系。持续开展企业知识产权人才能力提升专项培训，深化企业知识产权总监、知识产权师、企业品牌管理人才、商标品牌运营人才等培训项目，不断提高市场主体知识产权工作能力。建立南京市知识产权高层次人才数据库，尽快形成稳定的知识产权高层次人才队伍。加强对知识产权高端服务人员的培训，建立企业优秀知识产权服务人才讲坛，开展知识产权战略领军人才培育，不断优化南京知识产权人才队伍结构。

作者：刘勤（农业农村部南京农业机械化研究所）

“双减”背景下南京科技教育对策研究

随着科技和信息技术的快速发展，社会发展和人们生活对科技和数字化的需求越来越大，因此青少年科技教育变得异常重要。青少年是国家未来的希望，发展青少年科技教育有助于培养更多的未来科技人才，同时也有助于提高综合国力和推进国家现代化建设进程。

当前在“双减”背景下，青少年科技教育面临着诸多挑战。科技教育通常被认为高等教育，然而随着科技的发展和政策的引导，教育资源分配转向基础教育领域，因此在基础教育阶段，科技教育面临着缺乏专业人员、资金投入不足等问题；而且青少年的学习负担加大，时间和精力投入到科技教育上的减少，限制了科技教育的开展和发展。针对这些问题，需要开展青少年科技教育在双减背景下的对策研究，以促进青少年科技教育的发展。

一、研究背景和意义

习近平总书记指出，“要在教育‘双减’中做好科学教育加法”。2023 年 5 月，教育部等十八部门联合印发《关于加强新时代中小学科学教育工作的意见》，明确提出通过 3 至 5 年努力，在教育“双减”中做好科学教育加法的各项措施全面落地，提出“减负”“双减”的基本原则和具体措施，其中包括严格限制校外培训机构规模、内容和时间及提高学校内部素质教育比重等。这一政策的出台对青少年科技教育带来了挑战和机遇，需要我们采取有效的对策，促进科技教育的发展。

（一）重视青少年科技教育的重要性，培养更多优秀科技人才

通过对青少年科技教育的研究，可以加强对青少年科技素质的培养，从而为未来国家发展注入源源不断的科技人才。

（二）解决双减背景下青少年科技教育所面临的问题，挖掘和开发科技教育资源

通过对青少年科技教育现状的调查和分析，提出具有可实施性的对策方案，解决当前青少年科技教育资源匮乏的问题，挖掘和开发科技教育资源。

（三）推动教育与科技的深度融合，促进青少年科技素养水平的全面提升

通过将科技元素有效地融入课程中，提高学生的科技技能和能力，同时也为未来科技发展培养更多的后备力量。

二、文献综述

青少年科技教育是当今社会关注的热点问题之一，在双减政策的影响下，如何有效提高青少年的科技素养，成为当前亟待解决的问题。本文从国内外青少年科技教育现状和趋势、双减政策对青少年科技教育的影响以及相关研究的主要发现与不足三个方面进行综述，旨在为今后的科技教育研究提供参考。

（一）国内外青少年科技教育现状和趋势

青少年科技教育在全球范围内都备受关注，各国都在积极推进儿童科技素养教育。在发达国家如美国、英国、日本和新加坡等地，青少年科技教育已经成为普遍的教育形式，学生通过参加编程、机器人、3D打印等活动，培养自己的科技技能，并且涌现出了一大批优秀的青少年创新人才。

而在我国，虽然青少年科技教育已经纳入了课程体系中，但是在实际的教学过程中，仍然存在着教材不足、实验条件差等诸多问题。此外，随着双减政策的推进，许多培训机构纷纷转向线上教育，这导致了大量青少年缺乏实践经验，对青少年科技教育造成了一定程度的影响。

（二）双减政策对青少年科技教育的影响

双减政策的出台对青少年科技教育产生了深刻的影响。一方面，受到政策的影响，许多培训机构被迫暂停了业务，一些科技教育机构也受到了影响；另一方面，学校教育的重要性逐渐凸显，注重素质教育，同时对于每个学生应有的课时和任务也有了更为明确和理性的定位。

对于青少年科技教育而言，双减政策意味着越来越少的时间和机会可以用于科技教育，因此，需要更加注重科技教育的有效性和实效性。

（三）相关研究的主要发现与不足

国内外对于青少年科技教育的研究主要集中在如何改进教学方法、如何提高教师素质、如何开展科技教育等方面。其中，一些著名的科技教育项目如FIRST、Maker Faire、青少年机器人竞赛等都获得了良好的反响。

不过，目前大部分研究仍停留在基础层面，缺乏深入探讨和实证分析，同时也存在一定的知识和方法上的不足。青少年科技教育是当今社会重点研究领域，双减政策的出台给科技教育带来了一定的冲击和挑战。对于青少年科技教育而言，需要加强教育内容的创新和活动的实践性，以确保其教育的有效性和实效性。除此之外，还需要强化学校和社会力量的协同，推进青少年科技教育事业的可持续发展。

三、研究方法

本研究采用实验研究设计，分为实验组和对照组。实验对象是接受改革后的青少年科技教育者，对照组是未接受改革的青少年科技教育者。通过比较两组数据来验证改革的有效性。本研究的研究对象为青少年科技教育者或受教育者。

（一）数据采集方式

本研究采用问卷、访谈和观察三种方式进行数据采集。

1. 问卷

采用量表形式，包括青少年科技教育对“双减”政策的认知程度、对教学减负的看法、对教育质量的评价等指标。

2. 访谈

选择青少年科技教育者或受教育者进行深入访谈，主要收集具体的教学体验和感受，以及对改革政策的建议和意见。

3. 观察

通过对教学现场的观察，收集青少年科技教育者的教学方式、教学内容和教学效果等数据，并结合问卷和访谈资料进行分析。

（二）数据分析方法

本研究采用统计分析和质性分析两种方法。

1. 统计分析

对问卷数据进行描述性统计，包括频数、比率、均值等指标，采用t检验等方法分析实验组和对照组在各项指标上的差异。

2. 质性分析

对访谈和观察资料进行逐段细致的分析和梳理,从中提取出青少年科技教育对“双减”政策的反馈意见和建议,以及优秀教育者的成功经验和方法。

四、主要建议

(一)科技教育的重视和投入

在当前的“双减”背景下,加强对科技教育的重视和投入具有重要意义。科技教育是培养创新人才和推动社会进步的重要途径,它不仅可以提高学生的科学素养和创新能力,还能为国家的科技发展提供源源不断的人才支持。因此,应该进一步增加对科技教育的政策支持和资源投入,确保科技教育的可持续发展。政府应该制定相应的政策,明确科技教育的地位和目标。首先,科技教育应被纳入教育体系的核心内容之一,政府应该加大对科技教育的政策支持力度,确保科技教育的发展与质量的提高。这包括提供专项经费支持,建立科技教育创新实验基地,推动校企合作等措施,以提供有力的政策支持。其次,投入更多资源用于科技教育的建设。科技教育需要优质的教育资源和设施支持,包括实验室、科技装备、教材和课程等。政府和学校应该加大对这些方面的投入,以满足科技教育的需求。此外,还可以借助社会资源,与企业建立合作关系,共同推动科技教育的发展,使学生能够接触到真实的科技应用和创新实践。

(二)发展线上科技教育平台

在当前的“双减”背景下,发展线上科技教育平台是一种有效的方式,可以利用互联网和信息技术的优势,提供在线课程和资源,为学生提供便捷、高效的科技学习环境。通过开发线上科技教育平台,我们可以弥补学校资源的不足,扩大科技教育的覆盖范围,并让更多学生能够接触到高质量的科技教育内容。线上科技教育平台可以为学生提供丰富多样的在线课程和资源。通过线上平台,学生可以随时随地选择自己感兴趣的科技课程,在线学习各种科技知识和技能。这不仅可以满足学生个性化的学习需求,还可以提供更广泛的学习机会,让学生在自己的兴趣和潜能领域得到更深入的学习和发展。线上科技教育平台具有时间和空间的灵活性。学生可以根据自己的时间安排,在任何地点进行科技学习,不再受限于传统的教学时间和地点。这样可以更好地适应学生的个体差异和需求,提高学习的效果和学习者的积极性。线上科技教育平台还可以利用互联网和信息技术的优势,提供丰富的实践和交流机会。通过虚拟实验室、在线编程平台等工具,学生可以进行实践操作和项目实践,培养创新思维和实践能力。同时,线上平台可以促进学生之间的交流和合作，搭建科技创新团队和社群，推动学生之间的互动和共同成长。线上科技教育平台还可以充分利用人工智能和大数据技术，提供个性化的学习推荐和评估服务。通过分析学生的学习数据和行为，系统可以根据学生的兴趣和能力，为其匹配合适的学习资源和个性化的学习计划。这样可以更好地满足学生的学习需求，提高学习的效果和学习者的满意度。

（三）加强学校与科技企业的合作

在当前的"双减"背景下，加强学校与科技企业的合作具有重要意义。与科技企业的合作可以为学生提供实践机会和职业导向，帮助他们更好地了解科技行业的发展趋势和需求，培养其适应市场需求的能力。学校可以与科技企业开展劳动教育实践项目，让学生有机会进入企业进行实践学习。通过实践，学生可以接触到真实的工作环境和项目，锻炼解决问题和团队合作的能力。同时，实践也可以让学生与企业员工进行交流互动，了解企业文化和行业发展情况，增加对未来职业的认知和规划。学校还可以与科技企业合作开展参观和讲座活动。通过组织学生参观科技企业，学生可以近距离了解企业的研发、生产和管理等方面的情况，感受科技行业的现状和发展趋势。同时，邀请企业专家来校举办讲座，可以让学生听取来自行业专业人士的经验分享和行业动态，开拓视野，提高对科技行业的认知。学校与科技企业的合作还可以开展项目合作和技术转化。学校可以与企业合作开展科研项目或创新项目，充分利用企业的资源和实践经验，培养学生的创新能力和实践能力。同时，学校还可以促进科技成果的转化，与企业合作推动科技成果的应用，为学生提供更多的实践机会。

（四）鼓励学生参与科技创新竞赛

激发学生的创造力和团队合作能力，培养他们的创新思维和解决复杂问题的能力。通过组织学生参加科技创新竞赛，如科技发明创新大赛、机器人比赛等，学生可以面对具体的问题和挑战，通过创新思维和科学方法，动手实践并解决实际问题。学生可以根据自己的兴趣和专长选择参加相应的竞赛项目，通过设计方案、实验操作等过程，将自己的想法转化为实际的成果。

（五）加强国际科技教育交流与合作

鼓励学校与国外的科技教育机构进行交流与合作，可以实现资源共享、经验交流和最佳实践的互惠互利，提升本土科技教育的水平和创新能力，培养具有国际竞争力的科技人才。通过与之合作，学校可以借鉴其成功的教学经验和优质的教学资源，为本土科技教育提供更多的发展动力和支持。通过引进国外的科技教育项目和课程，开拓学生的思维视野，提供多元化的学习选择。开展科研项目和技术转化，推动科技成果的应用与推广，培养具有创新精神和实践能力的科技人才。接触到国际先进的科技教育理念和教学模式，了解国际科技行业的发展趋势和职业要求。

五、结论与讨论

本文的研究旨在探讨如何在双减背景下实施青少年科技教育，并提出相应的对策。通过对现有文献的综述和分析，得到以下结论：

在双减的背景下，一些学校可能会减少科技教育的教学时间和经费。因此，我们需要采取行之有效的措施来保障科技教育在学校中的地位，例如加大宣传、争取政策支持等。同时，可以借助社会力量，通过开展科技竞赛、训练营等形式来拓展科技教育的渠道。

青少年科技教育的内容也需要从“硬科技”向“软技能”转变。纯粹的理论知识已经无法满足未来社会的需求，需要培养良好的团队协作、创新思维和解决问题的能力。因此，需要通过设计更多的项目实践，鼓励学生动手实践，培养其实际操作能力。

本研究也存在着一些局限性。首先，仅仅关注了青少年科技教育在双减背景下的对策，对其在其他背景下的应用还需要进一步研究；其次，没有进行实证研究，需要更多的数据证明提出的对策的可行性和效果性。

总体上，本研究的结果是积极的，提供了实施青少年科技教育的指导思路和方向。未来，还可以从以下几个方面进一步深入研究：一是采用实证研究方法，进一步验证提出的对策的有效性；二是关注科技教育的多样化形式，例如在线教育、游戏化教育等；三是开展跨领域合作，将科技教育与其他学科结合起来，增强其与时俱进的能力。

作者：叶峰（南京市青少年科技教育协会）

南京战略性新兴产业专利快速确权机制构建

随着全球科技创新格局的多元化延伸以及产业发展与变革的不断加速，知识产权已经成为国家发展的战略性资源与核心竞争要素，对于知识产权的保护工作已经成为众多国家的关注点，保护知识产权就是保护创新。我国政府对于知识产权的保护高度重视，实施知识产权强国战略，2021 年中共中央、国务院印发了《知识产权强国建设纲要（2021—2035 年）》，以统筹推进知识产权强国建设，全面提升知识产权创造、运用、保护、管理和服务水平，推动我国知识产权保护能力、水平、格局更上一个新台阶。强化知识产权的保护，从政府层面来说，是国家战略的布局，以营造良好的营商环境和创新环境；从创新主体层面来说，可以进一步激发创新主体的积极性，以加强对其创新成果的保护。知识产权保护中心的业务开展，对于知识产权保护工作的进一步强化以及探索提供了一种新的模式。从 2016 年全国第一家知识产权保护中心获批建设以来，截至 2023 年 3 月，我国已经建立了 60 余家知识产权保护中心。需要引起关注的是：知识产权保护中心在贯通专利授权、确权、维权这一全链条的过程中，如何更为有效地开展确权服务工作成为贯通全链条的一个重要节点。进一步的，在知识产权保护中心业务开展期间，结合目前知识产权保护中心确权服务工作面临的问题，如何完善、优化知识产权保护中心确权服务模式与架构，系统、高效地做好知识产权保护中心确权服务工作，以更好保护创新，并对产业知识产权快速协同保护机制的完善提供一定的参考，已经成为该项工作的关注热点与工作重点。

一、南京战略性新兴产业专利确权现状

（一）相关概念范畴

1. 战略性新兴产业

战略性新兴产业是以重大技术突破和重大发展需求为基础，对经济社会全局和长远发展具有重大引领带动作用，知识技术密集、物质资源消耗少、成长潜力大、综合效益好的产业，包括新一代信息技术、生物技术、新能源、新材料、高端装备、新能源汽车、绿色环保及航空航天、海洋装备等产业，囊括了先进制造业和现代服务业的绝大部分行业①。

在国家七大战略性新兴产业的基础上，2009 年 12 月，中共江苏省委、省政府结合本省发展实际，明确提出重点发展新能源和智能电网、新材料、生物技术和新医药、节能环保、软件和服务外包、物联网六大战略性新兴产业。

近些年来，江苏省的战略性新兴产业发展迅速，已经初具规模，并逐渐形成比较明显的区域集聚特色。江苏省政府也在持续开展相关政策优化与支持，2022年，江苏省财政下达 2022 年省级战略性新兴产业专项资金 9.04 亿元，以支持战略性新兴产业领域的 57 个重点项目，以实现战略性新兴产业带动产业结构优化升级。根据江苏省明确提出重点发展的六大战略性新兴产业，南京市的软件和服务外包产业、生物技术及新医药产业、物联网、节能环保产业已经呈现出区域集聚的趋势，基本形成了南京市战略性新兴产业链格局。

2. 专利确权

专利确权是有权机关基于公共利益、行政管理等的考量，根据法律规定并按法定程序对创新主体的智力成果进行审查，从而对专利权的有无、保护范围的大小等作出的判断、认定及矫正。有学者认为，专利确权机制实质上是专利授权机构就专利权的申请和无效作出决定的程序，以及法院就相关决定进行司法审查的程序②。从广义上来说，立足现行专利制度框架，专利确权分为两个层次：专利申请确权程序、专利无效确权程序。专利申请确权程序包括普通的专利申请程序和专利申请被驳回后申请人不服驳回决定而启动的专利复审程序，专利无效确权程序包括专

---

① 中华人民共和国国家发展和改革委员会.“十四五”规划《纲要》名词解释之 51|战略性新兴产业[EB/OL].（2021-12-24）[2021-12-24]. http://www.ndrc.gov.cn/fggz/fzzlgh/202112/t20211224_1309302.htwl? state=123&state=123.

② 李明德.专利权与商标权确权机制的改革思路[J].华中科技大学学报（社会科学版），2007(5).

利无效宣告程序和当事人不服无效宣告请求审查决定而启动的专利无效诉讼程序①,可见,专利申请确权程序和专利无效确权程序中的无效宣告程序属于行政程序,专利无效确权程序中的无效诉讼程序属于司法程序。

本研究主要讨论专利申请确权程序中的专利复审程序和专利无效确权程序中的专利无效宣告程序。

(二) 南京战略性新兴产业专利申请情况

1. 申请量分析

近十年,南京市战略性新兴产业专利申请总量为 444082 件,其中,涉及南京市知识产权保护中心 109 个 IPC 分类号和 30 个洛加诺分类号的专利申请量为 276107 件,占比 62.17%。从 2013 年至 2020 年,南京市战略性新兴产业专利申请量逐年稳健上升(如图 1 所示),涉及南京市知识产权保护中心分类号的专利申请趋势与战略性新兴产业专利申请趋势基本一致(如图 2 所示)(由于公开时间的滞后性,2022 年的数据较少)。

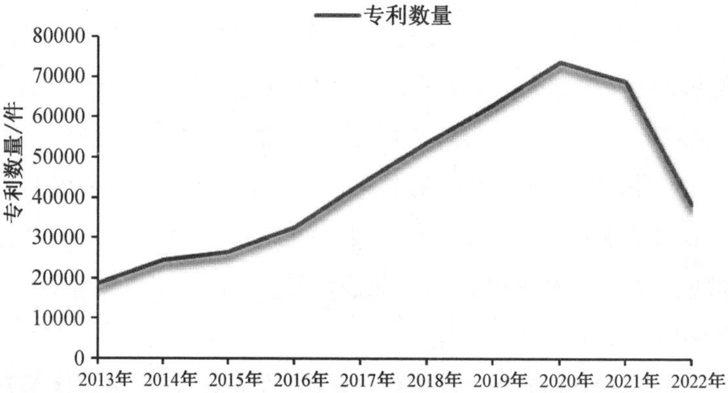

图 1 近十年南京市战略性新兴产业专利申请趋势

注:数据来源于 incoPat,专利申请日为 2013 年 1 月 1 日至 2022 年 12 月 31 日,公开时间截至 2022 年 12 月 31 日。

2. 授权量分析

近十年,南京市战略性新兴产业专利授权总量为 269486 件,其中,涉及南京市知识产权保护中心 109 个 IPC 分类号和 30 个洛加诺分类号的专利申请量为 163533 件,占比 60.68%,与申请量占比相当。

① 曹伟. 专利确权及无效诉讼制度研究[M]. 北京:法律出版社,2015:9-12.

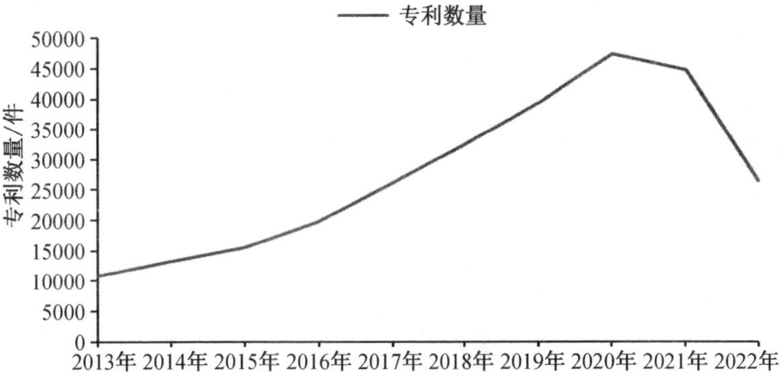

图 2　近十年涉及南京市知识产权保护中心分类号专利申请趋势

注：数据来源于 incoPat，专利申请日为 2013 年 1 月 1 日至 2022 年 12 月 31 日，公开时间截至 2022 年 12 月 31 日。

3. 申请人分析

从近十年南京市战略性新兴产业专利申请人类型来看，企业占比 59.21%，大专院校及科研单位占比 33.17%，个人占比 7.33%，机关团体占比 3.07%（如图 3 所示）。从近十年涉及南京市知识产权保护中心分类号的专利申请人类型来看，企业占比 62.24%，大专院校及科研单位占比 35.65%，个人占比 3.89%，机关团体占比 1.04%（如图 4 所示）。由此可见，涉及南京市知识产权保护中心分类号的专利申请人中，个人和机关团体占比明显低于南京市战略性新兴产业占比。

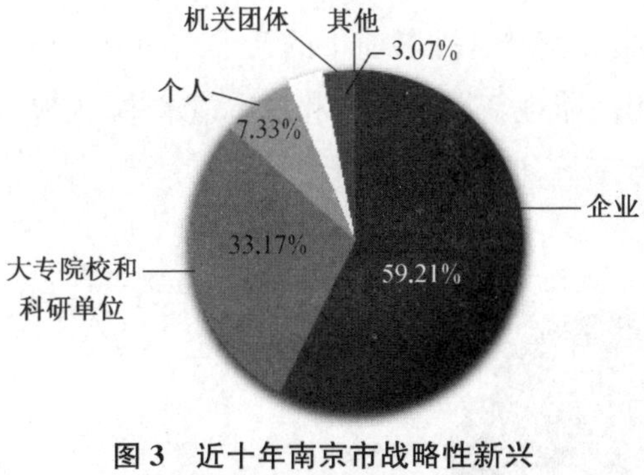

图 3　近十年南京市战略性新兴产业专利申请人类型占比

注：数据来源于 incoPat，专利申请日为 2013 年 1 月 1 日至 2022 年 12 月 31 日，公开时间以 2022 年 12 月 31 日为截点。

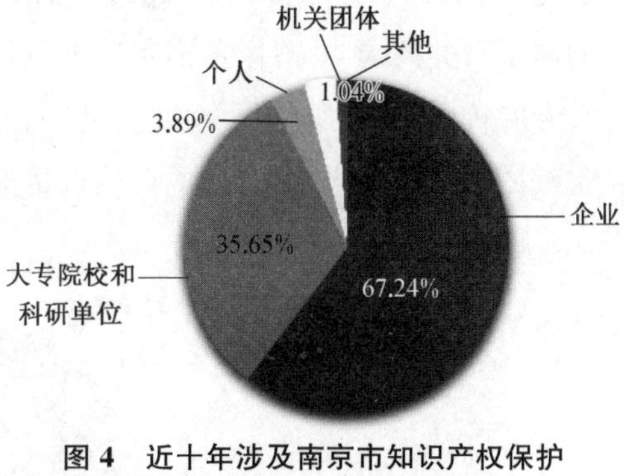

图 4　近十年涉及南京市知识产权保护中心分类号专利申请人类型占比

注：数据来源于 incoPat，专利申请日为 2013 年 1 月 1 日至 2022 年 12 月 31 日，公开时间以 2022 年 12 月 31 日为截点。

（三）南京战略性新兴产业专利复审案件情况

1. 请求量分析

近十年，南京市战略性新兴产业专利复审请求总量为 1324 件，其中，涉及南京市知识产权保护中心 109 个 IPC 分类号和 30 个洛加诺分类号的专利申请量为 810 件,占比 61.18%,与专利申请量占比相当。从 2013 年到 2016 年,南京市战略性新兴产业专利复审请求量逐年稳健上升(如图 5 所示),从 2016 年开始逐渐下降。需要说明的是,由于专利复审请求审查周期较长和公开时间存在滞后性,最近几年数据偏低。

图 5　近十年南京市战略性新兴产业专利复审请求趋势

注:数据来源于 incoPat,专利申请日为 2013 年 1 月 1 日至 2022 年 12 月 31 日,公开时间截至 2022 年 12 月 31 日。

2. 请求人分析

近十年,南京市战略性新兴产业专利复审请求中企业和大专院校占比相当,分别为 42.45%、41.54%,总计超过了请求总量的八成(如图 6 所示)。其中排名前十的请求人共请求 495 件,占南京请求总量的 37.39%,排名前十的请求人中有 9 所大专院校(如图 7 所示)。由此可见,南京市战略性新兴产业专利复审请求中,大专院校的请求较为集中,企业的总请求量虽然不低,但是较为分散。

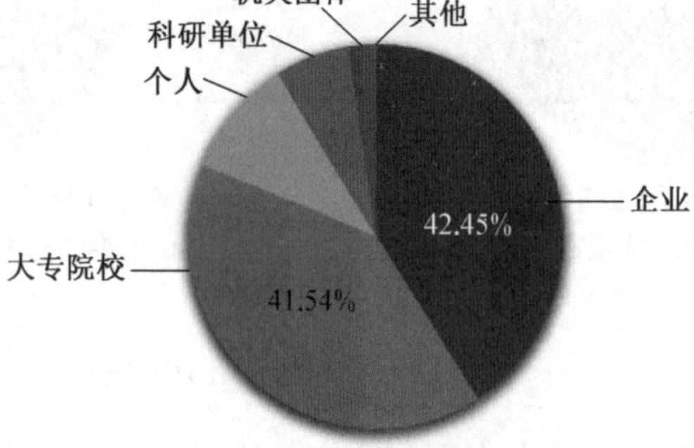

图 6　近十年南京市战略性新兴产业专利复审请求人类型占比

注:数据来源于 incoPat,专利申请日为 2013 年 1 月 1 日至 2022 年 12 月 31 日,公开时间截至 2022 年 12 月 31 日。

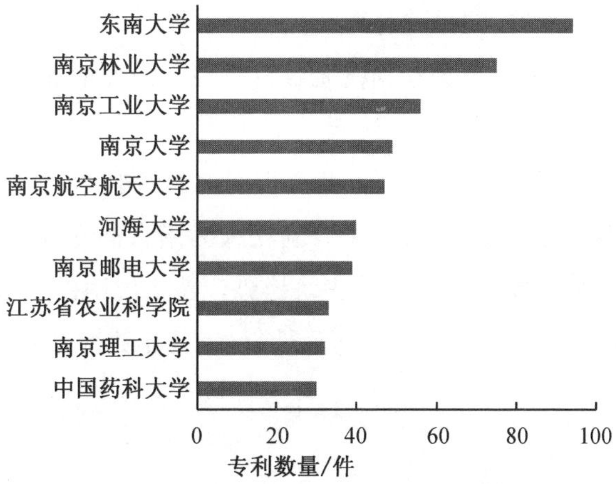

图7　近十年南京市战略性新兴产业专利复审请求量排名前十的请求人

注:数据来源于 incoPat,专利申请日为 2013 年 1 月 1 日至 2022 年 12 月 31 日,公开时间截至 2022 年 12 月 31 日。

3. 案件结果分析

复审请求的结果包括三种决定:维持原驳回决定、经审查撤销原驳回决定和根据前置审查意见撤销原驳回决定,统计三种决定的案件数量,结果如表 1 所示。

表 1　近十年南京市战略性新兴产业复审请求结果

复审决定类型	案件数量/件
维持原驳回决定	1024
经审查撤销原驳回决定	299
根据前置审查意见撤销原驳回决定	1

注:数据来源于 incoPat,专利申请日为 2013 年 1 月 1 日至 2022 年 12 月 31 日,公开时间截至 2022 年 12 月 31 日。

从表 1 可以看出,近八成的复审决定类型都是维持原驳回决定,表明复审成功(撤销原驳回决定)的概率较低。复审成功的 300 件专利中已有 290 件审查结束,取得授权的有 267 件,占比超过 90%,说明复审成功后取得授权的概率较大。

4. 典型企业分析

通过分析复审请求量和复审成功的请求人排名,并计算复审成功率,筛选出典型企业——南京德朔实业有限公司(简称"德朔实业")。近十年,德朔实业在战略性新兴产业的专利复审成功量为 11,排名第三,其专利复审请求量为 24,排名第十二,复审成功率为 45.83%,而复审成功量排名第一、二的为东南大学和南京大学,其复审成功率分别为 24.47%、26.53%,均明显低于德朔实业。目前,德朔实业 11

件复审成功的专利申请均已取得授权。

（四）南京战略性新兴产业专利权无效宣告请求案件情况

1. 请求量分析

近十年，战略性新兴产业专利权无效宣告请求案件中，由于请求人为南京地区的专利无效案件不便检索，图 8 给出了专利权人为南京的专利无效宣告案件变化趋势，总共 107 件，案件数量呈现上下波动趋势。需要说明的是，由于专利无效宣告请求审查周期较长和公开时间存在滞后性，最近几年数据偏低。

图 8　近十年南京市战略性新兴产业专利权无效宣告请求趋势

注：数据来源于 incoPat，专利申请日为 2013 年 1 月 1 日至 2022 年 12 月 31 日，公开时间截至 2022 年 12 月 31 日。

2. 专利权人分析

近十年，南京市战略性新兴产业专利权无效宣告请求案件中，企业申请 94 件，占比 87.85%（如图 9 所示），排名前十的也均为企业，且只有一家企业超过了 10 件。

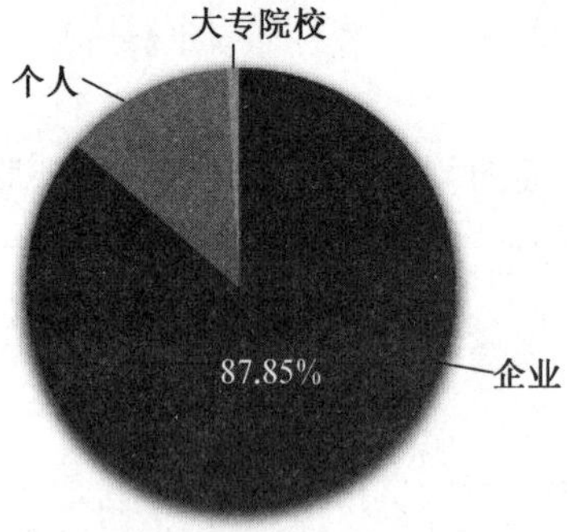

图 9　近十年南京市战略性新兴产业无效宣告请求案件专利权人类型占比

注：数据来源于 incoPat，专利申请日为 2013 年 1 月 1 日至 2022 年 12 月 31 日，公开时间截至 2022 年 12 月 31 日。

3. 案件结果分析

无效宣告请求的结果包括三种决定：宣告专利权全部无效、维持专利权有效和宣告专利权部分无效，统计三种决定的案件数量，结果如表 2 所示。

表 2　近十年南京市战略性新兴产业无效宣告请求结果

无效宣告决定类型	案件数量/件
宣告专利权全部无效	49
维持专利权有效	42
宣告专利权部分无效	6

注：数据来源于 incoPat，专利申请日为 2013 年 1 月 1 日至 2022 年 12 月 31 日，公开时间截至 2022 年 12 月 31 日。

从表 2 可以看出，宣告专利权全部或部分无效的案件数量约为维持专利权有效的案件的 1.3 倍，可见无效成功（包括全部或部分无效）的概率高于复审成功的概率。

4. 典型案例分析

在维持专利权有效的案例中，结合被提出无效宣告的次数、是否有诉讼信息等筛选出典型案例——专利号 ZL201410222753.7、名称为“一种止血夹”的发明专利（以下简称“涉案专利”）。该专利是某医学科技股份有限公司于 2014 年 5 月 23 日申请，2015 年 11 月 18 日获得授权的。原告某医学科技股份有限公司起诉被告某医疗器械有限公司侵害其发明专利权，该案于 2020 年 7 月 31 日立案。于是，被告于 2020 年 08 月 19 日向国家知识产权局提出了无效宣告请求，请求宣告涉案专利部分无效。经过原告陈述意见、口头审理等流程后，国家知识产权局于 2021 年 5 月 13 日作出在专利权人某医学科技股份有限公司修改的权利要求基础上维持涉案专利权有效的决定。2021 年 7 月 8 日，法院开庭审理了原告某医学科技股份有限公司与被告某医疗器械有限公司侵害发明专利权纠纷一案，最终判决被告立即停止侵权行为，立即销毁全部涉案侵权止血夹，并赔偿原告经济损失及维权合理费用 15 万元。而被告于 2021 年 8 月 16 日再次向国家知识产权局提出了无效宣告请求，请求宣告涉案专利全部无效，国家知识产权局于 2022 年 8 月 8 日仍然作出了维持专利权有效的决定。因此，一件高质量的专利可以经受多次无效宣告请求的考验，专利权人也能通过诉讼维护自己的合法权益。

二、南京战略性新兴产业专利确权存在的问题

（一）专利复审、无效宣告请求审查周期较长

以前述维持专利权有效的典型案例——专利号ZL201410222753.7、名称为“一种止血夹”的发明专利为例，原告于2020年08月19日向国家知识产权局提出了无效宣告请求，国家知识产权局于2021年5月13日作出在专利权人南微公司修改的权利要求基础上维持涉案专利权有效的决定，从原告正式提出无效宣告请求至国家知识产权局作出决定的时间跨度接近9个月。后续被告于2021年8月16日向国家知识产权局提出了无效宣告请求，国家知识产权局于2022年8月8日仍然作出了维持专利权有效的决定，该次审查时间跨度接近1年。

专利复审、无效宣告请求审查周期较长的问题，已成为一个较为突出、普遍的问题，结合上述案例，分析审查周期较长的原因主要有以下两方面：

（1）虽然目前的审查过程受到了较多法律规定的制约，但是在审查的期限上缺少有效的约束，如专利法第四十六条规定专利行政部门对无效请求应当及时审查和作出决定，没有规定具体的期限，例如前述的发明名称为“一种止血夹”的发明专利涉及的案件审查情况也侧面印证了这一点，两次审查周期较长，并且较长的一次审查周期接近1年。

尽管有些具体环节如陈述意见也规定了期限，但是也存在一些需要完善的地方，如在无效宣告审查期间，有其他请求人对同一专利提出无效宣告请求时，有可能面临合并审理，此时对于合并审理的期限没有明确限制，可能会拉长审查周期。

（2）相对于技术创新的步伐加快以及专利复审、无效宣告请求案件量的逐年增加，审查机构与人员面临的技术复杂性以及案件量方面的压力也越来越大，需要花费更多的时间与精力来进行充分的审查，进一步延长了审查时间。

（二）请求专利复审、无效宣告成本较高

请求专利复审、无效宣告的成本不仅仅包括时间成本，还包括经济成本以及资源成本，在审查流程还未完全结束之前，请求人可能在等待期间错失了一些发展机会，也增加了请求人在审查期间的成本负担。

对于一些资金规模较小的请求人来说，若要获得专利复审、无效宣告较为专业的服务，必须委托专业的专利代理机构或律师事务所，由专业团队提供起草请求书、参加庭审等法律服务。然而，这些专业人员的高昂服务费用对于那些资金不足的请求人来说是不可避免的一个经济成本负担。另外，专利复审和无效宣告程序相对于一般的法律程序，其工作内容较为繁杂，包含查阅及检索文献、技术特征比对、搜集公知常识性证据等，这些调查、研究、分析工作均需要投入大量的时间和

精力。

（三）专利确权效果有待提升

专利确权对于科技创新和技术发展至关重要，它为创新主体提供了保护和激励。结合前述案件数据情况，近十年，南京战略性新兴产业专利复审请求总量为1324件，复审成功（撤销原驳回决定）率仅为22.7%；近十年，南京战略性新兴产业专利权无效宣告请求案件中，专利权人为南京的共107件，无效成功（包括全部或部分无效）的概率为51.4%。

由此可见，目前专利确权的效果不佳，这可能会对创新主体本身的发展和市场良序竞争产生消极的影响。一方面，专利确权效果有待提升的问题与法律体系不完善有关。我国的专利制度还不够成熟，专利快速确权机制有待进一步优化，在审查过程中也存在着一些瑕疵，例如专利审查机构在审查过程中并不能百分百地准确判断专利的新颖性、创造性和实用性，导致专利被驳回或宣告无效；专利审查机构本身缺乏清晰的案件审查尺度，不同的审查人员对于同一技术方案的理解也可能存在较大差异，甚至作出不同的审查结论，进而影响了专利确权效果。另一方面，专利确权过程中的时间成本、经济成本以及资源成本对于不少的创新主体来说，也是存在较高的风险承担，但是目前的成本支出与获得收益不一定成正比，即专利确权的效果存在一定的不确定性，甚至有可能在市场秩序与竞争环境层面产生消极的影响。

三、构建南京战略性新兴产业专利快速确权机制的对策建议

（一）开通专利复审、无效宣告案件快速审查通道

立足南京战略性新兴产业专利快速确权需求，结合国家知识产权局在南京开展专利复审无效案件多模式审理试点工作内容，南京可以依托市知识产权保护中心作为国家级知识产权保护综合服务平台的优势，在国家知识产权局给定的专利复审、无效宣告案件优先审查的案件限额范围内，开通专利复审、无效宣告案件快速审查通道，为创新主体提供专利复审、无效宣告请求预审服务，达到大幅缩短专利复审、无效宣告案件审查周期的效果。

相对于专利申请案件，专利复审请求案件的案件量较少，建议尽量放宽对专利复审请求预审所对应专利的技术领域要求，只要专利复审请求人所在地区属于知识产权保护中心服务的地域范围，即可受理其专利复审请求预审服务申请；同时，对于申请主体是否要备案的要求，也可以视实际情况进一步放宽。

对于专利无效宣告案件，不仅请求人有加快专利无效宣告程序的需求，在特定

情况下，专利权人也有加快专利无效宣告程序的迫切需求，有必要尽量缩短无效宣告程序的周期，减少无效宣告程序专利权人维权工作的干扰。因此，当请求人提出无效宣告请求时，市知识产权保护中心也可应专利权人的请求对无效宣告案件进行加快打标，以便国家知识产权局早日作出专利无效宣告请求审查决定，为专利权人快速维权提供便利。

（二）开展专利权评价报告请求预审服务

专利权评价报告是专利行政执法机关或司法机关处理、审理专利侵权纠纷案件的重要证据。实用新型、外观设计专利权评价报告出具的周期直接影响专利侵权纠纷的及时、高效化解和专利的转化运用。目前，深圳、四川等地已经依托地方知识产权保护中心开展专利权评价报告请求快速审查服务，积极提供专利权评价报告请求预审服务，努力缩短专利权评价报告的出具周期。从深圳知识产权保护中心的实际运行情况来看，经过预审的外观设计专利权评价报告请求的审查周期从普通程序的 3 个月左右缩短至 15 天以内，十分有利于权利人专利维权及转化运用效率的提升，得到了地方创新主体的高度认可。

南京可以依托市知识产权保护中心申请开通专利权评价报告请求快速审查通道，面向南京市创新主体提供专利权评价报告请求预审服务。具体来说，首先，对于企事业单位拟提交的实用新型或外观设计专利权评价报告请求，请求人先提交到地方知识产权保护中心进行预审；其次，地方知识产权保护中心对专利权评价报告请求人资格、专利权评价报告请求客体、委托手续及相关证明文件等是否符合要求进行预审查；最后，预审查通过后，请求人向国家知识产权局提交正式专利权评价报告请求，并及时反馈至知识产权保护中心，知识产权保护中心复核后进行加快审查打标，该专利的专利权评价报告请求即进入快速申请通道，国家知识产权局将优先处理打标后的专利权评价报告请求。

（三）开展专利无效宣告案件远程审理

目前全国已批复建设或投入运行的地方知识产权保护中心共有 67 家，南京市知识产权保护中心是全国范围内建设较早和发展较好的国家级知识产权保护中心，拥有现代化的审理庭和机房，并配备专门的庭审语音识别系统。为了更好地便利当事人，降低南京创新主体赴北京参加口头审理的成本，市知识产权保护中心可以充分利用自身拥有的审理庭、庭审语音识别系统等软硬件资源，申请国家知识产权局专利局复审和无效审理部将一方或双方当事人在南京地区的专利权无效宣告案件口头审理以远程审理的方式进行，一方或双方当事人则不再需要远赴北京，只需前往属地或附近城市的知识产权保护中心参加口头审理。

具体来说，在专利权无效宣告案件远程口头审理开始前，市知识产权保护中心应当提前发布案件的口头审理信息、引导当事人熟悉远程口头审理流程和按时到达口头审理地点，并安排专门的信息化工作人员负责相关设备的调试，提供远程口头审理的硬件和软件技术支持，确保远程口头审理设备能够正常运行、信号能够正常传输。在远程口头审理过程中，市知识产权保护中还应当安排专人作为案件审理辅助人员协助国家知识产权局专利局复审和无效审理部的合议组维持审理秩序、核实当事人身份、展示有关证据等。

（四）开展专利无效宣告案件与专利侵权纠纷案件联合审理

在实践中，绝大多数专利无效宣告请求由与专利权存在现实或潜在利害关系的人提出，其中又以专利侵权纠纷的被控侵权人或受到专利侵权指控威胁的人居多①，因此，专利有效性争议常与权利人向地方知识产权部门或法院提起专利侵权纠纷处理请求或诉讼相伴。因此，积极开展专利无效宣告案件与专利侵权纠纷案件联合审理，能够实现专利无效宣告案件与专利侵权纠纷案件的无缝衔接，有效破解专利权人维权“周期长”的难题。通过在行政与司法两条路径上发掘尽可能多的可以开展联合审理的案件，使国家级知识产权保护中心的快速确权服务惠及南京市更多的创新主体，产生实质性的知识产权“快保护”效果。

一方面，市知识产权保护中心应与地方知识产权部门、国家知识产权局专利局复审和无效审理部进行沟通协调，积极建立专利无效宣告案件与专利侵权纠纷行政裁决案件联合审理工作机制，明确三方各自的权利与义务，细化案件信息互通、口头审理衔接等工作内容，推进专利无效宣告案件与专利侵权纠纷行政裁决案件联合审理工作。

另一方面，市知识产权保护中心还应与地方法院、国家知识产权局专利局复审和无效审理部积极沟通，将法院已经受理且涉案专利已被他人提出无效宣告请求的专利侵权纠纷民事案件信息与国家知识产权局专利局复审和无效审理部的无效宣告案件信息对接，挖掘更多的可以开展联合审理的案件，最大限度地扩大联合审理的案件范围，更好地发挥联合审理在快速化解专利纠纷中的作用。

作者：傅启国　赵晗（南京市知识产权保护中心）　陈冠（金陵科技创新战略研究院）

① 尹新天.中国专利法详解（缩编版）[M].北京：知识产权出版社，2012：360.

南京高新区高质量发展现状、问题及对策

近年来，南京高新区围绕“高”“新”定位及“发展高科技、实现产业化”方向，以增强企业创新能力和发展高新技术产业为重点，紧紧围绕引领性国家创新型城市建设，以争创区域科技创新中心为目标，努力打造创新驱动发展示范区和高质量发展先行区，有效促进了高质量发展。2023 年 2 月，科技部火炬中心发布了《关于通报国家高新区综合评价结果的通知》（国科火字〔2023〕54 号），结果显示：在 2022 年度参评的 169 家国家高新区中，南京高新区综合排名第 15 位，在体制机制改革、创新资源整合、科技企业培育、产业转型升级、“双创”生态优化、科技自立自强等方面取得了显著进步，较好发挥了高新区在全市高质量发展中的主阵地、强引擎作用。

一、“数”说高新①

2023 年三季度高新区（园）监测指标数据显示，尽管受到国际形势的影响，当前区域经济正处于复苏阶段，南京高新区（园）高质量发展仍然保持良好增长态势。

（一）企业研发投入水平不断提升

1—9 月，全市高新区（园）规上企业研发投入占营业收入的比例为 4.01%，相

① 本章节数据来源为 2021 年—2023 年三季度全市高新区（园）高质量发展主要指标监测情况的通报文件。

较上年同期提升 0.36 个百分点(如图 1 所示)。15 个高新园区中,雨花台园的企业研发投入占营业收入的比例最高,达到 11.50%,其次是鼓楼园和玄武园,分别是 7.28%和 6.52%。

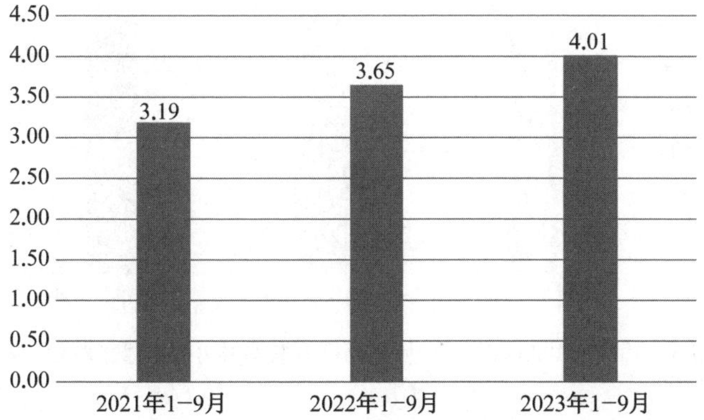

图 1　2021—2023 年 1—9 月高新区企业研发投入占营业收入的比例(单位:%)

(二) 高新技术产业投资持续发力

1—9 月,全市高新区(园)高新技术产业投资额为 610.45 亿元(如图 2 所示),同比增幅为 12.8%,其中浦口园、江北新区和江宁国家高新园 3 个高新园区投资额合计达 349.02 亿元,占比 57.17%;鼓楼园、麒麟园和栖霞园的高新技术产业投资额增速较高,均超过 100%。

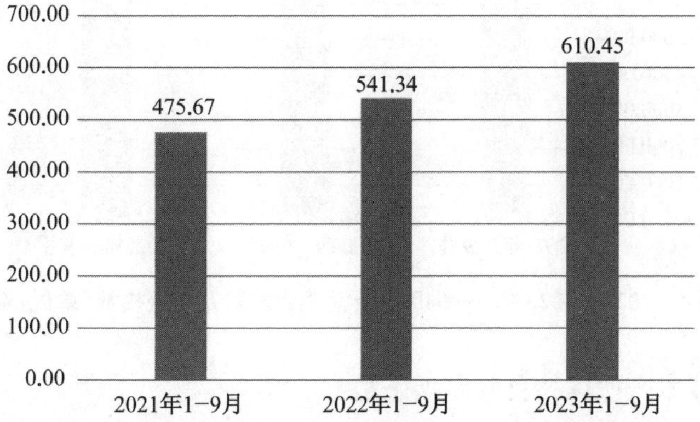

图 2　2021—2023 年 1—9 月高新区高新技术产业投资额(单位:亿元)

(三) 企业创新活力竞相进发

1—9 月,全市高新区(园)科技型中小企业数为 16613 家(如图 3 所示),同比增幅为 12.3%,其中江北新区的科技型中小企业数最高,达到 2736 家;江宁国家高新园、雨花台园、江宁园、建邺园和鼓楼园的科技型中小企业数亦超过 1000 家。

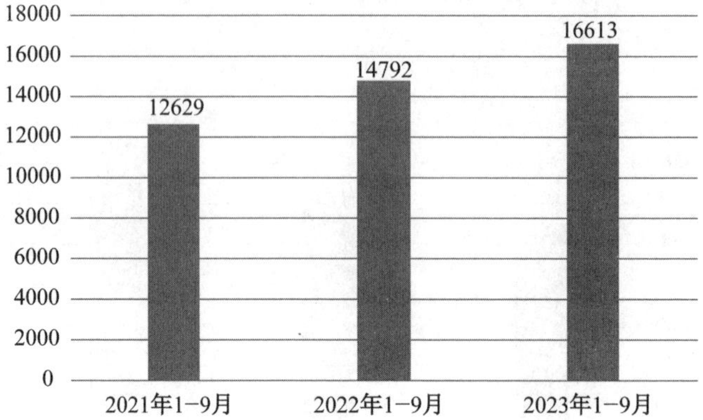

图 3　2021—2023 年 1—9 月高新区科技型中小企业数(单位:家)

(四) 企业专利成果产出快速增长

1—9 月,全市高新区(园)企业发明专利授权数为 9272 件(如图 4 所示),同比增幅为 13.4%,15 个高新园区的企业发明专利授权数均超百件,其中江北新区和江宁国家高新园的企业发明专利授权数均超过千件,分别为 1748 件和 1488 件。

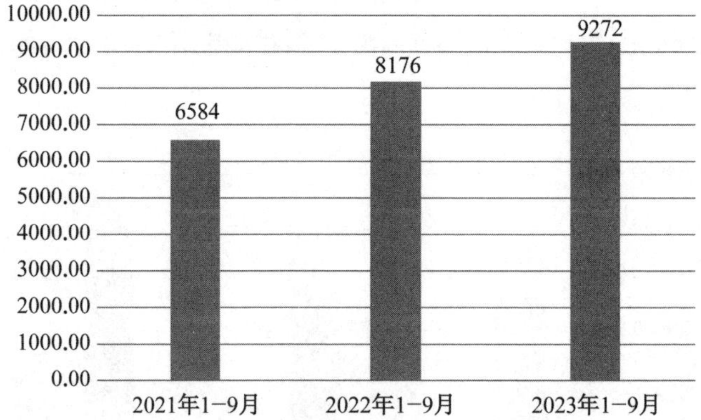

图 4　2021—2023 年 1—9 月高新区企业发明专利授权数(单位:件)

(五) 高技术产业保持良好发展态势

1—9 月,全市高新区(园)高技术制造业产业产值为 3163.99 亿元(如图 5 所示),同比增幅为 1.0%,其中新港国家高新园的高技术制造业产值最高,达到 1144.46 亿元,占比超过 1/3;高技术服务业营业收入为 2108.80 亿元,同比增幅为 1.6%,其中雨花台园的高技术服务业营业收入最高,达到 685.50 亿元,占比超过 1/4。

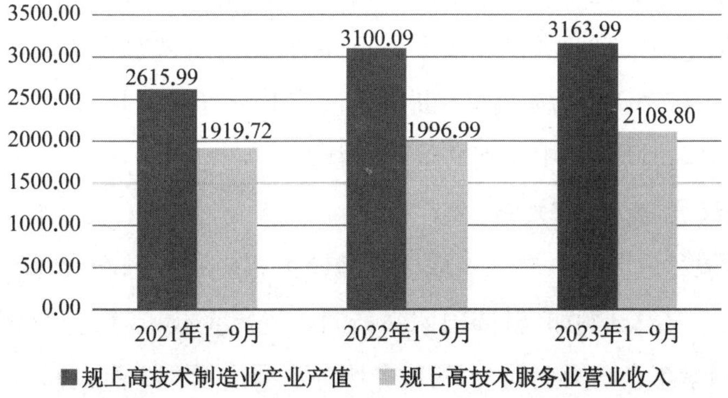

图 5　2021—2023 年 1—9 月高新区高技术制造业产值(服务业营收)(单位:亿元)

(六) 产业支撑经济发展能力稳步增强

1—9 月,全市高新区(园)规模以上工业和服务业企业增加值为 2280.62 亿元(如图 6 所示),同比增幅为 4.4%,其中江北新区、江宁国家高新园和新港国家高新园 3 个高新园区增加值合计达 1176.62 亿元,占比 51.59%,凸显出国家级高新园区推动高质量发展的引领支撑作用。

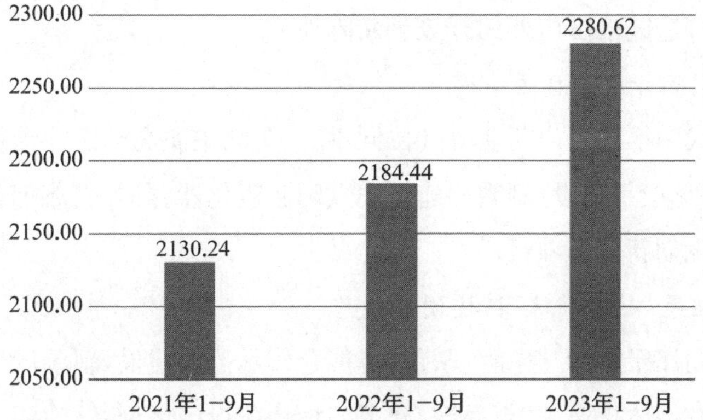

图 6　2021—2023 年 1—9 月高新区规上工业和服务业企业增加值(单位:亿元)

二、发展态势

(一) 深化体制机制改革,持续推进高质量发展

2022 年,南京高新区着力提升统筹治理能力和对各园区的服务协调能力,加快促进先行先试改革举措有力支撑高新区发展,推动新经济治理创新试点示范。

1. 深化高新区体制机制改革

2022 年 12 月,市政府制定出台《关于促进高新技术产业开发区高质量发展的实施意见》(宁政发〔2022〕145 号),明确到 2025 年南京高新区发展目标和改革任务。进一步强化南京高新区发展领导小组办公室作用,统筹推进高新区高质量发展,协调整合市区两级行政资源,不断健全市区共同责任机制和定期会商机制,协调指导一区多园协同发展中遇到的重大问题。

2. 持续推进"放管服"改革

按照"能放尽放"原则,进一步赋予高新园区相应科技创新、市场准入、项目审批、财政金融等权限。例如,新港国家高新园推进惠企政策直达和跨区域通办,首批 4 项免申即享惠企政策上线,全科政务服务事项增至 213 项。

3. 创新先行先试改革举措

例如,江北新区用好自贸试验区"金字招牌",累计形成 180 多项改革创新成果,17 项改革经验、21 项创新案例在全省推广,在服务贸易、优化营商环境等重点领域,推出 40 条省内国内首创制度创新举措;溧水园引进江苏信保集团,推动溧水"兜底贷"政策率先在幸庄科技产业园先行先试,为企业提供政府性融资担保服务。

(二)集聚创新资源要素,激发高质量发展动能

2022 年,南京高新区立足国内国际双循环新发展格局,积极融入全球创新合作网络,加快打造链接国内外的开放创新阵地。

1. 做强国际开放合作主平台

例如,玄武园推动先声药业海外协同中心、鱼跃集团高端医疗器械全球研发总部等一批国际化项目建设;栖霞园建立中欧国际孵化器、海外交流创新中心等离岸载体,承接国际创新合作项目。

2. 鼓励拓展"一带一路"科技创新合作

例如,推动江宁园参与中阿(联酋)产能合作示范园建设,新港国家高新园打通中欧班列货物"一体化通关"新通道,建邺园加快建设中俄创新(建邺)中心,海外人才创业服务及国际项目加快落地。

3. 持续深化产学研合作

健全"政府搭台、企业出卷、高校破题"的产学研合作新模式,持续促进在宁高校科技成果的围墙外转化。例如,玄武园与东南大学、南京师范大学、南京医科大学等高校院所深化合作,江苏集萃医工交叉研究所、人工智能视觉实验室、省中西医结合医院消化道肿瘤临床创新中心等平台落地运营;秦淮园加快构筑"一园一巷两湾区"创新空间,推动硅巷内涵式、特色化发展,高标准建设南航大、南理工创新湾区。

(三) 强化科技企业培育,推动产业转型升级

2022 年,南京高新区进一步筑牢以实体经济为根基的科技型企业培育,前瞻布局一批南京高新未来产业,全力推进产业转型升级。

1. 培育高成长型企业梯队

多措并举推动构建"科小—高企—瞪羚—独角兽—上市企业"梯度培育体系,当年园区新增工商注册企业超 4 万家,入库科技型中小企业 17210 家,净增高企超 700 家,新晋瞪羚企业 196 家、独角兽企业 7 家,新增上市企业 13 家,集萃药康、国博电子、亚信安全等优质企业成功登陆 A 股,新研机构及其孵化引进企业实现营业收入 450.39 亿元、同比增长超 50%,有力促进新材料、节能环保、智能制造等创新型产业发展。

2. 深化"一区(园)一战略产业"

立足全市"2+6+6"创新型产业集群布局,引导各园区围绕 1—2 个产业错位发展,实施"一条产业链,一位市领导,一个工作专班,一位专班负责人"的工作推进机制,优化产业布局,逐步提高园区产业集聚度,推动产业高端化、专业化、品牌化发展。例如,软件和信息服务业、智能电网分别以雨花台园和江宁国家高新园为主要集聚地;集成电路产业主要集聚在江北新区和浦口园;生物医药产业主要集聚在江宁园和栖霞园。

3. 加速推动布局未来产业

筹建南京未来产业促进中心,建立"新技术—新赛道—未来产业"培育机制,加快布局一批未来产业。例如,江北新区重点发展基因科技产业;江宁国家高新园、新港国家高新园、栖霞园在工业互联网、AI 解决方案和 AI 芯片方面发力;鼓楼园、玄武园、高淳园、江宁园分别发展互联网医院、医疗大数据、创新医疗器械和创新药研发等产业;建邺园、秦淮园、麒麟园、雨花台园、溧水园、浦口园、六合园定位消费金融、无人驾驶、机器视觉、数链科技、量子信息、工业机器人等方向;启动未来网络未来产业科技园建设,成为江苏唯一入选首批国家未来产业科技园试点单位。

(四) 加快发展数字经济,提升绿色可持续水平

2022 年,南京高新区加快发展数字经济,促进数字经济和实体经济深度融合,持续推进绿色园区建设,提升可持续发展水平。

1. 助推园区数字经济健康发展

发挥南京高新区数字经济发展的独特优势,大力发展数字经济、建设数字园区。例如,建邺园是主城面积最大的高新园区,于 2021 年 1 月 9 日被江苏省政府正式批复为省级高新区(筹),其以"金融+数字经济"为主导产业,全国互联网企业

20强（诸如京东、小米等）中已有13家落户，2022年园区数字经济增加值占GDP比重近50%；江宁园发布了《江宁高新区扶持数字创意产业发展的若干政策》和《江宁高新区关于加快发展元宇宙产业的若干政策》，引进了百度移信华东区域总部项目、完美世界文创元宇宙＋新消费产业研发及运营中心项目、科兴时代视觉科技项目、魔数团增强现实工业数字化应用项目，产业涵盖工业元宇宙、文旅元宇宙、政务元宇宙及流量经济等细分赛道。

2. 构建绿色产业发展体系

积极鼓励企业和新研机构开展绿色技术（产品）研发或绿色先进技术循环化改造，在节能环保、新能源汽车、智能电网等三领域征集绿色产业项目，并给予资金支持。鼓励支持各高新园区创建国家和省级绿色发展示范园区、绿色工业园区、生态工业示范园区、循环化改造示范园区、“碳中和”示范园区和绿色产业示范基地等，根据创建情况给予一定的奖励，积极引导园区加快绿色创新发展。2022年10月，江苏省科技厅批复同意江宁国家高新园为首批江苏省碳达峰碳中和科技成果转化基地。

3. 推进培育建设绿色园区

积极推动园区产业结构低碳化、能源结构清洁化、光伏发电普及化，着力培育建设绿色园区。例如，江宁国家高新园已建设省级“智能车间”22家、市级“智能工厂”14家，当年新增江苏省绿色工厂7家企业，累计省级以上绿色工厂达10家，其中国家级绿色工厂2家，并开展全国首批产业园区碳排放评价试点，获批建设全市首家江苏省碳达峰碳中和科技成果转化基地，2个项目入选江苏省碳达峰碳中和科技创新专项资金项目。

（五）坚持多元化支撑，优化“双创”生态环境

2022年，南京高新区坚持高端引领、生态赋能，着力打造高端要素汇聚的国际一流创新创业生态，创新创业活力与高品质发展互融共促的生动局面加快形成。

1. 开展科技金融园区行活动

加强与工商银行、中国银行、金服平台、华泰证券等金融机构的合作，在各高新园区宣传科技金融政策和科技金融产品，利用融资、贷款和科创债等多种金融赋能工具，为南京高新区的建设、园区科技企业壮大、园区产业提升提供金融支持；制定出台《关于南京高新区开展企业创新积分制试点工作的实施细则》，大力推进“企业创新积分制”试点工作，完成高新区首批企业创新积分评定以及1055家入围企业榜单发布，根据量化积分为企业兑现政策资金超过2000万元；在全国“创新积分500强企业”榜单中南京高新区有189家企业入围，数量居各试点国家高新区第

1位。

2. 强化知识产权保护力度

加大高质量知识产权培育力度，营造知识产权运用创新生态和强化知识产权保护法治环境。例如，江北新区深化知识产权改革，设立国家级知识产权保护中心、知识产权金融服务中心，推进知识产权综合管理体制改革，构建知识产权保护体系；江宁国家高新园编制《知识产权保护和管理条例》等制度，新设立国家海外知识产权纠纷应对指导中心江苏分中心海外（法国）工作站，提供专业的海外知识产权纠纷应对等服务；江宁园成功创建国家级知识产权强国试点园区，实现园区知识产权服务、高校院所、社会资本等优势资源新赋能。

3. 打造产城融合宜居宜业新空间

努力打造成为产业特色鲜明、产城融合科学、园区环境优质、内生动力持续的一流科技园区和城市产业名片。例如，江宁国家高新园持续推进城市更新，赛艇基地、帆船基地成为市民运动休闲新选择，推进江宁2.3百家湖硅巷转型升级，城市景观、文化氛围全面提档升级；高淳园着力完善园区道路、水电等“九通一平”基础设施，实施“区中村”改造三年行动计划；玄武园坚持“产城一体、融合发展”的思路，建设完成徐庄环园健身步道，为周边群众和企业营造宜商、宜居、宜创的发展环境。

（六）加大创新支持力度，助力高水平科技自立自强

2022年，南京高新区把培育战略科技力量、加快科技自立自强摆在发展全局的核心位置，加强工作提前谋划和统筹组织推进，集聚了一批承担国家使命、体现南京担当的战略科技力量。

1. 建设高水平实验室体系

网络通信与安全紫金山实验室全年发布360～430GHz太赫兹100/200Gbps实时无线传输通信实验系统等8项重大原创性科技成果，创造出目前世界上公开报道的太赫兹实时无线通信的最高实时传输纪录，未来网络试验设施完成40个城市确定性网络骨干节点建设。南京现代综合交通实验室获批国家交通运输行业重点实验室，新型显示与视觉感知石城实验室挂牌成立并完成事业单位登记。

2. 提升一流科创平台能级

国家集成电路设计自动化（EDA）技术创新中心获批建设，国家第三代半导体技术创新中心（南京）启动一期试制生产线设备升级工程，高标准建成国家健康医疗大数据中心等创新平台，中国移动长三角（南京）科创中心等项目加速推进，长三角首个基于国产技术的人工智能计算中心正式上线。

3. 开展关键核心技术攻坚

支持紫金山实验室、第三代半导体技术创新中心(南京)等各类科创载体承担国家科研任务,瞄准 B5G/6G 移动通信、半导体芯片等领域,开展关键技术联合攻关;支持麒麟园 8 家中科院研究所分支机构研发创新,获国家、省、市各类项目支持资金约 1.8 亿元,人工智能轻量化技术、开源服务器操作系统等技术成果已逐步实现产品化落地。

三、 存在问题

(一) 体制机制改革度仍需深化

自 2020 年正式设立以来,南京高新区发展领导小组办公室在规划发展、产业协调、创新服务、统计评价等方面开展了一系列工作。但总体上,由于缺少实体化运作的市级管理机构,使得“1 区 15 园”的管理架构仍处于松散型的“一区多园”发展路径,管理服务和统筹协调能力相对不足,需要进一步加大体制机制改革力度。

(二) 主导产业集聚效应不明显

根据火炬统计数据显示,南京高新区企业所属产业技术主要集中在电子信息产业、先进制造与自动化、生物与新医药、高技术服务 4 个领域,占比超过 60%;但产值与税收主要集聚在电子信息、先进制造与自动化、新材料等 3 个产业领域,占工业生产总值比重超过 70%。同时,各类产业在各园区均有布局,并未体现错位发展的格局,其中,电子信息产业企业数量最多,但产值和税收均不如先进制造与自动化、新材料产业,而生物与新医药产业在各类产业中经济贡献度亦不明显。

(三) 园区发展协同度不够高

目前,南京高新区多数园区之间已就构建“伙伴园区”关系签订了意向协议,但在促进项目孵化、产业落地、载体共建等方面尚未有实质性进展;由于缺乏顶层的统筹规划,难以从宏观层面上引导全市“伙伴园区”建设和产业空间布局优化与郊区高新园区转型升级的有机结合,不能有效规避园区存在的低水平同质化建设问题以及市域范围园区间非必要的“竞争”和“内卷”。

(四) 本地校企成果转化还有不足①

科技成果转化生态仍待优化,具体表现为本地校企成果转化率偏低。有关统计数据显示,2022 年,在宁高等院校作为卖方登记的技术合同共 14676 项,其中买

① 以经省核定的 2022 年南京市技术合同成交信息为基础,根据卖方类别为“高等院校”、城市为“南京市”,买方类别为“企业法人”分类数据测算而来。

方为企业法人的占比58.6%(共8603件),而买方为在宁企业法人的不足半数,共3595项,本地校企成果转化率偏低,占比仅有24.4%,相当一部分科技成果则流向上海、苏州、北京等外地进行产业化。

(五)企业精准服务力度不够强

近年来,随着南京高新区的快速发展,越来越多的外来企业入驻高新园区,越来越多的本地企业在园区孵化成长,但园区科技创新工作普遍侧重于前端项目招商和新增企业的指标任务完成,对区内企业情况未能进行及时地、全面地摸排,未能有效建立和制定各类企业相应的培育计划,对已落地的项目和科技型中小企业难以提供精准支持和精准服务。

四、对策建议

(一)强化园区顶层设计,持续优化运行机制

充分发挥南京高新区发展领导小组办公室作用,建立实体化运作机制,定期在市级层面组织召开1—2次年度工作会议,研究解决需要统筹协调解决的"一区多园"重大事项,在园区层面定期召开协调会议,共同研究确定当年"一区多园"工作思路、年度计划和重大协同事项;积极开展科技产业趋势、科技园区升级发展、新赛道新场景新治理、火炬统计业务技能等主题培训,推动各园区领导干部认知提升,确保"一区多园"同走"高""新"发展道路,在发展理念上形成高度共识,在举措分工上有效协同,进一步增强内生动力,持续推进高新区高质量发展。

(二)优化园区产业结构,聚力主导产业发展

按照"一区一主导产业"的要求,推动产业集群化发展,依托雨花台园、江北新区、江宁国家高新园、新港国家高新园等,围绕基础软件、云计算、大数据、人工智能等领域,提升数字经济竞争力。以江北新区、江宁园、玄武园、栖霞园、高淳园、鼓楼园等为重点,聚焦创新药物、高端医疗器械、转化医学、智慧医疗等领域开展协同创新和产品推广,促进生物医药产业集群化发展。结合江宁国家高新园、溧水园、浦口园、六合园等园区的产业基础优势,着力发展新能源汽车、集成电路、智能制造装备(环保)等高新智造产业,筑牢以实体经济为根基的产业集群。

(三)明确园区功能定位,推进错位协同发展

突出高新区创新引领示范作用,明确各高新园区功能定位,构建"以江北新区为核心,以新港国家高新园和江宁国家高新园为两翼,各高新园区协同联动"的一体化发展新格局。引导建立主城园区以高技术服务业为主、郊区园区以高技术制造业为主的总体格局,推动有关园区与相邻街镇的产城融合。探索优势资源互补的“飞地园区”“伙伴园区”建设模式，采取“政府引导、市场运作、企业主导”“一园多地”的方式，推动园区之间的深度合作、协同发展，打破行政区域限制，实现跨区域的资源整合和经济发展。

（四）推进项目以评促建，加速科技成果转化

支持引导一批技术创新能力强、行业引领带动作用大的产业龙头企业，联合高校院所、产业链企业等建设一批具有示范效应的创新联合体，加大产业核心技术攻关，完善产业创新生态。优化完善新型研发机构年度绩效评价机制，突出发展质效，加速向技术源头和产业应用“双向拓展”，提升创新策源能力和创新成果转化能力。创新科技项目组织管理方式，探索“揭榜挂帅”“赛马制”等新型科技项目组织管理方式，支持重大创新成果在高新园区落地转化并实现产品化、产业化，通过多种手段支持高新园区内的创新产品开拓市场。

（五）完善企业梯度培育，构建全链条孵化服务

加快实施高新技术企业培育“筑基、强基、链基、固基”工程，培育壮大一批拥有关键核心技术自主权和产业链控制力的创新型领军企业。围绕高新区主导产业和优势产业，挖掘和培育一批科技属性强、成长潜力大的独角兽、瞪羚、哪吒、“专精特新”等企业。构建全链条式孵化服务体系，支持高新园区各类主体特别是行业龙头骨干企业建设专业化众创空间、科技企业孵化器、加速器和特色产业园，构建全链条式孵化服务体系，促进企业加速成长。鼓励符合条件的省级大学科技园升建国家大学科技园，促进高校重点学科和园区产业的深度融合。

（六）吸引一流创新人才，建立高层次人才库

面向全球开展“双招双引”，全面布局招商引资和招才引智，对引进的人才项目，按照招商项目投资额度的一定比例进行考核和奖励。支持高新园区吸引高端人才，实施“紫金山英才计划”，搭建海外人才“一站式”服务平台和留学人员综合服务平台，支持海外留学人才和外籍人才在高新园区就业创业。支持园区内骨干企业等与高等学校共建共管现代产业学院，培养高端人才。允许持有永久居留身份证的外籍人才担任新型研发机构法定代表人，牵头承担政府科研项目，并享受相关资金扶持。对能够引领产业发展、带动高新区产业结构调整和产生重大经济效益的高层次人才、特殊人才和创新创业领军人才及其团队，采取“一人一策”“一事一议”的引进方式，给予人才发展专项资金支持。

（七）扩大高水平对外开放，推动产城融合绿色发展

推动科技资源充分流动，深度融合国际产业链、供应链、价值链，支持国内外知名研发机构、“世界500强”、国际知名大学等在高新园区落户或设立研发机构。鼓励高新园区联合行业龙头企业、专业机构建设国际(国别)合作园区、海外离岸孵化器、海外协同创新中心及海外人才离岸创新创业基地,积极融入全球创新网络。加大外贸企业支持力度,重点支持高新技术企业、科技服务业、高技术服务业、现代服务业等领域的企业加大出口力度,支持企业开拓多元国际市场。支持引导有能力、有条件的企业积极稳妥开展境外投资活动,带动园区优势产能、优质装备、适用技术输出。组织开展绿色发展专项行动,推动高新园区绿色、低碳、循环化改造,促进传统产业绿色化转型,严格控制高污染、高耗能、高排放企业入驻,支持江北新区、麒麟园、鼓楼园、雨花台园等基础条件好的园区创建低碳示范园区。支持龙头企业、高校院所和新型研发机构围绕节能环保、新能源汽车、智能电网等重点领域开展研发攻关,推动水处理、大气治理、固废处理等领域前沿技术在高新园区落地转化。健全园区环境监测监控及安全生产预警体系,加强重点污染企业监测和企业环保信息监测,实现企业环境违法违规、安全生产、节能减排等信息共享,坚决禁止高能耗、高污染、高排放产业,推动全市高新园区安全生产治理体系和治理能力现代化建设。

作者:胡先杰　苏思骐　陆红姝(南京市火炬中心)

校企联动与科创引领：栖霞产业链、创新链融合发展透视

作为南京市经济发展最有活力、创新研发最具潜力、深化改革最富动力的区域之一，栖霞坚定以“四个走在前”为使命，立足于本土高校、院所集聚的禀赋优势，拓展校企联动路径，推动产业链、创新链（以下简称“两链”）深度融合发展，努力以高质量发展的实际成效谱写中国式现代化栖霞新实践。

一、校企联动，推动“两链”深融高质量发展的探索实践

栖霞深入学习贯彻习近平总书记关于创新驱动发展特别是“两链”深度融合的重要论述精神，锚定高水平科技自立自强目标，以校企联动为纽带，进一步释放栖霞大学城创新圈、行政区孵化圈、经开区产业圈“三圈叠加”优势，主动融入环紫金山科技创新带建设，加快探索“两链”融合的栖霞路径。

（一）突出一个主体地位，发挥企业“出题者”作用

“两链”深度融合，关键是要确立企业创新主体地位。栖霞精心打造“科小—高企—瞪羚、独角兽—上市”梯度培育链，截至2022年，栖霞培育科小2029家，高企915家，省、市瞪羚、（培育）独角兽企业93家，国家制造业单项冠军企业3家、国家级专精特新“小巨人”企业15家，上市企业（含新三板挂牌）31家。

1. 企业“出题”谋合作

持续强化企业创新主体地位，全区科技企业研发经费支出占GDP比重连续三

年稳步增长，比全市平均水平高出21个百分点。2018年至2023年11月，栖霞累计推进校企合作协议442项，协议金额3.39亿元。14家驻区高校、科研院所及科技型企业获得2022年度江苏省科学技术奖36项(6项一等奖)。英田光学与南京大学联合研发的“空间高速激光数传装备的研发及产业化”项目获省科技成果转化专项资金项目支持1500万元。先欧仪器与南京大学合作形成的“双金属/碳层状复合球的一步微波制备方法”获第二十三届中国专利优秀奖。

2. 高校“揭榜”促转化

累计聘请135位高校高层次人才前往康尼机电、海陵药业等重点企业担任“科技副总”，推动科研成果从“象牙塔”走到车间，转化为“现实生产力”。支持64名高校青年博士和2300多名青年大学生到企业一线创新创业，丰富企业研发人才队伍，提升企业创新实力。

3. 校企“联盟”齐攻坚

组建由38所高校院所参与的栖霞高校技术转移联盟，设立南大、南师大等12所高校技术转移中心栖霞分中心，组织多元化产学研交流和技术转移活动300余场。依托省科技镇长团栖霞团团员、“百校对接计划”科技人才专员等120余人次作为校地合作的联络员和组织员，深化与省内外知名高校、区内重点科研院所合作，引入专家人才、前沿成果、科研平台等各类科研资源，促进成果转化，实现项目落地。

(二) 打造两大产业园区，释放载体“孵育者”效能

栖霞重点打造新港高新园和栖霞高新区两大高新技术产业园区，集聚69家科创载体，累计孵育服务科技企业3000余家，因孵化器运行成效显著，获江苏省督查激励表彰。

1. 创新主阵地强矩阵

作为南京经开区科技创新主阵地、中国(南京)智谷核心区，新港高新园目前已形成以人工智能、生命科学、智能制造为代表的新港产业矩阵，集聚各类企业3000余家，在智能网联汽车、智能制造、智慧城市等重点领域已形成特色集群。2022年，园区实现高技术制造业产值1589亿元，连续四年全市第一。园区先后与新加坡国立大学、东南大学等国内外知名高校深度合作，打造了一批以纬壹生物医药研究院、晶芯光电研究院为代表的产学研平台，为生命健康、激光制造等领域加速集聚创新资源、蓄力创新动能、提升产业能级奠定了坚实基础。

2. 功能性平台架桥梁

位于栖霞高新区的图灵AI企业孵化器(省级专业型孵化器)高效整合图灵人

工智能研究院、清华大学交叉信息院等科研技术资源，投资超1000万元精心打造集多方安全计算（MPC）平台、人工智能生成内容（AIGC）平台、图灵大模型（LLM）平台三大共性技术服务平台为一体的"图灵AI开放平台"，为入驻企业提供自然语言处理、计算机视觉等综合技术支持，目前累计使用频次已突破万次。截至2022年底，图灵AI企业孵化器累计孵化服务图灵深视等人工智能企业近60家，培育出高企6家、市级培育独角兽企业4家。

3. 大学科技园助融合

目前栖霞区集聚南大、南师大、东大等5家大学科技园，在孵企业281家，累计毕业企业161家，其中高企数达70家。联合南京大学、南京工业职业技术大学共建两大国家双创示范基地，布局南大双创示范基地枢纽区，同步建设总部大楼、科技成果转化大楼等载体。推动南工大中小微企业公共技术服务平台实现市场化独立运作。深度释放东大科技园栖霞分园优势作用，探索建立产业共性技术研发基地、校企联合研发中心、"科创飞地"等合作模式，共同支持科技资源共享、产业技术孵化等平台建设，助推栖霞创新体系建设。

（三）推动三类主导产业，提升集群"引路者"水平

栖霞紧扣"制造业高端化、智能化、绿色化发展"方向，持续推动石化能源等传统产业绿色化发展，促进智能制造装备、生物医药等主导产业补链强链。经开区被认定为省工业互联网示范工程2022年度"互联网＋先进制造业"特色产业基地，入围"江苏省先进制造业和现代服务业深度融合试点"名单。加快中国（南京）智谷建设，打造"全省第一、全国前三、全球有影响力"的人工智能产业地标。

1. 借助学科优势，助推产业发展

与周志华教授领衔的南京大学人工智能团队签约共建南大人工智能创新研究院，先后吸引独角兽企业出门问问、国内RPA（机器人流程自动化）领域领军企业艺赛旗等一批行业龙头企业，孵化企业超30家，2022年度总产值超过5亿元。举办由中国科学院院士、南大化学化工学院郭子建教授倡导，南京大学、南京师范大学、南京邮电大学和南京中医药大学等4所"双一流"高校共同发起的羊山湖化学生物学论坛，搭建仙林地区高校化学生物学及相关领域高端学术交流、成果转化平台，聚焦关键技术，链接生物医药健康产业，促进基础研究与产业发展自立自强。

2. 联合科研攻关，优化产业体系

以南京大学产业技术研究院为纽带，建设"小而精"的高品质研学转化平台，持续打造一批具有"名校基因"的领军企业。聚焦栖霞在先进制造业、人工智能、软件信息等产业布局的重大技术需求，栖霞区与东南大学签订全面深化科技合作协议，支持东南大学与栖霞有关单位合作开展关键核心技术攻关。通过校地合作、联合申报国家级和省级科技专项计划，支撑自主可控现代产业体系建设。

3. 集聚高端人才，强化产业链条

牢固树立“人才是第一资源”理念，集聚市级以上各类高层次人才近3000名，其中两院院士45名(约占全市一半)。科技镇长团栖霞团成员、南京工业职业技术大学余旺旺教授组建“机器人焊接技术”“热处理与节能减排技术”等科技服务博士团队，助力区内20余家企业开展智能化改造和数字化转型。其中，港机重工和冠佳科技获评“省级企业技术中心”，宝威科技联合南京工程学院、南京工业职业技术大学等单位申报的先进制药装备关键技术荣获南京机械工程科技成果奖一等奖。

(四) 集聚4大科研平台，善用专家“攀峰者”智囊

1. 国重重组领衔技术攻关

栖霞区域集聚13家国家重点实验室和5家省级重点实验室，目前正以重组工作为契机，持续助力关键核心技术攻关。南大光声超构材料研究院依托南大固体微结构物理国家重点实验室等高水平科研平台，以国内首创的声学超构材料和光声检测技术为核心，解决了我国高端装备制造、障碍诊断、芯片音量控制等领域“卡脖子”问题，填补了国内行业空白，处于国际领先地位。南大研制的“羲和号”太阳双超卫星接连创下5个国际首次，实现了我国空间太阳探测破冰之旅，完成了双超平台试验和科学载荷试验的工程目标。

2. 企业平台提升研发能级

累计建有市级以上工程技术研究中心197家，市级人才定制实验室5家，院士工作站5家。国家射频识别(RFID)系统工程技术研究中心依托三宝科技建设，是国内RFID领域唯一的研究及工程化应用的国家级平台。现有研发人员312名，其中拥有高级职称56人，博士、硕士研究生87人，4人享受国家政府特殊津贴，11人次入选各级人才培养计划。

3. 新研机构集聚创新资源

建成市级新研机构57家，其中与南京大学周志华教授团队、南京邮电大学徐友云教授团队等仙林高校专家团队建设新研机构14所，先后孵化引进企业368家，获得专利580件，集聚科研人员348人，2022年实现营收超20亿元。

4. 科研院所强化战略布局

栖霞区目前集聚紫金山天文台、28所、江苏省中医药研究院等诸多科研院所。紫金山天文台首席研制的我国综合性太阳探测专用卫星“夸父一号”于2022年10月发射升空，实现了我国天基太阳探测卫星跨越式突破。推动构建包括中电科28

所、电科云、中国(南京)智谷推进办等企业和单位在内的中电科一栖霞产业链协作圈,进一步发挥中电科28所在电子信息领域内的引领作用,推动链主企业和上下游企业共建协同创新联合体,促进创新链产业链的深度融合。

(五)优化五大服务品牌,建强创新"联盟者"生态

1. 搭建"霞科行"成果展示窗

自2018年以来,栖霞充分运用"霞科行"区级技术转移市场窗口资源,打造区域技术转移一站式服务综合体,累计建立收集"科技成果信息库"18791项、"企业技术需求库"877个、"高校院所专家库"1744名、"校企科研平台库"274个。2023年,"霞科行"栖霞技术转移市场邀请南京大学、东南大学、南京邮电大学、南京信息职业技术学院等高校专家40余名,开展100余场"专家巡诊",帮助企业攻克技术难题。

2. 运用"22条"科创政策包

围绕促进科技成果就地转化,栖霞区先后出台《促进高校院所科技成果转化若干政策》《关于促进栖霞区新医药与生命健康产业高质量发展的若干政策措施》《栖霞区深入推进引领性国家创新型城市建设的若干政策措施》等政策文件,充分利用"宁企通""政策通"等惠企综合服务平台,实现信息精准推送。累计兑现区级产学研合作及科技成果转化项目资金、区促进科技成果转移转化奖励资金共计1519.16万元。2022年服务481家科技企业获得科技贷款,授信总额40.7亿元。

3. "联盟体"贯通产业链

栖霞新医药与生命健康产业联盟已吸引98家生物医药企业共谋发展,累计集聚生物医药企业930家;打造生物医药领域高校重点实验室等各类产业创新平台119家。组建双碳产业联盟,吸纳成员单位45家,征集"双碳"技术成果60余项,推动绿色低碳科技企业实现技术交易673项,金额5.44亿元。

4. "三三〇"调研常态化

开展"三三〇"常态化调研走访活动,联合科技镇长团"走企业、搭平台,送技术、解难题,找项目、引人才",累计为200余家企业"引渠搭桥",牵头解决250余项诉求建议。

5. "栖智宝"资讯集合站

打造"栖智宝"交互小程序,让全区创新主体通过指尖即可发布、查询、共享科研成果、技术需求。进一步释放驻区高校集聚优势、孵化载体成熟优势与现代产业基础优势,不断推进栖霞科技成果转化和产业化水平。

二、制约"两链"融合发展的问题瓶颈与形势分析

栖霞区域汇聚了南京大学、南京师范大学、南京邮电大学等 18 所高校，在校师生人数超过 20 万人。其中，仙林大学城汇集 12 所高校，其中"双一流"建设高校 4 所，拥有一流学科 20 个，高等教育资源总量占全省 15%。但结合栖霞实际，在释放本土科教资源优势，助推栖霞产业升级方面还较为不足，创新链与产业链未能较好融合的发展困境亟待破题。经过调研分析，原因主要为以下几点。

（一）企业主体动能未能充分激活

1. 龙头型企业带动力不足

创新型行业头部企业强劲的内生创新需求、配套产品需求，对于聚集创新链、健全产业链具有重要的引领带动作用。目前栖霞虽已集聚大量科创企业，但有"高原"少"高峰"，行业龙头企业仍较为稀缺。以生物医药产业链为例，栖霞生物医药规上企业主营业务收入最高的为南京正大天晴，金额为 38.63 亿元，10 亿以上企业 3 家，1 亿以上企业 37 家。对比 2021 年全国主营业务收入百亿级以上企业超过 50 家，全国生物医药营收百强均超过 30 亿元的总体规模，栖霞生物医药领域龙头企业规模较小，缺少真正能带动产业链上下游的巨头型企业，近年来仅有诺唯赞 1 家区内企业新成长为行业内龙头。

2. 保生产企业积极性减弱

受三年疫情影响，较多科技企业还是以"效益产出"为首要目标，对于产学研合作等研发活动的成本投入总体呈现下降趋势。市场的波动也进一步降低了企业持续研发的信心。同时，受机制体制影响，栖霞区域在政府产业基金的布局方面还有所欠缺，推动企业持续开展研发活动的助力不足。

3. 停滞期企业需求项不明

在调研中我们也发现，部分科技企业满足于当前发展阶段，对于产学研合作需求提不出、提不准。同时，也许是出于配合政府征集需求的考虑，少数企业会拿已经做完的项目提需求，甚至还会"编造"需求。在这种情形下，产学研对接必然只能沦为"无米之炊"。高校也反映，高校老师曾多次对科技企业的"假诉求"有了真兴趣，花时间联系企业寻求进一步合作，但企业却反馈目前不需要，或是已经有了成果，一来二去，老师们的积极性也受到较大打击，校企之间的信赖度也遭到一定程度的损害，连带着政府的公信力也有所影响，不利于产学研对接的良性循环。

（二）高校创新资源未能充分释放

1. 高校专利转化落地难

一段时间以来，我国科技领域论文数量位居世界前列，2022 年热点论文数量

更是首次取得全球第一的傲人成绩。然而,基础研究中的创新性成果并不简单等同于生产力。虽然过去5年我国发明专利产业化率整体呈稳步上升态势,2022年增至36.7%,创5年新高;但其中高校发明专利产业化率仅为3.9%,远低于企业的48.1%,以及科研单位的13.3%。高校专利申请和考核大多还集中在申请数量层面,对专利转化相关指标的设置少,缺乏转化动力。以栖霞区为例,2021年全区技术合同成交额66.4亿元,其中驻区高校成交额4.79亿元,占比仅为7.21%;2022年全区技术合同成交额67.27亿元,其中驻区高校成交额7.32亿元,占比虽较前一年度提升至10.88%,但本土高校科研成果转化率低的问题依旧凸显。

2. 教授团队对接效能低

一方面,通过开展调研走访,驻区高校普遍反映目前高校教师的教学任务重,有时虽已与企业就产学研合作开展多轮洽谈,但因为精力有限,担心"接不住"企业需求,而无奈放弃。与此同时,部分企业也表示,在与高校开展联合研发的过程中,企业对于高校教师团队的研发进度与成效也缺乏较为有效的约束手段,有可能会出现企业急着完工出效益,而老师因为教学、科研等任务繁重而推进迟缓的情况,故也让部分企业产生"与高校合作成本高节奏慢"的思想负担。另一方面,栖霞区目前虽已拥有两院院士45名(约占全市一半),但在释放"院士资源"领军攻关"卡脖子"难题,将院士"才富"转变为地方发展"财富"方面还有提升空间。

3. 高校园区周边辐射弱

栖霞目前虽已建成南大国家大学科技园、南师大省级大学科技园等5所大学科技园,但是园区的总体体量均偏小,对于周边企业的虹吸承载能力和辐射带动能力较为有限,未能有效形成"十五分钟"大学创新圈。例如东大科技园的载体空间已趋近饱和,腾笼换鸟的难度较大,发展活力不足。

(三)科研创新平台未能充分布局

科技成果转化的过程是将科学理论、论文、专利等一步步工程化、产业化的过程,经历应用分析与筛选、关键功能实验室验证、工程化验证、产业化量产等多个阶段,相应地需要概念验证中心、小试、中试、量产平台等支撑。如若初创企业没有资金购买研发实验设备或搭建平台,往往在资金、产品周期等双重压力下无法迈过"死亡之谷"。正如前文所述,栖霞目前虽已集聚包含国家重点实验室在内的诸多科研平台,但其中绝大多数由高等院校、科研院所等单一主体建设,或受制于体制机制束缚,或基于安全性、竞争性、产能等诸多因素考量,无法做到开放共享。同时,部分高校教授反映部分技术在研发过程中很顺利,但是推广起来却困难重重。为了破解从"1"(样机阶段)到"10"(小规模应用测试阶段)的难题,2018年中国首个概念验证中心在西安交通大学成立，进一步调动企业、高校、科研院所等产学研创新力量，推动科技成果转化落地。近一年来，浙江大学和北京中关村等地也积极试点建设概念验证中心，取得了良好成效，但目前栖霞还未有相关布局。

（四）高端专业人才未能充分集聚

就成果转化环节来讲，不仅需要战略科学家与科技企业家，也需要技术型官员、技术经理人等各类专业人才。根据《2022 年中国专利调查报告》显示，48.7%的受访企业专利权人反映，“缺少高端专业人才”是制约企业专利产业化的最主要原因。这些高端专业人才包括技术经纪人和创新技术产业化专业人员等，要能沟通供给侧和需求侧，即能快速掌握自己专业领域的发明专利的技术和原理，作出成熟度和实施价值的研判，对接企业需求，并实施或指导完成专利技术的产业化研发。结合栖霞实际，无论是政府科技管理部门还是高校科技处室，总体均呈现出“小、散、弱”的特点，多由行政职务代劳，缺乏专业技术经理人队伍。而第三方技术服务机构，以及企业内部的产学研对接人员的专业能力也参差不齐，既懂成果转化，又具备法律、财务、市场等专业能力的复合型人才极为稀缺。此外，就政府内部而言，在打造科技、教育、产业、金融紧密融合协作的强交叉成果转化服务体系，打破政府部门间的专业领域壁垒方面还需发力。

三、推动“两链”深融的相关对策建议

下一步，栖霞将进一步贯彻落实国家、省、市新一轮科技体制改革，加快构建创新链与产业链相结合的创新资源配置体系，统筹基础研究、应用研究、实验开发和成果转化全链条，加速科技成果向现实生产力转化，让企业提出真问题、真需求，让高校完成真研究、真成果，把科教资源优势转变为创新发展态势，进一步扩大“朋友圈”，赋能“创新圈”，做强“产业圈”。

（一）挂帅出征，提升企业主体创新活力

1. 优化企业孵育，助推龙头牵引

进一步聚焦全市产业体系，瞄准企业领域类型与发展阶段，精准“陪跑”助企业在赛道内高效“提速”。支持促成现有规模企业、中小微企业分层次、分领域对接高校科技创新，助力其成长为专精特新、行业小巨人企业，切实发挥行业创新龙头虹吸效应，为栖霞经济社会发展提供稳定的经济支撑、为未来产业发展布局蓄能。对于地方有重要经济支撑作用的石化、电力等传统产业，鼓励其加大科技投入，加快绿色转化，进一步拓展新赛道、做长做强产业链。

2. 强化企业主导，提升协同联动

进一步强化企业作为出题人、主答题人和阅卷人地位，持续完善科技项目“揭榜挂帅”“赛马制”制度建设，形成以企业为主体、市场为导向、产学研深度融合的创新体系，以新兴产业和共性技术研发为立足点，以高校院所、企业共建的院士工作站、重点实验室、工程技术研究中心等研发平台为载体，联合开展核心技术攻关，持续推动一批重大技术取得突破，一批创新成果落地见效，为现代产业体系发展提供有力支撑。

3. 细化利益分配，健全风控机制

完善的利益分配和风险控制机制是实现产学研深度融合行稳致远的有力保障。要加快扭转高校、科研院所科技成果转化渠道不畅、动力不足、机制不全的现状，兼顾多方利益诉求，充分考虑创新的贡献率，明确界定企业、高校和科研院所的责、权、利。完善风险评估体系和风险共担机制，拓展多元化的投资主体和资金渠道，切实提升创新容错率。

（二）勇攀高峰，增强高校科研攻关动力

1. 加强顶层设计，引导产教融合

以促进高校与区域经济社会高质量发展相融合为目标，助推高等教育评价考核体系改革，完善知识产权资产评估和保护机制，给予高校老师对科研成果的收益权。学校内部在业绩考核、职称评定、岗位聘用等环节，进一步提升科技成果转移转化的权重，从根本上调动高校主体积极性，引导高校的科技创新主动瞄准产业发展需求，加速产学研成果转化。

2. 加深双向合作，推动资源共享

以栖霞区“院士暖心行动”为抓手，以“羊山湖化学生物学论坛”为名片，加深与院士间的交流互信，进一步发挥驻区院士团队的领军作用，推动组建产业创新联合体，加快形成重大科技成果策源地。以环紫金山科技创新带建设为契机，积极对上争取国家级重大产业科技创新平台落户栖霞，加快培育集聚战略科技力量。联合教育部门持续推动“科技副总”与“产业教授”间的双向互动。推动高校重点实验室等科研资源的开放共享，切实提高大型科学仪器配置和使用效率。集聚全域顶尖人才，推动国家级人才平台建设，以政策激励和贴心服务打造人才集聚“生态圈”。

3. 加速配套建设，助力就地转化

以绩效考评为抓手，统筹推进南京大学、南京师范大学、南京邮电大学等大学科技园不断提质升级，全面提升创新创业孵化能力和科技成果产业化承载能力。以“校区—城区—园区”交界区域为空间重点，建设包含高校、政府、园区、企业、常

住居民等多类型主体在内的环高校“15 分钟科创生活圈”，为校园成果就地就近转化提供平台和土壤。

（三）运筹帷幄，锤炼专业技术服务实力

1. 扩大“霞科行”品牌示范效应

高效运营“霞科行”栖霞区技术转移市场，构建科技成果转移转化人才培养、选拔、使用、评价和流动的人才机制，集聚更多复合型科技产业组织人才进入运营团队及关联科技中介服务机构，进一步明确运营理念、运作形式与业务范畴，以更专业化的运营模式开展技术供需撮合对接服务工作。定期编纂发布“霞科行”运营白皮书，归纳梳理栖霞成果转化典型案例，持续扩大“霞科行”在校企间的知晓率。

2. 释放“高校联盟”资源整合优势

与 12 家高校技术转移分中心进一步磋商合作，鼓励各校建立专业技术经理人队伍，为高校科研团队提供技术、法律、投资和知识产权方面的专业服务和协助，深度盘活栖霞高校技术转移联盟资源。联合科技镇长团，落实领导干部专项联系与高校联络员常态化互通机制，以主导产业与热点需求为策划思路，持续开展“栖智荟”系列产学研对接服务活动。持续更新科技成果信息、企业技术需求、高校院所专家、高校科研平台等“四库”信息，形成动态优化、便捷高效的技术转移资源数据库体系，促进联盟高校与区内企业开展更多原创性、引领性技术攻关，促成更多校地合作，进一步推动科技资源的统筹集成和共享。

3. 增强“科创江苏”协同对接能力

在持续高效推动新医药与生命健康产业联盟、双碳产业联盟的基础上，以“科创江苏”试点区建设为依托，深入嫁接省级学会科技创新资源，持续推动产业联盟、创新联合体、联合实验室、产业技术研究院等新型协同组织建设，赋能栖霞产业创新集群发展。

（四）承前启后，完备转化链条集成内力

1. 畅通信息渠道

做强做精“栖智宝”“栖霞科创资源地图”等科技资源共享平台，建立创新需求校企双向互通机制，通过信息共享、需求导向、智能匹配等形式，解决科技和经济“两张皮”的问题。

2. 补足转化链条

试点建设概念验证中心，畅通“概念验证—市场可行性验证—产业可行性验证”转化路径，做好牵线、对接的转化链“前端”，抓好跟踪、服务的转化链“末端”，充分发挥市场主体在洽谈、合作转化链“中端”的自主性，形成“政府搭台、信息跑腿、企业唱戏”的成果转化互助共享新模式，使公共服务成为解决企业技术需求、高校成果转化问题的有力推手。

3. 加速产业进程

建设一批开放共享的共性技术平台，助力企业加速研发进程，缩减产品研发周期。建立助推“双链融合”专班小组，进一步明确科技、发改、商务、工信、市场、金融等各部门职责，为成果转移转化提供“一揽子”服务。继续完善成果转化和并购引导基金体系，探索建立具备政策、环境、功能支撑的基金产业生态圈，吸引更多市场化基金和专业机构落户，切实提升科技金融支持推动实体经济能力。

作者：霍佳　许文婷（南京市栖霞区科技局）　王倩（南京市栖霞区委研究室）

产业创新篇

未来产业:南京的发展现状与成长进路

习近平总书记在2021年两院院士大会暨中国科协第十次全国代表大会上指出,瞄准人工智能、量子信息、集成电路、先进制造、生命健康、脑科学、生物育种、空天科技、深地深海等前沿领域,前瞻性地部署一批战略性、储备性技术研发项目,占领未来科技和产业发展的制高点,加快科技强国建设。《江苏省"十四五"科技创新规划》提出,改进重大基础研究项目形成机制,对于具备"颠覆性、非共识、高风险"特征的重大原创项目,探索建立顶尖科学家署名推荐、随时申报、开通绿色评审通道等机制,推进"负责任、讲信誉、计贡献"评审机制改革试点。南京市作为江苏着力打造全球有影响力的产业科技创新中心的主承载区,前瞻布局未来产业,探索"无人区"技术突破,以未来产业发展驱动新质生产力的培育,是南京市把握抢抓新一轮科技和产业变革机遇的重要前提。

一、加快未来产业发展是南京建设具有全球影响力的产业科技创新中心主承载区的动力支撑

未来产业代表新一轮科技革命和产业变革方向,对未来经济社会发展具备重大引领和变革作用。中共江苏省委、省政府提出要打造具有全球影响力的产业科技创新中心,建设世界先进的科技成果产出转化中心、建设国际一流的产业集群高地、建设全球知名的创新要素汇聚枢纽,营造促进颠覆性技术创新的良好生态,布

局建设未来产业试验区;出台了《关于加快培育发展未来产业的指导意见》,提出到2025年,建设10个未来产业(技术)研究院、未来技术学院、未来产业科技园等平台载体,引育50个未来产业领军人才(团队),涌现一批具有核心竞争力的关键技术、应用场景和重点企业,南京、苏州率先建设未来产业先导区;明确了加快培育第三代半导体、未来网络、氢能、新型储能、细胞和基因技术、合成生物、通用智能、虚拟现实、前沿新材料、零碳负碳(碳捕集利用及封存)等10个成长型未来产业,谋划布局量子科技、深海深地空天、类人机器人、先进核能等一批前沿性未来产业,初步形成"10+X"未来产业体系,实现重点领域、关键产业从小到大、从无到有;撬动了45亿元省投资基金投向符合未来产业发展方向、有增长潜力的科技型、创新型、成长型中小企业。此外,东南大学、南京江宁经开区获批全国首批未来产业科技园建设试点单位。

未来产业的快速增长,正成为城市进位的关键"变量"。2020年2月,南京就在市工业和信息化局设立了全国首个未来产业职能机构"未来产业处",积极谋划新赛道,发掘产业新机会。为持续推进引领型国家创新型城市建设,南京市出台《加快发展未来产业六大专项行动计划》,布局新一代人工智能、第三代半导体、基因与细胞、元宇宙、未来网络与先进通信、储能与氢能等6条新赛道。立足打造具有全球影响力的产业科技创新中心主承载区和区域科技创新中心,南京市提出"十四五"期间,未来产业将保持年均30%的发展增幅,2023年南京未来产业规模预计达1850亿元。2025年,产业规模超3000亿元,增加值占全市生产总值的5%左右,届时将重点突破一批填补国内空白的关键核心技术,未来产业竞争优势和示范带动能力显著提升,发展水平跻身全国第一方阵。南京市作为国家重要的科教中心,部分领域已具备先发优势,在人才、资金,尤其是体制机制等配套要素方面具备创新基础及潜力,在国家未来产业布局中将有望占据一席之地。通过打造未来产业科技原始创新策源地,南京市正实现带动产业发展能级整体跃升,迈步具有核心竞争力和全球影响力的未来产业高地。

二、南京发展未来产业尚存在认识不足、投入不足、要素不足和预期不足等现实问题

(一)识别培育机制尚未形成

当前南京对未来产业的发展规划还较为零散,没有形成一个完整的体系,缺少对从颠覆性技术创新—识别培育机制—未来产业转化发展的系统性探索。

（二）基础研究投入相对较少

我国在基础研究水平和投入上都相对落后：根据大连理工大学公布的《中国研发经费报告(2022)》显示，我国 2022 年基础研究投入强度为 6.3%，与主要国家比，法国、意大利、新加坡基础研究投入强度均超过 20%，英国、美国超过 15%，日本、韩国高于 10%，南京市域内涉及未来产业的基础和应用基础研究则更为短缺。

（三）创新关键要素还不充足

当前南京未来产业的企业主体地位还未真正体现，主要的创新资源多集中在高等院校、科研机构，在科技体制改革尚未完全到位时，企业创新主体地位还不够突出。同时，我省前沿技术领域的国家重点人才工程、国家和省外专计划入选人才分布在企业的仅占 1/3，高层次人才特别是一流科学家、科技领军人才相对匮乏，能跻身国际前沿、参与国际竞争的世界级大师更为稀缺。

（四）产业发展预期尚待明确

由于未来产业的不确定性、高风险性给特定方向的未来产业增长路径带来波动性干扰，使其技术进步与市场培育、产业协同的发展协调出现失衡，市级层面的顶层设计和发展目标尚未到位，缺乏配套的时间表、路线图和施工图。

三、国内外发达地区、省市积极部署，为南京发展未来产业提供了经验启示

（一）国外发达国家和地区的部署情况

世界各国已经充分认识到未来产业的重要性，纷纷前瞻布局未来产业，意图在未来国际竞争中抢占制高点，构筑竞争新优势。

1. 美国以新兴技术群突破推动未来产业发展，致力主导全球未来产业发展

2019 年以来，美国政府相继发布《美国将主导未来产业》《关于加强美国未来产业领导地位的建议》《美国就业计划》等文件，其中，《无尽前沿法案》提出投入 1000 亿美元发展未来产业相关的新兴技术群，提出十大关键技术领域；《NSF 未来法案》中计划向未来产业投入 726 亿美元。美国国家科学院发布《材料研究前沿：十年调查》，确定 2020—2030 年九大材料领域前沿科学方向。

2. 欧盟以工业 5.0 引领未来产业发展，旨在提升未来产业的全球竞争力和领导力

2020 年欧盟发布《欧洲新工业战略》，支持发展对欧洲未来工业有重要战略意义的关键使能技术，增强欧盟在全球产业竞赛中的竞争力和地缘政治角逐中的战略自主性。2021 年欧盟发布《工业 5.0：迈向可持续、以人为本、富有韧性的欧洲工

业》战略，计划建立新的战略投资基金，投资对欧洲战略自主权至关重要的关键价值链，以重振制造业并再次引领全球工业发展潮流。

3. 日本以“社会 5.0”愿景发展未来产业，出台系列举措支持科技创新，加快新价值创造、前沿知识与科研能力提升

2016 年日本政府在《第五期科学技术基本计划》中提出“社会 5.0”概念，以数据代替资本，用新兴技术来推动经济增长，会发生产业、生活与生存方式的改变。先后出台了《科学技术创新综合战略 2016》《科学技术创新综合战略 2017》《未来投资战略 2017：为实现“社会 5.0”的改革》《新产业结构蓝图 2017》《科学技术创新综合战略 2020》等文件，其中，2018 年在《集成创新战略》中明确了未来在 AI、生物技术、环境能源等关键领域的发展目标，提出将日本建成“世界上最适宜创新的国家”。

4. 韩国以制造业为基础发展未来产业，致力形成新的主力产业，加速产业转型升级步伐

2019 年韩国科学技术信息通信部发布《政府中长期研发投入战略（2019—2023 年）》，将未来产业和新产业列为投入重点，涉及人工智能、大数据、信息安全、食品、计算机、生物医疗等领域。同年，韩国政府发布《制造业复兴发展战略蓝图》，提出培育未来新产业，到 2030 年向系统芯片、未来移动交通和生物技术等新兴产业投资 8.4 万亿韩元。

（二）国家层面和其他地区的部署情况

1. 在国家层面上

我国已经深刻认识到，发展未来产业是我国培育产业新动能、构建新增长点、在全球新一轮科技革命和产业革命获得先发优势的关键。2021 年出台的《中华人民共和国国民经济和社会发展第十四个五年规划和 2035 年远景目标纲要》明确提出，着眼于抢占未来产业发展先机，前瞻谋划未来产业。2020 年习近平总书记在浙江考察时指出，要抓紧布局数字经济、生命健康、新材料等战略性新兴产业、未来产业，大力推进科技创新，着力壮大新增长点，形成发展新动能；同年，习近平总书记在深圳经济特区建立 40 周年庆祝大会上提出，要前瞻布局战略性新兴产业，培育发展未来产业，发展数字经济。2022 年中共中央、国务院印发《扩大内需战略规划纲要（2022—2035 年）》，明确提出：在前沿科技和产业变革领域，组织实施未来产业孵化与加速计划，前瞻谋划未来产业。同年底，科技部、教育部发布《关于批复未来产业科技园建设试点的函》，同意空天科技未来产业科技园等 10 家作为未来产业科技园建设试点，量子信息未来产业科技园作为建设试点培育，11 所高校作

为建设单位。

2. 在地方层面上

多个省份已将未来产业写进其“十四五”规划中，积极“争抢”布局前沿科技和未来产业发展“新赛道”。全球前沿科技咨询机构(ICV)在2023年发布的《全球未来产业发展指数报告》中指出，全球20家“未来之城”中国上榜5个地区，分别是北京、粤港澳大湾区、上海、合肥和苏锡常。北京出台《北京市促进未来产业创新发展实施方案》，锚定未来信息、未来健康、未来制造、未来能源、未来材料、未来空间六大领域，实施原创成果突破、中试孵化加速、产业梯度共进、创新伙伴协同、科技金融赋能、创新人才聚集、国际交流合作八大行动，致力将北京打造成为世界领先的未来产业策源高地。上海出台《打造未来产业创新高地发展壮大未来产业集群行动方案》，部署发展未来健康、未来智能、未来能源、未来空间、未来材料等五大未来产业集群。深圳出台《培育发展未来产业行动计划》，连续7年每年安排10亿元设立未来产业发展专项资金，用于支持未来产业核心技术攻关、创新能力提升、产业链关键环节培育和引进、重点企业发展、产业化项目建设等。浙江出台《关于培育发展未来产业的指导意见》，提出到2035年打造5组未来产业国际公共专利池，培育5家以上具有全球影响力的未来产业“链主”企业，构建5个以上规模超千亿元的未来产业集群。

（三）对南京的经验启示

国内外关于未来产业的部署领域、发展举措各具特色，但存在共同的经验值得借鉴。

1. 支持各类智库和研究机构开展未来产业预测，建立未来产业发展跟踪研究的长效机制

国内外先进国家和地区积极开展未来产业发展的预测，不断深化对未来产业战略规划、预见预测与发展模式研究。应当发挥南京大院大所众多的优势，组织专业团队加强对未来产业的趋势和动力机制、发展模式等理论研究，为未来产业的发展方向和推进战略提供智力支撑。

2. 增加颠覆性技术创新的研发投入，强化基础和应用基础研究领域的创新与突破，加快颠覆性技术创新向未来产业转化的进程

颠覆性技术创新是未来产业培育的关键核心，颠覆性技术从培育发现到成熟应用是一个长期的培育过程，应逐步建立起与市场相结合的体制机制，应通过政府采购、应用试点等方式，营造促进成熟技术产业化的市场环境，加快其转化为未来产业。美国、欧盟等发达国家和地区均安排大量资金投入颠覆性技术、未来技术的

研究领域。我国上海、广东等地区，也不断提升全社会特别是企业基础研究投入水平。应当发挥南京金融资本集聚的优势，设立未来产业发展专项资金，支持潜在颠覆性技术创新的基础和应用基础研究，对优质创新项目进行甄别，择优资助。

3. 发挥区域科创中心的引领带动作用，加快培育和发展未来产业，打造省内高精尖产业承载区

南京具有创新资源集聚优势，区域人才、资本、数据等要素畅通流动，企业、创投、专业服务机构等各类市场主体活跃，为未来产业的培育提供了优渥的土壤。发展未来产业的核心要素是创新人才，需加强各类高层次创新人才的引进，制定高层次人才培养计划和扶持支撑。创新型企业是未来产业培育的重要主体，要突出行业领军企业、龙头企业、大型国企作为创新主体地位，鼓励企业与科研机构、高校等开展联合攻关，加速未来产业技术创新成果的产生、转化和产业化。应重点支持南京高科技、产业、金融、人才等创新要素汇聚融合、体系化发展，引领区域未来产业发展方向。

4. 营造优良市场和营商环境，探索未来产业治理的体制机制创新，加快构建一流发展生态

西方社会长期营造形成的鼓励创新、宽容失败的创新文化，成为驱动部分发达国家未来产业最密集区域的根本动力。推进未来产业发展，也要在全社会营造出崇尚创新的文化和制度环境，同时规制新兴技术产业化带来的潜在风险。应当优化未来产业领域科研项目筛选与评审机制，鼓励科研人员大胆想象，大胆创新与实践，为科研人员创造最大程度上的自由环境。充分衡量新兴技术产业化带来的伦理、社会和经济风险，做好产业引导和培育，建立以敏捷为核心的治理框架，为未来产业提供良好的发展空间，形成具有南京特色的产业创新发展生态。

四、南京未来产业发展的重点举措

（一）面向未来产业建立长期、动态的颠覆性技术甄别与支持机制

以颠覆性技术创新驱动的未来产业，既是我国进入新发展阶段、加快构建新发展格局的客观需要，也是苏南自创区培育新兴未来产业、抢占全球科技产业竞争制高点的必然选择，需探索形成颠覆性技术的发现—遴选—培育的可行路径和颠覆性技术创新驱动未来产业发展的现实路径，建立具有南京辨识度的颠覆性技术发现、遴选、培育的新模式，使南京地区成为引领省内乃至国内未来产业发展的新高地。

1. 探索颠覆性技术的发现—遴选—培育可行路径

机制旨在探索颠覆性技术从发现—遴选—培育的可行路径，识别和挖掘一批颠覆性技术方向，推动颠覆性技术创新与突破，营造颠覆性技术创新氛围，培育颠覆性创新文化，推动区域创新链、产业链、人才链、资金链的精准对接和深度融合。

(1) 在颠覆性技术的系统识别上。鉴于颠覆性技术变轨跃迁的非连续性和当前以技术预见为主的识别方法，需构建技术选种为特色的识别方法。该方法从科技前沿等途径搜索、征集颠覆性技术的潜在种子，跟踪顶级期刊、顶级会议、知名机构动态等，滚动收集当年的科技前沿方向，以技术大数据的专家思想碰撞的方式，定性与定量结合，凝练出潜在种子并形成技术种子库。

(2) 在颠覆性技术的动态遴选上。在苏南自创区层面上尝试建立颠覆性技术感知响应体系，成立颠覆性技术发展战略咨询专家组。围绕收集的潜在种子，组织专家开展头脑风暴，碰撞潜在种子的性能提升效果、相关领域可能的颠覆性应用，以及潜在种子跨领域颠覆性应用的思路。引入企业、投行、学术、政府等多元主体参与，通过多种形式的沙龙研讨，各类专家的参与碰撞，多轮思想火花的迭代，对颠覆性潜在种子进行遴选并聚焦出潜在的颠覆性技术点，同步产生好思想、好问题。

(3) 在颠覆性技术的长期培育上。对颠覆性技术识别及遴选的结果进行综合论证，评价潜在种子由发现到遴选过程的科学性，结合从技术变轨性、变革影响性、前沿交叉特点等方面评价聚焦的潜在技术点并形成颠覆性技术方案。同时，需充分考虑颠覆性技术创新和成果转化周期较长的特性，要明确政策支持的方向与重点，形成长期持续支持机制。

2. 探索颠覆性技术创新驱动未来产业发展的现实路径

颠覆性技术通过全新的科学发现和对已有技术轨道的迁移，对该产业格局造成“创造性破坏”并培育了新的市场需求。应围绕未来产业培育的关键环节、模式功能、评价原则形成颠覆性技术驱动的未来产业培育的现实路径。

(1) 在颠覆性技术供给环节，需完善未来产业的任务选题机制，突出颠覆性技术遴选的需求和问题导向，结合未来产业技术核心属性与现实需求甄选颠覆性技术。

(2) 在颠覆性技术产业转化环节，由于颠覆性技术创新影响众多主体、领域、产业，需运用开放多元的思维进行组织创新，要调动民营企业、大学和科研院所等各创新主体，加强多方的互动和协同，在一个共同体中最大限度地发挥科技资源配置效率和技术创新的协同效应。由于颠覆性技术创新性强，对传统或主流技术产生颠覆性效果，需大学、科研院所、企业及中介机构等组成的创新联合体，利用由人才、技术、资金、信息和管理等组成的创新资源，在相应制度、政策、文化和金融等构成的创新环境下，围绕公共问题、公共利益和公共需求进行技术的合作、共享、转移和创新。

（3）由于颠覆性技术研发难度大且具有动态变化性，需要动态的管理模式。管理方式应在颠覆性技术的不同发展阶段不断调节管理方式和重点，从而保障管理的科学性和有效性。同时，通过建立多种技术路线并行的颠覆性技术竞争与退出机制，以避免在错误的技术路线上过多投入资源，延误产业发展的战略时机。在技术产业应用环节，颠覆性创新领先于现有市场，应将研发项目与国家战略需求相结合，为颠覆性技术向未来产业的转化提供早期市场，加快前沿技术的产业化应用迭代。同时，探索构建典型应用场景、培育发展颠覆性技术的试点示范机制和新模式，发挥其引领性、示范性作用，统筹推进和突破颠覆性技术，加快其成果转化与产业化。

（二）面向南京6个未来产业发展方向，优化未来产业布局，加快培育区域未来产业集群

1. 构建“两区一廊多组团”未来产业布局

按照“全域创新、协同联动、产城融合”的布局理念，构建面向未来产业的“两区一廊多组团”发展格局。“两区”即重点打造江北新区“自主创新先导区”和南部片区“产业创新引领区”；“一廊”即做大做强前沿引领、协同发展的G312科创大走廊；“多组团”即联动集成南京高新区15个分园创新资源和产业集群，编织“多点发力、辐射周边”的创新网络。江北新区打造“自主创新先导区”。发挥国家级江北新区、中国（江苏）自由贸易试验区南京片区、苏南国家自主创新示范区制度创新优势，形成与国际接轨的创新创业生态，培育一批第三代半导体、基因与细胞等领域未来产业项目和企业，促进未来产业集群加速成型。南部片区打造“产业创新引领区”。依托南京临空经济示范区、江宁开发区、南部新城等，加强与南京都市圈、长三角城市群之间的产业联动和创新协作，有序承接长三角乃至全球高新技术转移转化，做大做强深空深海装备、智能网联汽车、元宇宙、未来网络与先进通信、储能与氢能等未来产业方向。以紫金山科技城、麒麟科技城建设为主要抓手，推动基础创新优质资源在G312科创大走廊集聚。支持高效集聚中科院等高端创新资源，争取更多新一代人工智能、区块链相关国家重点实验室、国家重大科技基础设施项目落地。

2. 明确南京未来产业重点发展领域

新一代人工智能领域重点加强全栈自主可控人工智能新型基础设施建设与应

用,开展前沿基础理论研究,推动关键技术的研发和产业化,重点在工业制造、医疗健康、智能交通、城市治理等重点领域应用推广。第三代半导体领域重点在电力电子、射频电子、光电子、第三代和超宽禁带半导体材料领域,突破一批关键核心技术和产业技术瓶颈,促进第三代半导体产品在新能源汽车、智能电网、5G 通信等产业领域应用。基因与细胞领域重点突破基因测序、基因编辑、基因和细胞治疗等核心技术,推动基因和细胞技术的应用和产业化发展,形成全国领先的基因与细胞全产业链布局。元宇宙领域重点推动元宇宙技术、应用和人才方面实现重大突破,围绕产业元宇宙、元宇宙产业双向发力,构建元宇宙产业链式发展格局,为产业聚变提供"强支撑"。未来网络与先进通信领域重点推动先进技术成果转化和示范应用,提前布局国际领先的产业互联网新型基础设施,加快确定性网络实现更大范围覆盖,将南京市打造成为我国未来网络行业的示范区、引领区。储能与氢能领域重点打造包括储能产业上游原材料和基础设备部件生产、中游技术系统集成、下游市场应用及回收再利用在内的完整储能产业链架构,加速培育发展"制氢(以工业副产氢为主)—储氢(以储氢罐形式为主)—运氢(以低温液氢、高压气氢运输为主)—加氢(以加氢站为主)—用氢(以燃料电池汽车为主)"产业链,构建江北—江宁—溧水三大储能产业集聚区,全力打造应用场景示范。

(三)面向南京未来产业创新体系的健全完善,从 5 个方向集成创新资源,夯实未来产业发展的创新支撑

1. 加快未来产业研发投入高质量增长

支持设立自然科学基金或基础研究专项资金,组织面向未来产业重点领域、突出应用导向的基础研究和原始创新,支持区内企业、高等院校、科研院所积极承担国家和地方基础研究类项目。支持围绕未来产业重点领域和战略性产品的关键环节,聚焦关键共性技术、前沿引领技术、现代工程技术、颠覆性技术创新,集中优势资源和科研精锐力量推动技术攻关。鼓励从经济社会发展的实际问题中凝练科学问题,弄通"卡脖子"技术的基础理论和技术原理,共同开展有望引领产业变革的重大原创性研究,努力实现更多"从 0 到 1"的突破。鼓励探索市场化和政府投入协同联动的技术攻关体制,支持各类创新主体通过"揭榜挂帅""赛马制"等方式承担或参与国家、省级重大科技项目。

2. 提升企业颠覆性技术创新主体地位

引导企业设立有助于颠覆性创新的组织模式,探索建立项目实验室、"创意市场"、虚拟协作创意团队、颠覆性创新中心、颠覆性创新俱乐部等,在结构上与主体组织分离,保护新技术开发免受组织惯性和技术惯性的影响。建立大学前沿科学中—颠覆性技术开发产业区—企业圆桌平台，由各方代表组成委员会，根据各方利益诉求定期举行产学研协同会议，整合各类信息和资源，组织颠覆性技术创新理论知识和技术开发研讨。完善以企业为主的颠覆性创新发展新体系，破除制度的障碍，支持中小创业企业的研发和技术商业化活动，帮助企业跨越创新死亡谷，充分激发企业的开展颠覆性技术创新的活力。

3. 推动颠覆性技术创新成果向未来产业转化

组织发布颠覆性技术开发目录，依据南京市域内研究型大学的研究实力和科研基础设施优势进行投标，设立独立的颠覆性技术创新委员会进行立项审议，决定中标地区并组织开展技术攻关与成果转化。依托南京高水平研究型大学的前沿科学中心，在高新区建设颠覆性技术创新专门平台或机构，围绕大学基础研究力量开展颠覆性技术的研究合作，由省级科技部门对颠覆性技术平台或机构提供一定期限的种子资金资助，构建高校、园区、企业三方协同的颠覆性技术创新体系，创新产学研合作机制，加快颠覆性技术的开发和商业化。

4. 促进未来产业创新人才集群集聚

在南京市域内探索放宽国际人才移民政策，促进国内外人才的交流协作，通过开展海外人才永久居留便利服务试点、完善高层次人才引进政策等，构建吸引人才、留住人才的环境，对未来产业的创新型人才特别是顶尖人才要给予充分的尊重，给予充分资源，按照其自有标准组建团队。创造培养和吸引未来产业创新型人才的教育文化环境，引导南京市域内重点高校招收面向未来产业的专门人才培养团队乃至“少年班”，从人才的角度来保障未来产业创新发展。

5. 增强金融资本赋能未来产业的综合效能

借鉴美国小企业创新研究项目，分两个阶段资助中小企业的研发，第一阶段提供小规模资金支持企业做概念论证工作，在 2 年后的第二阶段提供更大规模的资金资助后期演示，并在企业立项申请中引入同行评审流程，保证项目资助决策的独立性和科学性。探索支持未来产业技术创新成果商业化的可行模式，鼓励发展一定规模的母基金类型风险投资基金，以参股方式吸引市场化创业投资和风险投资基金入驻本地，开展针对中小创业企业的未来产业技术创新成果商业化项目的上市前各阶段投资。

作者：张敏　常伟　陈欣怡（江苏省生产力促进中心）

南京新能源产业创新发展历程、经验与未来方向

自2006年，南京宣布建设创新型城市，新能源产业正式列为“十一五”规划发展重点，到2023年，南京建设产业强市，南京始终坚持前瞻布局、赋能高企，创新新能源产业协同机制，从产业管理机制创新，到服务机制创新，从产业链培育，到产业要素集聚，从营商环境优化，到产业创新能力提升，从产业间融合到应用场景多元化，新能源产业协同创新为南京市新能源产业发展提供了扎实的基础和支撑。

一、南京新能源产业发展历程

（一）新能源产业自主探索阶段（2004—2010年）

2004年，南京市发布《南京市重点招商产业、产品和技术目录》，首次将新能源汽车、大型水力发电机组、大型风力发电机组、风力发电自动控制系统等列入重点招商目录。南京市风能和太阳能企业自主创新能力在全球新能源领域崭露头角，南京高齿拥有风力发电齿轮箱的自主研发技术，中电光伏拥有太阳能电池光电转换率技术的世界纪录。2006年12月，南京市正式将光伏、储能等新能源产业列为“十一五”规划发展重点，将太阳能、化工能等新能源列为科技发展技术攻关重点项目。新能源产业开始由企业自主发展转向政府推动、企业为主的有序发展。2008年9月，《市政府关于大力促进企业创新的若干意见》提出加快发展新材料、新能源等高技术和新兴产业，首次提出要打造千亿元规模的光伏产业。2010年7月，南

京市政府设立市发展和改革委员会，负责推进能源行业节能和资源综合利用，指导能源科技进步和新能源、可再生能源的开发利用。2010 年 9 月，《市政府关于进一步深化宁台合作的若干政策意见》进一步将风电和光伏装备列入南京市八大新兴产业，打造新能源汽车等新兴产业的台资特色园区，并鼓励台商投资南京市新能源等新兴产业。

（二）新能源产业快速发展阶段（2011—2015 年）

为响应国家绿色发展战略，南京市政府从产业布局、园区规划、基础设施建设等出台了多项政策全面推进新能源产业生态化。发布《南京市“十二五”绿色城市发展规划》《关于促进我市新兴产业发展的政策措施》，大力推广电力、天然气、太阳能、地热能等优质清洁能源，培育和发展壮大风电、光伏装备产业、新能源汽车产业。2012 年 11 月，发布《关于加快培育和发展战略性新兴产业、打造中国软件与新兴产业名城的意见》，推动产业结构战略性转型升级，重点培育和发展新型能源、新能源汽车等六类战略性新兴产业。随后，提出《全面深化金融改革创新发展的若干意见》，加大对节能环保、新能源汽车等战略性新兴产业信贷支持。2014 年 9 月，发布《南京市加快推进生态文明建设三年行动计划》，提出要打造具有全国影响力的科技创新中心和战略性新兴产业高地，提升新能源汽车推广应用水平。随后提出要重点引入新型光电、新能源、节能环保等龙头企业，促进新能源产业提档升级并培育汽车制造产业向产业链高端发展。

（三）新能源产业转型升级阶段（2016—2020 年）

为落实国务院、江苏省关于加快培育和发展新能源汽车产业的决策部署，南京市将新能源汽车产业地标作为南京市重点打造的地标之一，先后发布《南京市“十三五”新能源汽车推广应用实施方案》《南京市打造新能源汽车产业地标行动计划》，提出了具体的方案和举措，并设立新兴产业发展基金，将新能源汽车列为重点投资方向之一。南京市进一步加大了新能源产业基础设施规划和建设力度。提高电力行业使用天然气等清洁能源的比重，并推广太阳能光伏、地源和水源热泵技术以及分布式能源与热电联供的应用、加大充电设施用地支持力度，做好配套电网接入服务，实行差异化交通管理。随后，发布了《关于实施产业链“链长制”的工作方案》，由市领导担任“链长”，实施产业链强链补链专项行动。大力推动建立南京智能制造产业园、新能源动力电池材料产业基地和全市智能网联研发中心、国家级新能源汽车创新中心、国家智能网联汽车创新中心、新能源汽车文化小镇以及国家级智能网联汽车测试基地。截至 2020 年，南京新能源汽车的产业规模、创新能力、产业体系、推广应用均走在全国前列，产业综合竞争力位居全国第三。

(四) 新能源产业高质量发展阶段(2021年至今)

为响应江苏省"十四五"制造业高质量发展规划要求,构建自主可控安全高效的现代产业体系,南京市加强新能源汽车产业强链、补链、延链,从设立财政补贴、引进相关产业的外资龙头项目等方面做了深入探索,并提出了具体的实施举措以及新能源产业智能化改造、数字化升级的规划和具体实施路径。与此同时,南京市各区积极推进新能源产业园区和电池研发项目建设。2022年3月,发布《南京市全力打造五千亿级智能电网产业集群行动计划》。随后,发布《南京市推进产业强市行动计划(2023—2025年)》,从四个方面为新能源汽车产业、储能产业、氢能产业提出了具体的发展路径。另外,南京市政府加大跨国公司地区总部和功能性机构的政策支持力度。提出了《市政府办公厅关于做好跨周期调节进一步稳外贸的实施意见》《南京市"十四五"新型消费促进规划》,聚焦新能源汽车等重点产业链,提出了稳外贸九条实施意见以及刺激新型消费的具体举措。2023年7月,发布《动力电池产业智能化改造数字化转型工作指南》,助力动力电池产业创新升级。

为了扎实推进国家的碳达峰、碳中和战略目标,南京积极布局新能源汽车换电产业生态、布局储能与氢能未来产业新赛道。发布《市政府办公厅关于印发南京市新能源汽车换电模式应用试点实施方案(试行)的通知》,提出了新能源汽车换电模式应用的实施路径。发布《动力电池产业智能化改造数字化转型工作指南》,助力动力电池产业创新升级。2023年2月,发布了《南京市加快发展储能与氢能产业行动计划(2023—2025年)》,从六个方面推动储能与氢能产业发展的具体举措。

二、深化南京创新协同推进一体化高质量发展的南京经验

(一) 政策链驱动,引领新能源产业链布局

围绕国家重大需求,瞄准智能电网、光伏、新能源汽车、储能与氢能等,谋划科技攻关工作重点,布局新能源产业链。从招商引资、基础设施建设、园区规划、技术研发到场景应用,从产业战略规划到行动计划,南京市政府提供了系统的政策链条。以"链长制"和"专班制"推进和落实新能源产业链强链补链工作。建立"一条产业链,一位市领导,一个工作专班,一位专班负责人"的工作推进机制。设立新能源产业工作专班,设立新型电力(智能电网)(含储能与氢能)产业工作专班,新能源汽车产业地标建设领导小组,实施市领导挂钩联系制度,由市工信局作为专班牵头单位,协调各有关部门、各区(开发区),统筹推进新能源产业发展工作。每月由相关市领导牵头,对产业链发展情况进行专题研究和调度,协调解决产业链发展中的重大事项。成立新能源汽车专家委员会,定期为新能源汽车产业发展提供政策建

议。设立产业发展专家咨询委员会，保障新能源产业政策实施。

（二）优势集群带动，打造一体化产业链

按照链式整合、集群带动的原则，加强重点调度和扶持，推动南京市新能源产业集聚集约发展。依托关键设备领先优势，南京市打造智能电网优势产业集群。2021年，南京市新型电力（智能电网）装备集群成功入选国家级先进制造业集群。该集群包含“发、输、变、配、用、调度、通信、综合能源服务、电力网络安全”九大关键产业链环节。依托汽车产业优势，建成完善的新能源产业汽车产业链集群，涵盖原材料、整车制造、汽车后市场三个环节，南京成为长三角地区新能源汽车产业链最长、涉及领域最全的地区之一。推动储能与氢能等未来产业的产业链建设。壮大“制—储—运—加—用”产业链，做强储能电池和储能应用，健全氢能产业链，推动产业链一体化。初步形成储能和氢能等未来产业集群，全市储能与氢能重点企业约50家，产业规模平稳增长，逐步覆盖产业链核心节点。南京市储能和氢能产业涵盖了储能设备制造及原材料供应、储能系统集成、储能系统应用、氢气生产、加氢站建设等全产业链结构。

（三）产业布局推动，打造一流创新载体

南京市建成国家智能电网特色产业基地、国家智能电网战略性产业集聚区、国家级智能网联汽车测试基地和智能网联新能源示范应用中心以及全国智能电网产业知名品牌示范区和江苏省智能电网特色创新示范园。初步形成以江宁智能电网产业谷为核心、南京经济技术开发区、江北新区为两翼的“一谷两区三极”智能电网空间发展格局。依托南京市汽车产业优势和科研优势，打造新能源汽车产业地标。构建“一带四基地”新能源汽车产业，形成优势互补、特色鲜明的江北新区、溧水区、江宁区、栖霞区（南京经济技术开发区）等四大新能源汽车产业基地，以及秦淮区省级车联网先导区。全市已建成新能源汽车领域的省级重点实验室6家、备案新型研发机构4家、市级以上企业技术中心32家，拥有中汽创智、清研华科等重点创新平台10余个。溧水新能源汽车产业基地成为江苏省规模最大的新能源汽车产业基地和国家火炬特色产业基地。发挥南京在储能电池电源、电力电子元器件、储能变流器以及制氢等领域优势，形成了江北—江宁—溧水—高淳为重点的发展格局，产业集聚初步形成。

（四）强内力聚外力，推动新能源产业价值链升级

鼓励做强做大链主企业。支持龙头企业实施高端并购重组、强强联合，加速产业链关键资源整合，加快形成引领产业发展的领军企业、细分领域竞争力强的单项冠军企业。加大“链式招商”和龙头项目引资力度。聚焦新能源汽车整车龙头项目及核心零部件项目，吸引LG新能源、国轩高科、爱尔集新能源等国际知名动力电池头部企业落户南京。吸引全球知名的风电轴承企业舍弗勒有限公司、整车制造企业上汽大通落户江宁高新区。吸引欣旺达、恒生制药、正锐电力等储能重点企业落户南京。蜂巢能源科技有限公司投资56亿建成蜂巢能源南京基地大型储能电站。吸引社会资本投资新能源产业。聚焦新型电力(装备)、节能环保等领域，华能集团投资300亿元打造超千亿级能源创新型产业集群中国能谷，中国电科院投资100亿元建设中国电科院南京科研基地。建设多元化智库。建立龙头企业培育库，对入库企业实施“一对一”精准服务，推动本土优质企业做大做强，培育处在产业前沿的独角兽、瞪羚企业。

（五）多元化服务支撑，营造优质营商环境

搭建信息共享网上服务平台，定期举办新能源产业推广应用推进会、高质量发展推介会、产业专利导航发布会产业链推介会和集成电路产业供需对接会，发布供应链需求，吸引研发、创新类优质企业落户南京市。举办全国专精特新中小企业发展大会、南京都市圈创新挑战季新能源产业专场活动、智能网联汽车人才创新创业大赛，拓展新能源创新产品市场。及时总结经验，发布新能源汽车产业白皮书，组织编写的《持续改善专精特新中小企业发展环境》案例，被工信部作为典型案例在全国范围推广。制定《南京市创新产品评价管理办法》，并定期组织南京市创新产品申报和评价活动。提供财政补贴和资金支持，并与企业联合产业基金，为产业链上下游项目提供股权投资支持。建立智能电网产业人才资源储备库及产业专家库，发布《南京市深化校企协同创新建设培育专精特新企业示范城市的若干政策措施》，推动校企合作。南京大学、东南大学、南京航空航天大学、南京理工大学等7家知名院校开设新能源汽车相关专业。在江苏南京雨花台区、秦淮区、江北新区建立省级数字化人才培训基地。创新服务模式，出台全国首个新能源汽车充(换)电设施建设运营管理办法，率先打破全国换电设施规划、建设、运营、监管、通用等“无标准、无法规”困境，并成为国家首批、全省唯一的新能源汽车换电模式应用试点城市。

三、南京新能源产业的未来方向

新能源产业是南京市重点战略性新兴产业之一，南京在智能电网、新能源汽车、光伏、储能与氢能等新能源产业领域具有雄厚的资源优势。“十四五”期间，以产业强市为目标，南京市将继续推动新能源产业强链补链拓链，提升新能源产业的综合实力、创新能力、可持续发展能力和国际竞争力，推动新能源产业高质量发展。

（一）全力打造新能源产业集群

1. 强化优势产业集群效应

加快构建以数字技术为核心驱动力、以新能源为主体的世界级智能电网产业集群先行示范区，将智能电网产业打造成为世界级智能电网产业核心区、能源科技自立自强的创新策源地、全要素完备的国际生态智电谷。继续推动新能源汽车产业集群化，打造省级以上先进制造业集群、战略性新兴产业集群。加强储能与氢能应用场景的打造和示范推广，推动智能控制终端、能量管理系统及虚拟电厂建设，打造省级未来产业先导区。

2. 推动产业链强链补链

加强新能源产业链核心关键技术研发，提升供应链关键环节控制力和稳定性。支持龙头企业实施高端并购重组、强强联合，加速产业链关键资源整合，巩固产业优势，增强细分领域的主导能力。支持国电南自、国电南瑞、南高齿等龙头企业向产业链上游、下游延伸，从设计研发、生产配套、企业管理等方面全方位提升产业链协同能力。

3. 打造品牌产业园区

加快推进江北新区、河西新城、南部新城三大总部经济集聚区和玄武铁北、鼓楼滨江、栖霞燕子矶、雨花软件谷南园、江宁百家湖九龙湖五大总部经济重点园区“3＋5”载体建设。推动江北新区、浦口区、六合区、江宁区、溧水区、南京经开区、江宁开发区、秦淮区等重点新能源汽车产业集聚区建设。构建以江北—江宁—溧水为重点的储能产业集聚区，打造溧水开发区与欣旺达智慧能源零碳园区，启动建设溧水、江宁储能应用示范区建设氢能综合应用示范轴带和全域多点多元应用场景示范项目。

（二）梯度提升产业创新能级

1. 打造高能级科技创新平台

加快创建国家级智能电网创新平台。围绕储能与氢能等未来产业，布局一批中试试验、应用验证、材料检测等功能型科技产业创新平台。争取国内外知名科研院所、世界一流大学、新能源产业领军企业在南京建立创新研究院。

2. 提高自主创新能力

强化技术攻关，加快突破智能电网、新能源汽车科技前沿技术，加大新型储能关键技术装备研发力度，形成一批具有自主知识产权的先进技术创新成果。推动产学研用融合发展，建立由新能源产业龙头企业引领支撑，专精特新企业、高等院校、科研机构等共同参与的产学研深度融合创新联合体。

3. 强化产业创新策源功能

支持龙头骨干企业、行业协会牵头或参与制订智能电网、储能、氢能等领域国际标准、国家标准和行业标准。

4. 高标准建设国家级智能电网应用产品质检中心

加强新能源产业关键技术、先进工艺、试验方法、重要产品和典型应用等行业标准研制。鼓励社会团体快速响应技术创新和市场需求，自主制定和发布团体标准，实施先进团体标准应用示范。

5. 提升市场主体竞争力

培育具有国际知名度的生态引领型头部企业。重点培育智能电网、新能源汽车、储能与氢能等行业的链主企业，支持“链主”企业牵头组建产业创新中心等创新联合体，开展联合攻关，打造单项冠军产品。

6. 引入创新总部型企业

围绕新能源产业重点发展领域，招引一批技术有前瞻性、发展有带动性、经济有爆发力的重大产业化项目，引进世界500强、行业百强以及独角兽企业在南京设立总部或研发中心、建设生产基地。打造一批专精特新“小巨人”企业。运用金融、科技、信息、项目、平台、空间、人才等要素，实施梯度培育、创新引领、强链补链、资金扶持。

（三）加速推进产业联动与融合

1. 推进新能源产业间融合

推动新型储能与氢能产业和智能电网、新能源汽车等产业融合发展。推动智能电网与电动汽车融合，实现多种能源灵活接入、源网荷储一体化。推动新型储能与光伏、风电产业融合，建设大型新能源基地、多能互补能源基地等。加强新能源生产使用和制造业绿色融合，推进氢能等新能源生产服务与设备制造协同发展。

2. 推动新能源与数字技术深度融合

为重点行业企业提供数字化改造免费诊断，鼓励企业实施生产线数字化改造和设备更新。加强数字技术与新能源产业传统业务融合应用，推动储能、虚拟电厂、电力工控系统业务，利用大数据、云平台等数字技术构建智慧化电厂、电网、新能源加注站管理模式。

3. 创新多元化应用场景

开发智能电网应用场景，开发一站式解决方案，发展主动配电网、智能配电一体化、微电网协调控制。打造储能运用场景示范，围绕分布式新能源、微电网、大数据中心、5G基站、充电设施、电动汽车等终端用户，发展“储能+”多元融合新场景。

开展氢能应用场景试点，布局氢能与电能互补支撑、氢能综合利用的项目试点。

（四）全方位完善服务支撑机制

1. 加强组织协调

依托市新能源相关产业工作专班，强化市产业主管部门的统筹协调工作，细化目标任务和责任分工，推动部门协作和上下联动，确保各项工作落实到位。

2. 加强政策扶持

加大财政支持力度。设置财政专项资金，吸引社会资本参与建立新能源产业专项投资基金，加大对新能源产业关键核心技术攻关、应用场景开发、人才引育等方面的资金支持力度。制定推进分布式光伏发电的若干措施及相关补贴细则。建设知识产权平台，保护具有核心竞争力的高价值专利，强化知识产权预警、行政保护和服务。保障新能源产业用地，将新能源产业发展用地纳入土地利用计划，并优先安排建设用地指标。

3. 加快推进人才智库建设

建立新能源产业"重点人才库""人才需求库"。实施紫金山英才计划，拓展海外招才引智平台，引进一批掌握新型储能、氢能等未来产业前沿理论和核心技术的全球顶尖科学家、学科带头人和科研团队。

4. 加强要素保障

推进国家级重点实验室、科研创新平台建设。依托南京市拥有雄厚的科研院所资源，引导创新主体与高校科研院所开展产学研服深度合作，设立新能源产业人才研究院，建立顶尖人才实训基地，探索新能源产业技术人才培养的模式和路径。

5. 加大国内外合作交流

加大与南京都市圈、对口帮扶城市新能源汽车产业互补。推动"一带一路"、区域一体化等新型智慧能源基础设施建设，推动新型电力装备等集群重大装备及优势企业走出去。加强与传统能源国、RCEP（《区域全面经济伙伴关系协定》）成员国、东盟、非洲等的人员及技术交流、产业标准制定，提升企业国际化发展能力。围绕智能电网、新能源汽车产业，继续组织举办国家级、省级品牌展会。对新能源产业的重点项目，明确推进机制，主动跟踪新能源产业发展情况，定期评估行动计划推进情况。

作者：孙玉玲　张赛　郝文秀　刘小雪（南京工业大学）

南京市金融业发展现状与对策建议

——与其他副省级城市金融业发展比较分析

金融活、经济活；金融稳、经济稳。金融是现代经济的核心，是实体经济的血脉。南京市积极推进金融要素集聚、严格防控金融风险、持续增强金融业核心竞争力，金融功能和能级不断提升。近年来，金融业勇挑重担积极作为，为全市经济稳增长以及实体经济的质效提升提供了重要金融支撑。本文客观分析全国 15 个副省级城市金融产业的发展状况、对比查找南京金融产业发展的不足，找准努力发展的方向，以金融高质量发展奋力推动中国式现代化南京新实践。

一、南京市金融总体发展情况

（一）金融业综合竞争力位列全国第 8

南京市围绕《关于加快构建现代金融产业体系建设重要金融中心的若干意见》明确的目标任务，多措并举，强长项、补短板，推动金融业综合竞争力稳步提升。2022 年全市新增金融市场主体超 160 家，现代金融组织体系继续完善。在最新发布的第 14 期《中国金融中心指数报告》中，南京金融业综合竞争力位列全国第 8；在第 32 期《全球金融中心指数报告》(GFCI 32)中，南京排名第 83 位，创历史新高。在启动助力企业上市的“宁航行动”以来，全市企业上市数量逐年递增，上市取得新突破，截至 2023 年上半年，全市的境内外上市公司总数已达 160 家。

（二）主要金融指标总量稳居全省首位

全市金融业增加值、本外币存贷款余额、证券交易额、保费收入等主要金融指标总量再创新高，继续稳居全省第一，全国前十。2023 年前三季度，南京市实现金融业增加值 1778.24 亿元，同比增长 9.5%，拉动 GDP 增长 1.3 个百分点，对经济增长的贡献率达到 27.8%。2022 年实现保费收入 957.37 亿元，同比增长 6.9%。全年累计实现证券交易额 43.27 万亿元，同比增长 16.7%。2023 年 1 月末，全市存贷款余额增量创新高，总量突破了 10 万亿元，成为全国第 5 个超十万亿元的副省级城市。截至 2023 年 9 月末，全市金融机构本外币存款余额 5.44 万亿元，同比增长 9.4%，本外币贷款余额 5.38 亿元，同比增长 13.8%。展望 2023 全年，南京市金融业增加值总量有望继续实现新攀升，金融业占全市 GDP 比重稳步提升，对全市经济增长的贡献度和拉动力凸显。

（三）金融服务实体经济质效实现提升

2022 年末全市制造业贷款余额 3529 亿元，同比增长 20.7%，已连续 16 个月保持两位数稳步增长。制造业贷款保持高位增长的同时，小微企业金融服务水平持续提升。2022 年末全市小微企业贷款余额 8171 亿元，同比增长 16.2%，高于各项贷款增速 3.6 个百分点。信贷规模增加的同时，南京市企业融资成本稳中有降。2022 年全市新发放企业贷款平均利率同比下降 21.44 个基点。全市金融机构通过降低贷款利率和减免支付手续费等共为企业节约成本多达 62.2 亿元，金融让利实体经济力度进一步加大。南京金融业保持了稳健高效运行态势，助力实体经济质效实现新提升，为全市经济社会高质量发展提供了有力支撑。

（四）围绕重点领域改革创新持续发力

南京成功获批成为全国第二批科创金融改革试验区以来，全市的科创金融发展迈入新阶段。截至 2022 年末，全市高新技术企业、科技中小企业贷款分别同比增长 26.6%和 71.1%。多项金融创新业务在自贸区先行先试，自贸区内银行机构跨境人民币结算量实现了大幅增长。绿色金融和乡村振兴等重点领域蓬勃发展，2022 年末全市绿色贷款余额 6104 亿元，同比增长 28%；2022 年末全市涉农贷款余额 3118 亿元，同比增长 15.9%。

（五）金融市场组织体系趋于完备

南京已聚集各类金融相关市场主体超过千家。基本形成了银行、保险、证券等各业并举，中、外资金融机构并存，功能完备、运行稳健的多元化金融体系和全方位的金融发展格局。全市积极培育和引进了民营银行、消费金融公司、商业银行理财子公司、金融资产投资公司等法人金融企业。新型金融业态快速发展，小额贷款、融资担保、商业保理、融资租赁等地方金融组织总量达数百家。私募投资基金快速集聚，金鱼嘴和扬子江两大基金街区集聚效应凸显。

（六）金融支持服务经济成效显著

南京市构建了涵盖股权投资、债权融资、担保增信、应急转贷、挂牌上市等覆盖企业全生命周期的多层次、全方位的金融支持体系。建设并开通了江苏省综合金融服务平台南京子平台、南京金服等线上融资服务平台，与沪深交易所合作共建了“南京科技金融路演中心”“科创板企业上市培育中心（南京）”。围绕信贷支持科技创新主渠道功能，打造“宁创贷”品牌，围绕小微金融服务，建立了多元化融资激励和增信机制，实施企业上市“宁航行动”计划。

（七）积极防范化解金融领域风险

南京市成立了市级层面的金融风险化解委员会，统筹推进全市金融风险防范化解各项工作。坚持“市场化、法治化”原则，多措并举推进民营企业债务风险化解工作，聚焦“消存量、遏增量、放变量”，持续推进涉众型投资领域风险化解，非法集资高发多发态势已经得到明显遏制。多方合力稳妥化解上市公司风险，公开市场债券风险总体可控。南京市的一系列防范化解金融风险工作举措，维护了金融稳定安全发展大局，为金融业持续健康发展营造安全稳定的良好环境。

二、金融产业总体比较情况

（一）南京金融总量指标总体相对靠前

面对周期性与结构性问题相互叠加的宏观经济环境，南京金融产业总体仍保持平稳发展态势。2022 年深圳、广州、成都、杭州的金融业增加值、本外币存款余额、本外币贷款余额、保费收入总量规模领先优势较明显；南京的以上指标在 15 个副省级城市中均排名第 5 位，总体排名靠前。南京市金融业增加值也在 2000 亿元以上。深圳、广州、成都、杭州的本外币存贷款余额均已经突破 10 万亿元，其中深圳的本外币存贷款余额已达 20 万亿元以上，2022 年末南京市本外币存贷款余额也已经接近 10 万亿元关口。深圳、广州、成都、杭州的保费收入均突破千亿元，南京市的保费收入也接近千亿元关口（如表 1 所示）。

表1　2022年副省级城市部分金融总量指标对比表

城市	金融业增加值		本外币存款余额		本外币贷款余额		保费收入	
	亿元	排名	亿元	排名	亿元	排名	亿元	排名
深圳	5138	1	123400	1	83423	1	1528	2
广州	2596	2	80495	2	68919	2	1545	1
成都	2445	3	53189	4	53053	4	1061	4
杭州	2407	4	69592	3	62306	3	1076	3
南京	**2200**	**5**	**49531**	**5**	**48760**	**5**	**957**	**5**
武汉	1929	6	35754	6	44384	6	865	6
宁波	1267	7	31303	8	32986	7	416	11
西安	1237	8	31763	7	32247	8	573	8
济南	1030	9	25941	9	26112	10	632	7
青岛	991	10	24993	10	26783	9	503	9
厦门	894	11	16167	15	17319	12	270	15
哈尔滨	686	12	16474	14	14397	14	379	13
大连	674	13	18911	12	14235	15	401	12
长春	571	14	16851	13	17122	13	306	14
沈阳	536	15	20855	11	20777	11	418	10

注：数据来源于各城市2022年统计公报。

（二）南京金融均量指标表现较为突出

均量指标反映一个地区人均所占有的物质或价值的数量。通过金融相关均量指标对比，可以清楚地看到各城市之间金融产业集中程度的差异，从而综合评判城市金融经济发展的含金量。2022年深圳人均金融业增加值、人均本外币存款余额均位列15个副省级城市之首。南京各项人均指标在15个副省级城市中排位靠前，均位列前3位。深圳和南京的人均金融业增加值均已经突破2万元，南京落后深圳0.59万元，高于杭州0.38万元，位居第2位。深圳、杭州、南京的人均本外币存款余额均突破50万元，南京紧随以上两市之后，位居第3位。南京、杭州的人均本外币贷款余额均在50万元以上，南京市达到51.37万元，位居第1位。保险密度是指区域内常住人口平均保险费数额，用于反映地区保险业务的发展程度，南京市保险密度是唯一突破万元的城市，高于其他城市，位居第1位（如表2所示）。南京市常住居民的保险意识和意愿总体较强。

表 2　2022 年副省级城市部分金融均量指标对比表

城市	人均金融业增加值		人均本外币存款余额		人均本外币贷款余额		保险密度	
	万元/人	排名	万元/人	排名	万元/人	排名	万元/人	排名
深圳	2.91	1	69.87	1	47.23	3	0.86	3
南京	**2.32**	**2**	**52.19**	**3**	**51.37**	**1**	**1.01**	**1**
杭州	1.94	3	56.23	2	50.34	2	0.87	2
厦门	1.68	4	30.46	6	32.63	6	0.51	8
武汉	1.40	5	26.02	8	32.31	7	0.63	6
广州	1.39	6	42.97	4	36.79	4	0.82	4
宁波	1.32	7	32.55	5	34.30	5	0.43	13
成都	1.15	8	25.01	10	24.94	10	0.50	9
济南	1.09	9	27.55	7	27.73	8	0.67	5
青岛	0.96	10	24.17	12	25.90	9	0.49	10
西安	0.95	11	24.44	11	24.81	11	0.44	12
大连	0.90	12	25.19	9	18.96	13	0.53	7
哈尔滨	0.69	13	16.67	15	14.56	15	0.38	14
长春	0.63	14	18.54	14	18.84	14	0.34	15
沈阳	0.59	15	22.80	13	22.71	12	0.46	11

注：数据来源于各城市 2022 年统计公报，由于数据缺失，表中的哈尔滨、长春使用 2021 年常住人口计算。

（三）南京金融质量指标排名位居前列

质量指标反映一个地区经济增长的有效性。通过金融相关质量指标对比，可以清楚地看到各城市金融经济增长结构变化，从而判断未来区域金融经济持续发展能力高低。近两年来，南京连续获得资本市场金融科技创新试点城市、科创金融改革试验区两个国家级“金改”试点，持续大力提升城市金融综合实力。2022 年深圳、南京、杭州、哈尔滨、成都、厦门、西安、武汉的金融业增加值占 GDP 比重均在 10%以上，其中深圳达到 15.9%，大幅领先其他城市，南京低于深圳 2.9 个百分点，位列副省级城市第 2 位。金融相关比例反映的是金融上层结构与经济基础之间在规模上的变化关系，金融相关比例与地区金融体系的发展程度存在一定的正相关性。南京金融相关比例排名杭州、深圳之后，居第 3 位，总体较靠前。保险深度反映的是保险业在社会经济发展中的渗透力和重要性，2022 年南京的保险深度为 5.66%，位居副省级城市第 3 位（如表 3 所示）。

表 3　2022 年副省级城市部分金融质量指标对比表

城市	金融业增加值占比		金融相关比例		保险深度	
	%	排名	数值	排名	%	排名
深圳	15.9	1	6.39	2	4.72	10
南京	**13.0**	**2**	**5.81**	**3**	**5.66**	**3**
杭州	12.8	3	7.03	1	5.74	2
哈尔滨	12.5	4	5.62	4	6.91	1
成都	11.7	5	5.10	8	5.10	7
厦门	11.5	6	4.29	11	3.47	13
西安	10.8	7	5.57	5	4.99	8
武汉	10.2	8	4.25	12	4.58	11
广州	9.0	9	5.18	7	5.36	5
济南	8.6	10	4.33	10	5.25	6
长春	8.5	11	5.04	9	4.54	12
宁波	8.1	12	4.09	13	2.65	15
大连	8.0	13	3.93	14	4.75	9
沈阳	7.0	14	5.41	6	5.43	4
青岛	6.6	15	3.47	15	3.37	14

注:数据来源于各城市 2022 年统计公报。考虑到数据的可获取性,本文金融相关比例以(本外币存款余额+本外贷款余额)/GDP 来量度;保险深度=保费收入/GDP * 100。

(四) 南京的金融产业集聚度相对较高

金融业在经济发展中的重要性日益凸显,产业的集聚已经成为金融业发展的一种趋势,也助推地区经济发展的转型升级。本文选用区位熵指数来衡量金融的集聚水平,区位熵指数大于 1 时,表明该区域的金融业集聚程度较高,具有相对比较优势;区位熵指数越接近 0,表明该区域的金融业分布分散,不具备比较优势。南京金融业经过多年的发展,初步呈现出集聚态势,为区域金融中心建设奠定良好的基础。2022 年深圳、南京、杭州、哈尔滨、成都的金融业区位熵(指区域中金融业增加占 GDP 的份额与整个经济中金融业增加值占有的份额的比值)排名前 5 位。杭州、深圳、南京、哈尔滨、西安的银行业区位熵(指区域中本外币存贷款余额占 GDP 的份额与整个经济中本外币存贷款余额占有的份额的比值)排名前 5 位。哈尔滨、杭州、南京、沈阳、广州的保险业区位熵(区域中保费收入占 GDP 的份额与整个经济中保费收入占有的份额的比值)排名前 5 位。南京的金融业区位熵、银行业区位熵和保险业区位熵都在1以上，在副省级城市中排名靠前，表明南京的金融产业专业化程度相对较高，金融产业集聚效应较为明显(如表4所示)。

表4 2022年副省级城市金融相关行业区位熵对比表

城市	金融业区位熵		银行业区位熵		保险业区位熵	
	数值	排名	数值	排名	数值	排名
深圳	1.98	1	1.60	2	1.22	10
南京	**1.63**	**2**	**1.45**	**3**	**1.46**	**3**
杭州	1.60	3	1.76	1	1.48	2
哈尔滨	1.56	4	1.41	4	1.78	1
成都	1.47	5	1.28	8	1.31	7
厦门	1.43	6	1.07	11	0.89	13
西安	1.35	7	1.39	5	1.29	8
武汉	1.28	8	1.06	12	1.18	11
广州	1.13	9	1.30	7	1.38	5
济南	1.07	10	1.08	10	1.35	6
长春	1.06	11	1.26	9	1.17	12
宁波	1.01	12	1.02	13	0.68	15
大连	1.00	13	0.98	14	1.23	9
沈阳	0.87	14	1.35	6	1.40	4
青岛	0.83	15	0.87	15	0.87	14

注:数据来源于各城市2022年统计公报。

三、南京金融业发展需要关注的问题

(一)金融指标的首位度不高

副省级城市就是区域经济的发展核心，对省域金融产业的发展起到引领作用，副省级城市在各省的金融核心地位较为突出。南京作为江苏省省会城市，在全省充分发挥了龙头领跑示范带头作用，但与其他副省级城市的金融首位度相比，依旧存在着明显差距。2022年南京金融业增加值占全省比重为22.7%，排名第11位；成都、哈尔滨、西安、长春、武汉的占比均在50%以上，南京市差距较明显。南京的本外币存款余额、本外币贷款余额、保费收入占全省的比重也均处于第11位，排名靠后(如表5所示)。金融首位度代表地区在所属省域的金融实力和地位，反映该城市金融发展的竞争力和比较优势，在首位度方面，南京市还需要继续努力。

表 5　2022 年副省级城市主要金融指标占全省比重情况表

城市	GDP 总量占全省比重		金融业增加值占全省比重		本外币存款余额占全省比重		本外币贷款余额占全省比重		保费收入占全省比重	
	%	排名	%	排名	%	排名	%	排名	%	排名
成都	36.7	2	63.7	1	47.6	3	57.5	4	46.2	2
哈尔滨	34.5	5	60.8	2	42.5	5	56.8	5	38.6	5
西安	35.0	4	58.6	3	51.3	2	66.0	1	52.0	1
长春	51.6	1	57.1	4	51.5	1	65.0	2	45.2	3
武汉	35.1	3	53.0	5	44.9	4	59.9	3	44.3	4
深圳	25.1	8	43.4	6	38.3	6	34.0	7	25.9	10
杭州	24.1	9	36.0	7	35.4	7	32.8	8	34.4	6
大连	29.1	6	31.5	8	25.1	9	26.2	10	28.6	8
沈阳	26.6	7	25.1	9	27.7	8	38.2	6	29.8	7
厦门	14.7	13	23.0	10	22.2	12	23.0	12	19.7	13
南京	**13.8**	**14**	**22.7**	**11**	**22.6**	**11**	**23.6**	**11**	**22.2**	**11**
广州	22.3	10	22.0	12	25.0	10	28.0	9	26.2	9
济南	13.8	14	19.8	13	17.8	13	21.1	14	21.7	12
青岛	17.1	12	19.0	14	17.1	14	21.6	13	17.3	14
宁波	20.2	11	18.9	15	15.9	15	17.4	15	13.3	15

注：数据来源于各城市 2022 年统计公报。

（二）行业规模有提升的空间

南京市金融业行业规模在全国副省级城市中排名总体靠前，但与先进地区相比，依旧存在着明显的差距。2022 年南京市金融业增加值虽已经突破两千亿元，但低于深圳市近三千亿元，差距较大。广州、成都、杭州的金融业增加值也领先南京市，武汉市金融业增加值紧随南京之后，两市差距不到 300 亿元。深圳、广州、成都、杭州的保费收入均已经在千亿元以上，而南京市保费收入还不足千亿元。深圳市本外币存贷款余额在 20 万亿元以上，领先南京市超 10 万亿元。南京市金融业还有进一步发展提升的空间，需对标找差，奋起直追。

（三）贷款使用效益相对较低

贷款产出率（指地区 GDP 与银行贷款年平均余额比率）是贷款效益的指标，主要是反映银行贷款所产生的经济效益水平。贷款产出率高，表明贷款的使用效益高，经济发展质量也高。2022 年大连、青岛、宁波、济南、厦门、武汉、广州的贷款产出率均在40%以上。南京贷款产出率为34.7%,位列15个副省级城市的倒数第2位。南京市要提高贷款的使用效率,加快实现从贷款的数量规模扩张向提升金融机构贷款质量效益方面的转变。

四、促进南京金融产业发展的建议

(一)正视发展现状,积极主动作为,勇挑发展重担

当前经济发展长期向好的趋势未变,各项重大决策和举措的出台,为经济的平稳健康发展指明了方向,也必将对金融业发展产生重要而深远的积极影响。南京市金融机构要在提振消费上主动作为,合理增加各类消费信贷投放,推出更优质的金融消费产品,促进城市烟火气的快速回升,为各类消费市场的繁荣复苏做出积极贡献。围绕南京产业布局和重点发展方向,以多层次金融链支撑集群式产业链,在服务市场主体上注活水。充分利用好南京的地理区域、资源禀赋和人才优势,强化经济转型升级金融支持,推动更多资金投向先进制造业、战略性新兴产业、“专精特新”企业、绿色低碳行业。通过引导贷款利率下行、发放优惠利率贷款、中小微企业贷款延期还本付息、支持发放小微企业无担保信用贷款、减少银行收费等政策,推动实际贷款利率降低,引导金融系统向实体经济让利,全面提升金融服务实体经济的效率和水平。

(二)优化发展环境,创新服务手段,加强风险管理

增强防范化解金融风险的主动性,坚定守住不发生系统性区域性金融风险的底线。加强守信激励和失信惩戒,企业信用修复等机制建设。要充分利用信息化、智能化等技术手段,有效结合金融风险防控专业团队分析成果,及时主动识别,查处违法违规行为,实现金融市场风险早识别、早干预。积极做好金融服务和体制创新的探索,发挥部门完善制度环境职责,激发出市场内生动能。加大信用资源整合力度,逐步完善企业和个人信用评价制度。引导企业改善信用形象,提高信用等级。提高金融综合服务水平,继续释放保险的社会稳定器的作用。全力推进国家科创金融改革试验区建设,深度打造“一核两翼”金融产业布局以及现代金融业集聚区建设。始终保持信贷总量和社会融资规模合理增长,注重提升金融效率,实现金融发展与地区经济水平以及社会公众获得感同步提升。

作者:耿延武(南京市统计局)

元宇宙赋能南京文化产业发展新模式

——新场景、新业态、新消费

文化强国和文化数字化战略是以习近平同志为核心的党中央作出的重大决策，是关系国家发展全局的重大战略。元宇宙将AI、云计算、区块链等互联网技术整合创新，是数字技术的又一次跃迁，其全新范式为文化产业变革和创新发展提供了更多可能。元宇宙已经渗透到人类生活的各个领域，美国信息技术研究分析公司Gartner Group指出，到2026年，全世界将有25%的人每天至少花一小时在元宇宙中从事工作、购物、学习、社交和娱乐活动。从南京来看，2022年，南京数字文化产业规模平均年增长率超20%，预示着南京文化产业经过多年的外延式规模扩张后，将转入高质量发展“赛道”。因此，有必要针对元宇宙赋能南京文化产业高质量发展进行深入调研，探索如何更好地规划“技术+场景”的产业发展格局，助力南京打造具有国际竞争力的龙头企业和产业集群。

一、元宇宙赋能南京文化产业发展现状

(一) 政策务实精准，产业生态环境良好

在政策支持上，南京紧跟国家“文化强国”“文化数字化”战略部署，贯彻落实《南京市加快培育新赛道发展未来产业行动计划》，加快布局和培育发展元宇宙产业，出台了一系列利于元宇宙相关行业快速落地的精准产业政策。2023年初，南京出台了《南京市加快元宇宙产业发展行动计划(2023—2025)》和《加快发展未来

产业六大专项行动计划》，开创了人工智能、第三代半导体、基因与细胞、元宇宙、未来网络与先进通信、储能与氢能等6条新赛道。为保证各赛道齐头并进，南京各行政辖区纷纷出台相关文件政策，例如《江宁高新区关于加快发展元宇宙产业的若干政策》《鼓楼区“十四五”区块链产业发展规划》等。

南京积极推动数字经济的发展，营造良好的元宇宙产业生态环境，《2022数字经济城市发展百强榜》（中国电子信息产业发展研究院）显示，南京数字经济发展水平位居全国城市第8名。南京抢抓数字经济时代发展机遇，加快数字经济高地建设，先后成立了南京市元宇宙产业联盟、南京市元宇宙产业协会，举办了南京市元宇宙产业发展大会、南京2023元宇宙应用共创大会暨中国元宇宙技术与应用创新平台成立大会、2023南京元宇宙创意大赛”等多场主题会议、论坛和比赛，营造产业发展良好氛围。此外，随着《南京市加快发展元宇宙产业行动计划（2023—2025）》的发布，各区紧跟指导意见，南京市各区也纷纷布局元宇宙产业，打造江苏首个元宇宙技术应用示范中心。建邺区围绕“元宇宙＋金融”“元宇宙＋动漫游戏”，以最好载体空间、优质的创业服务助力元宇宙发展，充分发挥金融集聚优势，打造“建邺金服”环境。南京市江宁区发布《江宁高新区关于加快发展元宇宙的若干政策（2022）》《江宁高新区加快元宇宙产业发展三年行动计划（2023—2025）》，明确了元宇宙产业发展路线图，引育元宇宙在内的数字经济企业300家；近两年，核心产业营收每年均超70亿元，形成一定的规模和品牌效应。

（二）技术底座扎实，产业门类应用齐全

南京作为全国首座综合性软件名城，在元宇宙产业发展方面具有优越的基础条件。围绕产业链部署创新链，围绕创新链布局产业链，形成了以江宁高新区、软件谷为核心，以徐庄高新区、鼓楼高新区、建邺高新区等为特色发展板块的“双核多点”产业空间布局。南京软件谷已打造各类公共服务平台40余个；集聚各类众创空间、科技企业孵化器47家，其中国家级9家、省级18家；国家高新技术企业806家；培育瞪羚等企业47家。围绕网络通信、新材料等关键核心技术，已孵化培育了1000多家网络通信与安全领域相关联的企业，涉及自动驾驶、远程工业设计、远程医疗等多个场景。根据江苏省科技厅公布的2023年第三批入库科技型中小企业名单，南京累积入库总数达到15374家，占全省入库企业数29.7%①。这为元宇宙相关技术在南京文化产业发展提供了大量的实操应用场景。

南京元宇宙产业集聚了130家元宇宙相关企业，业务涵盖底层技术支撑、前端

① 洪叶，徐晋．科创筑峰南京产业攀高逐新[N]．新华日报，2023-06-06.

设备及平台、场景应用。在设备平台方面，以南京维塞克网络科技有限公司为代表的元宇宙底层平台，已经为政府部门、腾讯和阿里等多个头部机构提供了元宇宙互联协作的底层引擎技术。在数据与算力方面，南京紫金山实验室发布了全球首个广域确定性网络系统重大突破成果、全球首个云原生算网操作系统、全球首个6GTKμ极致连接无线传输试验平台V1.0.等六个全球第一。中兴通讯南京滨江基地将5G广泛应用于机器视觉、数字孪生等技术。在智能硬件方面，以南京江北中车为代表的智能汽车，在江宁开发区，已成功创建省级智能工厂8家、省级工业互联网标杆工厂5家、省级智能车间31家，引育了由70余家央企、知名外企、高成长型民企组成的智能化改造、数字化转型服务商“舰队”。在区块链技术方面，南京鼓楼高新区获评江苏省区块链技术创新与应用试验区，其中“基于区块链全自动基建安全监测系统”入选江苏省区块链产业发展试点示范项目。

（三）科教人才汇聚，科研院所实力雄厚

南京市各级政府持续优化科教人才的“引、培、留、用”机制，做优做强数字经济人才链的全面服务和保障，深化产教融合协同攻关人员团队管理机制改革，重塑数字经济人才培养体系。依托数字经济卓越工程师继续教育基地，结合省工信厅创新实施数字经济卓越工程师培育项目，定向培训数字经济卓越工程师，扎实推进数字经济工程专业职称评价制度落地见效。

南京信息工程大学成立了全国首个元宇宙工程系，充分发挥计算机、人工智能等学科优势，创新推出了元宇宙应用系统、元宇宙睡眠、多模态交互VR实验、元宇宙博物馆等成果，并于2023年4月在昆山成立元宇宙智能穿戴研究院。包括南京工程学院、金陵科技学院、南京传媒学院等13所高校均开设了80多个数字经济领域相关专业。2023年，南京成立数字经济博站联盟，吸收23家数字经济领域博站单位加入联盟，以产学研合作为纽带，增强南京数字经济领域博站单位的行业影响力，为南京数字经济发展储备更多后续优秀人才。

除此之外，南京建成了超过10万平方米的元宇宙产业大厦，成立了7支总规模达到30亿元的覆盖元宇宙产业方向的基金，集聚了以灵境元宇宙研究院、百度移信、完美世界、大西洲为代表的一批元宇宙领域重点企业和平台，初步形成“研究院＋产业联盟＋先导区/集聚区”的创新发展态势①。

---

① 仇惠栋，江高轩. 江宁高新区开启元宇宙产业三年行动计划[N]. 新华日报，2023-06-12.

二、元宇宙赋能南京文化产业发展中存在的问题

（一）产业规模偏小，缺少头部优势企业

首先，南京元宇宙产业规模总体偏小，相关企业数量虽然在逐年增多，但缺少优势龙头企业。根据《2022胡润中国元宇宙潜力企业榜》列出的200家企业，入榜企业基本聚集于北京、上海、广东和浙江四地，其中以百度、三六零等为代表的平台技术类企业集中于北京；上海的优势在于以科大讯飞、中兴通讯等代表的底层技术；广东智能终端类较多，例如华为、OPPO等；浙江则是生态应用类公司比例较高。而江苏南京目前仅有2家企业（江苏有线、苏宁易购）上榜，可见，南京有关元宇宙产业的战略纵深优势尚未充分发挥，缺少示范性建设项目①。其次，南京元宇宙产业的创新能力仍有待加强，据《2022年中国元宇宙最具创新力企业》榜单显示，在全国最具创新力的100家企业中，南京上榜的仅有4家企业，分别是睿悦信息（AR/VR系统）、刹那（元宇宙社交）、维塞克（元宇宙社交）和纯白矩阵（基础设施）。南京元宇宙产业在行业内认可度也有待提高，《2022元宇宙年度最具投资价值榜》显示，南京仅有3家上榜，除了睿悦和维塞克，还有一家主研发国产GPU芯片的企业砺算科技。而在截至2022年7月前的全国申请的元宇宙相关专利中，南京未有相关申请记录。

（二）应用场景缺乏，未充分发挥产业集群效应

尽管南京文化产业门类相对齐全，但在与元宇宙的应用场景拓展上力度不大。目前南京元宇宙主要集中应用于创意设计、数字出版、智慧文旅和文化装备上。而在文旅领域的数字藏品、数字会展，社交娱乐领域的元宇宙游戏、元宇宙社交、虚拟数字人、营销与内容制作，研发制造业领域的人工智能、区块链、VR/AR、全息技术等方面都比较薄弱，甚至某些领域几乎处于空白阶段。此外，南京目前的元宇宙已应用的场景中尚未形成有自己突出领域和有特色的主营业务的企业，因此较难发挥领军企业优势，缺少可复制推广的行业应用模式。同时南京目前也未形成良好的元宇宙产业生态体系，没有完善独特的元宇宙集聚园区和区域品牌影响力。

（三）资金支持不足，制约企业长远发展

元宇宙作为一个极具开拓性和创新性的前沿科技领域，需要企业大量的持续的长时间的资金投入。同时，目前元宇宙的盈利模式尚不明晰，且成本回收期较长，导致大多数的企业进军元宇宙领域的市场壁垒较高，融资难度较大。南京虽然发布了元宇宙产业相关的扶持政策，但相对于北京、杭州等地，多是百万元级的小

---

① 辛金国.布局元宇宙“新赛道”，加快城市数字化步伐[J].杭州，2023:46-47.

额补贴，并没有彻底解决企业资金缺口问题的投资类资金。例如北京通州区政府依托通州产业引导基金，采用“母基金＋直投”的方式联合其他社会资本，打造了一支覆盖元宇宙产业的基金。杭州在具体的资助上也给予了规模10亿元的XR产业基金，鼓励社会资本参与投资，优质项目可享受最高500万创业风险池，针对杭州钱塘区的元宇宙产业项目，也提出了基于最高1000万元的启动资金和研发费用补助等支持。

（四）部分法律规制不完善，安全存在较大隐患

元宇宙虚实相融的特性，给人类文明带来了前所未有的道德和法律风险，现实世界与虚拟世界的规则与秩序呈现出截然不同的割裂态势，很多问题是历史上从未遇到和法律层面还未给予界定的。一方面，由于利用元宇宙名义或噱头设计的资本运作方式，包括NFT、虚拟房地产等缺少成熟的监管，导致有不法分子编造虚假的元宇宙投资项目招摇撞骗，借助元宇宙“东风”进行洗钱、逃税，骗取政府资金支持等经济犯罪。另一方面，以数字藏品领域为例，很多平台也存在天价炒作、平台交易不规范等问题[①]。此外，元宇宙在隐私保护和数据安全上仍然存在较大隐患。例如深度伪造技术（Deep-fake）带来的假视频将会引发的勒索、性骚扰、身份盗窃等违法行为。南京缺少针对这些潜在法律风险的政策保障和相关约束条款，因此，有必要加快推进元宇宙虚拟数字世界的司法探索，出台地方性行政法规以更好地维护元宇宙世界秩序。

三、元宇宙赋能南京文化产业高质量发展的对策建议

应当抓住元宇宙产业大发展机遇，巩固南京文化数字化建设成果，以高质量发展为准线，全方位构筑一流的元宇宙文化产业创新生态系统，优化元宇宙赋能南京文化产业数字化的顶层设计，提升元宇宙数字治理效率，强化资金保障，着力发展元宇宙新场景、新业态，促进元宇宙数字文明世界新消费，多途径、多维度、全方位提升元宇宙赋能南京文化产业的效能（如图1所示）。

（一）宏观层面

1. 完善顶层设计，健全元宇宙相关标准体系

近年来，各省市针对元宇宙产业的纵深发展，先后推出了各项政策纲要和行动指南。例如北京发布《北京城市副中心元宇宙创新发展行动计划（2022—2024年）》，提出培育四大元宇宙产业链，打造四大“元宇宙＋”应用场景，形成“1＋N”产

① 周继洋.关于上海元宇宙新赛道布局的调研与思考[J].科学发展，2023：83-91.

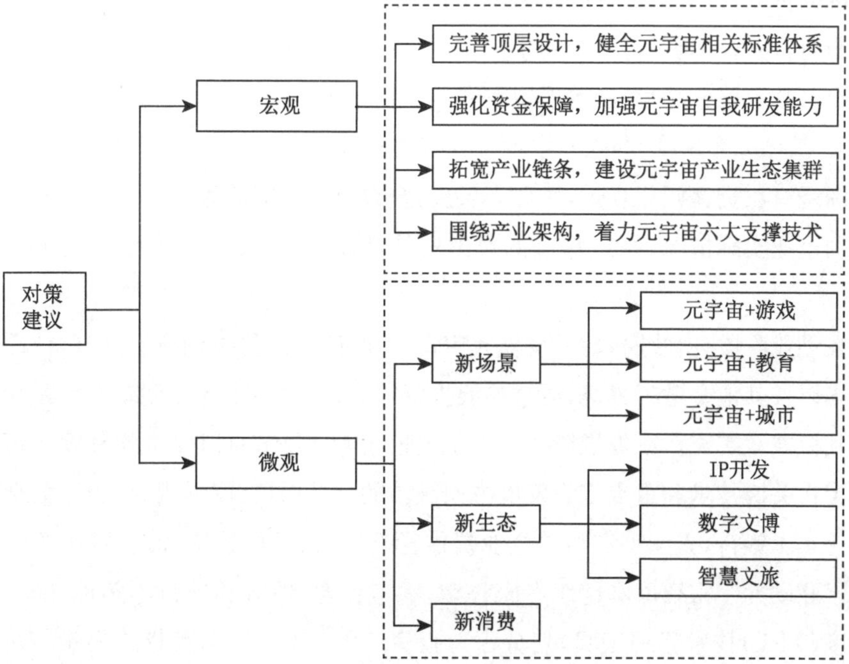

图 1　元宇宙赋能南京文化产业发展的实现路径图

业空间体系。上海通过《上海市培育"元宇宙"新赛道行动方案(2022—2025 年)》，明确提出要围绕城市数字化转型，推动建设有特色的"元宇宙"产业园区，打造 50 个以上垂直场景融合赋能的示范项目，推出行业引领的标杆性产品和服务。因此，为把握元宇宙产业发展机遇，在激烈的市场竞争中弯道超车，南京政府首先需要充分发挥宏观指导作用，打好政策框架，有目标的培养市场主体，强化产业链条上的关键优势，成立元宇宙产业发展工作组，加大对当地技术部门的投资，特别是结合目前南京比较优势的元宇宙社交、AR/VR 和基础设施建设，制定和实施阶梯式、阶段性支持政策，减少宏观和微观层面的数字鸿沟，更好地以场景促技术应用，以虚实互动、产研融合、拉动消费新引擎，打造元宇宙赋能文化产业高质量发展的新模式。

其次，南京需加快建构可互操作分类标准架构，建立 API、通信协议等统一标准。互操作性的核心是物联网设备与其他设备进行数据传递。在元宇宙中，互操作性可能指媒体、数字产品、虚拟身份和通信协议的通用技术标准，或者指跨设备和控制台的硬件兼容性。但目前还无法界定什么标准最有利于消费者，因此政府需要活用南京元宇宙产业协会，通过与研究人员和相关利益者的不断沟通去建立理想的标准。只有在确定统一标准之下，才有可能打破"数据孤岛"现象，释放网络中的数据价值，打造出良好的元宇宙互联生态。

最后，还需不断完善涉及元宇宙中的隐私、安全和相关言论问题的现有法规，包括出台数字服务法案(涵盖虚拟空间)，并且尽快实施。

2. 强化资金保障，加强元宇宙自我研发能力

围绕"投、贷、融"三步走，建立多层次、全方位的融资体系。根据处在不同发展阶段的企业实际情况，制定相应的投融资扶持政策，给予不同类型财政金融扶持方式。

在创业阶段，由政府牵头，设立元宇宙专项基金，高科技创业启动基金、政府运营资本以及其他金融工具等，通过参股投资等方式，对中小企业创新发展预算进行非营利模式化扩充。在发展阶段，鼓励企业间互助合作的担保贷款制度。每年设立元宇宙关键技术和重点工程发展方向领域的支持项目，联合南京银行、紫金农商银行等本土银行，为元宇宙相关企业提供贷款背书、股权投资、流程资讯等多层次服务。联动元宇宙智库和组织专家评审，参考行业、地区和项目等条件，配合技术成熟度(TRL)技术管理工具，划分占总投资5%—50%的梯度贷款限额。在成熟阶段，鼓励元宇宙企业上市，鼓励市场化融资参与中小企业发展。加大招商引资力度，发行股票和企业债券。开放市级重大元宇宙应用场景的对外招商，以实现覆盖潜在和现有的高成长创新型企业不同阶段的资金需求。

从总体上，除了降低税率、减免返还税收额度等优惠政策外，政府也需要持续性鼓励大型科技类企业加大研发投入，掌握具有自主知识产权的关键技术，降低企业大规模产业化应用门槛[①]。政府还需要鼓励支持纯技术性和大数据企业与文化企业的可持续合作，通过跨界生产增强元宇宙赋能文化产业的聚合能力，推进传统文化产业全链条的数字化转型，进一步打通文化消费场景终端的应用，实现传统文化资源产业化的发展。

3. 拓宽产业链条，建设元宇宙产业生态集群

协同长三角地区其他城市共同发展元宇宙产业，共同打造元宇宙生态体系。加强产业园区建设，学习上海张江数链产业园和漕河泾元创未来特色产业园，杭州钱塘元宇宙新天地产业园等元宇宙产业园区实践经验，践行2GO(GO-INNO、GO-DIGITAL)计划，通过建设专业的元宇宙园区，设立示范区，引进筹划重大项目，通过政府采购元宇宙相关各类软硬件基础设施，降低成本，实现产业园区集聚效应，提高区域内企业机构相对竞争优势，提升整体产业集群价值。

---

① 崔冰，张原，何颖. 欧盟及德国中小企业创新政策对我国的启示[J]. 中国计算机报，2023.

此外，通过"会、展、赛"等行业交流活动，优化生态体系，一方面充分发挥科创平台、龙头企业的创新引领力量，通过"学习曲线"，降低专业化小企业的学习技术成本，提高产业联盟作用，以此打造区域性的元宇宙文化品牌。实行"1＋1＋N＋N"(一个园区，一套政策，N 个平台，N 个机构)，重点围绕核心元器件、扩展现实、人工智能等核心技术，打造元宇宙场景应用的示范项目，建立元宇宙实验室、专家委员会、创新人才学院、场景应用孵化器、元宇宙产业基金等五大生态平台，实现"开放合作、数据共享、技术创新、区域辐射"的联动机制，打造"产创融合创新—前沿技术孵化—社会资本对接"的三位一体公共支撑服务平台和实验基地①。构建专家智库体系、加强学术交流与研究和人才培养，为元宇宙业态发展提供智力支撑。通过探索搭建元宇宙服务平台、行业教育培训基地等服务，实现城市、高校、企业、人才联动发展。

4. 围绕产业架构，聚焦元宇宙六大支撑技术

加快突破元宇宙基础理论和关键技术，构建"2＋2＋2＋X"创新型元宇宙产业体系(如图 2 所示)，即加快提升基础设施和硬件入口两大技术底座，做强人工智能、底层技术两大先导产业，着力突破内容和场景的创新应用，积极布局未来类脑智能、网络与通信等产业新赛道。利用南京基础设施和通信技术的先发优势，加快

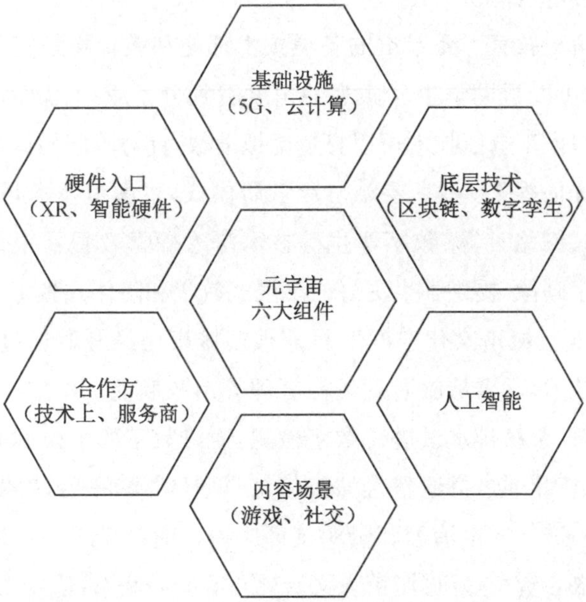

图 2　元宇宙六大基础组件

① 胡钊. 抢抓元宇宙机遇助推大湾区数字文化产业高质量发展[N]. 中国经济导报，2022-10-25.

布局能更好支撑文化元宇宙建设的 6G 技术，构建空天地一体化网络设施体系。除此之外，元宇宙持续带来的巨量计算需求对未来的算力、计算机硬件要求和算法升级都有着更高的要求。因此南京需要持续做强基础设施，积极鼓励大型科技类企业针对元宇宙的六大底层技术进行研发投入，即区块链、XR、人工智能、电子游戏、物联网和云计算。高度重视龙头企业的带动性，全力突破六大支撑技术，从供给侧推动市场发展[①]。加快南京传统文化产业全链条数字化升级，打造以游戏和社交为代表的元宇宙主要内容入口的应用场景，助力企业确立技术竞争优势，推动文化产业的跨越发展。

（二）微观层面

1. 新场景：推动“元宇宙＋”应用场景开放

主动开放场景，推动“元宇宙＋”应用场景落地。打造“元宇宙＋游戏”，游戏作为元宇宙的入口，“元宇宙＋游戏”既是游戏平台也是创作平台。南京的创业型游戏公司“穴居人”得到了 Meta 公司旗下 Oculus 的资金和技术支持，南京要继续依托 VR/AR 相关技术优势，结合游戏平台打造知名游戏品牌。组建 AI 专业团队，提升游戏内容生产效率，聚焦虚拟引擎、图形算力、动作捕捉等前沿技术，将其应用于游戏、直播、视频等场景。并进一步探索脑机接口技术，利用轻量级 VR 设备，投入开发元宇宙游戏世界。

打造“元宇宙＋教育”，元宇宙的各项技术都能和教育场景完美结合。例如可视化的数字技术可以帮助学生从微观的角度看到分子或生物细胞；VR 技术可以提供沉浸式教学；人工智能技术可以打造虚拟助教，针对不同地区的学生进行语言处理、学习成果评估等[②]。南京要结合产学研模式，将虚拟技术与现实融合，利用沉浸式交互技术、网络计算、数字孪生等技术深入探索教育新模式。打造虚拟导师，掌握学生数字画像，提供学生更好的沉浸式教学和陪伴式教育。

打造“元宇宙＋城市文化空间”，目前很多城市已经开始通过增强现实、物联网、数字孪生等技术，部署从旅游到资源管理等市政职能。例如，杭州通过边缘感知技术，对降雨量、泵房排水量进行数字检测，通过数字孪生模型完善城市内涝的风险应急管理。广州通过搭建整合城市信息模型（CIM）平台、“四标四实”数据平台等一体化底座，进行城市治理和资源统筹应用。南京需进一步根据城市自身定位，积累数字化核心资产，发掘城市人文历史与空间的联系，依托大运河文化、红楼

---

① 花建，田野．元宇宙时代城市文化产业的新跨越［J］．南京社会科学，2022(11)：9.

② Gastón Sanglier Contreras. The Importance of the Application of the Metaverse in Education［J］. Modern Applied Science，2022：34-40.

文化等历史脉络，打造类似西安大唐元宇宙、北京故宫元宇宙等知名文化 IP 系列。构建城市元宇宙生态平台，整合城市服务、产业、人文等领域的垂直应用的系统和数据，提高城市运营效率。在方法和设计方面，注重人在空间中的体验，追求人与空间的良好互动，打造不同场景的内容与体验感。实现“科技＋文化＋空间”的技术落地，构建一套以人为本，文化为根，产业为骨，技术为翼，创新为魂的建设路径。

2. 新业态：赋能产业融合再造新业态

推动元宇宙赋能南京文创产业可实现价值转移的虚拟 IP 开发。南京近年来也在不断探索文创产业的 IP 全产业链化的发展，但对虚拟世界实物产品开发和 AI 共创的 IP 开发探索得不多，目前市场上比较成熟的元宇宙 IP 开发的典型案例是 BATC 无聊猿。因为元宇宙依托人工智能融入了非人类的 AI 共创思维，允许每个用户借助 AI 进行内容开发和自由编辑，所以实现了 IP 开发的最大参与。同时每一个参与实物 IP 开发的持有者都会随着 IP 价值的扩大而有所收益，这也会反哺更多的用户积极进行内容创作。因此南京需要助力品牌打造虚拟 IP，推出更多虚拟 IP 的创作平台，充分焕发多元化主体的创新活力。并基于分布式组织的经济与治理体系制定规则，共建技术开发者、创作者、投资者的虚拟社区，保证创作者的权益，推动元宇宙文化产业的 IP 开发，让更多的社会主体参与到内容和场景的创作中来，实现数字文化资产的共建、共创和共享。

推动元宇宙赋能南京文博空间新活力。元宇宙与南京 GLAMS 的融合发展方向主要有两个，一是联合南京各大博物馆和线上交易平台推出基于 IP 形象、文物表情包、数字文创的 NFT 数字藏品。这在一定程度上不仅可以有效解决博物馆藏品的版权问题，有助于保护博物馆文物的展出安全，而且还能实现文物的商业价值，解决南京部分民营博物馆资金困境等商业运作瓶颈。第二个主要发展方向是加强增强现实，即虚拟现实技术在南京各大博物馆运营中的应用。利用抬头设备、AI 数字虚拟导游、XR/MR、手机 App 等新的科技传播方式，拓展南京博物馆的文化遗产的传承路径，促进人类文明的多样性和持续性。可借鉴故宫博物院，围绕南京博物院的镇馆之宝，推出类似的《竹林七贤》App，打造三层立体展示模式，通过数字技术诠释画作细节，让文物重新焕发生机。通过增加虚拟现实技术应用弥补博物馆单一文物宣讲方式的局限性，利用大数据将游客的互动体验全程记录，助力南京元宇宙博物馆互动体验服务升级。提高游客的参与度，逐步打造博物馆和游客共同主导的内容生成机制，让参观者真正参与到博物馆藏品、博物馆的价值主张和整体叙事框架中，促进博物馆教育功能的拓展，改变博物馆的文化教育路径。此外，对于博物馆来说，主要的数据在于藏品资源和信息的存储和利用，包括人员信息、策展信息和博物馆新闻等相关信息的数字化[①]。总之,要大力发展大数据、5G、人工智能等技术,整合馆藏信息资源,构建资源库,建立城市一体化智慧博物馆,实现与现实世界互动的元宇宙博物馆新形态构建。

推进元宇宙赋能南京文化旅游新实践。元宇宙旅游作为旅游业中的有效操控复杂铰接物体、人类和虚拟化身、界面和网络能力的集合,可以允许旅游者在超越物理限制的广泛地理位置内激发旅行活动和服务,为游客提供全新的沉浸式体验。对于旅游产业来说,现实的旅行期望是游客决策过程中的重要指标,然而由于旅游产品和服务的无形性,游客是无法提前体验旅游产品的[②]。南京要想进一步发展文旅产业,需要利用元宇宙技术复制真实世界的旅游体验,提供游客旅行前的模拟,实现"先试后买"的营销技巧,以服务实体化的新方式帮助游客形成更合理的旅游预期和理念。并进一步加强南京旅游景点和虚拟世界的连接,提供更多的创意经济和商业机会。例如南京可以围绕知名的景区小镇(夫子庙、金陵小城)构建虚拟园区,让游客真正参与到文旅元宇宙中,共同完善公共设施、玩法模组等。最后,由线下供应商(酒店、旅游交通、景点)提供有形服务和沉浸式体验,鼓励游客重新连接到现实世界。这样既能拓宽旅游空间体验,也能延展全产业链环节,充分释放旅游产业的消费潜能和创新价值。

3. 新消费:打造数字资产的规则体系

首先,南京应积极开发数字市场和销售数字商品的新商业方向,建立在线商店来销售数字产品或通过使用虚拟现实技术给消费者提供身临其境的体验,这种全新市场的发展将保证元宇宙的经济可持续性,且虚拟市场创造的新的消费需求并不会和传统电子商务产生蚕食效应,反而有助于品牌进一步拓展产品线,生产不受传统物理限制的空间和产品。例如,在时尚行业,可以鼓励 SHEIN 等本土服装品牌,开辟销售商品的新途径,售卖数字服装和配饰给数字空间中的虚拟化身。其次,企业可以考虑开发自己的品牌 NFT 用于元宇宙营销,NFT 的可供性有助于延长创意产品的生命周期价值,使企业能够建立排他性和社区的概念,以此鼓励粉丝群体中的额外购买行为。此外,对于零售企业而言,可以利用 XR 和 VR 等技术,让消费者在购物前试用虚拟产品,或利用元宇宙创建商品试验场,以此可以节省生产材料、优化生产周期和库存,限制生产浪费。

---

① Huamin Wang, Chenchen Zhou. Research on the applicability of digital virtualization to the pain points of museums from the perspective of metaverse[J]. Highlights in Art and Design, 2023:15-20.

② Chulmo Koo, Jookyung Kwon. Metaverse tourism: conceptual framework and research propositions[J]. Current Issues in Tourism, 2022:5-7.

据金融行业领导者高盛预测，元宇宙在数字货币方面的市场机会高达 8 万亿美元，到 2031 年将对全球 GDP 产生 3.01 万亿美元的潜在贡献。但同时，元宇宙全新的消费形式所涉及的数字资产和交易缺少监管，出现频繁的欺诈活动。因此，在中国目前完全禁止 ICO（首次代币发行）此类投资风险较高的数字货币活动。面对巨大的数字货币市场，如何利用数字资产，南京可以尝试将数字资产发展成一种融资机制，学习证券型代币产品（STO），即在证券法约束以及金融监管下，通过发行证券化通证来融资的行为①。STO 更多的利用了智能合约的潜力，为投资者创造持续的收入流，能够避免 ICO 没有监管等问题，维持了区块链的流动性和协议层面的自动化管理。但从长远来看，受监管边界限制，这种机制仍然无法解决全球资金流动问题，因此南京还需要进一步从法律上明确 NFT 实际赋予了哪些产权，加快完善大数据交易机构，制定相应的数据资产评估规则。此外，加强监管，遏制欺诈行为，并基于区块链等元宇宙共识算法提供配套的数据经纪商、数据资产审计、产权保护等服务，解决交易过程中的制度缺陷。最后，促进与行业里相关者对话，以确保对 web3 技术的共同理解。学习瑞士和新加坡，建立南京数字资产中心，提供政策制定者和监管机构听取数字资产企业意见的渠道，保留自主创造性工作的基本新颖机制，促进安全透明的数字资产和数字经济的生态系统。

作者：南京传媒学院文化产业发展协同创新中心课题组②

---

① Chalmers D，Fisch C，Matthews R，et al. Beyond the bubble：Will NFTs and digital proof of ownership empower creative industry entrepreneurs? [J]. Journal of Business Venturing Insights，2022：17.

② 执笔人：曹国圣、李洁、邱实、杨盼盼。

南京工业机器人产业发展的现状与对策

当前，我国正处于由制造大国向制造强国迈进的关键时期，《扩大内需战略规划纲要(2022—2035 年)》中指出，要推进制造业高端化、智能化、绿色化。发展智能制造、绿色制造，推动生产方式向柔性、智能、精细化转变。工业机器人是智能制造的核心装备，《“十四五”机器人产业发展规划》中提出要重点推进工业机器人、服务机器人、特种机器人重点产品的研制及应用，拓展机器人产品系列，提升性能、质量和安全性，推动产品高端化智能化发展。南京市制造业基础雄厚，根据工信部直属单位赛迪研究院赛迪顾问发布的《先进制造业百强市(2022)研究报告》，南京市位列《2022 先进制造业百强市》榜单第四位，位列前三位的城市依次为深圳市、苏州市、广州市。大力发展工业机器人产业，可以进一步推进南京市制造业的转型升级与高质量发展。

一、南京工业机器人产业发展的现状

(一) 政策环境日趋完善

国家层面上，2021 年《国民经济和社会发展第十四个五年规划和 2035 年远景目标纲要》中指出，推动机器人等产业创新发展，培育先进制造业集群，推动制造业优化升级。同年，十五部门联合印发《“十四五”机器人产业发展规划》，提出发展目标，到 2025 年，我国成为全球机器人技术创新策源地、高端制造集聚地和集成应用新高地；到2035年，我国机器人产业综合实力达到国际领先水平，机器人成为经济发展、人民生活、社会治理的重要组成部分。2022年，工信部等十七部门联合发文，印发《“机器人+”应用行动实施方案》，提出发展基于工业机器人的智能制造系统，助力制造业数字化转型、智能化变革。

省级层面上，2021年江苏省制定《“十四五”制造业高质量发展规划》，提出以智能化、安全化、特色化为方向，大力发展智能装配、重载物流、智能协作等工业机器人，打造综合实力国内领先的高端装备集群。同年，江苏省在《“十四五”科技创新规划》中提出加快突破产业关键核心技术，顺应智能制造发展趋势，重点发展高端工业机器人等重点领域。

市级层面上，南京市于2021年印发《南京市国民经济和社会发展第十四个五年规划和二〇三五年远景目标纲要》，指出要提升智能制造装备产业链现代化水平，重点发展多关节工业机器人等领域，增强制造装备供给能力。同时，《南京市“十四五”高新区发展规划》提出，要依托于园区机器人特色产业基地，发展高档数控机床与智能机器人以及高精密减速器、高性能伺服电机及高速高性能控制器等关键零部件，推进人机协作机器人、自主编程智能机器人等研制与产业化。2022年，为纵深推进全市制造业智能化改造和数字化转型，南京市制定并发布了《南京市制造业智能化改造和数字化转型实施方案(2022—2024)》，将自动化装备升级改造工程作为重点任务之一，提出大力发展自主品牌工业机器人和高档数控机床，为“智改数转”提供装备支撑。

现有政策多基于未来规划层面，以产业结构升级为出发点，聚焦智能制造领域工业机器人的行业应用，重视上下游产业链关键技术的突破创新，强调对本土品牌的培育扶持，为工业机器人行业高质量发展指明方向。在工业机器人行业环境方面，各级政府也相继出台相关支持政策，例如，国家层面形成了关于工业机器人的技术标准，并将符合工业机器人行业规范的企业予以公布，促进行业稳定健康发展。

（二）企业发展加力提速

根据企查查网站数据，南京市共有6776家正常存续的工业机器人生产企业。在区域分布方面，南京市工业机器人企业在江宁区、栖霞区和浦口区分布较多，其中，江宁区工业机器人企业1545家，在全市占比最高，为22.8%；栖霞区工业机器人企业960家，占比14.2%；浦口区工业机器人企业867家，占比12.8%。

在营业年限方面，注册于2018年及以后的企业数量为5525家，占现有工业机器人企业总数的81.5%，可以看出，南京市工业机器人产业近年处于飞速发展期，相关企业不断涌现,产业链呈级数扩张,形成了一定的产业集聚效应。

在企业规模方面,南京市工业机器人企业大多属于中小型企业。注册资本在1000万以下的企业有4481家,占比66.1%;注册资本处于1000万—2000万之间的企业有1611家,占比23.8%;注册资本大于5000万的企业有323家,占比4.8%。约四分之三的中小型企业成立于2020年以后,尚处于战略成长期,需要针对性的扶持引导来激发企业和市场潜力。

经过多年深耕发展,南京本土培育出一批优秀的工业机器人行业代表性龙头企业。如南京埃斯顿自动化股份有限公司,作为国内知名的工业机器人生产制造企业,业务经营范围涵盖了自伺服系统、控制器到本体制造、系统集成的全行业生态。近年来,埃斯顿加大在自主研发创新上的投入支持力度,加强国际合作,大力推动核心零部件的国产化进程,目前已实现工业机器人生产完全自主可控。同时,在宁企业各自在工业机器人行业不同细分领域形成了竞争优势,如熊猫电子装备专注本体制造与控制系统,中船重工鹏力的大型船舶平面分段装焊技术国内领先,景曜科技专注机器人视觉检测系统等。

(三)人才培养底蕴深厚

机器人被誉为“制造业皇冠顶端的明珠”,属于技术密集型行业。目前,我国工业机器人产业发展处于重要的战略机遇期,面临着实现技术自立自强的重大考验,需要足够的专业技术人才提供支撑。

在学科划分上,我国本科招生专业设置了机器人工程专业,截至2022年底,全国共322所高等院校开办此专业,其中,南京市有12所高校设置该学科,开办高校数量在各大城市中居第4位。在人才培植上,2021年,世界智能制造大会在南京开幕;2023年,第五届中国机器人技能大赛在南京举行,通过举办论坛、赛事,在当地培育了浓厚的工业机器人技术创新氛围。南京拥有丰富的科教与人才资源,可转化为促进工业机器人产业突破壁垒、转型升级的不竭动力。

目前,南京多所高校设置开办工业机器人相关专业,立足产业实际和未来发展,加强与企业之间交流合作,构建了产学结合、面向应用的教学科研模式。如南京邮电大学自动化学院围绕江苏新一代信息技术及机器人产业发展中的具体问题,有针对性地开发了一系列面向具体场景的机器人装备,同时与机器人行业领军企业建立合作关系,通过深度合作提升教学科研水平。南京工业职业技术大学重视应用人才培养,在教学目标上偏重于对市场上代表性机器人特点与应用场景的了解掌握,并与国内外企业合作共建了工业机器人实训中心等教学实践基地,为工业机器人行业输送了大量应用型、创新型人才。

（四）创新能力持续增强

根据专利数据库的公开数据显示，自 2013 年至 2019 年，南京市工业机器人领域的专利，呈现快速增长的趋势，由 2013 年的 47 件跃升至 2019 年的 576 件，年平均增长率为 51.8%，2020 年以后，专利数量增速放缓且出现下降趋势。一方面，可能是受新冠病毒疫情的影响，另一方面，是由于专利审查有一定的时间周期，部分近期申请的专利未公开。在南京市工业机器人领域产出的专利中，从专利类型来看，发明专利为 1924 件，占比 59.7%，实用新型专利为 1300 件，占比 40.3%；从创新主体来看，来自企业的专利最多，为 2062 件，占全部专利总量的 64.0%，其次是大专院校 1046 件，个人 157 件，科研单位 24 件，机关团体 6 件；从专利有效性来看，授权且有效的专利最多，为 1612 件，占比 50.0%，失效专利为 995 件，占比 30.9%，处于审中状态的专利为 617 件，占比 19.1%；从主要研发单位来看，南京市工业机器人专利数量排名前二十的申请人中，有 11 家高校，10 家企业（如图 1 所示）。11 家高校中，南京航空航天大学以 227 件专利位居第 1，其下依次是南京理工大学（206 件）、东南大学（98 件）、南京工程学院（96 件）、南京工业职业技术大学（65 件）、南京邮电大学（45 件）、南京林业大学（41 件）、金陵科技学院（31 件）、南京

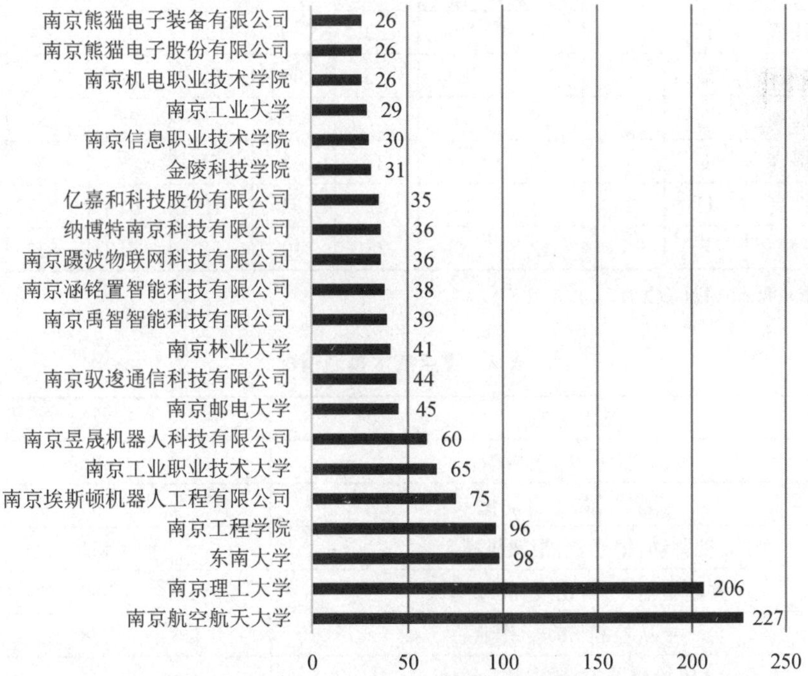

图 1　专利数量排名前二十的申请人（单位：件）

数据来源：incoPat 数据库。

信息职业技术学院(30 件)、南京工业大学(29 件)、南京机电职业技术学院(26 件)。10 家企业中,南京埃斯顿机器人工程有限公司以 75 件专利位居第 1,其下依次是南京昱晟机器人科技有限公司(60 件)、南京驭逡通信科技有限公司(44 件)、南京禹智智能科技有限公司(39 件)、南京涵铭置智能科技有限公司(38 件)、南京蹑波物联网科技有限公司(36 件)、纳博特南京科技有限公司(36 件)、亿嘉和科技股份有限公司(35 件)、南京熊猫电子股份有限公司(26 件)、南京熊猫电子装备有限公司(26 件)。从技术功效发展趋势看,南京市工业机器人领域的专利技术趋向于如何提高效率、如何降低复杂性以及如何提高便利性(如表 1 所示);从重点技术领域看,南京市工业机器人相关的专利,主要分布在电动推杆、电动伸缩杆、喷涂机器人、自动化、轴驱动、轴滑块、桁架机械手等技术领域中(如表 2 所示)。

表 1　技术功效发展趋势情况　　单位:件

技术功效	2013	2014	2015	2016	2017	2018	2019	2020	2021	2022
效率提高	12	34	23	58	85	135	209	196	190	127
复杂性降低	18	49	67	73	79	138	155	119	90	81
便利性提高	11	24	25	33	86	113	149	127	109	77
稳定性提高	11	23	18	32	58	75	119	131	100	91
成本降低	15	29	53	46	59	68	101	82	81	52
自动化提高	11	20	19	29	36	64	69	97	75	63
精度提高	7	15	19	18	27	76	78	75	69	64
速度提高	6	11	12	30	37	53	71	62	73	63
安全提高	11	14	13	30	42	50	73	61	61	43
可控性	5	7	42	28	28	49	58	31	51	30

数据来源:incoPat 数据库。

表 2　重点技术领域情况

技术主题	专利数量/件
电动推杆|电动伸缩杆	685
喷涂机器人|自动化	460
轴驱动|轴滑块|桁架机械手	431
并联机器人|自由度|驱动绳索	396
主从控制|带电|作业	248
码垛机器人|输送线|agv	236
自动焊接|变位机|工作站	235
笛卡尔空间|轨迹规划方法|跟踪控制方法	202

续表

技术主题	专利数量/件
坐标系|标定|位姿	189
磁电传感器|关节机器人	141

数据来源：incoPat 数据库。

二、 南京工业机器人产业创新发展面临的问题

（一）产业发展规模亟待扩容

一方面，根据企查查数据，南京市的工业机器人企业共有 6776 家，低于苏州市 20813 家、广州市 15402 家、深圳市 15635 家。另一方面，经过比较 2013 年至 2022 年宁、深、苏、广四市的工业机器人领域的相关专利数量，苏州市为 9665 件，约是南京市的 3 倍，深圳市为 7439 件，约是南京市的 2.3 倍，广州市为 4084 件，约是南京市的 1.3 倍。从企业数量和专利产出数量这两个方面可以看出，与其他三市相比，南京市的工业机器人产业的规模偏小，亟待扩容。

（二）企业研发能力亟待提升

经过对宁、深、苏、广四市中拥有工业机器人专利数量排名前 5 的企业进行比较，深圳市的 5 家企业中，有 3 家企业的专利数量超过百件，5 家企业全部为高新技术企业，且其中有 2 家专精特新企业，2 家独角兽企业，1 家制造业单项冠军产品企业，1 家技术创新示范企业；苏州市的 5 家企业中，有 1 家企业的专利数量超过百件，5 家企业全部为高新技术企业，且其中有 2 家专精特新企业，1 家技术创新示范企业；广州市的 5 家企业中，有 3 家高新技术企业，2 家专精特新企业，2 家制造业单项冠军产品企业，2 家技术创新示范企业。而南京市的 5 家企业中，仅有 1 家高新技术企业，可见，南京市的工业机器人企业的研发能力较弱，亟待提升（如表 3 所示）。

表 3　宁、深、苏、广的工业机器人专利数量排名前 5 的企业

城市	企业	专利数量/件	企业性质
南京	南京埃斯顿机器人工程有限公司	75	小微企业|高新技术企业|瞪羚企业
	南京昱晟机器人科技有限公司	60	小微企业
	南京驭逡通信科技有限公司	44	小微企业
	南京禹智智能科技有限公司	39	小微企业
	南京涵铭置智能科技有限公司	38	小微企业

续表

城市	企业	专利数量/件	企业性质
深圳	深圳市越疆科技股份有限公司	295	小微企业|高新技术企业|专精特新小巨人企业
	深圳市海柔创新科技有限公司	278	小微企业|高新技术企业|专精特新小巨人企业|专精特新中小企业|独角兽企业
	大族激光科技产业集团股份有限公司	144	小微企业|深 A 002008. SZ|高新技术企业|制造业单项冠军产品企业|企业技术中心|技术创新示范企业
	深圳市优必选科技股份有限公司	72	高新技术企业|独角兽企业
	深圳市领略数控设备有限公司	54	高新技术企业
苏州	博众精工科技股份有限公司	112	科创板 688097. SH|高新技术企业|企业技术中心|技术创新示范企业
	苏州高通机械科技有限公司	85	小微企业|高新技术企业
	江苏捷帝机器人股份有限公司	68	小微企业|高新技术企业
	苏州艾利特机器人有限公司	66	高新技术企业|专精特新中小企业
	苏州富强科技有限公司	41	高新技术企业|专精特新中小企业|企业技术中心
广州	广东电网有限责任公司	42	国有企业|工程企业
	广州泰行智能科技有限公司	42	小微企业|高新技术企业|专精特新中小企业|创新型中小企业
	广州富港万嘉智能科技有限公司	39	小微企业|高新技术企业|创新型中小企业
	广州数控设备有限公司	38	高新技术企业|制造业单项冠军产品企业|企业技术中心|技术创新示范企业
	广州视源电子科技股份有限公司	36	小微企业|深 A 002841. SZ|制造业单项冠军产品企业|专精特新中小企业|创新型中小企业|企业技术中心|技术创新示范企业

数据来源：incoPat 数据库、企查查数据库。

（三）关键核心技术亟待突破

经过专利分析，南京市工业机器人领域的相关专利，主要集中在电动推杆、电动伸缩杆、喷涂机器人、自动化、轴驱动、轴滑块、桁架机械手等技术领域中，而在笛卡尔空间、轨迹规划方法、跟踪控制方法、坐标系、标定、位姿、磁电传感器、关节机器人等技术领域中的专利相对较少。也就是说，南京市工业机器人领域的相关专利，主要涉及产业链下游的系统集成，而在上游的关键核心技术中，如控制器技术、伺服系统技术、减速器技术、传感器技术等方面，是较为欠缺的，关键核心技术的攻关亟待突破。

三、国内部分城市发展工业机器人产业的经验做法

（一）深圳

在产业规划方面，2022年6月，深圳市工业和信息化局、深圳市发展和改革委员会、深圳市科技创新委员会联合发布《深圳市培育发展智能机器人产业集群行动计划（2022—2025年）》，提出进一步推进智能制造试点示范，深化工业机器人在电子信息制造领域的应用，扩展工业机器人在汽车、航空航天等高端制造的应用场景，鼓励工业机器人企业积极参与数字车间、智能工厂等项目建设。在应用示范方面，深圳市遴选了一批具有带动效应和示范意义的工业机器人应用示范典型案例，如点胶机器人在新能源汽车电驱电控系统制造场景的应用（深圳市世椿智能装备股份有限公司）、协作机器人在3C智造手机屏切割领域的应用（深圳市大族机器人有限公司）、晶圆盒搬运机器人在半导体行业的应用（深圳优艾智合机器人科技有限公司）、矩阵式柔性协作移动机器人在3C精密加工领域的应用（深圳墨影科技有限公司）等。深圳市通过对优秀工业机器人应用示范案例的支持推广，拓宽加深工业机器人在各行各业中应用的广度和深度，继而推动工业机器人产业集群发展壮大。

（二）苏州

在产业链布局方面，如苏州吴中区2022年机器人与智能制造产业规模达1021亿元；集聚700多家产业链企业，完整覆盖机器人关键零部件、本体制造、系统集成、智能装备和终端产品等产业链条主要环节，涵盖工业机器人、服务机器人、高端智能装备等门类。在国产替代方面，如绿的谐波自2003年起着手精密谐波减速器自主研发，在国内率先打破日本哈默纳科垄断局面；汇川技术自2008年落户苏州吴中区以来，自主研发成果从控制器、伺服电机拓展至SCARA、六关节等工业机器人本体。在创新要素集聚方面，精准招引哈工大苏州研究院、浙大苏州智能制造研究院、西交大苏州高端智能制造协同创新中心、苏州赛迪、信通院江苏研究院等重大科创平台。

（三）广州

在龙头企业引进方面，广州已经引进包括瑞典 ABB、日本发那科等全球机器人产业巨头，以及国机集团、新松、日松、科德、华鼎等国内拥有核心技术的机器人知名企业。在创新平台建设方面，广州开发区已入驻的平台包括中国(广州)智能装备研究院、国机智能科技有限公司、广东省机器人创新中心，及广州智能工程研究院等，初步形成了产业集聚效应。在人才培养方面，广州通过深化校企合作，培养工业机器人专业领域人才，如广州市轻工职业学校被教育部批准为华航唯实、ABB、新时达工业机器人领域职业教育项目之“工业机器人应用人才培养中心”建设单位。

四、 促进南京工业机器人产业创新发展的对策建议

（一）强化政策引领，刺激产业快速发展

当前，南京工业机器人产业尚未形成集聚规模，因此，为了刺激产业快速发展，政府部门要有明晰的顶层设计。《深圳市培育发展智能机器人产业集群行动计划(2022—2025 年)》明确了产业规模跃升、创新能力提升、产业应用拓展、产业生态优化四项工作目标，制定了加强核心技术攻关、强化示范应用推广等四项重点任务和核心零部件与系统集成自主创新工程、人工智能技术融合应用工程等 7 项重点工程；《苏州市培育发展机器人及数控机床产业创新集群行动计划(2022—2025 年)》明确了工业机器人、服务及特种机器人、机器人关键零部件、集成应用及工业软件、高档数控机床 5 个重点方向，制定了优化产业创新发展模式、完善特色细分领域布局、加大重大项目招引等 15 个主要任务；《广东省培育智能机器人战略性新兴产业集群行动计划(2021—2025 年)》明确了广州市的发展重点，即加快省机器人创新中心建设，加大机器人核心技术研发力度，推动以面向汽车、船舶、航空等高端制造业为主的集成应用，进一步完善标准化、检验检测、技术培训、信息咨询等公共服务能力。南京市也应当结合本地实际制定工业机器人产业与技术整体规划和路线，以及相应的配套政策措施，明确发展目标、重点任务、重点工程，以及政府相关各部门的任务分工，建立统筹协调机制，加强统计监测，共同推进产业发展。

（二）健全市场机制，扩大产品应用需求

南京工业机器人产业发展要充分发挥市场机制的作用。有了市场，有了用户，产品有销路，工业机器人制造企业就能生存发展，而用户的使用需求，又能倒逼工业机器人制造企业进行技术创新，因此，市场对于工业机器人产业的发展至关重要。

1. 加大宣传推广

通过多种宣传渠道，让广大制造业企业，特别是一些涉及有毒有害工种的制造业企业，了解工业机器人在节省成本、方便监管、安全可靠等方面带来的好处，提升企业使用工业机器人的意愿。

2. 组织实施示范项目

结合南京市的电子信息、汽车、石化、钢铁四个支柱产业和“2＋6＋6”创新型产业集群，组织实施一批具有较强带动性的工业机器人应用试点示范项目。

3. 搭建联系平台

政府部门搭台，让工业机器人制造企业和用户企业进行对接，可以根据用户不同场景下的应用需求，实现个性化定制服务，政府部门可通过税收优惠、信贷倾斜、财政补贴等各项政策措施对工业机器人制造企业和用户企业给予支持。

4. 发展租赁市场

考虑到工业机器人的昂贵和中小型企业的承受能力，可以通过融资租赁的模式降低使用成本，从而让工业机器人可以迅速被广大中小型制造业企业所接受，同时为了降低融资租赁业务双方的风险，需完善有关工业机器人租赁的法律法规、保险制度及信用管理制度，从而规范工业机器人租赁市场。

(三) 推动要素集聚，提升企业研发能力

资金、人才、项目等是帮助提升企业研发能力的重要创新要素。

1. 加大资金投入

一方面，为了缓解企业研发的资金压力，目前政府部门在减税降费促进创新活动方面，已经出台了企业研发费用加计扣除税收优惠、高新技术企业所得税减免、企业研发活动专用仪器设备加速折旧等诸多政策。政府部门要加强政策的宣传、辅导和落实，不仅要让企业了解政策的内容，还要知道如何进行申报，要完善政策实施细则和配套措施，简化办理手续和流程，提高政策的有效性和可操作性，让企业方便快捷地从政策中受益。另一方面，通过政府投资基金的引导和撬动作用，支持社会资本投资工业机器人项目，政府投资基金投资项目的超额收益可以部分或全部让利社会资本。

2. 加快人才引进和培养

人才是企业研发最关键的因素。在人才引进方面，因为目前工业机器人的关键核心技术多掌握在外国企业手中，因此要加强对海外高层次人才的引进，建议通过驻外机构、对外网站或其他多种形式的对外渠道，以不同的语言、文字将南京市的《关于紫金山英才计划的实施意见》等人才政策宣传推广出去，让海外高层次人才充分了解南京市的人才引进政策，吸引他们来南京创新创业；在人才培养方面，企业要充分利用南京市高校雄厚的科教资源，把高校当作自己的人力资源部门，给高校提需求，高校根据企业的需求制定人才培养路径，建立多元化、多层次、多形式的校企联合工业机器人领域人才培养机制，将学习和实训相结合，培养企业招来即用的知行结合的高素质人才，助力高素质人才迅速走上工作岗位。

3. 争取项目支持

鼓励并支持在宁企业积极申报国家级、省级重点工业机器人项目，并给予相应配套支持，通过项目提升研发能力。

4. 完善科技环境

工业机器人领域的研发创新，靠单个企业、单个人是不行的，需进一步推动集聚科技数据、实验仪器、检验检测、知识产权、成果孵化等创新环境要素的各类科技平台的建设和共享，完善有利于企业研发创新的配套体系。

5. 强化知识产权保护

严格知识产权执法，打击仿冒侵权，营造公平竞争的市场环境，让企业能够利用专利技术在市场中获利，从而进一步提升企业开展研发创新的热情。

（四）促进多方协同，攻坚关键核心技术

1. 搭建关键性共性技术研发平台

组织南京工业机器人产业链中的上下游龙头骨干企业（如埃斯顿）、高等院校（如南京航空航天大学、南京理工大学）、科研院所、行业组织等，搭建关键性共性技术研发平台，发布关键共性技术研发目录，实行“揭榜挂帅”“赛马”制度，开展关键技术攻关。

2. 引进国内外重点龙头企业

发挥龙头企业引领支撑作用，联合产业链上各类创新主体抱团，牵头组建创新联合体。

3. 借力海外智慧

鼓励并支持南京企业在工业机器人领域的先进国家设立境外研究机构，或者参股、并购海外先进工业机器人企业，利用海外人才智慧和创新资源，实现核心技术突破。

4. 充分发挥在宁高校的研究力量

南京航空航天大学、南京理工大学等高校在工业机器人领域积累了丰富的专利技术，拥有众多工业机器人领域的研究专家，需进一步优化“企业出资金、高校出智慧”的产学研合作模式，政府主管部门则可以通过实施工业机器人产学研合作示范工程、搭建产学研对接平台、鼓励高校与企业的人才双向流动、强化科技成果转化中介服务体系建设等举措，促进南京市高校与企业在工业机器人技术和产业创新中形成合力，协同攻关工业机器人领域的关键核心技术。

5. 参与标准制定

鼓励并引导南京市各类创新主体参与有关工业机器人的国际标准、国家标准及行业标准的制定工作，拓展高水平的国际国内交流合作，提升创新能力。

6. 前沿技术探索

政府应出资支持有条件、有能力的研发机构积极探索以 ChatGPT 为标志的新一代人工智能技术在工业机器人领域的应用，抢占未来工业机器人技术发展的制高点和新赛道，让未来的工业机器人更加智能、高效。

作者：季春　陈雨濛　姜玲（南京市科技信息研究所）

南京市数字康养产业发展研究

党的二十大报告提出“加快发展数字经济，促进数字经济和实体经济深度融合，打造具有国际竞争力的数字产业集群”。数字产业化和产业数字化已成为新时代我国产业经济高质量发展的战略趋势，数字经济已经成为推动中国经济增长主引擎之一。在康养产业领域，庞大的潜在消费需求对康养产业提出更高要求，数字经济助推康养产业高质量发展也逐渐成为我国经济发展的现实需要。充分利用数字技术以实现数字经济与康养经济的深度有效融合，是我国面临“老龄化”问题、面向经济转型向高质量发展的必要途径。国务院印发的《“十四五”国家老龄事业发展和养老服务体系规划》指出，要推进“互联网＋医疗健康”“互联网＋护理服务”“互联网＋康复服务”。江苏省政府作出《“十四五”数字经济发展规划》，要求实施“互联网＋养老服务”示范行动，强化应对人口老龄化的科技创新能力，推动指挥养老服务产业发展，促进养老服务消费回补和潜力释放。

《南京市“十四五”数字经济发展规划》强调，下一阶段，南京市依然要以创新引领，推进数字经济与实体经济深度融合，为产业数字化赋能，打造数字产业化生态，加快实现“数字蝶变”，数字康养产业则是其中的一大重点。在相关政策导向下，依托南京市丰厚优质的数字资源，计划对南京市数字康养产业进行深入研究，寻求新型的多元化、复合化治理手段解决老年人的多层次需求，充分利用物联网、云计算、大数据等高新技术，持续推动传统康养模式向智慧数字康养转型。

一、南京市养老产业发展现状分析

我国正在加速进入中度老龄化社会。根据国家民政部数据，1999 年，我国 60 岁及以上老年人口比例首次超过 10%，开始进入老龄化社会。截至 2021 年底，我国 60 岁及以上老年人口达 2.67 亿，占总人口的 18.9%，相较 2010 年增长了 5.6 个百分点，其中 65 岁及以上老年人口 2 亿人，占总人口的 14.2%，相较 2010 年增长了 7.2 个百分点，处于轻度老龄化阶段。预计“十四五”时期，我国 60 岁及以上老年人口占比将超过 20%，进入中度老龄化社会。江苏省统计局数据表明，2022 年末江苏省 60 岁及以上人口 1974 万人，占常住人口的 23.18%，与 2021 年末相比，上升 1.03 个百分点，远超全国平均水平，且老龄化程度进一步加深。

（一）南京老龄化现状

南京同样面临严重的老龄化问题。《江苏省老龄事业发展报告（2022 年）》数据显示，截至 2021 年末，南京 60 岁及以上常住老年人口 182.46 万人，占全市总人口的 19.36%，占全省该年龄段老年人口的 9.7%；65 岁及以上常住老年人口 136.57 万人，占全市总人口的 14.49%，占全省该年龄段老年人口的 9.4%。与第七次全国人口普查数据（截至 2021 年底数据）相比，仅仅一年的时间，南京 60 岁及以上常住老年人口占比增长了 0.38 个百分点，65 岁及以上常住老年人口占比增长了 0.79 个百分点。

可以看出，南京市老龄化发展具有以下特点：老年人口的绝对数量大，老龄化水平高于全国水平；老年人口增长速度快，人口结构老龄化有进一步加剧的趋势；按 60 岁及以上老年人口占比超过 20%即进入中度老龄化阶段、超过 30%即进入重度老龄化阶段的标准，南京即将迈入中度老龄化阶段，预计 2035 年将进入重度老龄化阶段。

（二）南京养老产业发展面临的主要问题及机遇

“十四五”期间，预计全市 60 岁以上户籍人口将达 210.7 万，占户籍人口的 26%，老龄人口总数和增速都将大幅增长，老龄化程度不断加深。随着医疗技术的进步，人均预期寿命延长，老龄化与少子高龄化、家庭规模小型化等趋势交织共存，老年人口抚养比和总抚养比呈现直线上升趋势，对南京市经济社会发展和公共服务能力都将带来挑战。

1. 政策层面

党中央高度重视老龄化问题，将积极应对人口老龄化上升为国家战略，作出一系列重大决策部署，为积极应对人口老龄化提供了重要的根本遵循；中共江苏省委、省政府对老龄工作高度重视，深入实施积极应对人口老龄化国家战略，把积极老龄观、健康老龄化理念融入经济社会发展全过程，把老龄事业作为高质量发展的重要内容统筹谋划，把惠老实事项目列入民生工程组织实施，编制《江苏省“十四五”人口发展规划》《江苏省“十四五”老龄事业发展规划》《江苏省“十四五”养老服务发展规划》《江苏省“十四五”健康老龄化规划》《江苏省无障碍环境建设实施办法》，修订《江苏省老年人权益保障条例》（新增了老年友好社会建设和智慧社会建设等条款），全面勾画江苏老龄事业发展蓝图，推动社会保障、养老服务、健康支撑不断提质升级；中共南京市委、市政府也出台了《南京市养老服务条例》《关于全面放开养老服务市场提升养老服务质量的实施意见》《南京市提升养老院服务质量若干意见》《南京市“十四五”老龄事业发展规划》《南京市“十四五”养老服务发展规划》等多个政策文件，全市养老服务支撑政策不断完善，市政府成立养老服务业综合改革领导小组，建立养老服务联席会议制度，分别由市政府主要领导、分管领导挂帅，高位推动、部门联动，实现养老服务系统性、整体性、协同性发展。市级建立服务、运营、建设、人才等养老系列补贴，投入资金稳步增长。

2. 经济层面

南京处于全国经济发展最为活跃的长三角地区，经济发展水平、发展速度在全国处于前列，2022 年，南京人均 GPD 为 18.15 万元，在国内百强城市中排名第 5 位，在省会城市中排名第 1 位。经济实力的不断增强，让南京在应对老龄化社会加速到来的问题上，有了更多的底气和实力。

3. 社会层面

随着各级政府和社会各界对养老问题的重视，越来越多的人开始关注养老服务的发展，越来越多的企业和创业团队加入了养老产业中，越来越多的教育机构在培养和输送养老相关的专业人才，越来越多的金融机构在养老产业扩大投资。

4. 技术层面

随着云计划、大数据、物联网、5G、人工智能等技术发展，我国正在快速进入数字时代，而数字技术与养老产业的深度融合，为养老产业的发展提供了新的历史机遇，养老产业进入了数字康养时代。

总之，面对已经到来并逐步加深的老龄化社会，中共南京市委、市政府高度重视、持续投入，在体系制度、社会保障、医疗保障、服务体系、服务供给、精神文化、健身服务、宜居环境、权利保护等方面取得了令人瞩目的发展成就。与此同时，老龄事业和养老产业发展，既面临着老龄化加速带来的巨大挑战，也在政策保障、经济社会发展、数字技术进步等方面有着新的机遇，养老产业向数字康养产业阶段发展具备了充分条件。

二、南京数字康养产业生态建设方案

南京市即将迈入中度老龄化阶段，预计 2035 年将进入重度老龄化阶段，南京市康养服务和项目的供需、运营能力方面的诸多矛盾与不足也不断加剧，政策配套不完善、服务设施零散、数字化程度低、运行效率差、产业效能弱、市民感受度不高等痛点难点问题不断涌现。目前南京市的养老服务模式还是依靠传统的居家、社区和机构三方面，随着老龄化程度加深，传统的养老模式无法全面适应当前的养老需求，寻求多元的复合治理手段解决老人的多层次需求成为趋势。

数字康养是数字技术与养老服务深度融合的产物，是一种全新的健康养老理念和模式，通过人工智能技术深度融合，让养老服务实现智能化、个性化、实时化，从而让有限的资源投入取得更加精准高效的产出。

瞄准康养与养老行业和产业的难点、痛点，积极探索符合时代特征和南京特色的城市康养产业数字化转型之路，建议以数字化为核心路径，以社区为主要节点，医养结合，贯通需求端和供给端，打造数字康养细分场景的示范样板；推进康养产业“医、食、住、行、康、养、护、询”服务的数字业务全覆盖，能切实增强市民的获得感、幸福感、安全感，推动南京数字康养产业高质量发展。

为加快南京数字康养产业发展，打造产业生态，特从以下方面进行方案设计。

（一）南京数字康养产业生态体系顶层设计

为将南京市的数字康养产业做大做强，将以康养产业为基础，引进数字化和人工智能高水平技术团队和先进的标准服务管理模式，成立城市级康养运营公司，实现数字康养服务试点示范和全域覆盖，配套“医、食、住、行、康、养、护、询”等多方面产业，从物联网、智能终端、医疗设施等方面优先引入数字平台服务、智能硬件制造、数字医疗等基础产业，同时结合南京市的康养相关产业，加强供给端的优化的提升，从以下五方面推进建设：

（1）实现社区居家数字康养典范，从政策到实践，建设 15 分钟数字康养服务圈；

（2）建成老年友好型城市，紧跟国际趋势，增强老年人的幸福感与获得感；

（3）深入拓展医养结合，以需求为导向优化医养结合服务供给与支付，以数字化突出医养结合成果；

（4）守望相助异地康养，充分利用南京市资源禀赋，区域合力推进长三角康养服务一体化；

（5）康养产业金融创新，提升产业金融发展水平，金融资源推动数字康养产业普惠发展。

最终实现领跑智慧康养赛道，依托数字化，带动南京市康养产业发展。将南京市打造成为城市数字康养产业引领先行者，实践先行，打造标杆活力康养生活方式。成为长三角城市群中数字康养成熟度最高的城市，形成相对完整的数字康养产业结构与多元化产业格局。

1. 产业发展目标

通过5年的时间，健全基本养老服务制度体系，完善基本养老服务清单，清晰明确服务对象、服务内容、服务标准等，不断健全服务供给、服务保障、服务监管等机制，基本养老服务体系覆盖全体老年人，打造各个细分行业的示范样板，推进康养产业“医、食、住、行、康、养、护、询”服务的数字业务全覆盖，带动南京市康养产业转型发展，加速将南京市打造成为具有国际影响力的高品质康养数字化生活之都。

(1) 协同产学研用深度融合。形成集技术服务、技术转让、产业化管理、项目(企业)引进等业务为一体的建设成果转化中心、技术服务中心和创业孵化中心，协调研究院体系内的科技成果异地转化、衍生孵化等产业发展，为本地企业提供智能升级改造、政府咨询(投融资/招商项目分析/技术咨询)、教育培训(企业家/技术人员等专业培训)等项目服务，协助落地康养领域智能终端企业申报国家发明专利不少于100项。成立相关学术委员会，制定年度学术会议、论坛计划，组织智慧康养领域的学术会议、论坛、交流活动等。

(2) 促进康养产业规模发展。搭建南京市数字康养产业平台，促进智能设备在本市养老产业中的发展和广泛应用，发展一批在长三角乃至全球有较强影响力的龙头企业，加快促进南京市的数字康养产业转型。力争数字康养经济产业增加值达万亿左右，规模以上康养企业数字化转型比例达到80%，引进和培育100家以上数字康养领军企业和高成长型企业，年新增1000家以上数字康养新兴企业主体，数字康养新产业新业态新模式不断涌现，多元市场主体创新活力不断增强，数字康养经济新动能和经济贡献度跃上新台阶。

(3) 带动关键技术突破提升。通过康养产业数字化转型发展，带动智慧康养在物联网、机器人、大数据、云计算、区块链、人工智能等重点领域集中突破一批关键技术，在智能终端、智能康复机器人、智能照护等方面培育一批重磅产品，推进数字技术创新和数字产品供给能力的显著提升。

(4) 加速康养人才聚合培养。立足数字康养领域，组织开展相关人才的职业技能、智能技术和行业管理等方面的培训，不断提高从业人员素质，为智慧康养行业培养高素质人才。参与或经有关部门授权组织制定康养领域各行业有关标准20项，并组织宣传和贯彻实施。

2. 产业生态规划

产业生态上，以构建普适化、智能化和全面化的数字康养产业体系作为目标（如图 1 所示）。

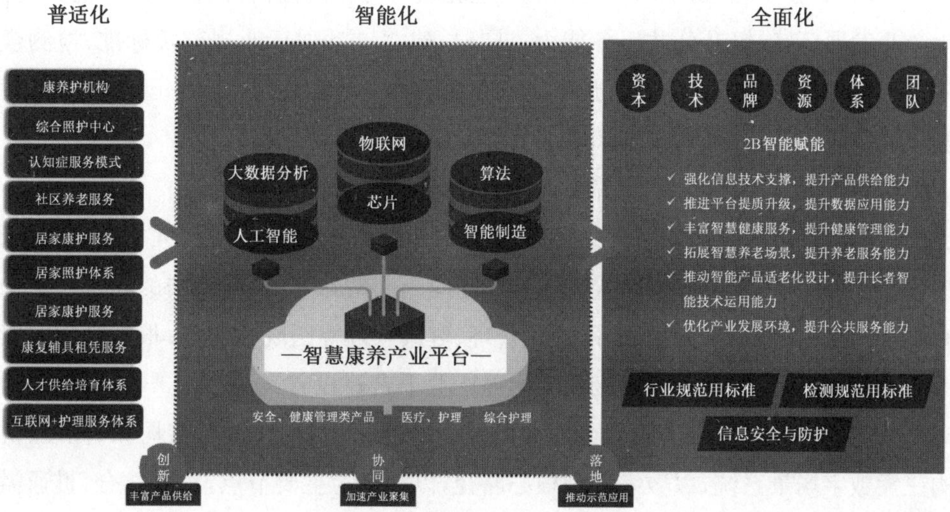

图 1　智慧康养产业生态规划

技术上人工智能赋能数据分析，物联网技术赋能硬件芯片，算法赋能智能制造，在智慧康养产业平台上集成安全、健康管理类产品，医疗护理产品和其他综合服务（如图 2 所示）。康养护机构、综合照护中心、认知症服务、社区养老服务、居家康护服务、居家照护、康复辅具租赁服务、人才供给培育体系、互联网＋护理服务体系通过产业平台进一步创新丰富产品供给，协同加速产业聚集，落地推动示范应

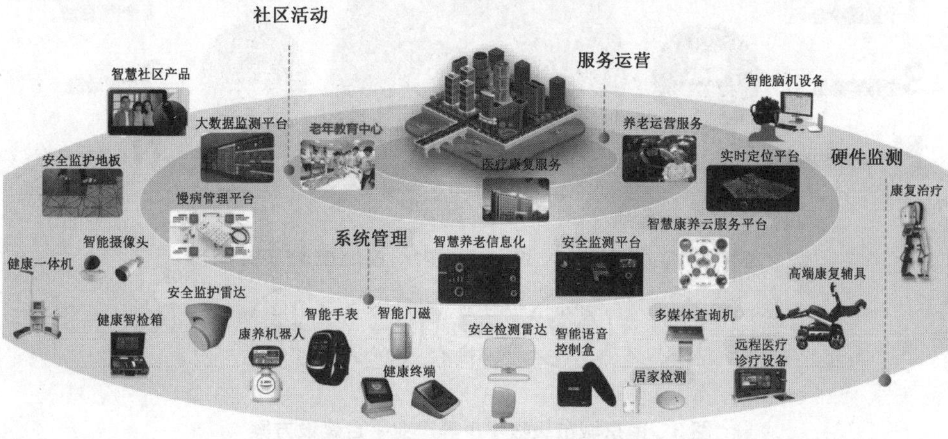

图 2　智慧康养相关产业及服务

用。通过资本聚集、技术示范、品牌打造、资源协同、体系创建和团队支撑进行智慧赋能。具体措施为，进一步强化信息技术支撑，提升产品供给能力；推进平台提质升级，提升数据应用能力；丰富智慧健康服务，提升健康管理能力；拓展智慧养老场景，提升养老服务能力；推动智能产品适老化设计，提升长者智能技术运用能力；优化产业发展环境，提升公共服务能力。同时，建立一系列行业规范及标准，检测规范与标准及信息安全与防护。最终达成智能硬件、软件平台和服务运营全链条智能化的产业生态。

（二）南京城市级数字康养产业平台建设方案

目前南京市的养老服务模式还是依靠传统的居家、社区和机构三方面，随着老龄化程度加深，传统的养老模式无法全面适应当前的养老需求，新增的养老需求中有更多的是医疗服务、护理服务、慢病管理、健康管理等医院端服务；根据当前的康养需求情况，设计的南京城市级数字康养产业平台建设方案为“1＋3＋N”；用1个政府监管中心数字平台进行养老服务的监管、支付、统筹管理，对接居家、社区、机构三大数字场景系统，以数字化为核心路径，以社区为主要节点，医养结合，贯通需求端和供给端；再连接智能适老化改造、家庭照护床位、居家健康管理、认知症专病管理、糖尿病专病管理系统等N个垂直解决方案；通过物联网设备、5G网络、人工智能应用将康养和养老资源、服务、需求、评估、监管统一到一个数字化平台上，实现南京市数字康养“一网通办、一网统管”，进而实现供需高效匹配、数字康养产业提质扩能（如图3所示）。

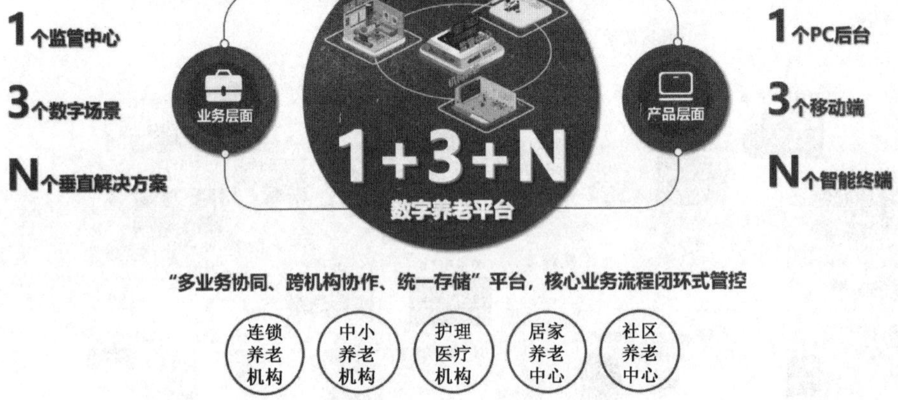

图3　南京城市级数字康养产业平台建设方案

“1+3+N”数字养老平台是在深刻理解国家政策和养老服务体系特点的基础上，运用各种先进的信息技术（物联网、互联网、移动互联网技术、智能呼叫、云技术、GPS定位技术等），创建“系统+服务+老人+终端”的数字养老服务模式，并且涵盖了机构养老、居家养老、社区养老等多种养老形式。通过跨终端的数据互联及同步，连通各部门及角色，形成一个完整的智慧管理闭环，实现老人与子女、服务机构、医护人员的信息交互，对老人的身体状态，安全情况和日常活动进行有效监控，及时满足老人在生活、健康、安全、娱乐等各方面的需求。

结合南京市实际情况，初步形成康养联合模式，为老年智慧康养平台建设提供了必要基础；与企业合作建立“数字康养一体化平台”信息系统，对接各个社区卫生服务中心，涵盖老年人建档、申请、入户评估，提供康复服务、结算等功能。并作为总控平台，对接各个街道的分平台：实现了康养服务从评估到服务计划制定、实施、结算的全过程及一体化闭环式管理，将线上和线下服务融合、家庭养老床位与智能化设备及平台融合、呼叫中心与平台融合，使得各种康养服务场景、碎片化的服务项目在平台上实现了整合。

建设模型分为管理端、用户端、支持端。管理端是南京总控平台和各个街道的管理平台，用户端设有老年人端口和服务人员端口以提高服务便捷度，支持端涉及区域内的数据系统、云平台、智能设备等。在整体运行模式中，还设有全程安全监测体系和标准规范体系。

评估数据直接接入管理平台，在平台上根据评估结果对老年人身体状况进行建档并制定康养计划。评估机构可由社区卫生服务中心组成，根据老年人所在社区就近分配评估机构；评估完成后，平台自动生成评估报告，为老年人提供预防方面的服务和知识指导。完成体适能评估后，平台自动生成康复计划；老年人可在咨询、权衡之后自主选择合适的康养服务计划，与平台签订康养服务协议书；平台依据就近原则为老年人分配服务机构，将康养工作单分配给康养服务人员（服务机构依然是社区卫生服务中心）。在服务实施阶段，可以选择服务人员上门居家服务，也可以在社区卫生服务中心参加团体康复训练。服务实施过程纳入全程动态监管，便于管控服务质量。

平台还有一些补充功能：呼叫中心功能，24小时响应老年人的紧急求助；数据统计功能，存储全区老年人的基础信息，包括老年人总数、性别、年龄、体适能评估数据等；回访与反馈功能，及时更新对老年人、老年人家庭、社区服务组织的回访与反馈信息。

1. 一个监管中心——城市智慧养老服务与监管平台

（1）大数据＋供需匹配：深化养老服务供给侧改革，以行政辖区为单位，将各类为老服务商等碎片化的养老服务资源进行整合，形成依托机构、立足社区、辐射居家的养老服务合力；通过精准需求评估，利用大数据实现养老服务供应端和老年人需求端之间的信息匹配，为老人提供一站式、全方位、全天候服务。

（2）大数据＋监管：整合各类业务系统数据，解决信息孤岛、数据冗余等问题，实现“审”“批”“查”部门间数据互通、信息共享。强化对各类数据的分析研判，形成风险和问题清单，有针对性地实施监督检查，提升监管的精准性，全面科学治理，实施智慧监管。

2. 三大场景——居家、社区、机构养老

（1）居家数字康养：以机构为依托，以社区康养服务中心为支点，把机构专业化的服务延伸到居家康养，对老人的家庭进行适老化改造，提供专业护理、远程监测等康养服务，极大地缓解了家庭康养的难处。通过在家里安装智能居家监测设备，设备数据直接回传云后台，让居家老人的安全和健康监测问题得到解决。通过移动端的服务下单等功能连接机构康养服务，发挥了机构的辐射作用，又弥补了家庭康养服务专业化不足的问题（如图 4 所示）。

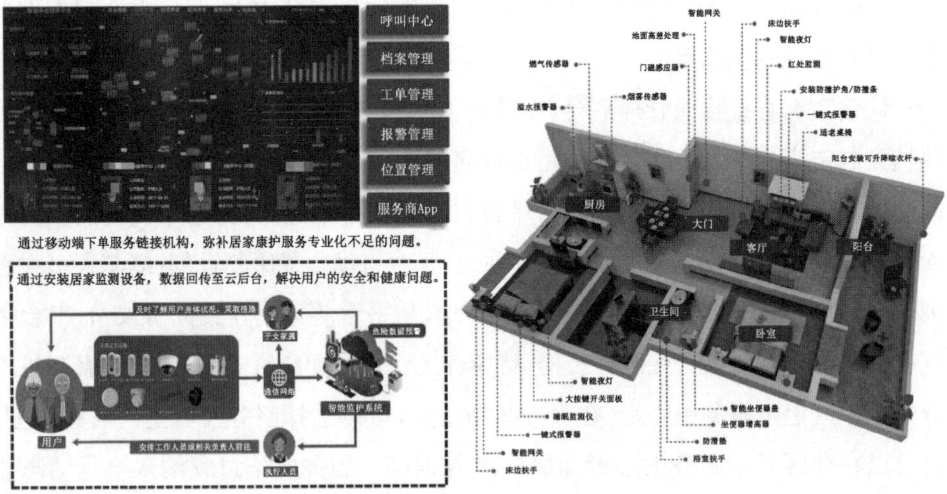

图 4　居家数字康养场景

（2）社区数字康养：智慧社区康养服务模式“数字康养系统＋服务＋老人＋终端”，政府扶持、社会参与、市场运作，以社区为依托、以数字康养服务平台为支撑，以智能终端和热线为纽带，整合社区康养服务设施、专业服务队伍和社会资源，重点打造以“呼叫救助、居家照料、健康服务、档案管理、精神慰藉、文化娱乐”为中心的数字居家康养服务网络，为社区内的老年人提供综合性的康养服务（如图5所示）。

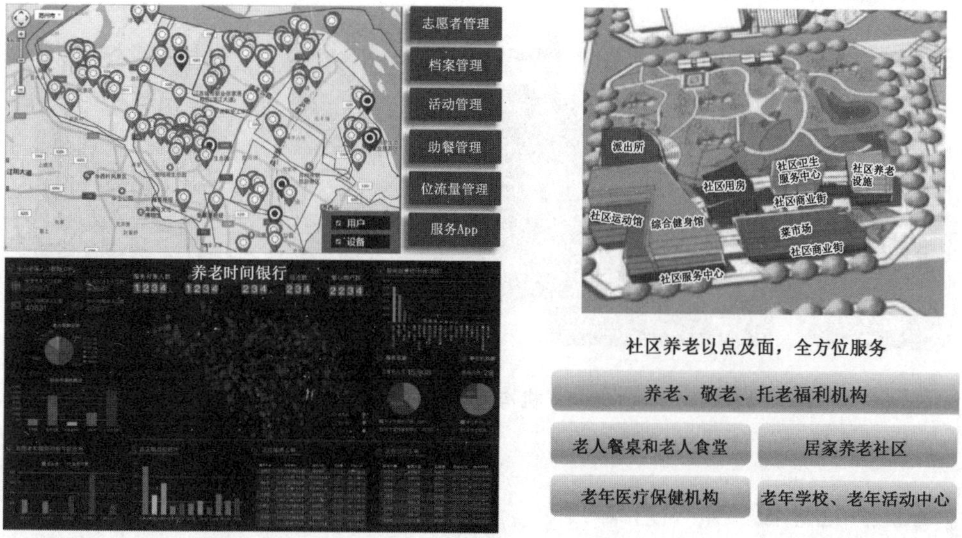

图5　社区数字康养场景

（3）机构数字康养：采用物联网＋云计算＋大数据＋人工智能＋区块链技术构建的SaaS平台，为解决机构信息系统重复构建、维护实施成本高、信息孤岛和资源难以整合等问题，提供的专业康养服务信息化解决方案。涵盖工作平台、微信小程序、亲属App、运营管理等系统，形成集管理、服务、运营为一体的综合性服务云平台，实现机构信息化管理、康复护理、生活照护、健康预警、亲情互动等多位一体、互联互通的管理模式，提升机构的服务能力。将机构内各职能部门、服务单元以及外部市场连成一个有机整体，为机构的管理和服务提供适时、准确、可靠的决策依据，提升机构的核心竞争力（如图6所示）。

3. N个垂直解决方案

智能居家数字化改造解决方案、家庭照护床位解决方案、智慧餐厅数字管理系统、智慧中医健康管理系统、认知症筛查康复机器人系统、心脏健康数字管理系统、跌倒防护数字管理系统、哮喘和慢阻肺数字疗法、智慧康护床系统、人文病房数字管理系统等垂直解决方案可作为子模块直接嵌入“1＋3”系统平台中（如图7所示）。

例如上图的垂直方案家庭养老床位服务解决方案。家庭养老病床安装了用于

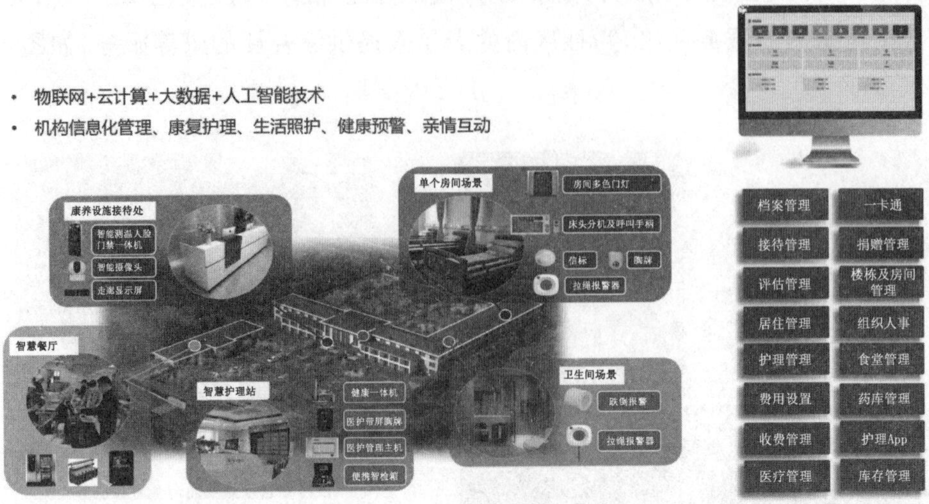

图 6　机构数字康养场景

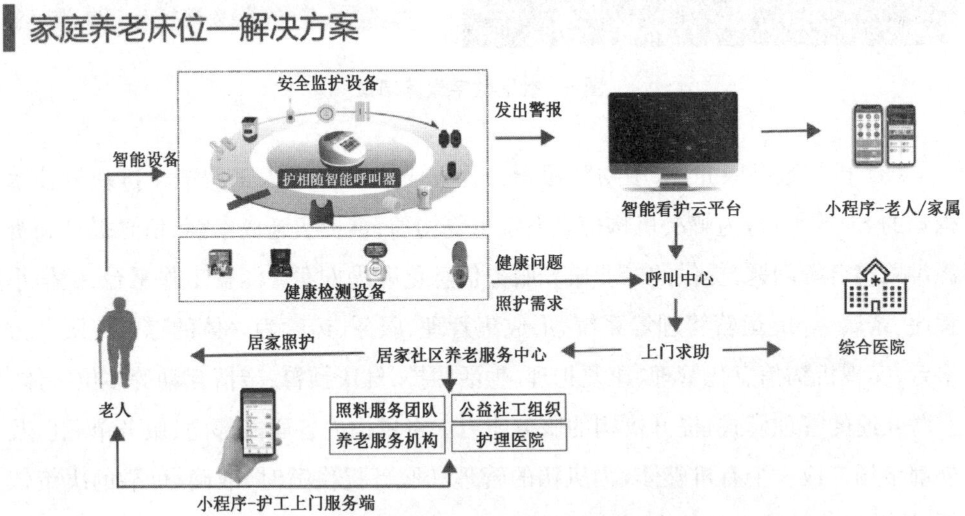

图 7　家庭养老床位解决方案

体征监测和安全防护的智能化设备，如网关、红外检测仪、摄像头、智能床垫、智能药盒、智慧按钮等，将老年人生命体征、健康管理、居家预警信息传递到云服务中心；云服务中心将处理后的信息传递到呼叫中心、监护人、社区管理人员，便于掌握老年人实时情况，采取及时必要的干预或服务。服务人员通过平台每天早晚查房2次，接受老年人24小时咨询和紧急救助，同时将各项情况通过应用程序发送给相应的监护人。

（三）南京城市级数字康养产业运营服务体系

通过数字康养平台，结合创新中心在当地落地，运营服务公司和科技企业的集聚，以健康老龄化为主线，结合生态资源发展康养、旅游、医疗，保证人才支撑，智能制造、系统集成、产业研究等企业保证创新驱动；产业基金保证建设和合作；打造一站式数字养老品牌示范；最终示范效应形成，在全国进行品牌输出。

城市级产业运营服务首先需要制定系列保障机制。包括政府的规划监督，研究机构的创新研发与人才保障，企业进行产业实现，相关协会制定行业规范，当地金融保证资本。具体实施建议为，首先，保证一个大数据监管平台进行精准监管，养老评估和质控中心、智慧监管与客户服务中心、养老服务与管理人才培育中心、数字康养产业创新中心保障机制创新；其次，智慧康养示范城区、示范项目、示范企业、事业产业园与示范街镇部署智能终端与联系方式保证模式创新；再次，底层技术不断创新迭代保证技术创新。创立产业平台运营服务中心，在政府、企业、协会、研究机构、资本等各方面监管和支持康养产业发展（如图 8 所示）。

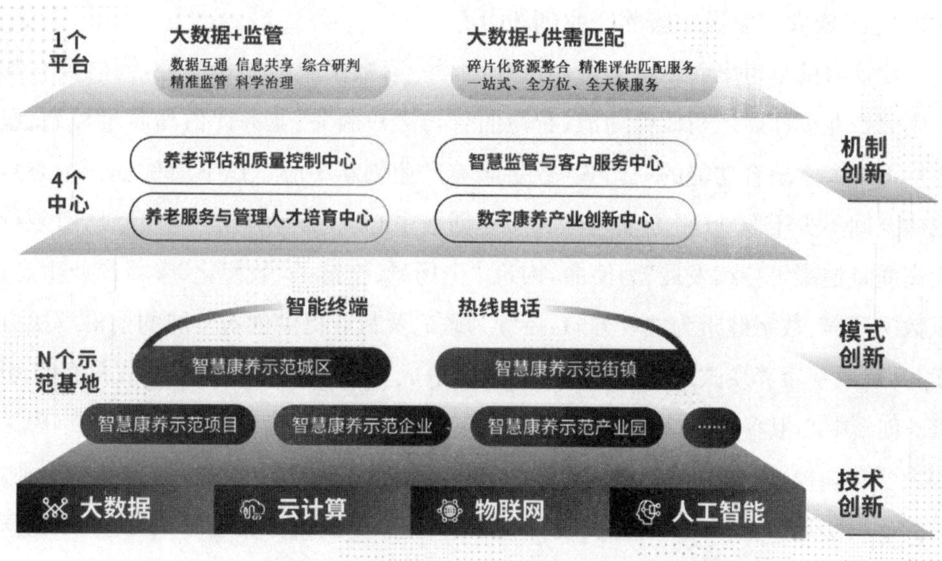

图 8　城市级数字康养服务及保障机制

三、 南京数字康养高质量产业发展对策建议

针对南京数字康养产业高质量发展，提出以下五个具体的发展对策建议。

（一）合资一家城市级康养运营公司

建议以南京市卫健委、民政局为指导单位，盘点南京市康养国有资产，组建南京市康养国资平台公司；再由南京市康养国资平台公司、本地康养运营公司、数字康养技术平台公司（亿慈智能）共同合资成立一家南京市康养运营公司，负责南京市的康养建筑物业的智能化改扩建、标准化服务运营，建成民生康养 15 分钟服务圈，以建设 1 个智慧康养平台＋3 级服务网络为基础，通过综合为老服务中心、社区家门口服务站、居家康护服务，实现在家中可获得专业康护＋24 小时看护，在社区可获得日间康护、机构转介；为本地用户提供整合、精准、专业、可及、智能的本地化运营服务，以数字化改革为牵引，持续推动养护院、社区综合为老服务中心、日间照料中心等传统医养产业向数字化转型，打造覆盖居家、社区和机构的数字化养老服务网络，将各类养老服务系统数据统一归集，充分整合服务对象、服务资源、服务记录、服务评价、结算资金等相关数据资源，通过大数据分析技术，实现康养服务闭环管理，切实为老年人提供更便捷、更精准、更高效的数字化康养服务，2025 年前实现基本养老服务体系覆盖南京市全体老年人，2028 年前实现数字康养服务体系覆盖南京市全民全域。

（二）成立一家数字康养产业创新中心

建议由南京市康养运营公司建设和运营一家数字康养创新中心，同时拥有数字康养产业创新展示与体验功能、智慧监管与客户服务、业务评估和质量控制、服务培训与人才培育功能的一站式“数字康养产业创新中心”（以下简称创新中心），载体空间不少于 2000 平方米（含展厅）。创新中心以“推动康养产业升级，引领行业高质量健康可持续发展”为使命，构筑“全场景、全链条、数智化”康养产业生态；以数字康养、数字健康为主攻方向，持续为政府及行业提供创新发展的前沿解决方案；开展数字康养模式与机制创新研究，力争成为数字康养创新驱动发展的新引擎。创新中心拟签约南京大学、东南大学、南京理工大学、南京医科大学、南京中医药大学等高校，联合国药康养、上海人工智能研究院、亿慈智能等服务与技术企业，共同研发落地“1＋3＋N”智慧民政解决方案、智慧中医健康管理解决方案、人文病房数字化解决方案、适老化改造数字化解决方案、认知症数字化解决方案等。同时围绕“健康管理、康复护理、旅居康养、健康食品、康复器具、健康保险、智能终端、养老金融”集聚百家高新技术企业，初步形成康养产业生态圈。

（三）建成一个区级示范样板

建议通过盘点南京市域范围内的各区康养资源和条件，栖霞区、秦淮区、鼓楼区老龄化程度较高，老城区康养资源供需失衡严重，建议在这三个区里选择一个做数字康养平台的试点示范，取得效果后全市进行推广。

（四）落地一批数字康养（医养）生态链企业

实现数字康养服务试点示范和全域覆盖，需要配套“医、食、住、行、康、养、护、询”等多方面产业，建议先从物联网、智能终端、医疗设施等方面优先引入数字平台服务、智能硬件制造、数字医疗等基础产业，同时结合南京市的康养相关产业，加强供给端的优化的提升，一起将南京市的数字康养产业做大做强。

（五）成立一支康养（医养）产业投资基金

为了推动康养（医养）产业生态快速发展，建议配套相应的金融环境，由南京市政府发起，与当地（母）基金、产业引导基金共同成立一支康养（医养）产业投资基金，目标是孵化培育数字康养（医养）领域专精特新企业，推动企业成为独角兽，资本上市；通过资金引导，优化调整南京市康养资源的结构，还可以服务对外部的康养（医养）产业高科技企业招商。

作者：金陵科技创新战略研究院课题组①

① 执笔人：许春山、徐亚峰、林晓东、杨维军、陈 冠、汪大为。

场景创新篇

南京社区科普大学的创新实践与提升对策

2023年7月，习近平总书记在江苏考察时指出，要大力发展现代科技、教育事业，全面提升人民群众的科学文化素质。为更好地满足人民群众精神文化需求，提升市民人文社科素养，南京市社科联2023年创建南京社区科普大学，整合全市社科资源，以基层街道社区为主阵地，以高品质公共文化服务构筑人民群众精神富有高地，积极探索建设中华民族现代文明新途径。

一、南京社区科普大学项目介绍

（一）科普对象分析

随着现代化建设的全面推进，民众对科普教育的需求日益增长，全民阅读和终身学习渐成市民自觉追求，南京是一座人文底蕴深厚和教育资源丰富的城市，有着开展全民科普的良好基础。据《江苏省老龄事业发展报告（2022年）》显示，截至2021年末，全省60岁及以上常住老年人口1883.68万人，占常住人口的22.15%，高于全国3.25个百分点；65岁及以上常住老年人口1449.6万人，占比17.04%，高于全国2.84个百分点。其中，南京60岁及以上常住老年人口182.46万人，占比19.36%；65岁及以上常住老年人口136.57万人，占比14.49%。全省人口自然增长率逐年下降，但高龄长寿老年人越来越多。南京市人口平均预期寿命首次突破80岁，达80.15岁。老年人口比例增大，预期寿命增加，近年人口出生率明显下降，导致儿童青少年人口比例下降，人文社会科学助力“老有所乐、老有所为”，助力儿童青少年阳光健康成长，增强中青年群体的人文社科素养，责无旁贷。

（二）项目基础条件

近年来，市社科联坚持以习近平新时代中国特色社会主义思想为指导，紧紧围绕深入学习宣传贯彻党的二十大精神主题主线，以满足人民日益增长的美好生活需要为出发点和落脚点，以社会主义核心价值观为引领，立足南京深厚的文化、教育和科技资源禀赋，开新局、谋新篇、育先机、办实事，扎实推进组织建设、机制建设、队伍建设和载体建设，持续提升社科普及活动的针对性、实效性和吸引力、感染力，不断强化社会科学普及民生服务水平，深入推进南京市社科普及工作高质量发展，为南京社区科普大学的创建打下了坚实基础。

1. 顶层设计有谋、组织结构有力

市社科联自 2019 年成立南京市社科普及工作联席会议制度以来，连续召开年度工作会议，与市卫健委等成员单位协作策划多项科普活动，审议通过了《南京市社会科学普及事业发展“十四五”规划》。《规划》明确提出“加强与新时代文明实践中心（所、站、点）、基层图书馆、文化馆、博物馆、农家书屋等基层文化机构的交流合作，选择 50 家基层场馆作为推动社会科学普及进基层的窗口”。同时，连续发布年度全市社科普及工作要点和《南京市社会科学普及活动开展情况》，为创建南京社区科普大学做好了科学规划筹备和推进落实准备。

2. 科普平台有势、科普师资有源

市社科联积极推动基地建设提质增效，南京市社科普及基地总数达 57 家，全面覆盖图书馆、博物馆、纪念馆、景区、教育场所和社会科学研究机构等多种场所类型；牵头成立由南京审计学院、南京传媒学院等七所院校学生社团联合组成的驻宁高校社科普及工作联盟，广泛开展社科普及志愿活动；通过与省社科联（院）的共商共建共享，基本建立了省市社科名家科普协作机制。市社科联广泛凝聚省市各级各类社会资源，为南京社区科普大学的持续建设积累了深厚的师资等教学资源储备。

3. 品牌建设有成、媒体融合有形

市社科联努力贯通马克思主义思想精髓与中华优秀传统文化精华，充分挖掘南京名家云集的特色优势，讲深讲透讲活“南京故事”背后的真理力量，推出了“文都百家言”“阅美南京”“城贤讲坛”“大观南京”等一批阐释党的创新理论、弘扬先进文化、展现南京风采的普及项目和作品，积极推动各类优质社科普及资源“触网上云”，开辟了“南京社科普及”抖音账户和“金陵百家”社科普及微信公众号新媒体阵地，已形成线上线下互动、群众积极参与的全媒体传播格局。丰富的策划推广实践、项目运营经验和网络传播资源能科学高效聚焦于南京社区科普大学的设计与运作。

南京市各基层党组织坚持党建引领，普遍整合辖区党建资源，完善15分钟便民生活圈，积极融入公共文化服务均衡发展，依托图书馆、阅览室，文化馆（站）、综合文化服务中心与新时代文明实践所、站等，为社区居民提供老年大学授课、长者食堂就餐、医疗康养服务、暑期托育托管等民生服务，具备了开展经常性社科普及活动的场地设施、基层新媒体平台和社群运营经验，在传统的社区信息栏、社区广播之外，丰富了组织动员渠道，提升了组织传播效能，具备了创建南京社区科普大学的软硬件条件。

（三）项目概况

为扩大资源整合联动聚力同心圆辐射面，打通社科普及"最后一公里"，让党的创新理论和人文社科知识深入社会有机体的"毛细血管"，市社科联深入基层走访调研、摸清盘活社科普及家底，于2023年6月正式推出南京社区科普大学平台项目，以社科工作者为主体，面向社会各界，遴选组建了南京社区科普大学跨界高配讲师团，从群众精神生活的实际需要出发，重点面向"一老一小"群体，全面联动覆盖老中青三代，充分凸显"大社科""大人文"宣传普及的有效性、精准性，推动优质社科普及资源下沉社区。截至11月上旬，南京社区科普大学项目已在全市逾40个社区开设逾50堂示范课，初步形成了理论、历史、艺术、非遗、健康、礼仪六大课程序列，向社区群众赠送《大观南京》第一辑1600余册。多个社区要求增加活动场次，新华日报、龙虎网等媒体连续报道近20次；获评2023年度南京市宣传思想工作创新培育项目，形成可复制经验模式并启动全市推广；被省社科联主要领导评价为"为更高水平推进社科普及繁荣打造了一个新的模式"。

二、南京社区科普大学实践探索

（一）以满足基层需求为导向，深入开展调研明确思路

深入落实习近平总书记关于调查研究的重要指示精神，市社科联多次深入秦淮区龙王庙等社区开展调研，发现各基层党组织存在着系统深入学习党的创新理论的迫切需求，社区文化场馆设施齐全，但文化服务效能亟待提升。居民文化需求多元，"一老一小"急需"家门口"服务，儿童青少年群体在传统文化、红色教育、科普科幻、法律、心理、社会实践等方面存在着多元需求。老年群体注重养生保健的同时，对人文艺术、旅游出行和城市建设的兴趣增长。作为社会中坚力量的中青年群

体广泛存在着认知成长需求和养老育幼焦虑。“一老一小”较少通过新媒体接触社科普及知识。

经过对调研结果的研讨分析，市社科联拟以“一老一小”作为南京社区科普大学重点科普对象，同时兼顾中青年和基层党员，遵循习近平总书记关于注重家庭家教家风建设重要论述，家庭是社区结构单元，涵盖“一老一小”和中青年群体，面向老中青三代设置不同侧重的主题课程，有助于增进家庭和睦，提升家庭幸福和家庭文明。社区是党委和政府联系群众、服务群众的神经末梢，基层党组织是贯彻落实党中央决策部署的“最后一公里”，通过设置一定比例的理论宣讲课程，有助于提高基层党员的思想认识，提升基层党组织服务群众的水平。

（二）以提升课程师资为抓手，着力整合全市科普资源

课堂活动是社区科普大学的中心环节，直接关系到活动项目的服务实效和社会效益高低。市社科联总结运用调研成果，遵循基层活动特点，将课程时长设置为45分钟至1个小时，基于基层需求，围绕政治、文化、教育、法律等领域的家庭教育、心理援助、非遗传承等30个议题，设置了分别针对老人、儿童青少年、中青年和基层党员的主题课程。

讲师是贯彻项目意图、落实课程设置、体现课堂质量的首要关键。市社科联发布了《关于推荐南京社区科普大学讲师的通知》，以社科界为主体，面向社会各界以政治主场、专业素养和“会讲故事”为主要考察方面，遴选了包括人文社科专家、学者和博物馆馆长、非遗传承人、区讲师团团长、老年科医生等组成的首批30位讲师，组建起跨界高配版南京社区科普大学讲师团。

（三）以强化分众赋能为重点，多元探索放大科普实效

立足社区的不同文化特色、资源禀赋，综合考虑不同群体的时间安排和兴趣诉求，深入新时代文明实践中心（所、站）等基层文化场所，市社科联、社区和讲师三方共议，推出秦淮区乌衣巷社区和止马营社区“党的二十大精神宣讲课堂”等活动，面向社区党员，激发奋进力量；推出徐庄软件园“特大城市基层治理”等活动，助力中青年认知成长；推出王府园社区“太极拳文化课堂”等活动，丰富老年人的文化精神生活；推出秦淮区世茂花园社区《渡江战役暨南京解放》、中国科举博物馆《儒家礼仪培训》等红色教育和社科人文素质培养课堂，温润儿童青少年；综合运用讲座、讨论、案例分析、现场教学等多种教学方法，帮助居民更好地理解和掌握知识，活动后向社区赠送《大观南京》系列名家社科普及丛书（第一辑共4册）。

市社科联同时采用“广泛试点＋个别深入”的方式，积极探索活动开展新路径。在玄武区、秦淮区和高淳区的多个社区开展课堂活动，每个社区授课1至2次，摸索不同街道社区的共性和个性需求，为拓展覆盖全市 11 个行政区积累经验。同时，联(院)第四党支部对秦淮区尚书巷社区开展对口深耕，根据居民需求，开展了艺术、健康和非遗主题课程共计 5 场，充分发挥支部资源特色，有效增强了居民对科普大学的认同感，增加了社区科普的黏度和居民互动氛围。

(四) 以建立长效机制为保障，扎实推进活动流程优化

市社科联坚持全链条发力和底线思维，严格审核讲师申报、PPT 讲稿、现场讲授、新闻采编等环节，做好意外情况预案；通过现场交流对话，收集居民和社区反馈，持续提升讲课质量、课堂效果和组织效能；形成了《南京社区科普大学进社区活动的组织流程》，率先在联(院)7 个支部实现了模式复制，从人员、经费、流程等各方面全方位保障活动有序推进，坚决做到只给基层添活力，不给基层添负担，为项目拓展打下了坚实基础。市社科联深化组织建设和机制建设，着手启动南京社区科普大学 11 个行政区全覆盖。

三、 南京社区科普大学创新亮点

(一) 深度整合资源，聚焦社区平台

南京社区科普大学的良性运作和持续发展需要社区居民、基层单位、有关部门和社会各界的支持合作。市社科联顺应民生需求，推动自身“名家＋全媒体”科普资源下沉社区，打破路径依赖，突破行政区隔，挖掘市社科普及工作联席会议制度等平台机制的协作潜力，跨界整合全市社科及文旅、教育、卫健等系统优质科普资源注入基层，联动区社科联、市社科普及基地等组织资源，纵向贯通“市—区—街道—社区”工作网络，与基层社区探索推进活动共办、经验互鉴、资源共享和平台共建，提升社区原有文化空间利用率和文化服务水平。

(二) 突出导向引领，“大社科”启智润心

哲学社会科学是人们认识世界、改造世界的重要工具，是推动历史发展和社会进步的重要力量。市社科联突出职能优势，结合社区党建需求深入宣传贯彻习近平新时代中国特色社会主义思想和党的二十大精神，同时，人文跨界赋能，遴选了首批 30 位跨界高配讲师，有的放矢、深入浅出，初步构建了理论、历史、艺术、非遗、健康、礼仪六大课程序列，充分凸显“大社科”“大人文”宣传普及的社会功能性，助力纾解心理堵点、思维难点和民生痛点，在满足居民精神文化美好生活需求的同时，增强居民精神力量和创造美好生活的能力。

理论课堂：紧扣时间节点与重点人群，主要面向社区党员和儿童青少年举行党的二十大精神宣讲课堂和红色教育课堂，筑牢信仰之基，补足精神之钙。

历史课堂:《秦淮文化》《南京城南老地名》等历史文化类课程,从历史中汲取智慧,萃取文化精粹,弘扬优秀传统文化,以人文精神涵养社会大众,推进文化自信自强。

艺术课堂:《古琴鉴赏》等艺术课程,以多元的艺术赏析,充实的课程内容,滋养灵魂、呼吸浪漫,启发市民的鉴赏水平及创造能力,丰富人民群众的文化视角及精神生活。

非遗课堂:非遗南京面塑讲堂、秦淮灯彩讲座等一批南京特色非遗课堂,情景相融,非遗新生,丰富文化体验,带来生活喜悦。

健康课堂:以服务"一老一小"为切入点,紧贴基层社区需求,推出太极拳文化鉴赏、反电信诈骗知识宣传讲堂等主题活动,寓教于乐地帮助群众提高生活技能,呵护身心健康,品味美好生活。

礼仪课堂:从中华文明传统礼仪到社会主义现代文明,美德相连,价值契合,儒家礼仪系列课程,深化礼仪实践,彰显南京城市现代文明的精神风采。

(三) 力求全面覆盖,"家门口"系统滴灌

系统观念是习近平新时代中国特色社会主义思想的世界观方法论和贯穿其中的立场观点方法,也是提升社科普及工作格局、推动社科普及工作高质量发展的关键理念。市社科联持续强化运用系统思维贯穿南京社区科普大学工作全局,完善资源整合和社会协作机制,立足南京社区实际和分众群体间互动结构,推进文化惠民便民,把优质人文社科分众主题课堂送进社区党群服务中心和新时代文明实践站,让居民"少跑腿,多听课",推动社科普及融入居民多元生活场景,通过对"一老一小"、中青年和基层党员三类群体的整体赋能,推进三者间的良性互动,助力构建和谐社区,探索实现科普对象分层分类分众与系统整合社区全覆盖的统一。

(四) 鼓励"自选动作"

社区是社会结构和社会治理的基本单位,激发科普活力,社区工作直接关系着广大人民群众的切身利益,全市 11 个行政区具有不同的资源禀赋和人文特色,有些还包含不同程度的涉农区域,所辖各个社区更是千差万别,有老旧小区、新城镇社区、高端商品房社区、人户分离流动人口聚居社区等。为把握共性、体现个性,持续强化全市社会科学普及民生服务水平,市社科联立足南京人文、扎根南京基层、助力社区发展,在提供南京社区科普大学"菜单"的同时提供师资、经费、基地资源等全方位支持,帮助有需要的社区自主策划开展活动,充分激发基层活力,将南京社区科普大学打造成为具有开放性和成长性的运作架构。

四、南京社区科普大学发展愿景

（一）目标思路

坚定历史自信，筑牢文化根基，传承城市文脉。南京社区科普大学要坚守马克思主义魂脉，筑牢南京现代化发展的文化根脉，把马克思主义思想精髓同中华优秀传统文化精华贯通起来，落细落小落实注入每一次课堂活动，让社区居民在认知体验南京历史文化的基础上，增强文化归属感和城市自豪感，夯实社区作为南京文化城墙的砖石基础。拓展素质教育，增强主体力量，推进全民学习。南京社区科普大学应在全面提升人民群众的科学文化素质上实现新跨越，形成全民素质拓展与提升的示范和引领效应，助力建设全民终身学习的学习型社会，为新时代促进人的全面发展和经济社会可持续发展注入强大动能。赋能美好生活，丰厚精神滋养，提高文明程度。人民对美好生活的向往，包括对更优质多元的精神文化需求和文化生活体验的满足。南京社区科普大学积极提升社科普及公共文化服务水平，打造有趣有用多元的优质社科普及公共产品，助力在全社会形成与社会主义现代化国家相适应的理想信念、道德观念、精神风貌和文明风尚，提高社会现代文明程度。

（二）提升对策

1. 统筹分众诉求，助力社区共建

社区是社会和谐稳定的基础，是市民对美好生活的基本体验场所。互联网的发展催生开放共享社会风气，网络时代传受主体出现一体化和中介化趋势。市社科联要提升社科普及工作前瞻性，深度把握民众的时代风貌和城市气质，将居民同时视作科普的对象和分享者、传播者，着力激发居民能动性，挖掘居民作为科普传播中继潜力，聚焦“一老一小”和兼顾中青年、基层党员科普对象，充分考虑不同区域、不同社区在人口数量、人口结构和文化特点、经济水平、场所设施和组织形式等方面的差异，同一社区的居民在年龄层次、知识水平、职业收入、生活方式、家庭结构等方面的差异，做好分众化、精准化科普服务和系统策划、一体赋能，探索分区调研对比，优化南京社区科普大学课程供给，推动社科普及更好贴合居民需求和社区实际，激发居民积极性，深化党群互动，活跃社区氛围。

2. 强化价值引领，深化横纵联合

市社科联作为南京社区科普大学的创建者和组织者，应率先深刻领会习近平新时代中国特色社会主义思想，尤其是习近平文化思想，以及习近平总书记关于哲学社会科学和文化发展的一系列重要讲话和指示精神，充分认识到社会科学普及是一项系统工程，在推动南京社区科普大学的良性运作和持续发展的过程中，面向社区居民、基层单位、有关部门和社会各界，始终坚持正确思想引领。在现有讲师团和驻宁高校社科普及工作联盟基础上，积极拓展与科研机构、企事业单位、社会团体等社会各界的合作，逐步建立起一支包括科普教师、科普专家、科普志愿者的社科普及服务团队，给基层提供多元优质科普服务，开展科普教学培训、示范课听课学习。深度挖掘市社科普及工作联席会议制度、市社科普及基地等平台机制的协作潜力，积极融合“市社会科学普及宣传周”“一区一基地一品牌”等科普重点工作和家校社协同育人、全民阅读、儿童友好城市建设等重点工程，引导区社科联有序参与，逐步实现全覆盖，层层聚力、注入社区，提升南京社区科普大学的基层服务效能。

3. 把握共性个性，打造系列精品

深化拓展六大课程序列，通过“食品安全”“儿童学习力提升”“家庭教育”等细化课程提供科学解读，缓解中青年广泛焦虑，呵护“一老一小”身心健康，助力形成良好家教家风；关注小餐饮、快递员等新职业群体，谋划推出相关法律和经济课程；结合街道社区特点热点难点，策划面向基层党组织（党员）的党的创新理论课程，助力知行合一；基于科技渗透社会的速度和程度，策划推出科技与人、科技与生活、科技与社会相关课程。酌情一区一策，基于不同社区的资源禀赋差异，做好社区与讲师的对接沟通，相应调整课程内容和授课方式，探索课程定制；总结民众需求较集中、反响较热烈的课程，打磨形成系列接地气、通民意、听得懂、用得上的典型示范课程，力求寓教于乐、寓学于趣、化教于心，实现规模效应。

4. 线上线下互补，推进多元互动

主动收集居民反馈，不断丰富课堂形式，在保留传统讲座课堂为主要形式的同时，基于课程主题内容相应匹配手工体验、沙龙、研讨等教学形式；深化在地资源链接，推进就近资源集成，鼓励各社区优先邀请在地优质讲师，推进市社科普及基地人文社科展览进社区巡展、巡演；通过组织发起居民共同参与创作本区人文社科知识宣传画和经验交流微演讲等形式，打造以群众为参与主体的社科普及生活场景，营造互动式、服务式、体验式社科普及氛围，深化在地资源共享和社区交流互动。推动精品课程触网上云，探索广播课堂形式，通过课堂教学、现场教学、互动体验、在线科普等多元形式，将人文社科优质课程送到居民“家门口”和“手指间”，满足不同群体的学习需求，提高社科普及的参与度、实用性和趣味性。

作者：南京市社科联科普处

城市实验室：在宁高校首届大学生社区规划师暑期工作营路径探索与实践①

为践行“把论文写在祖国的大地上”要求，以城市更新实践为舞台，引导青年大学生走出实验室、走出图书馆，走进社区、走入院落，广泛开展社会调查研究，了解群众需求，发挥专业特长，科学分析城市更新中的制约条件，在此基础上发挥青年创造力和创新力，为破解“以人民为中心”的城市更新实践难题作出贡献，中国城市规划学会城乡治理与政策研究专业委员会于2023年7月初—10月中旬在南京市秦淮区组织了在宁高校首届大学生社区规划师暑期工作营活动。此次工作营以“城市更新和社区治理”作为主题，也是一次面向国家实施城市更新行动开展的多校多学科联合教学和实践育人创新实验。来自南京4所高校近60名师生走进秦淮区荷花塘历史文化街区，开展广泛的调查研究，探索历史城区面对诸多限制实现生活美好未来的路径，用实际行动和优秀作品，为秦淮区城市更新注入青春力量，为极美南京发展愿景的实现贡献智慧。

一、工作营开展背景分析

（一）本次工作营以践行“人民城市”理论为出发点

党的二十大报告指出“坚持人民城市人民建、人民城市为人民，提高城市规划、

① 国家社会科学基金一般项目“中小城市人口收缩态势与城市更新策略研究”（22BRK026）研究成果。

建设、治理水平”。人民群众不仅是城市享有者、受益者，也是城市建设者、治理参与者。面对老龄化、交通拥堵、旧城改造、垃圾分类等难题，城市这个生命体也需要有规律地“新陈代谢”，在发展中不断更新和改造，以适应和满足人民群众的新期待。

建设人民城市，必须将“以人民为中心”的发展思想贯穿城市发展始终。此次大学生社区规划师暑期工作营就是以“人民城市”理论为指导，响应“将论文写在祖国大地上”“大兴调查研究之风”等党和国家号召，以服务人民群众“急难愁盼”问题的解决作为目标，引导高校师生走出校园、走进社区、深入院落，与居民、相关部门和社会主体携手合作，共创“人民城市人民建，人民城市为人民”生动实践范例的过程。高校师生团队通过开展广泛的居住环境和居民意见意愿调查，以居民意见和意愿为基本出发点，结合城市功能和特色发展趋势的专业研判，为建设居民满意、历史文化底蕴深厚、具有独特人情味和发展活力的社区，提出了一系列富有青年创造力的策划方案。

（二）本次工作营活动作为秦淮区城市更新创新实践的一次新探索

南京整体已经进入存量提质和创新发展为主题的新阶段，这一阶段以城市更新为主要发展方式，城市更新的重点工作领域是居住类地段、生产类建筑、公共类空间和综合类片区。秦淮区作为南京的主城区和老城区，承载了南京重要的城市功能和历史文化。然而，由于长期以来老城人口密集、建筑空间拥挤、环境容量超载和公共配套欠账等客观情况，秦淮区面临着较大的经济社会发展压力，积极稳妥推进城市更新成为破解这些问题的重要一招。为此，秦淮区在打造有特色、有温度、有情怀的城市更新方面做了一系列前沿实践探索，如近年来先后推动实施了小西湖、石榴新村、小松涛巷等一批特色鲜明、反响较好的城市更新试点项目，初步展现了老城独有的市井味、烟火气和城市魅力。作为这一系列探索和创新的延续，本次在宁高校大学生社区规划师暑期工作营活动得到了秦淮区的积极响应，南京市秦淮区城市更新工作领导小组办公室（以下简称秦淮区城市更新办）、南京市规划和自然资源局秦淮分局（以下简称市规资局秦淮分局）和南京历史城区保护建设集团有限责任公司（以下简称历保集团）参与了此次活动的承办，并为高校师生团队提供了良好的工作条件，将具有奉献精神和创新活力的高校青年人吸纳为城市更新探索的“同行者”和“合伙人”，多方一起研讨一起创新，力争探寻出一条面向未来更开放、更包容和更加可持续的城市更新之路。

（三）本次工作营是一次面向城市更新行动的“校、地、民、企”联合创新实验

让高品质城市建设和高质量发展成果惠及居民群众，需要凝聚各方共识，优化解决方案。由政府单一主体主导的社区更新往往对社区的物质空间环境有积极的改善作用，但是缺乏对居民多元生活需求的考虑，也缺乏对居民作为更新主体的潜力发掘，难以充分调动社区居民和社会资本的力量。而市场力量主导的社区更新，面对复杂的居民需求和物质空间环境状况，往往通过全面腾迁或者拆除重建等方式来压缩周期、降低交易成本，以实现投资回报率最大化。而这势必破坏历史地段的文化底蕴和有机的社会网络，造成人情味、烟火气和真实感的灭失。总之，由单一主体参与的城市更新在长远发展角度来说往往难以维系，走向多元参与和协商治理是通往未来有机更新之路的必然选择。

此次大学生社区规划师暑期工作营汇集了政府、企业、居民、高校专业团队的力量，是一次面向城市更新行动的“校、地、民、企”联合创新实验。本次实践较为独特之处在于，高校团队并非受聘的专家，而是保持中立、具有社会理想又具有一定专业性的志愿者。他们作为中介者和桥梁，与居民、政府和企业保持良好沟通，将意见和态度传递给各方，这使得过去面对面、针锋相对的利益谈判变得更加柔和，具有专业性的中介者为各方勾划的实现方案和路径，也更能为各方所接受。

二、国内高校作为社会力量参与和服务城市更新实践的典型经验

（一）上海高密度中心城区社区花园实践探索

社区花园与社区营造分实验中心隶属于上海市城市更新及其空间优化技术重点实验室（同济大学），是目前国内高校力量深入居民社区，开展老旧社区参与式景观更新营造的代表性尝试。该中心与联合共创团队（上海四叶草堂青少年自然体验服务中心）在上海已经完成了数百个社区花园的建设，组织了超过千场的社区共创工作坊。其中，2017 年上海高密度城区社区花园营造成为入选联合国人居署发布的《上海手册：21 世纪城市可持续发展指南年度报告》唯一中国本土案例。该案例作为上海老旧小区空间改善的实践探索，为人口高密度、居民老龄化和景观提升难度较高的同类型社区提供了新的解决思路和管理模式①。

“百草园”项目位于上海市杨浦区鞍山四村第三小区中心广场。该小区是 20 世纪 70 年代建设的密集型居住小区，具有公共活动空间缺乏、老龄人口比例高等特点。2016 年，同济大学与四平街道联合将百草园作为社区营造的示范点，并引入社会组织——四叶草堂参与社区赋能活动。社区花园营造的流程总体分为设

① 同济风景园林. 实验中心|社区花园与社区营造分实验中心简介[EB/OL]. (2021-07-18)[2023-11-19]. https://mp.weixin.qq.com/s/Swf_jOpsmVWImiYudjZFeQ.

计、施工和维护三个阶段:(1)在设计阶段,来自高校和社会组织的设计团队与居委会合作,通过建立内部议事平台、开展“小小景观设计师”的现场创作活动以及与社区积极分子加强沟通等多种工作形式,形成了满足居民休闲活动、亲子互动、自然教育等需求的社区花园方案;(2)在施工阶段,设计团队将景观施工的流程拆解为若干可以独立完成的步骤,并按顺序将每个内容设置成居民可参与的课程,公开招募学员,边教学边施工。在这一过程当中,注重发挥小区内部力量,带动了小朋友和许多成年人的参与,不到一星期就完成了百草园的改造施工任务;(3)在维护阶段,以百草园的日常管养凝聚社区新生力量,以“小小志愿者”团队为纽带,成立了公共议事微信群讨论社区事务。这些超越花园的讨论,加深了孩子们的社区参与感与社会责任感,使之成为社区营造和花园管理的活跃力量。

以老旧小区中单调的中心绿地的更新改造为纽带增进了邻里关系,提高了居民的社区主人翁意识,增强了社区的综合治理水平,实现良好的环境效益和社会效益①。高校及社会力量是社区花园项目的主要发起者,他们在整个项目运行过程中发挥了关键的策划、组织和动员作用,从这个例子里面我们看到高校及师生对于城市更新及社区治理的积极作用。

(二)“新清河实验”:北京清河街道社区规划师行动

2014年起清华大学社会学系教授李强倡导发起了旨在激发基层社会活力的“新清河实验”。课题组成员由来自社会学、城市规划等学科的师生构成,在海淀区政府的支持下,通过与清河街道长期合作,开启了高校专业力量支持下社区治理和规划创新实践的探索之路。基于前期实践的经验总结,这项实验工作于2016年底正式拓展为社区治理、社区规划和社区民生三个方面。2017年开始,社区规划组和街道合作推动了“社区规划师制度”的创建和发展。清河街道社区规划师团队建设由街道搭台支持,由设计院、社会组织和社区抽调力量组建,聘请第三方培训和评估,依托社区协作来运行。社区规划团队除注重发挥专业性,也十分注重动员和培育社区热心居民,使其成为社区规划的重要参与者和在地力量。在社区规划师制度基础上,2018年底海淀区进一步建立了街镇责任规划师制度,在其辖区每个街镇配备了“1+1+N”(1名街镇规划师、1名高校合伙人、N个设计师团队)组成的责任规划师团队。社区规划师和责任规划师形成如下日常角色分工——社区规划师团队扎根对口社区,了解需求,推动协商共治和社区赋能;责任规划师对接上

---

① 刘悦来,尹科娈等.中国上海:高密度中心城区社区花园实践探索[K]//上海手册:21世纪城市可持续发展指南·2017年度报告.商务印书馆,2017:46-60.

位规划，统筹思路、整合资源、提供技术指导，带领社区规划师团队协同工作。清华大学建筑学院城市规划系副教授刘佳燕老师作为清河街道社区规划师制度的主策划人，同时担任清河街道责任规划师高校合伙人和社区规划师团队牵头人，有助于实现“双师”体系之间的功能互补和紧密协作①②。

清河街道的社区规划师制度创新与实践为政府、专家、社区及相关社会主体构筑起共治共建共享生活家园的平台，并通过与责任规划师工作的无缝衔接，探索规划引领城市精细化治理的有效模式，实现街区更新的整体谋划和精细化治理、精准化服务的全面结合。可以说，新清河实验建立起了较为完整的多方力量参与精细化社区更新的实施体系，是高校专业力量参与社区更新与治理的一次重要探索③。

三、首届在宁高校大学生社区规划师暑期工作营实践

（一）实践基地与活动内容

荷花塘历史文化街区位于南京老城南门西片区，东侧临钓鱼台历史风貌区，西侧紧邻花露岗历史风貌区，南至城墙，北至殷高巷，总占地面积为12.56公顷，总建筑面积约11.6万平方米。荷花塘历史文化街区是省级历史文化街区，也是南京市现存规模最大、以居住功能为主的历史文化街区，其保护等级属南京历史文化名城“三级五类”保护控制体系中历史地段类的最高级。片区建设现状主要为20世纪50年代至70年代及改革开放后建设的低层、高密度住宅（约占60.7%），大部分质量、环境较差，现居住人口约2156户，60岁以上老人占总人数的30%。片区内大部分房屋破旧，产权关系复杂，居住拥挤，基础设施和公共设施短缺，街巷尺度狭窄，存在较大的消防安全隐患，与悠久的历史和深厚的文化底蕴形成强烈的反差。

大学生社区规划师团队可在荷花塘历史文化街区的44个历史文化街区保护与更新试点区域中自选基地开展研究和规划设计活动，大学生社区规划师的工作内容主要有：(1)以荷花塘社区规划师的身份与居民沟通，调研居民更新需求和更新意愿；(2)向居民宣传荷花塘历史街区保护和规划及更新实施方案的精神；(3)深入调查基地内没有列入保护名录但是有保护价值的对象，如老房、老井、老树等，完善保护对象体系，梳理可利用空间；(4)综合考虑居民想法、上位规划指导和要求，

① 杨钦宇，董悠悠等. “我和社区做规划”之清河社区规划师行动纪实|综述篇[EB/OL]. (2021-05-13) [2023-11-19]. https://mp.weixin.qq.com/s/59Aq1slQN6C5eiiliq9FjQ.

② 清华同衡播报. 不忘初心，扎根社区——北京清河首批社区规划师诞生！[EB/OL]. (2018-07-17) [2023-11-19]. https://baijiahao.baidu.com/s?id=1606252915248544705.

③ 孙媛媛. 新清河实验的“社区营造”法——专访清华大学社会学系教授李强[J]. 小康，2023(31)：62-65.

提出院落/街区更新模式、实施路径等方面的合理化和创新性建议。

（二）暑期工作营工作组织架构

在宁高校首届大学生社区规划师暑期工作营以“城市更新与社区治理”为主题，由中国城市规划学会指导，主办单位是中国城市规划学会城乡治理与政策研究专业委员会，承办单位有南京大学建筑与城市规划学院、南京市秦淮区城市更新工作领导小组办公室、南京市规划和自然资源局秦淮分局、南京历史城区保护建设集团有限责任公司。本次工作营活动吸引了来自南京大学建筑与城市规划学院、东南大学建筑学院、南京农业大学公共管理学院、南京林业大学风景园林学院 4 所院校近 60 位师生参加，组成 8 支社区规划师工作小组。

中国城市规划学会城乡治理与政策研究专业委员会和承办高校主要负责工作营的策划、组织和联络工作，利用其学术网络资源，为此处活动搭建了良好的专家支持团队，营造了良好的交流平台和良好的学术氛围。秦淮区相关部门负责对已有的相关更新工作情况进行介绍，组成由部门、建设企业、街道和社区力量参与的工作专班，支持大学生社区规划团队开展在地工作。

（三）暑期工作营活动主要流程

此次工作营活动持续近 4 个月，期间高校师生团队与当地居民、地方主管部门、街道社区和运营平台进行广泛交流，为了给各团队提供良好工作条件以及创造多校多学科多方交流工作思路和成果的机会，主办方和承办方联合在前中后期组织了丰富的集体活动。

（1）开营前主办方、承办方和参与高校教师开展多次活动方案研讨，就活动形式、工作内容和时间节点等达成共识；

（2）街道、社区和南京大学建筑与城市规划学院师生团队联合开展给居民朋友送一封信活动，将工作营活动举办一事告知居民朋友，争取居民的理解和支持；

（3）由主办方召集，历保集团为各校师生团队介绍场地及其前期工作情况，并提出有关工作需求；

（4）7 月中旬以后，各团队自由安排密集调研和方案构思策划工作；

（5）9 月下旬在秦淮区举行工作营中期成果交流，邀请行业专家和秦淮相关部门、街道社区对各团队阶段工作成果进行指导，提出下一步优化方向；

（6）10 月中旬在南京大学举行工作营结题成果交流，邀请了高校专家、秦淮部门和街道对各团队工作成果进行点评，对未来相关工作开展提出建议；

（7）工作成果将陆续在相关高校和荷花塘历史文化街区展出，力争产生后续的社会效益。

此次活动过程中得到了社会各界的广泛关注和支持，10 多位在宁高校、智库、商会的专家学者先后欣然同意担任活动的指导专家，新华日报、江苏电视台、南京电视台、南京日报、金陵晚报等多家知名地方媒体参与了此次活动的跟踪报道。本次活动入选中国城市规划学会年度重点公益活动，得到国家级学会的支持和推介。

（四）暑期工作营主要成果

8 个高校团队分别从城乡规划、建筑学、公共管理和风景园林等专业角度对荷花塘片区的城市更新和社区治理提出了各具特色的构思方案。有的方案以产业激活为核心，综合调研结合居民意愿，明确以渐进式微更新的更新模式将其打造为展示、研学等城市公共空间；有的方案基于空间叙事理论，采用多样化路径，如情节构建、环境衬托和线索串联等推动院落建筑的改造提升；有的方案以居民去留意愿为依据，通过分步进行空间改造和完善产业功能来促进院落空间的渐进式更新；有的方案以产权治理为引领，创新引入共生院落和共有产权院落的概念，逐步实现改善居住环境、传承历史文化、完善社区服务等多元功能的有机融合；有的方案关注过去、现在、未来三个时期，聚焦人群和谐居住和历史市井文化两个议题，从住房、院落、片区三个维度入手来促进社区整体的历史文化传承和社会经济发展；有的方案则引入城市触媒理论，强调“以点带线串面”，通过深入挖掘点状历史元素，并充分激活线状触媒空间，以此不断实现更新地区空间价值的自我生产（如图 1 所示）。

来自江苏省城镇化与城乡规划研究中心、南京市社会科学院、南京市城市规划编制研究中心、南京商业地产商会、苏州大学和 4 所在宁高校的 10 位特邀专家担任此次工作营的指导专家和技术顾问，他们对于各组工作成果的探索价值给予高度肯定，也提出了进一步完善的建议，包括：(1)未来社区工作中要加强对更新地区的社会治理机制研究，积极探索多元主体共同参与社区更新的合作机制；(2)进一步强化片区的历史脉络梳理，将保护和展示历史文化功能排在历史文化街区更新的首位，面对产权破碎化的突出问题，应在充分尊重居民意愿的基础上，争取更新后的产权归整化，尽可能实现片区的人居价值、文化价值、商业价值等综合价值最大化；(3)要重视方案设计的可操作性和实施性，考虑原住民的去留意愿和空间诉求，尽可能地增设一些公共空间，完善院落的公共服务功能，增强居民的社区归属感；城市更新之后，应引导部分人群回迁，结合人的回归，来激活片区的产业活力；(4)也要关注更新方案对于弱势群体的包容度，维护好更新片区的社会公平。

大学生社区规划师从不同角度所做的方案构思以及专家团队的意见，共同构成为此次大学生社区规划师暑期工作营的工作成果，这对荷花塘历史街区更新和地方的实践工作具有极大的丰富作用，有助于深入识别地区更新问题，探索更新行动路径。

图 1　四校八个团队工作成果展示

四、总结与展望

（一）大学生社区规划师暑期工作营活动的意义

本次活动的意义体现在以下四个方面：一是政府、国企、街道居民、学术单位和以师生为主体的工作营之间的多方合作，是一次多元主体参与更新的实践；二是工作营团队深入社区，了解居民诉求，向居民讲解政策、沟通方案，体现了人民城市的理念；三是具有不同专业特色的高校团队之间的交流互鉴，不同的学校各有所长，这次活动对于所有参加工作营的同学都具有启发意义；四是此次中国城市规划学会年度重点公益活动的积极反响，中国城市规划学会对此次活动给予了相当的关注，南京市的诸多媒体也对此次工作营进行了跟踪报道，具有持续举办和向外推广的重要意义。

（二）大学生社区规划师暑期工作营活动的创新点

1. 主题创新

本次社区规划工作营的重点不在于物质环境的设计，而是将重点放在社区治理、制度设计方面的创新，旨在解决居民利益诉求。习近平总书记曾指出，社区是党委和政府联系群众、服务群众的神经末梢，要及时感知社区居民的操心事、烦心事、揪心事,一件一件加以解决。本次工作营重视收集居民的利益诉求,大到对片区未来的更新愿景,小到一片房瓦的松动,都在深入调研中得到了感知。总的来说,居民在社区更新与治理中的参与度不够高,需要进一步建构社区治理的制度设计,包括通过议事会、互助会等高效的工作平台挖掘社区内的积极分子,激发社区居民邻里守望的公共精神,以及完善社区服务圈,为居民可持续的参与提供保障。

2. 多方合作

参与到此次工作营中的,既有政府、学术单位、国企,还有基层的街道工作人员和广大社区居民。由师生为主体的工作营在政府主导、社区参与的社区更新实践工作中,起到了桥梁的作用。在工作过程中,政府为团队提供了政策支持,企业为团队提供了资料和工作建议,街道为团队深入居民内部调研提供了便利,学术单位和专家们为团队提供了定期的专业指导。高校师生们集多方资源,在调研中通过与居民深入交流收集了更新意愿和意见,向居民传递了前进的更新理念和政策,为居民院落更新做出"定制款"方案,不仅潜移默化地培养了社区居民的更新意识,也对片区未来更新工作提供了参考。

3. 深入社区

在此次工作营中,八个团队的同学和老师们利用宝贵暑假,冒着高温酷暑,用脚步丈量秦淮、深入社区,了解居民诉求,向居民讲解政策、沟通方案,探索主城生活美好未来。他们认真践行了"把论文写在大地之上",用实际行动和优秀作品为极美南京发展愿景贡献了智慧。在工作营的基地选择上,不同团队选择一个到几个院落不等,总体尺度比较小,团队的调研细致深入。各团队与基地院落各户的产权人、承租人、实际居住人等沟通深入,基本都进行了多次不同形式的访谈联系,并向负责基地院落改造任务的历保集团工作人员、社区的网格员咨询请教,对基地情况、周围环境、人员信息了解透彻,针对基地问题从而得出了各基地别具特色、针对性强的更新方案,其中体现的对老年人的关怀,对历史文化底蕴和人居环境提升的重视产生了广泛和深远的社会意义。

4. 交流互鉴

本次工作营是互相交流、互相借鉴的过程,不同的学校各有所长,这次活动对于所有参加工作营的同学都具有启发意义。四所高校的八个团队来自城乡规划、建筑、公共管理、风景园林等不同专业,在充分聆听和响应居民的呼声和需求的基础上,在各自的专业方向上开展了深入的探索,并受到了不同领域专家的指导,和更新中涉及的利益主体、相关部门一线工作人员进行了广泛的交流,共同规划环境改造和社区发展的前景,在如此密集的多方思维碰撞中,大学生社区规划师团队挖掘了社区更新和发展的无限潜力与可能。本次工作营交流形式也有值得改进的地方，目前的工作形式是不同专业团队各自选择基地研究，交流主要通过几次活动的方案分享，如果不同专业团队合作专攻一个基地或者形成不同团队的配对合作机制，那么方案的全面性和深入性可以得到进一步加强。

（三）本次工作营活动对南京实施城市更新行动的启示

1. 整合多方资源，搭建更新平台

未来南京的城市更新将面临新的复杂的实践，需要多方专家的讨论协作与居民的积极参与。例如在本次实践中，关于历史文化街区的更新改造，一方面要注重与原有风貌的保护与环境协调，尽可能留下珍贵的历史信息，一方面又要挖潜可能的增量价值，允许合理的更新建设行为，这时就需要相关专家学者提供专业意见。除此之外，应当尊重居民的主体意愿，在方案中应充分体现居民意愿。

未来可尝试采取开展城市实验室的方法，整合多方资源，搭建更新议事平台，共商城市更新推进之策，破解问题之计。在充分聆听、响应居民的呼声和需求的同时，使专家和专业机构有效参与，在居民决策中提供引导，政府在其中发挥关键的连结和支持作用。

2. 深入社区调查，进行针对性方案设计、小微化社区治理

随着经济发展模式与更新理念的转变，小尺度、渐进式的更新成为如今城市更新的主要思路。在此次活动中，各高校团队深入院落进行调研，对院落历史、空间现状、住户信息等进行整理归档，形成了“一户一档案，一院一方案”。从居民空间诉求角度，通过对社区居民的实地访谈，总结居民关心而尚待解决的空间问题，并给出可行的设计方案与改造模式。这种深入调查、档案整理、针对性方案设计、小微化社区治理的做法，为未来南京老城的存量更新提供思路。

3. 空间更新与社区治理相互推进

在小尺度、渐进式的城市存量更新中，居民参与发挥着越来越重要的作用，空间更新与社区治理相结合成为大势所趋。在此次活动中，各高校团队深入社区，作为社区规划师在区主管部门、街道社区、更新实施方、居民之间架起桥梁，在推动城市更新进程的同时，也做出了在待更新地块进行社区治理架构的尝试。总之，这是一次由传统规划师主导、聚焦物质环境的“空间设计”向青年规划师基于公益目的、发挥多元专业服务作用、沟通多元主体参与共谋共商共建的“社区营造”转变的积极尝试。

作者：陈浩　程思蕊　彭程（南京大学建筑与城市规划学院）

“双智”协同发展试点：南京“双智”城市建设的发展对策

2021 年 12 月，南京被确定为全国第二批智慧城市基础设施与智能联网汽车(以下简称“双智”)协同发展试点城市，“双智”协同发展是中国从产业、管理和技术的层次上提出的新型发展理念，服务于数字中国，契合我国交通强国战略，提供城市与交通难题的解决方案。本文通过总结当前各“双智”试点城市建设经验，分析“双智”城市建设发展核心问题，提出发展建议，探索适用于南京的“双智”城市建设路径，为南京“双智”城市建设提供借鉴。

一、“双智”协同研究背景及现状分析

(一) 研究背景

自《中华人民共和国国民经济和社会发展第十四个五年规划和 2035 年远景目标纲要》中提出了“建设现代基础设施体系，助力车联网向高级别集成智能化网联化发展”的任务以来，大部分汽车行业制造商与相关软硬件开发商都开始攻克为新型汽车制定创新的网联化方案的难关。智能网联汽车(Intelligent Connected Vehicle，简称 ICV)以蜂窝车联网技术为核心，将蜂窝通信与直通通信相结合，实现对交通环境及网络的全方位信息采集，为构建“人—车—路”一体化交通体系奠定了基础①。

① 陈山枝，葛雨明，时岩. 蜂窝车联网(C-V2X)技术发展、应用及展望[J]. 电信科学，2022，38(01)：1-12.

我国以基础设施建设优势为依托，通过路侧智能基础设施实现信息转达，释放车端算力，形成“端—边—云”一体化的车路协同体系，在全局环境感知及交通管控等应用中凸显优势①。城市建设的智能化基础设施作为“数字底座”为智能网联汽车的发展提供支撑，智能网联汽车作为“移动数据端”反哺智慧城市，成为其发展的切入点，智能化基础设施与智能网联汽车协同发展，即“双智”协同，应运而生。

（二）“双智”协同内涵

“双智”协同通过强化城市基础设施的智慧化建设，实现特定场景下各级别智能网联汽车的多样应用场景，遵循“需求导向、政府引导、市场主导、车城协同”原则，构建动静态数据于一体的车城网平台，在道路、城市、新型汽车等方面建设试点，促进相关技术与产业发展，实现“数据—技术—应用—产业—标准”全面迭代转型。

（三）研究意义

“双智”协同是一项跨多领域的系统工程，可以更大限度地激发汽车、交通、通信、城市等相关领域的潜力。从经济发展角度看，“双智”试点建设带来的大量投资，将直接带动相关产业升级与转型②；从城市管理角度看，开发车城网平台，为各城市的“规建管”构建了一个数字化范例；从社会服务角度看，“双智”协同提升了城市道路通行效率与安全度，为城市居民提供了更优质的出行体验。

（四）“双智”协同发展现状

住房和城乡建设部、工业和信息化部积极推动“双智”协同发展试点，2021 年 4 月和 12 月，两部门分批印发通知确定北京、广州、上海、长沙等 6 个城市为第一批试点城市，南京、深圳、重庆、成都等 10 个城市为第二批试点城市。

16 个试点城市在产业生态构建、政策制度创新、标准共建互认、应用场景商业化落地等方面的建设成果丰硕。

1. 智能基础设施覆盖范围不断扩大

北京：已部署共 5000 余个相机、雷达等感知设备设施，总计覆盖 329 个路口；加快建设 EUHT 专网，覆盖核心区重要路口。上海：在 185 个路口开展感知设备安装调试，并启动路侧端联调。武汉：部署视频感知设施 1000 余个，覆盖 97 个路口。广州：立项建设智慧灯杆超 8235 根（在建 6027 根），总投资近 6 亿元，并组织研发智慧灯杆一体式直流充电桩产品。

---

① 李永强. 推进智慧城市基础设施与智能网联汽车协同发展[J]. 中国电信业，2023(06)：59-61.

② 刘丽媛. 智慧的路＋聪明的车＝？[N]. 中国建设报，2023-05-08(001).

2. ICV 道路测试持续推进

广州：南沙区全域开放 ICV 测试道路分级，将新增 834.95 千米的测试路段。武汉：ICV 封闭测试场地环境已基本完成建设。成都：龙泉驿区开放总计约 161.8 千米 ICV 测试道路。深圳：已累计开放约 201 千米 ICV 测试道路。

3. 城市智能化管理水平不断升级

试点城市通过搭建车城网平台，实现对智能基础设施、智能网联汽车、城市交通的智慧化管理，不断提高数字政府服务效能。

北京：可向自动驾驶车辆、交通、交管、公安、市政提供智能信号灯、高精度地图、车道级事件播报、全量障碍物感知以及基于全息路口感知融合能力服务。武汉：其车城网平台整合了城市应用系统和模块，实现示范区内智能应用数据共享，深度支持城市管理应用。无锡：部署车联网标准点段设施 856 个，针对汽车用户实现前方信控交叉口提醒、闯红灯预警、基于红绿灯信息的高级预测启停功能、前方拥堵提醒等应用。

4. 智慧出行应用加速落地

广州：积极探索智慧化停车示范应用，“广州泊车”小程序用户量达 100 万人次，接入近 3100 家经营性停车场，拥有 145 万个泊位实时动态信息。长沙：网联化、智能化改造 2000 余辆公交车，在主动安全、准点率、交通信号优先等方面开展示范应用，累计服务 200 万余人次。济南：采取“智慧公交＋智能物流”模式，用 13 条乡村振兴公交线路辐射全域 39 个自然村的服务站点，有效满足农村物流双向流动需求，方便山区群众 3.2 万余人。

5. “双智”产业发展政策持续创新

北京：发布了《北京市智能网联汽车政策先行区总体实施方案》等 11 项试点相关政策。广州：推出了《关于逐步分区域先行先试不同混行环境下智能网联汽车（自动驾驶）应用示范运营政策的意见》等文件。深圳：发布了《深圳经济特区智能网联汽车管理条例》等文件，初步形成了有关智能网联汽车的政策与规范。

6. “双智”标准化成果不断积累

除目前已形成的 110 余项各类标准化成果外，试点城市正积极推动相关标准的共建互认，各城市分别牵头编制双智标准化文件。如：北京牵头《智慧综合杆网联化系统技术与工程建设导则》，广州牵头《自主代客泊车停车场建设规范》，武汉牵头《车城网平台感知设备接入技术要求》，长沙牵头《智慧公交智能网联基础设施建设》，无锡牵头《智慧城市全息感知道路建设导则》。

7. “双智”工作机制初步形成

试点城市经过前期探索初步形成了“1＋1＋N”的工作机制。1个政府工作专班：以主要领导牵头、各有关部门负责人组成，负责统筹政策指导、要素保障及任务分解。1个专业支撑机构：负责技术把控和专业资源对接，为政府统筹推进试点建设提供智力支持。N个主力企业：根据不同应用场景选择相应主力企业参与，推动产业由示范应用向商业化运营演进。

8. “双智”商业化运营模式逐渐成熟

北京：成立了国有独资主体运营平台公司及专业化科技企业，确立了“政府统筹规划、授权企业经营、市场化运营”的思路，形成了全国首创的“规、建、管、养、用”一体化数字基础设施建设运营新模式。广州：采用“财政＋社会投资”模式，鼓励多主体参与建设和运营，开展城市级智能网联与车路协同的数据应用商业合作。

（五）“双智”建设现状总结

单从已有数据来看，我国“双智”试点城市的建设颇具成效，但受经济形势严峻、实施路径不清晰等因素影响，在实际发展过程中仍面临许多阻力。下文将结合目前试点城市“双智”建设现状，深入分析“双智”协同发展的核心问题，探索未来“双智”城市的发力方向。

二、“双智”协同发展核心问题及未来展望

本章节结合各试点城市“双智”协同发展现状，根据试点城市实际推进过程中面临的难题，剖析“双智”协同发展核心问题，通过借鉴前列试点城市的经验，探索“双智”破局之道。

（一）“双智”内涵有待针对性解读

“双智”建设涉及大量跨领域协同工作，其具体建设内容尚无标准定式①，每个城市需针对自身实际，对“双智”内涵进行解读，明确重点建设对象，凸显区域特色。

（二）顶层统筹有待加强

建设“双智”试点是一项全局最优化的工程，需要产业管理部门、城市管理部门等多部门协同。部分城市还尚未形成明确的工作机制，在实际推进过程中存在权责不清、跨部门统筹调度难度大、建设内容重复等问题，进一步导致政策法规和标准工作的不统一、不配套、不关联，部门间数据和设备也无法实现互通互用，难以满

---

① 马春野，陈浩，彭剑坤等．“双智”城市建设系统架构、挑战与展望[J]．电信科学，2023，39(03)：16-23．

足多主体的多层次需求[①]。

（三）政策标准体系有待完善

政策法规方面存在缺失：目前工信部公布的《道路机动车辆生产企业及产品公告》中尚未包含低速无人驾驶功能车型，使其无法取得相关路权及牌照，无法匹配低速无人驾驶功能车的测试及应用需求，导致产业发展受到限制。

技术标准不统一：目前"双智"建设标准成果多为团标及地标[②]，主要以服务本地应用为主，缺乏统一认识，城市间标准成果共建互认工作推进困难。

（四）数据价值有待挖掘

"双智"建设将汇聚道路基础设施、市政设施、汽车、地理信息等大量动静态数据，但在数据体系层面，我国各城市还未建立起一套行之有效的数据治理、开发及利用机制。在技术应用方面，受感知资源及算力资源的制约，车城网平台的建设进度较缓慢，"双智"城市数据的隐藏价值有待进一步挖掘。

（五）商业运营模式有待探索

"双智"城市建设目前主要以政府投资为主，然而智能化基础设施建设成本高昂，后期升级运维也需要投入大量资金，仅靠地方财政难以为继。目前"双智"协同发展涉及的主导技术、应用场景、运营模式、产业生态等还处于探索培育阶段，智慧物流、智慧公交、智慧出租等典型应用场景的商业化运营模式不清晰，可持续的发展模式难以形成，导致资金缺乏成为制约"双智"协同发展的一个主要因素。

（六）未来发力方向

建设"双智"城市需抓准核心问题重点突破，才能提高"双智"协同发展效率，实现高质量发展。通过对核心问题进行分析，明确了未来建设"双智"城市的三个发力方向：

1. 加强跨领域协同合作，多方协同发力

加强政府、地方国有企业、科技企业和"双智"城市运营商四方协同合作，探索行之有效的"双智"工作机制。在此机制中，政府起着主导及规则制定的作用，为相关产业进行赋能，统筹顶层规划；地方国企负责贯彻政府引导，落地商业化运作、市场化经营；高科技企业作为"双智"建设的动力源，为持续创新提供技术支持；"双智"城市运营商则负责运维城市建设的基础软硬件，与科技企业合作，采集利用数据，不断提高城市的运行效率，从而实现共赢，盘活产业。

---

① 马春野，陈浩，彭剑坤等."双智"城市建设系统架构、挑战与展望[J].电信科学，2023，39(03)：16-23.

② 黄欣，曾少旭，吴冬升.车联网产业标准总体综述[J].智能网联汽车，2023(04)：17-20.

2. 健全“双智”政策标准，推动规模化发展

在政策体系方面，加快出台汽车、交通、道路测试等相关产业政策，构建政策先行区以探索商业化运营模式，推动规模化发展。在标准建设层面，积极构建涵盖“车、路、云、网、安全”等内容的标准体系，并持续推进城市间标准成果共建互认、互联互通的工作，加强城市间的协同，建立标准的统一认识。

3. 推进智能基础设施建设，构建车城网平台

智能基础设施作为车城网平台的感知资源，是“双智”城市建设的基础所在。从空间维度来看，智能基础设施需有机分布在道路两旁，考虑其对道路空间的挤占，未来智能基础设施建设需向着集约化方向发展。从时间维度来看，在智能基础设施的规划建设阶段，需以业务需求为导向，统筹规划其全生命周期，综合考虑其前期建设、后期运维及持续性收益之间的关系，以免出现拆建不停的问题。

以智能基础设施建设为基础，需不断做好相关技术的攻关，建立“产学研用”一体化技术创新体系，构建以业务引擎、AI 引擎为核心的车城网平台，实现对城市智能基础设施、智能网联汽车、感知终端等数字化管理，进一步提升城市管理效能。

三、探索基于智慧道路建设的南京“双智”城市建设路径

南京已全面建成基础设施网络，拥有城域级一体化数字管理平台，初步建成市政务数据中心，拥有强大的城市信息管理能力，可将“双智”城市建设重点聚焦在智慧道路的建设上，以建设“智能的路”，来打造“聪明的车”，最终实现“智慧的城”这一路径，探索属于南京的“双智”城市建设样板。

（一）完善顶层设计

一是以试点城市探索形成的“1＋1＋N”工作机制为基础，构建南京“双智 1＋1＋1”工作机制，即依照目前南京“双智”建设“一主三副”格局，选定一个示范先行区，围绕智慧道路建设，构建城市管理、住房和城乡建设、交通等相关重点部门联席会议，构建区级“双智”领导小组。以构建的“双智”领导小组为一个政府专班，负责主导顶层规划、政策牵引等。

二是联合地方国企，成立一个“双智”建设集团，授权其为智能交通运营商，负责“双智”的商业化运营，为政府专班推进“双智”试点工作提供相应的资源支持及智库支持。

三是组建一个“双智”产业联盟，整合车企、科技企业、相关软硬件制造企业、基础设施运营商等“双智”产业链中各市场主体的能力，打造出一个数据共享、协同合作、标准互认的“双智”产业体系，确保“双智”产业链的稳定及创新性。

（二）打造政策示范先行区

在南京市范围内，选定一个示范区域，先行搭建"双智"政策体系，出台区域级顶层设计文件，营造良好的政策法规环境，支撑示范应用场景落地，从而引导自动驾驶企业探索商业化落地。

1. 出台相关法律法规，支持智能网联汽车发展

智联网汽车相关法律法规框架主要包括道路测试、道路交通管理、产品管理以及基础支撑这四大板块。

道路测试板块：推动《智能网联汽车道路测试与示范应用管理规范（试行）》进一步修订完善。以限定区域为载体，开展上路通行、商业化运营探索，支撑道路交通安全法、道路运输条例等修订①。

道路交通管理板块：许可智能网联汽车上路通行；完善事故责任认定与车辆保险相关立法②；支撑智能网联汽车保险产品设计及创新。

产品管理板块：依托准入试点，形成智能网联汽车产品准入管理方案及实施细则。明确无人配送车等新型车辆身份和路权的界定③，编制相关产品标准体系和认证体系。

基础支撑板块：开展高精地图应用试点，推动《测绘资质管理规定》《涉密测绘成果传输管理规定》等政策法规在智能网联汽车应用方面的修订和实施；加快制定智能网联汽车数据分类分级指南和管理细则，制定相关数据实施流程和评估方法④。

2. 出台智能网联汽车购置补贴，促进智能网联汽车发展

为满足"双智"城市智能网联化汽车的发展需求，同时减轻新能源汽车购置补贴的全面取消对汽车市场的冲击⑤，提振消费、拉动需求，出台智能网联汽车相关购置补贴政策是一种合理有效的选择。

智能网联汽车有着研发投入大、售价高的经济特点，在需求端出台相关补贴政策，通过减免智能网联汽车车辆购置税来降低购买价格，有效地促进市场发展。参

① 杨珊，张莎莎．论智能网联汽车发展的法律障碍与应对[J]．西南交通大学学报（社会科学版），2023，24(01)：49-61.

② 赵佳，申杨柳，刘洋洋等．智能网联汽车违法与事故处理法律障碍及建议[J]．中国汽车，2022(03)：30-35.

③ 肖海，张坤生．智能网联汽车法律规制及路权前瞻[J]．哈尔滨学院学报，2020，41(12)：60-63.

④ 贾晨光．大数据时代智能网联汽车企业数据权利的法律规制[J]．湖北经济学院学报（人文社会科学版），2023，20(04)：71-75.

⑤ 郑祖婷，洪少敏．财政补贴退坡对新能源汽车企业绩效的影响[J]．合作经济与科技，2023(23)：125-127.

考新能源汽车补贴政策经验，根据智能网联汽车是否公共领域、自动驾驶系统的等级、车辆类型、知识产权自有化率、安全功能等指标来对其补贴方案进行分类设计，以推动技术发展为目标细化补贴。

3. 加快形成标准化建设成果，实现标准协同转化

在基础设施规划与建设、平台建设、应用部署等方面，逐渐形成匹配南京特色的建设标准与规范，包括系统建设分级标准，应用场景定义等。在“双智”领导小组的统筹协调下，通过加强不同区域、不同标委会之间的交流沟通，促进不同地方、团队、行业标准之间的协同，最终使这些已有的区域性标准与经验，上升为各方共同认可的标准化成果。

（三）推动智能基础设施集约化发展

针对道路的汽车、交通及城市管理需求，智慧道路的基础设施建设应关注感知、通讯、算力、定位和能源补给五大方面，未来将在道路两侧增设更多智能感知终端[①]，造成道路空间拥挤，“多杆林立”有损市容市貌的问题。因此，需统筹规划智慧道路建设，推动智能基础设施集约化发展。

1. 授权基础设施运营主体

各应用场景需要的终端设施高度雷同，打造设施的“共建共享”，是简化布设和节约造价的有效途径。可由政府专班进行统筹，授权基础设施数据运营主体单位，负责路侧基础设施的智能化改建、新建及运维，并对其数据进行统一运营，实现设施的共建及数据的共享，有效提升终端设施的利用效率。

2. 基于智慧灯杆的终端设施共建共享

智慧多功能杆具备“综合集成、共享共用、智慧赋能、和谐发展”的特征[②]。以智慧灯杆为载体，推进终端设备的集约化建设，实现“多杆合并”“一杆多用”的集约化布置，主要包括三方面工作：一为杆件梳理分类，二为杆件布设方案设计，三为设施布置规则设计。

各类道路基础设施的建设离不开相关线缆、线管等附属设施的布设，为避免大量道路地下资源被占用，可采用“综合排管＋综合机箱”的方法，对这些附属设施进行集约化布置，并采用“智慧电源＋智慧网关”的方法，实现集中供电、供网。

① 石鹏，毛少东. 车联网技术在智慧道路建设中的应用[J]. 交通科技与管理，2023，4(02)：7-9.

② 臧锋，黄李奔，刘立. 基于智慧灯杆系统的关键技术发展路径研究[J]. 照明工程学报，2022，33 (06)：107-116.

（四）建设“车城网”平台

1. 集成现有数据平台，助力“车城网”平台发展

以打造的集约化城市智能基础设施为感知基础，有效地收集路测数据信息及相关汽车数据信息，并集成 CIM 平台、现有相关业务部门数据平台、基础设施运营商数据平台等已有数据资源，加快“车城网”平台建设，实现数据互通共享，挖掘数据潜在价值，提升城市管理效能①。

2. 规范平台数据标准，支撑应用场景落地

“车城网”平台的建设涉及多部门联动，多平台集成工作，数据异构、标准差异问题将制约“车城网”平台的建设②。因此，在“双智”试点背景下，“车城网”平台需统筹规划相关标准，包括数据标准和协议标准，来实现跨部门、跨平台的集成建设工作。在平台集成及开发工作中，要统筹规划各子平台的数据及功能，根据具体需求嵌入相关算法引擎等，以实现信息的融合。

（五）推进“双智”协同应用示范场景落地

结合南京城市发展战略，以需求紧迫性明确各特色应用场景落地的优先级，逐步推动各特色示范场景落地，既能保障实际成效，又能实现投资的高效利用，避免浪费资源。

针对南京目前已落地的相关智慧道路应用场景，如智慧灯杆、智慧停车项目等，通过给予补贴或政策支持，鼓励相关企业进一步探索“双智”背景下的运营模式，以产带研。

四、南京照明集团“双智”能力资源禀赋

南京“双智”城市建设路径下，南京照明集团作为城市基础设施运营商，是“双智”产业联盟中关键的一员，梳理其能力资源禀赋，挖掘南京“双智”建设潜力。

（一）“数字底座”照明生命线资源优势

智慧灯杆是构建“双智”城市“数字底座”的重要载体。南京照明集团目前已适度超前布局智慧灯杆等数字基础设施建设，以城市物联感知体系为抓手，输出了轻量化、规模化、高效化的数字基础设施建设“南京模式”。在建设智慧灯杆方面，具备基础好、进阶快、积累厚、路径优、应用穿透深的优势，已全面建成集绿色纯净、集

---

① 曹溪，赖国戈，胡长征等.“智慧＋”车城网：“新城建”的创新应用与示范[J]. 中国建设信息化，2023(19)：35-39.

② 黄昕，王黎，郑轶丽等. 浅析“双智”试点工作下成都市智慧道路建设路径[J]. 公路，2023，68(05)：229-233.

约高效、韧性提升于一体的可用于建设双智"数字底座"的照明生命线系统。

该照明生命线系统以物联网、大数据、GIS、数字互联技术为基础，研发了基于照明网络的智慧灯杆开发运营系统，构建了不断进化提升的智慧灯杆"数字底座"。基于此照明生命线资源，南京照明集团可为"双智"城市发展需求提供高质量服务，成为南京在"双智"城市建设过程中相较成都、深圳、上海等城市的核心优势。

（二）集约化智能基础设施资源优势

设施共建共享，打造集约化城市智能基础设施是"双智"城市建设的必经之路。自 2016 年起，南京照明集团启动了共杆建设项目，新建规模在全国处于领先地位，已经实现城市基础设施的共杆与共管，统筹集成照明、交安、公安等多专业，构建了市政设施跨专业融合的统一格局，并用极低的成本部署了城市体量的通信路由及管道资源。

遵循合并杆建设体系，南京照明集团先后实施建设了夫子庙、青龙地铁小镇、南部新城等一批智慧灯杆项目，可实现无人机巡查、无人清扫车、智慧停车系统等基于智慧灯杆平台管理系统的智能应用，为后续推广"双智"协同应用示范场景提供智能设施基础与实践经验。

（三）解决轻量化示范应用场景问题能力优势

"双智"建设中需科学合理地处理新建设施与存量设施的关系，考虑到建设成本，存量设施所属场景下的功能需求更多，现有智慧灯杆的"存量改造"相较于新灯杆的"增量新建"更顺应"双智"城市建设发展，这对路灯体系中的供电保障和通讯路由提出了更高的要求。

南京照明集团的照明设施相对可靠、线路相对纯净，能够在原有路灯官网上成功实施线路常火改造和电力网、有线网、无线网的贯通。南京照明以微土建、低投入、高响应、短时间、零协调的"封闭"运作，完成了智慧城市相关应用的加载落地，成功印证了存量照明设施通过技术升级、运维模式优化等手段，能够高效响应场景需求，从能源保障、设施挂载、运维降本增效等各方面，形成了在国内具有引领性的"南京模式"，为南京推动"双智"协同应用示范场景落地奠定了基础。

（四）"车路协同"工作探索

2023 年，南京照明集团与中汽创智科技有限公司合作，联合东南大学及多家车城协同领域科技公司，启动"双智"试点智慧道路建设改造方案研究项目，为南京市双智试点、车联网先导区建设等工作探索基础设施改造建设路径，形成易推广、可复制模式，为后续南京道路智能化改造打下基础。

除预期成果外，该项目囊括智慧城市基础设施运营者、车企、高校、科技企业、智能设备制造企业等“双智”车路协同产业链上下游企业，该项目的运作可为南京“双智”产业联盟体系的打造提供实践经验。

五、南京“双智”建设运营模式探索

如何形成科学可行的投资、建设、运营模式，是提高“双智”协同发展“内驱力”的关键。借鉴各试点城市经验，以南京“双智 1＋1＋1”工作机制为基础，提出南京“双智”建设运营模式：由“双智”政府专班统筹，“双智”产业联盟提供资源支撑、技术支撑等，采用 BOO、BOT 等投资模式，授权国有独资的“双智”建设集团牵头各“双智”项目建设与运营，打造“双智”商业运营模式。明确“双智”城市建设中可提供的商业化业务范围，如智能基础设施建设、通信网络建设、信息平台建设、无人驾驶系统开发、智慧停车、广告运营、充电桩管理等。以南京“双智”建设运营模式为依托，在划定的商业化业务范围内，推动应用场景的商业化落地，实现资金回收。围绕“互联网＋双智”模式，夯实“双智”产业基础，打造“双智”产业生态圈，通过推进“双智”的商业化运营，实现生态圈的自主循环。

作为新兴事物，“双智”协同发展的建设运营模式需要结合地方优势特色，在积极尝试与探索过程中及时梳理、总结、固化成果，才能逐步形成可复制、可推广的经验。

六、结语

随着南京“双智”城市试点工作的推进，智慧道路的建设将成为南京发展“双智”协同的重要建设内容，推进智能基础设施建设是其重要路径。本文通过总结当前各试点城市建设经验，结合南京城市特色，从工作机制建立、政策标准完善、数字底座建设、示范场景落地等层面，自上而下探索了一条南京“双智”城市建设路径，以双智产业联盟中的代表性企业为例，梳理其资源禀赋，挖掘南京“双智”建设潜力，最后探索性地提出了南京“双智”建设运营模式，助力南京“双智”试点建设。

作者：陈俊羽　王佳丽（南京市城市照明建设运营集团有限公司）

养老服务事业产业协同发展的路径研究

党的十九届五中全会将积极应对人口老龄化上升为国家战略。《中共中央关于制定十四五规划和二〇三五年远景目标的建议》中明确提出"推动养老事业和养老产业协同发展"。党的二十大报告强调"实施积极应对人口老龄化国家战略，发展养老事业和养老产业，优化孤寡老人服务，推动实现全体老年人享有基本养老服务"。习近平总书记强调"养老服务业既是关系亿万群众福祉的民生事业，也是具有巨大发展潜力的朝阳产业"，"要推动养老事业和养老产业协同发展，发展普惠型养老服务，完善社区居家养老服务网络，构建居家社区机构相协调、医养康养相结合的养老服务体系"。推动养老事业和养老产业协同发展，实现养老服务高质量发展，是满足广大老年人日益增长的美好生活需要的切实举措，也是贯彻落实积极应对人口老龄化国家战略的关键环节。

2023 年 5 月江苏省政府出台了《关于推动养老事业和产业发展 提升养老服务质量的实施意见》和《关于推进基本养老服务体系建设的若干措施》，这是贯彻实施积极应对人口老龄化国家战略，强化养老事业和养老产业协同发展的制度化安排，必将促进今后一段时期全省养老服务提质增效，持续提升广大老年人的获得感、幸福感、满意度。作为中国养老产业的领航者，江苏悦心养老产业有限公司（简称江苏悦心，下同）在国家和省市政策的引领下坚持创新发展，瞄准养老行业痛点，探索养老市场和长者家庭需求，精准开发为老服务和产品，在推动养老事业与养老产业协同发展方面走在全国、全省和南京市的前列。

一、厘清养老事业与养老产业的关系

养老服务界定为具有福利性和私人性双重属性的私人物品。养老服务的双重属性要求养老事业与养老产业协同发展。养老事业主要是指针对老年人基础性的养老需要，以政府为主提供的基本养老服务和产品，具有公益性、普惠性、兜底性等特征。而养老产业主要是为满足个性化、高层次的养老需求，市场或社会力量提供的非基本养老服务和产品，更有营利性、竞争性、多样性等特征。

就养老服务供给而言，政府和市场是供给的两大主体。也就是说，养老事业与养老产业在养老服务供给中均具有重要的地位。实践证明，仅仅依靠政府供给难以满足多样化养老需求，需要大力发展养老产业，协同好养老事业与养老产业的关系。

从养老服务政策的可及性来看，政府有责任调动全社会资源来实现有效的养老服务供给，保障老年人的生命健康和晚年尊严。目前，政府和市场是满足人的需求的两大社会物品供给机制。单靠政府养老根本无法实现养老高质量发展目标，市场化养老是必然选择，必须让追求效率和规模效益的市场主体进入养老行业。当老人的潜在养老需求被养老事业培育为有效需求时，市场主体能够快速有效、精细划分多样化养老需求并进行专业化供给。实践证明，养老事业是养老产业发展的先行军，具有重要的引导和激发作用；反过来，养老产业发展能够为养老事业提供更加充裕的资金、技术和人才支持。

厘清养老事业与养老产业关系的核心和关键，在于明确政府在养老事业上应承担的责任。我们认为政府在养老事业上，主要承担“保基本、建机制、抓监管”三方面的责任。保基本就是政府要明确和保障基本服务的人群(如五保三无人员、失独人员、经济困难的人员等)，明确和保障的基本目录、项目以及清单，明确和提供基本的养老设施并交由社会来运营；建机制就是建立养老事业和养老产业各自运营以及协同发展的机制；抓监管就是要求政府不论是对养老事业还是养老产业都要有一整套健全的监管机制。

推动养老事业和养老产业协同发展，将实现保民生和促发展的双赢。推动养老事业和养老产业协同发展，不仅能够满足老年人多样化、高品质、高质量的养老需要，而且也有利于加快构建以国内大循环为主体、国内国际双循环相互促进的新发展格局，在拉动养老消费、稳定和扩大就业、带动相关投资、促进科技创新和应用等方面都会带来巨大机遇。在当前“双循环”的新发展格局中，把握养老行业发展的“政策窗口”和“时间窗口”，通过创新机制以实现利用政府力量(包括财政资源)

激发市场主体养老的积极性，撬动社会市场资本，构建完善的养老服务体系，推动养老事业与养老产业协同发展，实现养老高质量发展，具有极为重要的现实价值。

二、打造以居家养老服务为核心的为老服务综合体系——养老事业产业协同发展的江苏悦心经验

江苏悦心成立于 2014 年，目前有专职员工 872 人、志愿者 3786 人。江苏悦心养老产业涉及居家照护、机构运营、医养融合、智慧平台、产学研究、咨询管理、教育培训、康养旅居及安宁疗护等多重业务版块，精准定位老年群体全生命周期，以社区养老服务为载体，以家庭养老需求为终端，专注城市长者家庭品质生活，打造“科技＋养老＋教育”三驾马车，领航中国居家社区康养产业。到目前为止，江苏悦心已在南京连锁 72 个居家养老服务中心，19 个护理险定点服务机构，覆盖南京 11 个区和江北新区，年服务老人数量达到 12.5 万人。2016 年开始布局全国连锁，目前已经在镇江、常州、广州、呼和浩特、郑州、蚌埠、宣城等地开设连锁居家养老服务中心。据 2023 年南京市居家养老服务数据统计，江苏悦心服务 570 万人次，占全南京市总量的 13％，综合服务规模全南京市第一。

江苏悦心作为一家连接政府和市场的社会企业，在多年的实践探索和经验模式学习中发现，虽然机构养老不论在国内和国外都有事业和产业协同发展的现成模式，但是由于中国几千年一直依靠家庭养老，中国大多数老人的黄昏时光都在社区和家庭中度过，因此要实现中国式养老事业和产业协同发展，其重点在于居家和社区养老。而协同发展的难点在于搭建协同的体系、构造发展的平台，从而为协同发展提供支撑。江苏悦心在多年的实践中，发现协同发展需要多个多层平台协调持续发力，并不是大多数养老组织构建一两个平台就能实现协同发展的，因此探索和健全了养老事业与养老产业协同发展的“六个平台”，从而建立起一整套养老服务协同发展的体系。

协同发展的热点是事业和产业协同发展的内容、方式、路径和绩效，不论是党委和政府，还是社会和企业，特别是家庭和老人，他们都非常重视哪些养老项目或服务属于事业，哪些属于产业，他们也都期望能够清楚用什么方式以及在什么地方养老，更想知道要花多少钱、能取得什么效果，可以说这些都是协同发展的热点问题，例如欧洲入住养老机构的老人比例大幅高于东亚国家，其中不乏文化习俗的因素，也有欧洲国家普遍把养老机构的运营作为养老事业，老人入住养老机构免费或少量付费，而近年来一些欧洲国家提高了政府对居家和社区养老的补贴力度后，入住养老机构老人的比例有了大幅下降；再如日韩和欧洲的养老产品品种和数量远

多于国内，甚至数倍、数十倍于我们，其主要原因就是政府对养老产品的科研、生产、使用到运营管理，都有一整套的补贴政策，也就是建立起了养老事业和产业协同发展的机制，这些政策使得科研机构乐于创新、企业乐于生产、社会乐于提供、老人乐于使用。综上所述，江苏悦心近年来专注于养老事业和产业协同发展的重点、难点和热点问题，不仅走出了一条协同发展之路，而且企业发展也取得有目共睹的成绩，其推动养老事业与养老产业协同发展的经验主要有以下六个方面。

（一）推动养老产业与科技创新相结合，打造智慧养老事业产业协同发展的综合服务平台

江苏悦心推动养老与科技创新相结合，成立子公司易明科技，精心打造了智慧养老综合服务平台——悦心智慧平台这一养老事业产业协同发展的综合性服务平台，提供高质量、智能化的养老产品。悦心智慧平台通过呼叫中心、家庭养老床位、能力评估、健康管理、服务监管等 10 个系统，进行系统数据采集，帮助居家养老服务组织有效整合辖区养老服务资源，将居家养老服务融入 App＋硬件智慧养老平台，为居家长者提供紧急呼叫、远程定位、健康护理、生活照料等多样化服务。当前悦心智慧平台主要发挥了三大功能：一是建立老年人健康档案，二是在健康档案的基础上通过对各项数据的分析为老年人提供适切性的服务，三是对老年人会发生的意外做实时监测。以大石桥悦心居家养老服务中心为例，智慧养老综合服务平台分为养老大数据地图和呼叫中心两个部分。养老大数据地图会显示辖区内老年人口的数量、助老卡数据、客户需求分类、服务组织数据、养老服务实时监控等内容。如图 1 所示。悦心智慧平台目前已推出了一款主打产品“鑫窝窝”，开发出“适老＋”系列智慧养老系统解决方案，为适老人群提供安全防护、居家环境、健康饮食、生活服务、医疗咨询、休闲娱乐等服务，力求全方位保障老年人的居家健康生活。近年来江苏悦心逐步构建起全生命周期养老服务体系，打造“专业化、连锁化、品牌化、标准化、智能化、产业化”的运营服务机构。2019 年全国大城市养老服务工作会议首站聚焦南京，观摩江苏悦心，向全国推介悦心养老模式（家庭养老床位），目前江苏悦心已开展家庭照护床位 2208 张。

（二）探索养老产业与老年教育事业相结合，打造养老事业和产业协同发展的教育文化平台

为满足老年人精神文化层面的需求，江苏悦心于 2017 年成立悦心老年文化大学，积极探索养老产业与老年教育事业的协同发展。该大学坚持以人为本，立足文化艺术，重视发挥离退休老干部的作用，将老年教育与个性、尊严、幸福、健康紧密结合，促进和谐文化长者校园的形成。目前悦心老年大学开设书法、绘画、摄影、器

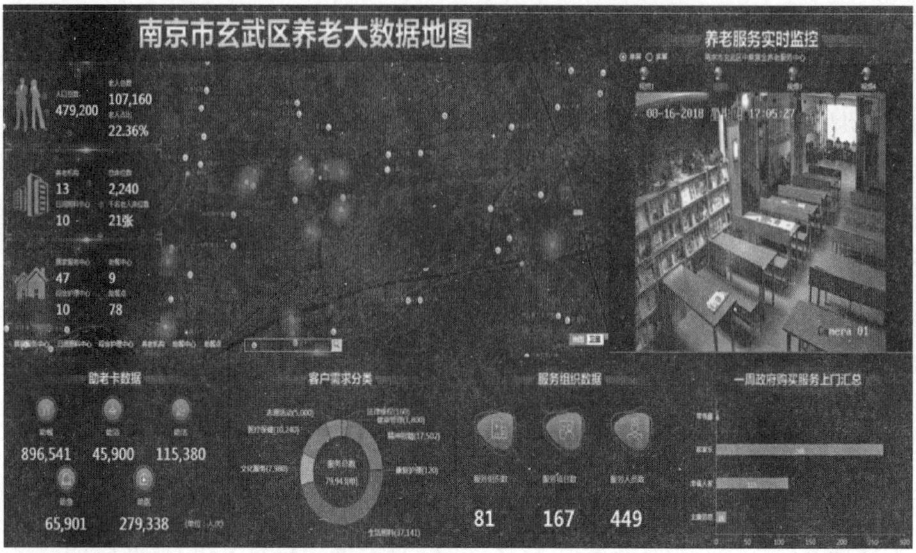

图 1　南京市玄武区养老大数据地图

乐、声乐、英语、智能手机运用等 40 门课程，拥有军休艺术团、书通院、光影社等文体组织与协会，极大丰富了老年人的日常生活。该大学还充分利用红色文化资源，由老一辈革命家后代担任荣誉校长，传递优良红色基因，营造积极向上的文化氛围。

（三）促进养老产业与“时间银行”相结合，打造养老事业和产业协同发展的志愿服务平台

江苏悦心积极探索居家养老互助服务新模式，将“时间银行”（一种互助养老方式，志愿者将为老年人提供服务的时间存入“时间银行”，当自己年老需要时可提取时间兑换为服务）内设于各个居家养老服务中心站点，通过“线上发布、线下开展、积分兑换”，搭建市级、区级、街道、社区四个维度的管理体系。在提升志愿者注册、派单、接单、服务、评价、监管等流程速度的同时，以互助式养老新模式切实保障老年人的服务需求。悦心“时间银行”主要采取“低龄老人服务高龄老人”的模式，即由刚刚退休的老人（一般年龄在 50—60 岁）通过线上申请，完成考核后成为“时间银行”志愿者。低龄老人通过为高龄老人提供志愿服务赚取服务时间存入时间银行，以供老人未来年老之后享受志愿服务之用。“时间银行”服务项目包括非专业服务项目与专业服务项目，其中非专业服务项目可由所有志愿者提供，专业服务需由持有资质证书或经验丰富的志愿者提供。非专业服务项目的具体内容包括：助餐、助浴、助医、助洁、助急，专业服务项目则是在非专业服务项目的基础上增加了安宁疗护，即老年人的临终关怀服务。目前江苏悦心共有“时间银行”志愿者 3786 人。悦心“时间银行”详细服务流程如图 2 所示。

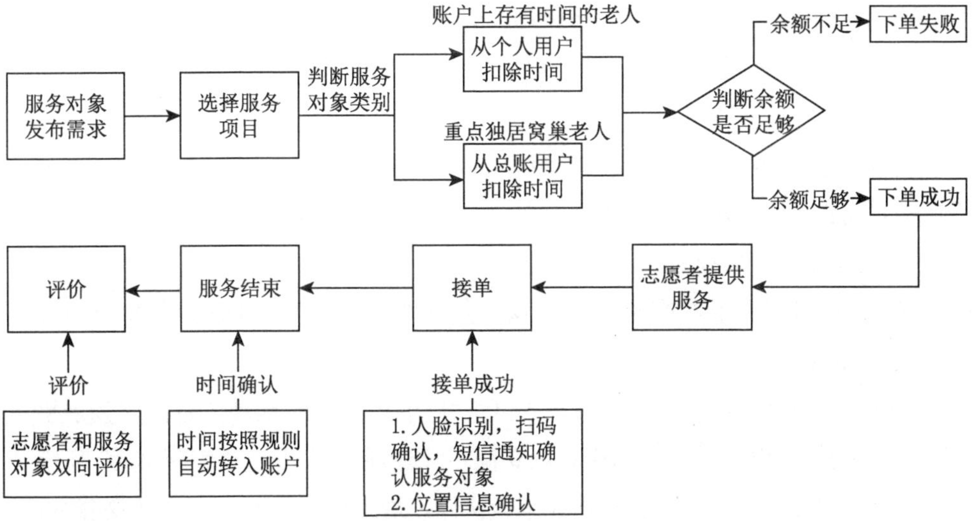

图 2　悦心"时间银行"服务流程

（四）推动养老产业与老年公共服务事业相结合，打造养老事业和产业协同发展的养医护康平台

江苏悦心推动养老产业与老年公共服务事业相结合，深入探索老年人康养体系。

1. 开展老年人综合评估

江苏悦心老年人综合评估中心嵌入在各居家养老服务中心，承接当地的一些政府招投标项目，为老年人提供综合能力评估，并根据评估的结果为老人们制定专门的养老护理方案。老年人综合评估包括老年人能力评估、家庭环境评估、需求评估等。如 2021 年江苏悦心承接了《鼓楼区 80 周岁及以上老年人综合评估服务》项目，为鼓楼区辖区内 80 周岁及以上的老人约 4.2 万人进行了综合评估。目前江苏悦心已对 7.6 万老年人开展了综合评估。

2. 成立认知症照护中心

悦心认知症照护中心位于南京市玄武区双龙巷"悦心居家养老服务中心"，成立之初是承接南京市公益创投"守护爱的记忆——认知症专项服务项目"，主要针对认知症长者及其家庭的专业照护服务。项目自启动以来已开展认知症线下科普宣教、社区认知症风险普筛等专业服务共计 150 次，服务老人 1965 位。

3. 推进家庭适老化改造

江苏悦心与政府合作推进适老化改造，其中适老化改造费用部分由政府财政承担，超出部分由个人自行承担，属于养老事业产业协同发展的重要组成内容。根据老年人能力评估、家庭环境评估结果，通过实施无障碍设计，安全性改造，合理配置老年生活辅具，引入智能家庭防护、急救等系统，切实提高老年人居家安全和居家生活质量。江苏悦心目前已完成 9457 户老年人家庭适老化改造。

4. 打造中央厨房

本着解决服务辖区内老年人吃饭难、部分空巢老人无子女照顾、行动不便的问题，江苏悦心在南京建立了 4 个阿莱餐厅厨房，让高龄、空巢、独居、失能老人以及社区居民享受到了便捷、暖心的用餐服务。

（五）推进养老事业产业人力资源融合开发，打造养老事业和产业协同发展的人才培养平台

推动养老事业养老产业发展，离不开人才的智力支持，推动二者协同发展更离不开“人才这一黏合剂”。江苏悦心创立悦心学院，负责企业总体发展规划，研拟企业关于社会企业发展战略规划，产业事业协同发展战略规划等。在人才培养方面，江苏悦心长期坚持开展定期的企业内部社会服务行销人才和社会工作专业人才队伍的建设、培养。养老人才还涉及养老服务与管理、家庭经济技术与家庭服务、社会工作政策与福利服务、市场营销等专业，江苏悦心与多所“双一流”大学、科研院所开展合作研究与人才培养，助力养老服务高质量发展。如江苏悦心与南京林业大学人文社会科学学院于 2022 年 6 月签约共建产学研合作基地，共同培养社会发展需要、企业发展所需的综合性人才，为提供更专业、更高质量的服务积累丰富的人才储备资源。基于菲律宾在康养人才培养上的独特优势，江苏悦心响应国家 2023 年 1 月 5 日的《中菲联合声明》号召（提出要全方位深化人文交流，拓展基础教育、职业教育合作），及时推出中菲康养人才教育合作项目，为深化中菲两国康养教育合作，加强校企共建，促进职业教育与康养人才培养，探索应用型人才培养新模式。

（六）建立养老服务发展的支撑体系，打造养老事业和产业协同发展的资金支持平台

江苏悦心于 2018 年 5 月正式成立以“敬老、爱老、助老”为作用的新悦老龄事业发展基金会（简称新悦基金会）。新悦基金会是由江苏悦心、南京一亩三分地农业发展有限公司、南京康之路食品有限公司等 6 家企业单位联合发起，以促进老龄事业发展、开展为老服务等公益性事业为目的的民间慈善组织。新悦基金会有为老龄事业项目筹集资金，开展老龄产业和老年服务学术交流培训，资助养老服务和投资养老项目及产业，公益事业普及、推广及宣传等功能。新悦基金会的设立对于推动养老事业产业协同发展具有重要作用：一方面，基金的资助可以促进养老领域的科研创新和技术进步，提高养老服务的质量和水平，满足老年人多样化、个性化的养老需求；另一方面，基金的资助也可以促进养老产业的转型升级，推动养老产业的健康发展。新悦基金会成立之后也参与到了江苏悦心承接的政府为老服务项目中去，以“2019 年度‘腾讯 99 公益’项目”为例，基金会在项目执行过程中整合多方养老资源，对老人生理、心理及精神等多层次养老需求进行较为全面的分析，并完善了标准化的为老服务体系。

总之，江苏悦心推进养老事业产业协同发展，以养老事业产业高质量发展中心，以“专业化、连锁化、品牌化、标准化、智能化、产业化”六化建设为主要内容，以发展现代养老服务业为方向，致力于打造居家社区机构相协调、医养康养相结合的综合性养老服务体系。

三、养老服务事业产业协同发展存在的主要问题

江苏悦心在推进养老服务事业产业协同发展方面积累了丰富的经验并取得了良好社会成效，但推进养老服务事业产业协同发展依然存在一些难点或者不足，突出体现在以下四个方面。

（一）养老服务事业和产业协同发展的政策体系不衔接

目前养老服务事业产业协同发展缺乏科学的发展规划。养老事业与产业提供的服务虽各有侧重，但由于缺乏养老事业与产业协同发展的科学规划，造成了一定程度的割裂，没有明确的策略来指导二者协同发展，互相配合。没有科学的发展规划或中长期发展战略，便会导致养老服务业的功能版块布局不尽合理，也导致企业在养老事业、产业发展中的职责定位不清，存在不同程度的混乱。

（二）养老服务事业产业协同发展运营机制尚待完善

作为我国康养产业领航者的江苏悦心，其在养老事业和养老产业的协同发展上仍缺乏完善的运营机制。到底养老产业如何反哺养老事业？反哺的比例、如何反哺等等，都没有形成相对固定的协作运行机制。例如悦心老年文化大学，比较典型的老年事业，通过开展丰富多彩的文化艺术活动，满足老年人的兴趣爱好、健康养生和学习新知识新技能等需求，促进老年人实现“精神富有”。但老年文化大学因以老年事业发展为主导，使得该产业入不敷出，缺乏稳定的资金来源支持，难以支撑其长远发展；而若单纯注重拓展其版图，不注重服务质量，会丢失为老服务的初心，也难以收获民心。简而言之，若不规范完善养老服务事业和产业协同发展运营机制，便会出现养老服务事业托底的有限性和养老服务产业的过度市场化带来的弊端。

（三）养老服务事业和产业协同发展的产业布局不平衡

整体来看，江苏悦心的市场竞争力仍需提高。虽然江苏悦心从2014年发展至今，已在全国各地包括河南、内蒙古、广东等地建立多家分公司，全国门店数量高达205家，也十分重视科技创新、国际交流、老年教育等核心能力的培养。但另一方面，由于其市场经营主体在建设前期投入较大，经营成本高，加上缺乏竞争优势和政策支持，盈利情况较差，基本处于亏损和微利的状态，其供给能力受限。另外，“新一代”老年人普遍拥有较为积极的老龄观，其对于多样化、高层次养老服务的需求更加突出，例如老年健身娱乐、老年旅游、老年教育、文化产品、养老地产等方面，如果不能跟紧养老市场需求变化，便会落后于时代发展，逐步丧失市场竞争能力。

（四）养老服务事业和产业协同发展的人力资源不配套

从养老服务需求侧来看，江苏悦心在专业化、亲情化、个性化的高质量专业服务领域仍较为欠缺，长期陪护、心理疏导、精神慰藉等刚性需求满足的难度也较大。要推动养老服务事业产业协同发展，却缺乏兼顾养老事业及产业协同发展的高层次服务人才来提升养老服务的专业性、前瞻性和科学性。养老科技人才、专业技术人才的培养仍跟不上企业发展的步伐，难以为养老服务事业产业协同发展提供强大的人才支撑力。江苏悦心也尚未建立起一个能制度化运作的老龄科学研究专业智库来助力、助跑我国养老服务事业产业协同发展。

四、 推进养老服务事业产业协同发展的对策建议

推进养老服务事业产业协同发展是一项系统工程。要通过进一步深化养老服务供给侧结构性改革，发展普惠型养老服务和互助养老，构建居家社区机构相协调、医养康养相结合的养老服务体系。通过不断完善政策、设施、标准、资金、科技、应急保障等养老服务体系建设基础要素，夯实养老服务事业产业协同发展的基础。针对推进养老服务事业产业协同发展，现提出如下主要对策建议。

（一）树立应对老龄化可持续的发展理念

在政府主导基本养老服务的基础上，激发各类资源进入养老领域以应对老龄化。

1. 强化政府基本养老服务功能

形成政府负责普惠性基本养老服务和兜底性保障服务的供给，将关注的重点放在特困老人群体上，而将个性化养老服务需求交由市场主体来完成的供给结构。要将养老事业和产业发展纳入国民经济和社会发展规划，纳入民生实事项目，纳入绩效考核和工作督查范围。

2. 引导多元参与，推动供给主体多元化

促进政府、社会、市场、家庭各尽其责，实现基本养老服务供给有序协同。落实养老服务优惠扶持政策，引导社会力量参与提供基本养老服务。

3. 全面落实社会养老“放管服”要求

依法做好养老组织的登记与备案管理，重点加强对养老服务机构消防、医疗、食品等资质的备案审核，确保养老机构规范运营。加大对养老服务的投入力度，重点加大机构养老建设补贴和居家养老运营补贴力度，鼓励支持社会养老组织发展，撬动社会养老服务需求与消费。鼓励运用政府和社会资本合作(PPP)模式推进养老服务业供给侧改革，加快养老服务业培育与发展，形成多层次、多渠道、多样化市场。

（二）创设有助于养老产业发展的基础环境

政府有关部门要制定银发经济、老龄产业发展规划编制，研究探索扶持养老事业产业协同发展政策，有效发挥老龄产业的作用。

1. 夯实基础设施建设

加强养老服务设施规划建设，保障养老服务设施用地有效供给，整合盘活利用存量闲置资源。实施特困老人供养服务设施(敬老院)改造提升工程，改造升级护理型床位并开辟失能(失智)老人照护单元，为社会化、专业化发展扎实基础。

2. 加强标准化规范化建设

逐步健全完善涵盖养老服务基础通用标准，机构、居家、社区养老服务标准、管理标准和支撑保障标准，以及老年人产品用品标准，与国家、行业和企业标准相衔接，构建覆盖全面、重点突出、结构合理的养老服务标准体系。

3. 强化资金要素保障

发挥财政资金的引导和示范效应，撬动社会资金投向养老服务业，实行市场化运作、专业化管理；逐年加大福彩公益金和慈善资金对养老服务的资金投入。支持各类金融组织加快养老领域业务发展规划和市场布局，鼓励有条件的金融机构开展养老领域金融业务、投资养老产业，聚焦长期护理服务商、综合康养服务商等，创新养老金融产品和服务方式。

（三）搭建共建共治共享的老龄社会治理共同体

以社会治理共建共治共享思路，整合政府、市场、社会各类资源，建设养老服务体系。

1. 建立街道(乡镇)社区统筹整合领导协调机制

在党委政府统一领导下，按照条块结合、以块为主的原则，建立街道(乡镇)社区统筹整合领导协调机制，加强对街道(乡镇)社区的政策支持、财力保障和能力建设指导。

2. 合理规划居住区老年设施配套

通过合理规划居住区老年设施配套，借助现有的商业设施和服务系统，充分调动市场潜力，推动养老服务领域的市场细分，建立健全供给方式，形成多样化、多层次的养老服务供给产品。

3. 鼓励创建老年友好型社区

通过信息化智能化，创建信息互通、邻里互助的老年友好型社区。激活社会最小单元的毛细血管，促进社区互助养老服务落地生根。推进社区、社会组织、社工在社区居家养老服务的“三社联动”。

（四）深度挖掘老龄群体消费需求

随着老年群体的消费需求从满足日常生活向提高生活品质转变，围绕老年群体构建更加完善、更有温度的消费生态变得更加重要。

1. 多措并举帮助老年人跨越数字鸿沟，推进老年人融入数字经济

引导社区、各类为老社会组织开设老年智能手机培训，为生活带来便利。加快服务类 App 适老化改造，增加电子产品和 App 应用的老年友好性。聚焦“适老”，开发符合老年人特点的技术，满足老年人提高生活品质的需求。

2. 引导药店、商超、快递驿站建设线下养老生活圈

逐步设立专门的老年用品商城或便捷窗口，切实满足老年人多样化、多层次的消费需求，撬动银发经济发展。促成老年大学、公立医院、文旅集团、农业集团、体育集团、金融机构以及其他社会资源开展合作，促进养老服务与健康、文化、旅游、体育、金融、商业等行业融合发展，积极培育生活性服务，改善老年人一站式消费体验。

（五）打造养老新业态以提升服务能级

促进养老服务与先进制造、信息通信、健康养生、文化旅游、教育培训、家政服务等产业融合发展，构建养老服务新模式，提升养老服务能级。

1. 以数字化和智能化为驱动，实施“养老服务＋”新模式，促进多产业融合发展养老产业

积极打造“文旅康养”新业态，依托生态文旅优势，加强乡村旅游、民俗民宿等关联资源对接，以养老服务机构为载体，实施“养老＋旅居”服务供给。助力养老关联产业发展，加强文旅康养相关的健康养老、养生养老等新型养老消费领域研究和探索，适时助力建设老年康养用品产业园区，实施“养老＋康养”服务供给。

2. 鼓励支持养老组织“规模性”发展，促进养老组织连锁化经营

规模型、连锁型和枢纽型养老服务组织，通过规模发展和连锁经营，提高区域养老组织的影响力、竞争力和服务力。促进养老组织品牌化建设。建立完善养老

服务组织(企业)目录和储备库,支持培育或引进有影响力的品牌养老服务组织(企业),重点打造组织规范、服务专业、项目特色、社会公益等方面的品牌养老服务组织(企业),以点带面促进养老服务主体整体发展水平。

3. 制定智慧健康养老产品及服务推广目录,开展智慧健康养老应用试点示范

拓展信息技术在养老领域的应用,促进人工智能、物联网、云计算、大数据等新一代信息技术和智能硬件等产品在养老服务领域深度应用。加大对高校、科研机构养老科技创新基础理论研究的支持,注重适老化产品的研发和新服务方式的设计及应用,为养老科技创新提供共性技术、关键技术支撑。

(六) 加大养老领域人才培养力度

构建政府、市场、社会协同,教育、培训、用能并重,社会培养与企业培养相结合的养老领域人才一体化推进机制。

1. 加快培养和引进养老服务发展亟须的各类专业人才,全面落实特殊岗位津贴和入职补贴政策

动员广大社会成员参与养老公益组织,开展志愿者服务,全面深化养老“时间银行”建设。努力形成管理人才、专业人才、技能人才和志愿者相结合的养老服务业发展人力支撑。

2. 健全人才教育培训体系

加强养老服务相关专业职业教育和高等教育发展,大力实施职业院校全面开展职业培训促进就业创业行动计划,引导各类院校特别是职业院校(含技工学校)设置养老服务相关专业或开设相关课程,完善教育体系,大力培养老年医学、康复、护理、营养、心理和社会工作等专业人才。将养老服务列为职业教育校企合作的优先领域,支持符合条件的养老机构举办养老服务类职业院校,支持职业教育学校将养老机构作为实训基地、创新研究基地。

3. 开展养老服务职业技能培训

持续实施养老服务人才职业技能培训计划,打造具有一定知名度的人力资源品牌,吸引更多劳动力进入养老服务领域。鼓励各地依托智慧养老服务平台、社区养老服务场所开展养老从业人员和老年人家庭成员照护培训。

作者:南京市社会科学院课题组①

---

① 执笔人:高庆玲(江苏悦心养老有限公司董事长)、董淑芬(南京市社会科学院副研究员)、苏健(南京市社会科学院副研究员)、赵军(南京市人大社会建设委员会副主任委员)、史旭晨(江苏悦心悦心学院院长助理)、荀子玥(河海大学公共管理学院社会工作硕士)。

南京市国有地方金融组织运营现状及发展对策

——基于专项审计调查的视角

金融是现代经济的核心，关系发展和安全。“防范化解重大风险，守住不发生系统性金融风险的底线”是当前“国之大者”。对于金融工作，习近平总书记强调金融本职就是服务实体经济，提出了“在促进金融更好地为实体经济服务、防范化解金融风险、深化金融改革过程中确保金融安全高效稳健运行”的具体要求。2023年3月，“两会”的政府工作报告指出，今年的一项重点工作就是“有效防范化解重大经济金融风险”。南京市第十五次党代会提出，“着力统筹发展和安全，走出特大城市现代化治理新路”。抓好着力统筹发展和安全，重要的工作就是防范和化解区域金融风险。金融市场的主体除了银行、证券、保险等持牌金融机构，还有数量众多、分布广泛的地方金融组织。他们包括小额贷款有限公司(简称小贷公司)、融资担保有限公司(简称融资担保公司)、融资租赁有限公司(简称融资租赁公司)、商业保理有限公司(简称保理公司)、典当有限公司(简称典当行)等。以南京市为例，市、区两级国有(及国有控股)地方金融组织有35家，规模相对较大，为同类型头部企业。

2023年，为助力防范化解金融风险，南京市审计局实施了南京市国有地方金融组织运营及风险防范情况专项审计调查项目。本次专项审计的审计对象是南京市、区国有全资、控股地方金融组织，共有35家，涉及9个区、江北新区和6家市属国有企业集团。主要包括：南京市金陵文化科技小额贷款有限公司(以下简称“金陵文化小贷公司”)、南京市紫金科技小额贷款有限公司(以下简称“紫金小贷公司”)等 13 家小额贷款公司;南京通汇融资租赁股份有限公司(以下简称“通汇融资租赁公司”)、南京紫金融资租赁有限责任公司(以下简称“紫金融资租赁公司”)等 8 家融资租赁公司;南京江北新区绿色融资担保有限责任公司(以下简称“江北新区绿色担保公司”)、南京紫金融资担保有限责任公司(以下简称“紫金担保公司”)等 9 家融资担保公司;南京金旅商业保理有限公司(以下简称“金旅保理公司”)等 3 家商业保理公司;南京银润典当有限公司(以下简称“银润典当”)等 2 家典当行。本文基于专项审计调查,融合学界、实务界观点,论述南京市国有地方金融组织运营的现状,客观揭示不足、分析原因,提出推动其高质量发展的对策建议。

一、 运营现状及社会贡献

(一) 运营基本情况

1. 小贷公司

市、区两级国有及国有控股小贷公司 13 家,注册资本金累计 230415 万元。2022 年末,总资产累计 335889.53 万元,总负债累计 88049.15 万元,净资产累计 247840.36 万元,贷款余额累计 236468.78 万元。2022 年,营业收入累计 30488.87 万元,其中,利息收入 20576.9 万元,净利润 13364.58 万元(如表 1 所示)。

表 1 2022 年南京市、区两级国有及国有控股小贷公司基本情况表 单位:万元

公司名称	注册资本	总资产	当年贷款余额	总负债	所有者权益	营业收入	利息收入	净利润
南京市金陵文化科技小额贷款有限公司	40665	47317.66	46063.72	1775.85	45541.81	5237.93	5229.93	1176.89
南京市宁创体育健康科技小额贷款有限公司	10000	10457.93	4093.11	187.09	10270.84	1103.05	1103.05	134.63
南京市秦淮区源丰农村小额贷款股份有限公司	10000	12164.14	17417.34	805.04	11359.1	1040.56	1040.56	200.37
南京市紫金科技小额贷款有限公司	30000	113251.33	62039	79810.3	33441.03	4981.7	4822.43	2106.4

续表

公司名称	注册资本	总资产	当年贷款余额	总负债	所有者权益	营业收入	利息收入	净利润
南京市栖霞区中北农村小额贷款有限公司	10000	10457.93	4093.11	187.09	10270.84	1103.05	1103.05	134.63
南京高科科技小额贷款有限公司	20000	28514.86	7912	3156.7	25358.16	10027.34	785.33	9509.7
南京市六合区顺昌农村小额贷款有限公司	9750	11323.56	9877.52	392.76	10930.79	1158.41	714.39	1002.41
南京市栖霞区汇锦农村小额贷款有限公司	15000	16477.32	9162	78.08	16399.24	580.95	287.11	433.04
南京市宁港融通科技小额贷款有限公司	20000	11611.05	22927.46	487.08	11123.97	765.43	745.43	−730.37
南京市滨江科技小额贷款股份有限公司	20000	18756.91	14857.25	488.15	18268.76	1406.03	1743.3	−1783.05
南京市江宁区宁台农村小额贷款有限公司	10000	12682.34	9790.68	581.08	12101.26	809.54	727.4	192.48
南京市天元科技小额贷款有限责任公司	20000	27830.62	27435.59	99.51	27731.1	2195.9	2195.9	943.99
南京市淳曦科技小额贷款有限公司	15000	15043.88	800	0.42	15043.46	78.98	79.02	43.46
累计	230415	335889.53	236468.78	88049.15	247840.36	30488.87	20576.9	13364.58

2. 融资担保公司

市、区两级国有及国有控股融资担保公司 9 家。2022 年末，总资产累计 294711.09 万元，总负债累计 28885.33 万元，净资产累计 265825.76 万元。2022

年，全年担保发生额 837630.47 万元，营业收入累计 9444.88 万元，其中，担保费收入 7504.9 万元，净利润 1730.09 万元（如表 2 所示）。

表 2　2022 年南京市、区两级国有及国有控股融资担保公司基本情况表　单位：万元

单位名称	资产总额	净资产	当年担保发生额	营业收入	担保费收入	营业利润	财政补贴	净利润
南京市科技创新融资担保管理有限责任公司	11785.73	10741.77	21026.30	418.53	244.40	−97.94	473.97	275.91
南京白下高新技术产业园区融资担保有限公司	14728.67	14695.19	160	5.75	5.75	91.58	0	79.44
南京滨江融资担保公司	24233.9	23600.5	12580	487.7	228.8	65.9	90.67	65.9
南京市高淳区中小企业融资担保有限公司	47747.98	40666.14	66876	942.21	617.98	−24.52	844.87	80.49
江宁创业担保	39612.13	35954.53	40740	594.67	385.76	614.08	611.53	425.79
南京江北新区绿色融资担保有限公司	36735.75	34066.49	54495	493.15	409.39	83.35	1024.08	98.77
南京市栖霞区中小企业融资担保有限责任公司	13432.5	12398.51	5800	350.07	80.42	0.33	43.37	0.16
南京润业融资担保有限公司公司	38038.64	36231.73	15109	559.37	118.42	425.87	308.03	396.41
南京紫金融资担保有限责任公司	68395.79	57470.9	620844.17	5593.43	5413.98	2368.04	1778.98	307.22
合计	294711.09	265825.76	837630.47	9444.88	7504.9	3526.69	5175.5	1730.09

3. 融资租赁公司

市、区两级国有及国有控股融资租赁公司 8 家，注册资本金累计 359486.00 万元。2022 年末，总资产累计 1538813.26 万元、总负债累计 1183563.47 万元，净资产累计 355249.79 万元，租赁资产余额 1347189.22 万元，其中，政府类客户余额 1111539.04 万元。2022 年，营业收入 130655.65 万元，净利润 20813.69 万元（如表 3 所示）。

表3　2022年市、区两级国有及国有控股融资租赁公司基本情况表

单位：万元

公司名称	注册资本	总资产	融资租赁余额	政府类客户余额	总负债	净资产	实收资本	营业收入	利息收入	净利润
南京钟山融资租赁有限公司	17000.00	22531.70	3473.01	2946.27	4,298.71	18,232.99	17,000.00	283.04	265.90	398.91
南京文投融资租赁有限责任公司	20000.00	10226.00	8768.00	8768.00	71.00	10155.00	10000.00	450.00	97.00	155.00
南京通汇融资租赁股份有限公司	50000.00	480873.75	436644.68	316122.75	417596.31	63277.44	50000.00	29518.33	29518.33	416.49
南京金鱼嘴融资租赁有限公司	20000.00	10332.73	10000.00	10000.00	80.27	10252.47	10000.00	291.26	291.26	252.47
南京紫金融资租赁有限责任公司	60000.00	293843.58	281620.46	279701.62	217343.76	76499.82	60000.00	20121.13	15309.33	4794.43
南京天元租赁有限公司	50000.00	115231.11	101118.33	88000.00	78881.23	36349.87	30875.22	6407.21	6407.21	2053.90
江北新区扬子科技融资租赁有限公司	92486.00	302200.40	217375.34	117811.00	224450.17	77750.23	62745.80	54228.25	17962.36	6302.07
南京金旅融资租赁有限公司	50000.00	303573.99	288189.40	288189.40	240,842.02	62,731.97	50,000.00	19,356.43	16,370.56	6,440.42
合　　计	359486.00	1538813.26	1347189.22	1111539.04	1,183,563.47	355,249.79	290,621.02	130,655.65	86,221.95	20,813.69

4. 保理公司

市、区两级国有及国有控股保理公司 3 家，注册资本金累计 102162.22 万元。2022 年末，总资产累计 432754.37 万元，总负债累计 312273.26 万元，净资产累计 120481.10 万元，保理资产余额累计 373932.57 万元。2022 年，营业收入 24455.18 万元，净利润 8257.08 万元（如表 4 所示）。

表 4　市、区两级国有及国有控股商业保理公司基本情况表　　单位：万元

公司名称	注册资本	总资产	保理资产余额	总负债	净资产	营业收入	利息收入	净利润
金旅保理	24406.54	152053.94	137532.50	122267.57	29786.37	11929.08	10488.20	2765.55
钟山商业保理	5000.00	5125.33		24.21	5101.12			72.64
扬子商业保理	72755.68	275575.10	236400.07	189981.48	85593.61	12526.10	398.78	5418.89
合计	102162.22	432754.37	373932.57	312273.26	120481.10	24455.18	10886.98	8257.08

5. 典当行

市、区两级国有及国有控股典当行 2 家，注册资本金累计 10000 万元，分别是南京银润典当有限公司、南京文投艺库典当有限公司。南京银润典当有限公司：2022 年末，总资产 6914.50 万元，总负债 629.59 万元，净资产 6284.91 万元，典当资产余额 5955.31 万元；2022 年，营业收入 1818.49 万元，净利润 455.74 万元。南京文投艺库典当有限公司：2022 年末，总资产 5517.83 万元，总负债 415.01 万元、净资产 5102.82 万元，典当资产余额 2940 万元；2022 年，营业收入 401.55 万元，净利润 78.78 万元。

（二）对经济社会发展的贡献

1. 拓宽融资渠道，助力实体经济发展

南京市地方金融组织立足主责主业，服务小微企业、三农等融资主体，为实体经济提供多层次、多样化金融服务，完善金融服务体系。融资担保公司准公共产品作用发挥明显，担保费率保持较低水平，为疫情防控、复工复产和经济发展发挥积极作用。截至 2022 年末，9 家融资担保公司平均担保费率为 1.03%。紫金担保作为政府性融资担保机构，聚焦主责，深耕南京本土市场，加快推进业务结构调整，做好“助小支小”大文章，截至 2022 年末，“小微贷”签约银行 18 家，授信额度 188.5 亿元。他们通过行业合作共赢、强化政银担联动、创新担保产品、完善内控管理等措施，不断强化“敢担、愿担”长效机制，提升“能担、会担”能力，提高服务质效，增强中小微企业的信贷获得感；认真贯彻落实省市有关文件精神，积极探索风险分担机制，努力降低企业融资担保成本，全力支持地方经济发展、帮助企业复工复产，积极响应并加入省市级政府部门推出的“政银担”风险分担产品。积极试点“专精特新保”政策性融资担保产品。小贷公司发挥其灵活、快捷、高效特点，为小微企业、三农主体有效拓宽了融资渠道，截至2022年末，南京13家市、区国有全资、控股小贷公司贷款余额总计23.65亿元，成为社会融资活动重要组成部分和传统金融供给的有益补充。融资租赁公司融资租赁资产余额134.02亿元，在缓解中小企业融资困难、提高资源配置效率等方面发挥积极作用，同时部分融资租赁公司已开始探索创新融资方式。南京江北新区扬子科技融资租赁有限公司(以下简称“扬子租赁”)于2022年创新推出江苏省首个知识产权资产证券化金融产品，进一步丰富了业务模式。金旅融资租赁在疫情影响中迎难而上，紧紧围绕集团统一部署，遵循公司“十四五”规划目标，在坚守大基础设施领域和公用事业板块投资的基础上，加强产业领域研究，适时调整业务结构比例，实现安全、快速、高效、稳定发展，取得了较好的经营业绩，公司的品牌和行业影响力也得到了进一步提高，在中国外商投资企业协会租赁业工作委员会发布的“中国融资租赁榜”，首次荣获“成就奖”，在江苏省融资租赁行业协会的年度评选中连续3年蝉联“江苏省融资租赁优秀公司”。保理公司发挥供应链金融优势，为中小微企业提供差异化、特色化融资服务。金旅保理公司于2021年开展通信类保理业务，运用金融科技手段，赋能通信场景下的经销商、供应商、代理商，实现服务中小企业、发展普惠金融。

2. 构建现代企业制度，完善公司治理结构

南京市地方金融组织近年来不断强化内控建设，基本建立起权责分明、相互制约的内部治理体系。紫金小贷公司在银行业务下沉等因素影响下，积极优化创新业务模式，严格执行审贷分离制度，通过开展风险项目“回头看”研讨，提高对项目风险精准识别和防范能力，降低操作风险；融资担保公司加强风控体系和内控制度建设，逐步建立“能担、愿担、敢担”的长效机制；南京市高淳区中小企业融资担保有限公司于2020年通过吸收合并高淳区内淳溪中小企业担保公司、益农担保公司，进一步提升公司为小微、三农主体提供融资担保服务能力；扬子保理公司聚焦公司主责主业，完善公司内控体系，创新业务模式，开展工程场景保理、供应链金融以及政信类保理3种业务，为上下游超过100余家供应商或经销商提供保理融资服务；金旅融资租赁公司于2022年制定了《南京金旅融资租赁有限公司董事会向经理层授权管理暂行办法》等一系列管理制度，逐渐构建起科学有效的决策机制和合理的激励机制。

但在取得成效的同时，南京市不少国有地方金融组织也存在内控制度不健全、风险管控不到位、违纪违规问题频发等问题，不仅制约了自身高质量发展，也给区域带来了金融风险隐患。

二、存在短板与风险隐患

（一）内部控制制度不健全

1. 普遍未制定利率定价制度

35家地方金融组织，仅1家制定了利率定价制度，但也未严格执行。在收取客户利息方面，定价随意，也不经相关会议研究决策，存在较大随意性。如某小贷公司2020—2022年间，贷款利率有21种，最低7%、最高18%。

2. 普遍未制定准备金制度，也未计提准备金

普遍未制定准备制度，不按要求计提资产减值损失准备，不能反映资产质量的真实性，存在较大的风险隐患。如某小贷公司大量逾期坏账不能收回，未按规定计提损失准备，长期不核销不良资产，导致报表资产较大，但企业现金流缺失，日常经营困难，大股东已有关停公司意向。

3. 基本经营管理制度缺失

多数地方金融组织能建立业务开展前、业务开展中、业务开展后"三查制度"、坏账追偿制度等基本管理制度，但某地方金融组织未建立尽调制度、不良业务清收、问责追责制度。

（二）日常经营中频频出现违规问题

1. 频频出现违反监管约束指标的问题，带来风险隐患

为防范化解风险，金融监管部门对地方金融组织在贷款集中度、关联方交易等方面制定了一系列约束指标。但一些地方金融组织日常经营频频突破监管约束指标线，存在较大风险隐患。如某小贷公司，截至2021年末，向其民营股东及关联公司贷款余额占公司净资产33%，大幅超过监管15%的规定上限。

2. 业务过程"三查"流于形式，造成国有资产损失

部分地方金融组织在业务开展前未开展尽职调查，业务过程中未进行跟踪管理，业务结束造成损失后未积极开展追偿工作。如某租赁股份有限公司的租后管理不到位，该公司租后管理实行业务部门、资产管理部门双轨巡访制度。

3. 资产五级分类不准确，导致不良资产数据不真实，虚增正常资产

如某小贷公司未按照真实业务情况，正确进行五级资产分类，通过人为干预，将应是不良的资产仍登记为正常、关注类，造成资产质量不实。

（三）风险隐患频发

1. 打“擦边球”，存在违反政府隐性债务管理政策的风险隐患

融资租赁公司作为地方金融组织的有机组成部分，在于其“融资”+“融物”的特点，是银行等传统融租渠道的有机补充。但南京市融资租赁公司普遍存在偏离融物本源，采用“售后回租”方式开展业务，租赁业务被异化为“类信贷”业务。这些融资租赁公司的客户多为政府平台，租赁多为地下管网、景区、污水处理设施等资产。这些租赁物多数为准公益设施、权属不清，难以独立存在，难以带来独立、稳定经营现金流，存在增加政府隐债的风险。

2. 违规为民营企业获利，带来廉政风险隐患

某担保公司未经集体决策、未报上级主管部门，向民营企业股东管理公司出借资金，用于其归还即将逾期的银行贷款，以及发放委托贷款情况，造成该担保公司1700余万元损失。

3. 超规定限额开展房地产抵押典当业务

2020年至2022年，某典当行有51笔房地产抵押典当业务金额超过注册资本10％，超过了政策规定的上限，且由于地产行业不景气，存在一定风险隐患。

三、原因分析与对策建议

（一）原因分析

1. 在监管方面

一是地方金融监管部门监管职责不明确，队伍编制紧张，缺乏执法权、处罚权及准司法权等问题制约监管效能有效发挥，高效的地方金融监管体系尚未建立。二是多头监管与监管缺位并存，监管标准不统一。由于职责划分不明确，金融监管部门与国资监管部门对国有地方金融组织的监管存在重复与空白并存的现象，易造成金融风险及腐败问题。三是上级主管部门监督管理存在缺位。部分地方金融组织的上级公司的主业不是金融，由于上级主管部门也缺少专业管理人才、团队，采取混合所有制形式，引进民营股东和职业经理人。日常经营由民营股东控制，国有股东监督履职不到位，造成国有资产损失。

2. 在公司治理方面

一是部分地方金融组织人才队伍建设滞后，专业力量不足。地方金融组织的业务具有高风险性、高专业性。成熟、规范的地方金融组织应该建立尽职调查、风险控制、贷后管理、法律合规等机构，具有职业经理人团队。南京市地方金融组织缺少金融、经济、法律等专业人才，难以适应融资担保业务专业能力要求。此外，还

存在人数不足的问题，特别是小贷公司、融资担保公司，往往只有不足10人的团队。二是未建立现代金融企业制度，部分地方金融组织关联交易管理机制不完善，信息披露、内部监督机制执行不到位，导致部分地方金融组织违规关联交易行为长期未被纠正。三是违背设立初衷，过于追求经济利益。地方金融组织的设立初衷是解决中小微企业融资难、服务实体经济，但南京市部分地方金融组织，违背设立初衷，过度追求经济利益，出现了小贷公司客户不是小微企业、利率过高及融资租赁公司为追求平稳，客户多为政府平台、不接受民营企业客户的情况。

3. 在市场环境方面

一是银行业务“下沉”，造成地方金融组织获客难度增大、优质客户流失，经营风险加大。二是南京市地方金融组织除融资担保公司有政府扶持政策外，其余类别均无针对性的优惠政策，且地方金融组织未享受金融机构税收优惠，税负较重。三是信息不对称，地方金融组织难以获得工商、税务、银行流水等高质量企业信息，在风险防控方面存在劣势。

（二）促进地方金融组织高质量发展对策建议

1. 相关职能部门加强协同，强化金融监管，提升金融监管质效

一是进一步明晰监管职责，落实监管主体责任，提升金融监管质效；优化监管技术、方法和流程，实现风险早识别、早预警、早发现、早处置；综合运用大数据、信息系统、现场核查等方式，核实监管对象真实经营情况和风险状况，加强对股东关联交易、集中度、数据报送等问题高发领域的金融监管。二是加强监管队伍建设，按照监管要求和职责配备专职监管员，专职监管员的人数、能力要与被监管对象数量相匹配。国有股东要认真履职尽责，推动地方金融组织服务实体经济。国有股东单位必须做好日常监管，及时、严肃查处违纪违规问题，及时挽回国有资产损失。三是督促地方金融组织不忘初心，回归设立初衷，服务“三农”、中小微企业融资、服务实体经济发展。加强业务指导、加强主业收入考核、加强奖惩等措施，促其良性发展。相关职能部门加强监管，及时化解风险隐患。四是金融监管、财政、国资等监管部门，相关协同、信息互通，加强对地方金融组织的日常运营监管，及时发现增加政府隐债、损害国有利益等行为；加大对违纪违规行为的处理处罚力度，加强对政策性产品，如“小微贷”“宁创担”等政策产品的宣传，引导地方金融组织积极参与，服务地方经济发展；按照“三个区分开来”要求，出台尽职免责机制，让地方金融组织轻装上阵，敢闯敢试。

2. 地方金融组织加强自身建设，完善公司治理，防范金融风险

一是地方金融组织要创新技术、建设队伍，提升工作胜任力。应该加大技术创

新投入，运用新技术提升融资效率和风控能力；加强人才引进和培养，提升工作胜任力，向客户提供更加优质的融资服务。二是坚守底线思维，强化风险管理，提升全员合规意识及专业水平，统筹兼顾风险防控与业务发展，完善风险防控机制，科学防范风险，及时发现风险，果断处置风险；建立健全内部控制制度，制定稳健有效的议事规则、决策程序、信息披露等制度，防范关联交易风险。三是优化股权结构，提高会计核算质量，完善公司治理；优化统筹资产负债管理，适时补充资本，建立完善拨备制度，增强地方金融组织风险抵御能力。

3. 地方金融组织应不忘初心，坚守主责主业，提升金融支持实体经济能力

一是坚守服务实体经济、服务普惠金融的定位，立足本地、回归本源，树立稳健发展理念；发挥机制灵活与区域优势，与大型金融机构错位发展，下沉服务重心，结合自身实际，走可持续、特色化、专业化发展路线。二是紧跟市场趋势，适时调整方向，通过行业合作共赢、强化银政担联动、创新担保产品等措施，提高服务质效，增强中小微企业的信贷获得感。三是加快信用体系建设和信息共享机制，优化政策扶持，完善绩效考核方式，为地方金融组织高质量发展营造良好环境。

作者：孙东　翟佳（南京市审计局）

从南京样本看社区工作减负的路径优化

自2018年习近平总书记作出重要批示，强调切实为基层减负[①]。2019年被确定为“基层减负年”，国家“十四五”规划将其作为“夯实基层社会治理基础”工程纳入规划[②]，至今中共中央办公厅、国务院办公厅已联合下发5个指导文件[③]，中央层面连续召开五次年度“整治形式主义为基层减负专项工作机制会议”[④]。社区工作减负是基层减负的重要组成部分，由于涉及政府工作的基层落实与居民自治的均衡安排，相比基层政府工作减负更具复杂性。南京市自2007年即展开了社区减负工作，虽无证据表明中央总结推广了南京经验，但两者基本方向、路径高度契合。南京社区减负工作取得了一定成绩，但整体效果与结果预期尚存在一定差距。深入考察南京实践样本，分析绩效不佳原因，对各地落实和优化本次社区减负工作具

① 中共中央办公厅发出《关于解决形式主义突出问题为基层减负的通知》明确2019年为“基层减负年”[EB/OL].(2019-03-11)[2023-10-20]. https://www.gov.cn/xinwen/2019-03/11/content_5372957.htm.

② 《中华人民共和国国民经济和社会发展第十四个五年规划和2035年愿景目标纲要》，第51章第1节。

③ 《关于统筹规范督查检查考核工作的通知》(2018)，《关于解决形式主义突出问题为基层减负的通知》(2019)，《关于持续解决困扰基层的形式主义问题为决胜全面建成小康社会提供坚强作风保证的通知》(2020)，《关于进一步解决形式主义问题做好2021年为基层减负工作主要措施及分工方案》(2021)，《关于规范村级组织工作事务、机制牌子和证明事项的意见》(2022)。

④ 自2019年4月召开第一次中央层面整治形式主义为基层减负专项工作机制会议，后来每年上半年都召开一次，自2023年已召开5次。

有参考和启示作用。

一、南京社区工作减负工作与中央要求的契合性

中央针对社区减负的措施主要体现在2022年《关于规范村级组织工作事务、机制牌子和证明事项的意见》中；其他4个文件主要聚焦于克服形式主义、官僚主义制造工作，同时适用于基层政府和社区减负。就社区减负而言，两者在路径上有高度相似性，表现在以下3个方面。

（一）明确村级组织工作事务

中央要求“县级党委和政府依法明确党政群机构要求村级组织协助或者委托村级组织开展工作事务的制度依据、职责范围、运行流程”“探索以清单等方式规范公共服务事项”[①]，国家“十四五”规划提出“依法厘清基层政府与基层群众性自治组织的权责边界，制定县（区）职能部门、乡镇（街道）在城乡社区治理方面的权责清单制度，实行工作事项准入制度，减轻基层特别是村级组织负担”[②]。南京分别于2007年和2013年即制定社区职能准入正面清单和负面清单[③]，准入10类41项“履行职责”和21类67项“协助政府事项”，禁入16项常见违规交办事项。原则上有法律依据[④]的职能自由进入，清单外事项进入实行审批制。

（二）解决形式主义负担问题

形式主义负担是在形式上制造与解决问题关联不强的工作。本次中央要求以解决实际问题、让群众满意为导向的村级组织考核评价机制，坚决杜绝非必要的会议、绩效考评、设机制挂牌子、台账，清理整合面向村级组织的微信工作群、政务App[⑤]。南京在2013年即取消、合并社区考核、创建达标项目和台账，取消9项单项考核，实行一次综合性“和谐（平安、文明）社区（村）绩效考核”；取消创建达标评比项目41项；取消社区组织挂牌机构41个；取消单项电子或纸质台账72个，保留的台账整合进社区（村）“智慧社区”信息平台[⑥]。2019年全市已清理整合政务类

---

① 《关于规范村级组织工作事务、机制牌子和证明事项的意见》，第二部分（一）。

② 《中华人民共和国国民经济和社会发展第十四个五年规划和2035年愿景目标纲要》，第51章第1节。

③ 中共南京市委办公厅、南京市人民政府办公厅《关于实行社区工作准入制度的通知》，宁委办发〔2007〕60号。

④ 南京制定准入正面清单的法律依据是法律、行政法规和江苏省地方性法规、地方性规章。

⑤ 《关于规范村级组织工作事务、机制牌子和证明事项的意见》，第二部分（一）（二）。

⑥ 中共南京市委办公厅、南京市人民政府办公厅《关于切实减轻社区（村）负担、提升服务群众效能的七项规定》，宁委办发〔2013〕58号。中共南京市委办公厅、南京市人民政府办公厅《切实减轻社区（村）负担、提升服务群众效能七项规定实施细则》，宁委办发〔2013〕74号。

App87 个，服务居民和企业类的民生服务类 App，则接入“我的南京 App”①。

（三）压减村级组织出具证明事项

“最大限度减少村级组织出具证明事项”是中央为社区减负重要举措。民政部等六部委于 2020 年提出 20 项不应由基层群众性自治组织出具证明事项清单（第一批，第二批尚未公布），改为由政府部门、业务经营企业、利益相关人（同意证明）出具或通过部门间信息共享获得②。2015 年南京即率先印发《关于公布首批社区（村）证明盖章事项准入目录的通知》，规定予以准入 9 项，不予准入 7 项③。按上级规定自动执行原则，南京控制准入的证明事项比国家规定的广泛，如南京不予准入 7 项中有 5 项不在民政部清单中（如居住状况证明，取消树木修剪、砍伐、移植原因证明，取消住宅作为经营场所单元居民同意证明等）。

应当指出，以破除形式主义为指向的精简文件和会议，也是本次基层减负的重要内容。精简文件主要是倡导“短实新”文风，针对上级，不涉及社区；乡镇、街道召集的社区工作会议，主要是最终落实上级部门及其自身布置的工作，统一思想、明确要求、必要培训对实质性落实很有必要，也就是说，社区工作落实会议是否形式主义，不仅难以识别，实际上存在空间有限。因此，中央专门针对社区减负的文件没有提到精简文件和会议要求④。

二、南京社区工作减负效果欠佳及原因分析

总体上，南京社区减负在中央文件出台之前的举措和之后贯彻做法都高度契合中央精神，而且可以说，严格依法，以清单方式明晰社区职能；力戒形式主义也较彻底，只保留一次综合考核，台账精减到“只要做 4 项”⑤；主管部门执行态度也很坚决，2016 年 7 个部门申报 10 个事项进入社区，南京市和谐社区建设领导小组经审核只同意准入 2 项⑥。

尽管如此，从效果上看，南京社区减负并没有达到预期目标。2022 年 6 月南京市委书记调研基层治理，记者将社区领导、街道干部反映的社区问题总结为：“上

---

① 杨明，姚东明，景明：江苏着力解决形式主义突出问题，切实为基层减负[EB/OL].（2019-07-22）[2013-08-02]. https://baijiahao.baidu.com/s? id=1639716961147339327&wfr=spider&for=pc.

② 民政部等《关于改进和规范基层群众性自治组织出具证明工作的指导意见》，民发〔2020〕20 号。

③ 南京市和谐社区建设领导小组《关于公布首批社区（村）证明盖章事项准入目录的通知》，宁社区〔2015〕2 号。

④ 参见《关于规范村级组织工作事务、机制牌子和证明事项的意见》。

⑤ 王骏勇，杨绍功：每到年底编台账？——社区台账回访[J]. 半月谈，2017(1)：2.

⑥ 南京严格推行社区事务“准入制” 10 个申请事项 8 项被拒[EB/OL].（2016-5-25）[2023-08-02]. https://mt.sohu.com/20160525/n451440653.shtml.

面千条线，下面一根针，社区事多、工作强度大，希望承担的职责任务再明确一些；社工职业归属感不高、流动性过大，希望进一步改善职业待遇和发展通道；社区‘行政化’现象仍然存在，还需要进一步回归自治组织本位，社会组织作用发挥还不明显……”①如果说这是抗击新冠疫情期间大家的反映，2023 年 7 月课题组调研南京 4 个区 8 个社区，发现还存在承担下派的工作过多、负担过重问题。比如一个社工对口负责三四个、多的七八个部门工作；社区书记普遍反映以前事情没有这么多，现在总感觉人手不够，事情安排不过来。社区工作被下派任务占满，自主性工作比例极低，自治职能没有得到体现。调研几乎没有发现社区自主开发的公共服务项目，完成项目都由政府统一要求和主导。工作压力与待遇不匹配还导致较高的社工辞职率或潜在更换工作想法，对社工个别访谈中，有些年轻社工坦诚表明应聘社工只是权宜过渡。江苏社科院任克强团队 2023 年对南京基层治理工作的现状调查也得出类似结论②。减负效果不佳，主要由以下三个原因导致。

（一）有法律依据即准入导致社区准入事项还是过多

“依法原则”是南京编制准入清单遵循的基本原则，共梳理出 108 项社区职能。梳理尚有遗漏以及新颁布的法律法规、规章有关社区工作职能没有纳入清单③。南京没有明确国家、省级非规范文件及中央、省级党组织文件规定职能是否按“依法原则”自动准入，如果包括则肯定远远超过 108 项。清单内大多具有概括性，概括性职能在外延上派生更多具体职能，具体职能履行又能派生流程上事务，如事前的会议，事中落实检查，事后考核评估。应该说，南京社区减负该减的都减了，效果不佳只能说明正面清单准入事项还是过多，而准入事项过多又与有法律依据即可进入清单的制度设计有关。

（二）加强基层治理使社区工作不断增加

网格化管理是近年来加强基层治理主要抓手。网格化治理要求除了社区主要负责同志之外，其他社工都需要担任网格长或网格员④。网格工作成为社工日常性工作，需要长期、持续、不停地投入时间精力工作。同时，在治理下沉、各部门工作进网格的要求下，原本不在准入事项的工作随网格工作进入社区委员会人员的工作范围，如《江苏省城乡网格化服务管理办法》要求网格员“协助做好涉及住房城

---

① 王灿，邹伟：韩立明专题调研社区治理工作[N]. 南京日报，2022-6-17.

② 任克强，陈涛：南京推动基层治理工作的现状、问题与对策[J]. 紫金智库，2023-04-20。

③ 南京规定凡有法律依据的无须申请，自动准入。没有纳入清单的至少有《公共文化服务保障法》《反恐怖主义法》《反间谍法》《志愿者服务条例》《关于加强农村留守儿童关爱保护工作的意见》《江苏省城乡网格化服务管理办法》规定的社区职能。

④ 《江苏省城乡网格化服务管理办法》第十二条第二款。

乡建设、生态环境、城市管理等相关工作”①，其中“住房城乡建设”“城市管理”原本不在清单范围内。《管理办法》规定“县级以上地方人民政府决定通过网格开展的其他事项”②也可能产生清单之外的工作内容。加强基层治理还导致社区工作由“虚”变“实”、由“粗”变“细”，工作量和工作要求提高，如以前居民教育现在变成“文明实践”，需要建设平台设施和开展实践项目；乡村道路建设变成“四好农村路”建设，要求更细、标准更高。

（三）街道、乡镇消极态度影响社区减负工作效果

近年强调公共服务和行政执法向基层延伸和下沉，街道、乡镇承接了较多党政综合（便民）服务和综合行政执法工作，人力资源更加紧张，在“属地责任”压力下，街道和镇有动机或者说不得已扩张社工工作范围。如2022年南京更换新电动车牌照，一段时间内街道、镇干部和社工几乎全员出动，在道路旁设点换牌。《村民委员会组织法》《居民委员会组织法》有原则性规定，社区委员会协助乡（镇）人民政府和街道开展工作③，街镇、乡镇下达类似工作任务似乎并没有什么不妥。调研中发现有些街镇干部没有听说过社区工作事项准入制度，一位社区书记回答“听说过这个事，没见过文件”，说明基层在宣传、普及、认知减负政策方面存在欠缺，制度存在虚置。社工对清单外任务有抵制权，但街道、镇掌控社区人事和财政权，社工不仅无法抵制，且有主动行政化强化自身与政府之间的非均衡依赖关系④。

从南京社区工作减负分析中可以得出如下结论，法律赋予社区太多职能，在强化基层治理的宏观背景下，职能工作更深入、要求更高，社区工作负担呈增加趋势。为此，需要在法律框架内重新思考如何再减负。

三、以清单精简和体制改革优化社区工作减负

社区工作可以两种理解，两个层面上都存在减负问题：一是在社区层次开展的公共事务。减负是减少这一层次的无效或低效工作，也即工作中的形式主义问题。二是社区委员会（居民委员会和村民委员会）为主体开展的工作。在当前社区自治事务和政府交办事项都由社区委员会统一办理的体制下，两种内涵统一。但从社区委员会设立本源看，也存在减负问题。社区委员会本质上是依法办理群众自己

① 《江苏省城乡网格化服务管理办法》第九条第（十一）项。

② 《江苏省城乡网格化服务管理办法》第九条第（十二）项。

③ 《居民委员会组织法》第二条第二款，《村民委员会组织法》第五条第二款。

④ 吴永红，梁波. 制度结构、非均衡依赖与基层治理困境的再生产——以居委会减负悖论为例[J]. 甘肃行政学院学报，2017(04).

的事情、发展社会主义基层民主的自治组织，法律和政策更希望社区委员会能弥补社会分化背景下政府公共服务多元化的欠缺，所以，减少社区委员会行政工作，将更多精力投入到自治职能上也是社区减负应有之义。基于社区工作减负这一定位，建议在中央政策框架内，对以下方面进行优化。

（一）按合理负担原则编制社区工作事项准入清单

即改变现在南京以及其他地方完全依法定职能原则编制社区工作事项准入清单①，而是根据社区委员会人力资源基础、社区治理实际需要，在法定职能基础上再合理精简。

法律规定社区承担的工作可以分为三类：第一类纯自治范围内工作，如换届选举，民主管理，自主决定办理的公共事务、公益事业，维护居（村）民集体利益，反映居（村）民意见、要求和提出建议。这类工作只能由社区委员会组织完成，无其他主体可以替代。第二类重叠职能，法律规定既是社区也是政府的本职工作，工作可以相互替代，如法律政策宣传教育、维护居（村）民个别利益、治安、公共卫生、纠纷调解、环境保护等。第三类社区协助政府工作，这类工作由政府主导，且政府可以要求社区协助。

减轻社区负担可精简重叠和协助职能，即放弃有法律依据即可自由进入的制度规则，改为行政性工作即使有法律依据也实行准入审批。精简重叠职能意涵了政府决定依靠自己力量去完成相应工作，无须社区委员会参与；精简协助职能意味政府决意独立完成，不行使协助要求权。法律不强求两个主体做的工作，一个主体能完成，还苛求另一个必须参加。这时清单不再是简单的法律规定梳理，而表现为上级对下级命令，某些重叠和协助职能由行政系统或部门、街道、镇独立完成。所以精简重叠和协助职能不违反法治原则，不违背职责规定。

精简重叠和协助职能，应当保证社区有充分人力资源履行自治职能和考虑社区治理的实际需要。原则上，除工作开展严重和持续性依赖于社工对社区优势和人际资源的熟悉度（如人民调解、治安保卫、公共卫生、环境保护、优抚救济、青少年教育等），以及发生特别情形（如突发事件、区域性重大工作安排）需要大量人力资源外，其他工作事项都可删减。为保证社区工作事项准入制度的灵活性，可设置事项准入临时审批制度。对清单之外事项工作，形势确实需要借助社区委员会力量的，由县或以上社区治理工作主管部门（南京市和谐社区建设指导委员会办公室）

---

① 除南京市外，山东省民政厅印发的《山东省社区工作准入清单指导目录》以及湖北、甘肃、湖南、河南等有些市、县编制的社区工作准入清单均按此原则。

负责评估审批，审批一次性有效。

（二）实行社区委员会与党群服务中心体制上分开

删减的重叠和协助职能还需要在基层社区落实，建议由体制分开后的社区党群服务中心承接。党群服务中心目前实行的是以街道、乡镇为业务主管单位，社区居委会为主办单位，与社区委员会实际上是一个机构、一个班子、一个账户、两块牌子。社区委员会与党群服务中心体制上分开，即党群服务中心改为街道、镇派出机构，同时接受社区党组织领导（根据《党章》第三十三条第一款），专门承担不在社区委员会清单职能范围内的行政性事务和网格化治理工作。党群服务中心人员由乡镇、街道派驻干部和社工组成；派驻干部任负责人，党组织关系迁入社区党组织，同时接受社区党组织领导。采取措施稳定党群服务中心社工队伍，使其熟悉社区情况、积累人际资源，取代对社区委员会人员的依赖。将社区委员会成员之外的社工转移党群服务中心。

社区委员会与党群服务中心分开并没有删减社区治理工作，只是改变了管理体制和分工，一方面行政性工作纳入行政体系内，执行力更强；社区委员会承担纯自治工作和既有行政性又有很强自治性的工作，使其回归自治本源。另一方面增加减负的制度理性。体制分开明确了行政性工作承接主体，无需向社区委员会摊派；减少了源自乡镇、街道的社区形式主义工作，因为自己不会给自己派驻机构制造无效或低效工作；增强对部门不合理任务的抵制力，因为体制变化后对不合理任务的抵制已是互不隶属的乡镇、街道与部门之间的博弈。制度理性明显优化。类似社区委员会与党群服务中心体制分开早于2005年即在深圳市盐田区实践，盐田区专门设立社区公共服务工作站，专门承接政府事务①。目前深圳各区全面推开，深圳在“居站分开”基础上还探索“居企分开”（居委会与社区股份制企业分开）②，减负实践效果明显。

（三）加大对社区委员会的自治工作的考核力度

社区工作事项准入制度不是为社区委员会减负而减负，其根本目的是让社区委员会将注意力和工作重点放在自治职能上。社区因地理位置等因素产生一定程度的人群聚集类型化特点，自治职能要能提供符合社区居民个性需要的公共服务，以弥补政府公共服务趋中性而导致的“夹心层”③现象，满足多元化公共服务需求。

---

① 张海冰，蔡小慎：我国城市社区治理模式创新研究[M]. 人民出版社，2016：157.

② 宝安区、龙岗区改革均有报道。中共深圳市宝安区委组织部还印发《关于加快推进社区政企社企分开工作的通知》（深宝组〔2016〕63号）。

③ 童星. 中国社会治理[M]. 中国人民大学出版社，2018：240.

社区委员会个性化公共服务不同于行政性被动执行工作，没有上级为其设定工作方向、具体目标，没有事先明了的工作方式，没有“费随事走”的预算资金保证；相反依赖民情洞察的项目创意、克服困难的条件创造和充满热情的主动创新。因此需要加强考核，增强社区委员会工作的驱动力。对社区委员会考核要突出自治性公共服务项目的考核权重，以项目创新性和居民满意度为考核重点，加大基于项目绩效的差异性财政补助和社区委员会人员的绩效奖励力度。

作者：朱慧（中共南京市栖霞区委党校调研科科长）　方宏伟（中共江苏省委党校公共管理教研部教授）　蒋殿浦（中共南京市栖霞区委党校四级调研员）

协同创新篇

南京都市圈推进联合河湖长制的共治历程、经验创新与未来展望

2016年和2017年，习近平总书记先后主持召开中央全面深化改革领导小组会议，先后审议通过了《关于全面推行河长制的意见》和《关于在湖泊实施湖长制的指导意见》，把河湖长制作为推进建设生态文明的强力抓手，河湖长制也由原来的被动应急机制转变为常态实施制度，成为国家行动①。7年来，在习近平“绿水青山就是金山银山”等生态文明思想指引下，河湖长制全面建立。120多万名河长湖长履职上岗，河湖面貌发生根本性变化。当前，河湖长制工作进入幸福河湖建设阶段，跨界河湖治理和管护成为当前河湖长制持续深化的重点和难点②。目前，省际、市际、县际等各级各类跨界河湖众多，但因受行政区划、经济社会发展差距以及合作机制不成熟等原因，跨界河湖治理依然存在治理工作重心和目标不同、治理标准不同、责任难界定、信息沟通不畅、政府组织协调能力不强等问题。且随着区域一体化程度不断推进，传统的行政区域分段管制与河湖整体性、生态系统性的矛盾日渐突出，容易出现局部治水不力或者交界管理乱象，表现为上下层级协同不力、

---

① 鞠茂森. 关于河长制工作差距和加强河长履职的思考[J]. 水利经济，2020.

② 颜海娜，刘泽森. 从“九龙治水”到“一龙治水”？——水环境跨部门协同治理的审视与反思[J]. 吉首大学学报(社会科学版)，2022.

跨部门协同困顿、政社协同尴尬，导致协同效应难以实现①。推行联合河湖长制是习近平生态文明思想指引下解决跨界河湖难题的创新举措，其是指在河湖跨界地区通过设立各级联合河湖长，按照河长制和湖长制的具体要求，负责相应河湖管理保护的一种协作机制。实施联合河湖长制符合环境协同防治的要求，有效调动及合理配置了流域内各个区域的行政资源，并在协同治理和管护跨区域河湖的同时，还能从统筹安排的角度节约社会总成本，从而可持续地获得流域水资源的共同利益，推动跨界河湖的健康发展。建立跨省市联合河湖长制是南京跨界河湖联合共治的发展需求。南京都市圈开展了有益的尝试，为其他地区提供了借鉴。

一、 南京都市圈跨界河湖联合共治历程与初步成效

（一）联合河湖长制探索阶段（2018—2020 年）

南京市约 6600 平方公里，襟江带河、依山傍水，是长三角辐射带动中西部地区发展的重要门户城市，也是“一带一路”倡议与长江经济带战略交汇的节点城市，境内以“两江、两河、两湖”为代表的主要水系自北向南分属淮河、长江、太湖三大流域，跨省际、市际、区际各级各类河湖众多，涉及河湖治理、水环境治理、采砂管理、禁捕退捕等，需要上下游、左右岸、干支流协同，建立跨界河湖联合共治是南京市河湖治理与保护的内在需求和重要内容。

2018 年在落实省河长办下达的“省级河湖违规项目整治清单”的治理过程中，随着治理的不断深入，传统的行政区域分段管制与河湖整体性、生态系统性的矛盾日渐突出，跨界河湖在治理过程中存在权限不清、自然因素复杂等问题，单纯的属地负责模式难以解决交界治水问题，亟须打破“行政壁垒”，构建跨区协同治水模式，形成交界治水合力，南京市启动了区域间联合河湖长制探索实践，在河湖岸线的清理整治中取得了良好效果。2018 年与常州、镇江签订《流域横向生态保护合作及跨界水环境区域补偿协议》，2019 年与镇江、扬州、淮安、芜湖、马鞍山、滁州、宣城等城市签订《南京都市圈生态环境保护合作框架协议》。

2020 年初，南京市按照省河长办工作部署，积极探索创新跨界河湖治理保护的工作举措，在全市范围内 35 条跨界河湖，设立联合河湖长，建立联合防控、联合治理、联合会商、联合巡查、信息共享等机制，开展联合巡河护河行动，协调解决争议问题，通过联合河湖长制统筹协调跨界河湖问题。在省河长办的指导下，南京市

---

① 饶常林，赵思姁. 跨域环境污染政府间协同治理效果的影响因素和作用路径——基于 12 个案例的定性比较分析[J]. 华中师范大学学报（人文社会科学版），2022.

主动联系镇江市、扬州市建立跨界河湖联合河湖长制，共同印发了《关于建立宁镇扬联合河湖长制的通知》，对长江、东山河、便民河、七乡河、句容河、汤水河、二干河、方便水库、北洲主排河等跨界河湖实施联动联管，开展联合巡河护河行动。2020年开始，南京市河长办与周边城市交流会商，积极寻求建立联合河湖长制工作机制，共同跨界河湖共享共商共治，协同解决河湖治理难题。主动对接跨省界的马鞍山、滁州、宣城等相邻城市，共同商议建立跨省联合河湖长制事宜，各市达成一致意见，共同印发了《关于建立联合河湖长制的通知》。至2020年底建立了宁、镇、扬、宣、马、滁联合河湖长制工作框架，并共同开展以"联合河湖长制"为中心的工作模式和创新机制研究，推进长三角生态绿色一体化发展战略。

（二）南京都市圈联合河湖长制建设阶段（2021—2023年）

2021年2月《南京都市圈发展规划》获国家发改委发函同意。南京都市圈是首个获得国家层面批复的跨省域都市圈，面积约6.6万平方公里，含9个城市、33个市辖区、11个县级市和16个县。在区域协调发展大布局中，如果把长江经济带比喻为一条贯通东西的"巨龙"，那南京都市圈正处于承东启西的"龙脖子"位置。《南京都市圈发展规划》将强化生态环境共保联治，推进跨界水环境协同治理作为生态文明建设的重要任务。南京都市圈建设由市发改委牵头，生态治理以"长三角生态绿色一体化发展示范区"为样板，推进南京都市圈生态建设，融入长三角一体化发展。"南京都市圈"是长江经济带生态优先绿色发展的重点，以南京为中心的经济区域带，圈内有长江、滁河、石臼湖、水阳江、高邮湖等多条重要跨省、市边界河湖。为贯彻落实南京都市圈发展规划，推动各项任务的落实落地，南京市进一步扩大南京周边城市联合河湖长制范围，在联系6个城市的基础上增加淮安市、常州市、芜湖市，得到了各市积极的响应。扩展和升级区域联合河湖长制，共建南京都市圈联合河湖长制，是南京都市圈各城市凝聚绿色发展的共识。

2021年9月，南京市河长办联合河海大学河湖长制研究中心发布《"南京都市圈"城市跨界河湖联合河湖长制工作模式和创新机制研究报告》，对水阳江、胥河、石臼湖、滁河、皂河、驷马山河、金牛山水库等17条跨省市界河湖治理现状和存在问题进行了实地调研，梳理问题，并对联合河湖长制的工作模式及创新机制开展研究。经过广泛调研认为，南京都市圈联合河湖长制需要搭建一个"同心同力、联防联控、互商互重、共建共享"的交流合作平台，统筹协调南京都市圈跨界河湖上下游、左右岸、干支流的管理保护，推动联防联治，构建责任明确、协调有序、监管严格、保护有力的"联合会商、信息共享、协同治理、联合执法"等联防联控机制，而建立各方轮值的联席会议制度是一个较为高效便捷的形式。

2022年11月29日，经南京都市圈各城市河长办沟通酝酿，由南京市牵头两省九市河长办以“共建都市圈幸福河湖，助力长三角绿色发展”为主题，在南京召开了“南京都市圈联合河湖长制第一次联席会议”视频会议。各方一致认为，进入新发展阶段，南京都市圈建设面临的机遇前所未有，需要以一体化的思路、创新性的举措，打破行政壁垒，提高规划协同、政策协同、利益协同，各展所长、优势互补，凝聚更强大的合力。2022年12月，南京都市圈联合河湖长制正式启动。江苏省南京市、常州市、淮安市、扬州市、镇江市和安徽省芜湖市、马鞍山市、滁州市、宣城市等南京都市圈两省九市河长办，共同审议并联合印发了《南京都市圈联合河湖长制工作规则》和《南京都市圈联合河湖长制2023年度工作要点》。

（三）南京都市圈联合河湖长制的初步成效

在跨区域水资源调度方面，推动了牵动苏皖两省的石臼湖控制工程——当涂闸工程的规划建设。工程建成后，通过当涂闸调度运行，可使石臼湖湖区在枯水期保证一定水位，既有利于湿地生态系统的保护和修复，也能保障石臼湖周边两市的工农业用水及航道通航。此外，南京市江宁区和马鞍山市博望区积极探索，着力打破省界行政区划限制，开展水务一体化合作试点，2022年已实现一体化示范区30平方公里供水体系互联互通。同时，南京市浦口区和江北新区正在推进浦口—南谯、顶山—汊河的供水一体化。

在跨界水体治理方面，苏皖两省三区一县于2022年6月召开环石臼湖“两省（市）四地”联合共治会议，达成了“跨界联防联控、共同治理保护、协调解决争议”的共识，提出了将石臼湖打造成跨省幸福河湖样板的美好愿景。南京市与镇江市签订了《跨界水体水质提升合作协议》；浦口区与滁州南谯区、马鞍山和县签订合作协议书，推动滁河跨界河湖“共同管”、幸福河湖“共同建”，2021年滁河（浦口段）入选国家级水利风景区、2022年通过南京市幸福河湖创建；江北新区积极推进“顶山—汊河”沿滁经济带建设；栖霞区、江宁区与句容市宝华镇召开了七乡河与阜东水库协同协调会，共同研究制定“东山河及七乡河跨境污水长效处置方案”，句容市宝华镇实现污水量从每日1万吨扩容至2万吨，有效解决区域污水处理能力不足的问题。高淳区围绕水阳江、胥河共同治理，与马鞍山当涂县、宣城宣州区、常州溧阳市共商共治水环境；六合区围绕金牛山水库共建共享，与扬州仪征市、滁州天长市开展联合会商。

在联合执法方面，南京市与上游的马鞍山市、滁州市及下游的镇江市、扬州市均签订了《市际交界水域水行政执法巡查联合联动协议》，以问题为导向，重点加大对跨省跨市交界水域、通江河汊、水上加油站附近等非法采砂行为多发区域的巡查监管力度。在环石臼湖流域污染源管控方面，南京市会同马鞍山市全面取缔湖面围网养殖，依法划定石臼湖区域禁养区范围，完成石臼湖流域禁养区内家畜禽养殖场的清理。两市持续对石臼湖湖区 5 个监测点位和 13 条入湖河道开展水质监测，并进行数据交换和共享。高淳区、安徽当涂县两区县区级河长办协同镇级河长联合巡河，阳江镇、淳溪街道和当涂县河长办、湖阳镇对运粮河、石臼湖堤防沿线开展联合巡查行动，推动跨界河湖综合治理。南京都市圈其他城市间也开展了广泛的跨界河湖协同共治工作，均取得了显著的生态效益和社会效益。

2023 年 11 月 24 日，南京都市圈召开联合河湖长制第二次联席会议，南京、马鞍山、扬州、芜湖、镇江、常州、淮安、滁州、宣城等南京都市圈九城市围绕主要边界河湖签订了 14 份“共治”协议。

二、 跨界河湖联合共治的南京经验和创新

南京都市圈联合河湖长制的具体做法是，由省市县相应级别的跨界河湖长同时担任跨界河湖的联合河湖长（乡村级联合河湖长的设立可根据相应河湖问题的大小参照执行），省市县相应级别的河长办明确相对固定的联络人员共同组成跨界河湖的联合河湖长制办公室（以下简称“联合河长办”），统筹跨界河湖协调管理和保护目标，明晰河湖上下游、左右岸、干支流地区的管理责任，推动河湖跨界地区建立联合会商、联合巡查、联合监测、联合治理、联合执法等联防联控机制，协同落实管理和保护任务。针对跨界河湖的重点和难点问题，联合河湖长的主要职责应包括：协调统一河湖管理和保护目标任务，组织实施上下游、左右岸联防联控，签订联合共治协议等；联合河长办的主要职责包括：承担联合河湖长制组织实施的具体工作，充分做好参谋助手和发挥好桥梁纽带作用，常态有效推行联合河湖长制落地落实。

（一）建立五大联防联控机制，实现目标同向、建设同步、监管同力

跨界河湖的信息共享和治理方案的共商共议是联合河湖长制开展的前提，联合会商机制为联合河湖长之间建立了沟通的桥梁，可以联席会议会商、专题协调会商和专家咨询会商等多种方式开展，以共同研究跨界河湖存在的问题，共同编制“一河一档、一湖一档”，构建河湖基础信息数据库①；协商共治共护方式、治理保护范围、目标任务、责任分工、整治管护方案、实施步骤等，共同编制“一河一策、一湖一策”，提出近、远期跨界河湖治理规划，通过联合发文、会议纪要、联合公告等形式

① 吴宸晖，姜翠玲，鞠茂森. 河长制水生态环境修复监控管理平台的探讨[J]. 中国农村水利水电，2021.

公开发布，并按商定方案共同推进；在各地出台的水利、生态环境、农业、建设等方面的法规规章和指导性文件中，明确统一的治理保护政策、计划规划、工作目标、技术标准等，遵守河湖保护相同规范、形成河湖治理良好秩序。

河湖巡查是河湖长制发现河湖问题的重要工作，联合巡查机制则是联合河湖长发现跨界河湖问题的重要手段，组织开展常态化的跨界河湖巡查工作能及时掌握跨界河湖治理问题，对出现的问题及时协商解决，杜绝推诿扯皮现象发生。首先，要建立联合巡查制度，通过协商确定落实地方常态化联合巡查主体，商定省级、市级、区级、县级联合河湖长每年开展跨界河湖联合巡查的频率。其次，在联合巡查活动结束后组织召开跨界河湖管护联席会议，研究解决巡查发现的问题，探索边界河湖环境污染纠纷案件溯源协查。最后，对巡河过程进行记录，重点巡查河湖长制公示牌规范设置、排污口整治、河道保洁、河湖“清四乱”等情况，发现问题及时整改，必要时联合签发问题交办单，并定期汇报工作进度。

水质状况是评估河湖治理成效的重要依据，联合监测机制为联合河湖长在重点跨界水体水环境质量、污染排放、水旱灾害风险预警等更多领域开展监测合作提供了帮助，可依据环境保护部（现生态环境部）印发的《跨界（省界、市界）水体水质联合监测实施方案》进一步优化工作内容，并根据需要建立以跨界河湖为单位的信息平台，或依托各地现有的河湖长制信息系统，通过信息公开和信息共享两个方面落实，为跨界河湖多元协商共治提供数据基础，以进一步共同确定水质、水量等跨界河湖监测方案，统一整合水质监测点，统一明确监测内容，统一联合监测时间①；持续开展河湖健康状况评估，并统一水体评价标准；定期召开河湖环境监测协调会，对污染源进行有效排查和监管，推动后续整改工作的落实。

跨界河湖治理要产生实际成效，联合河湖长之间明确河湖管护界限、责任分工、协同推进至关重要，联合治理机制应要求统筹前期规划，实现目标上同向、行动上同步、执行上同力，综合考虑各方利益，联合运用、统筹调度水利工程，实现跨界河湖水资源最优配置、水安全全面保障；统一管护标准，共同开展沿线居民生活污水处置、河湖垃圾及水面漂浮物清理整治、落后产能淘汰、低小散企业整治、农业面源治理、雨污分流工程建设等工作，形成行动同步；建强管护队伍、完善管护设施，共同维护跨界河湖环境，推进河湖长效管护；在主汛期前制定联合防汛抗旱计划，在水旱灾害防御、综合应急抢险等领域建立监测、防御、应急、处置一体化的联合调度体系；针对可能的边界突发水污染事件，编制应急联防联控预案，定期开展边界

---

① 鞠茂森.关于大数据技术推动河长制信息化建设的思考[J].水利信息化，2020.

水环境突发事件应急联动监测和处置演练活动，做到环境污染事故的有效监测和预防、突发事故的及时预警和处置①。

为保障跨界河湖治理成效，联合执法机制必不可少，指由跨界河湖的联合河湖长、联合河长办牵头，以及各方水务(利)、生态环境等单位和部门共同参与，整合跨界河湖的执法资源，提高执法效率，定期或不定期开展跨界河湖的联合巡查执法及专项行动，共同严打环境违法行为，例如针对全国统一部署的长江大保护、河湖“清四乱”“禁渔”等需要跨区域跨部门协同的专项行动。在执法开始前，由联合执法机关共同明确执法目标、执法重点，就联合各方的执法责任进行会商，通过职能互补、合理分配，进而齐抓共管。在执法结束后，根据执法情况，以问题为导向，开展形势分析，总结执法合作经验，进一步凝结行政执法和检察监督部门合力，提高依法治水能力。针对突出的河湖违法违规事件，应开展跨界联合专项执法打击行动。

（二）创新协同共治模式，推动流域统筹、区域协调、部门联动

联合河湖长制是由联合河湖长为主要负责人，负责日常联络和沟通协调跨界河湖中的各项合作事务，确保信息畅通、信息共享。以联合河湖长为中心是因为行政命令仍是当前主要的协同策略，设立省市县多级联合河湖长(乡村级可参照执行)，由各方共同聘任，可提高跨界河湖治理效果和效率。而联合办公本是一种为降低办公室租赁成本，而使来自不同公司的个人在联合办公空间中共同工作的办公模式。联合河长办的设立是政府努力建立“合作治理”社会模式的体现，以彰显伦理实质的信任去联结服务精神和合作行为。

从管理模式层面来看，一方面，联合河湖长制从单一管理走向综合管理，显著提高了跨界河湖的管理效率，激发和调动了各方参与管理的热情和积极性。综合管理是对整体的规划、咨询、决策、组织、指挥、协调、监督以及内部管理工作的一个统筹管理，包括规划与计划、组织与指挥、控制与协调、统计与监督等四项基本职能，而单一管理仅对下一级的工作进行指导和负责。联合河湖长协同涉及跨界河湖的河湖长组织河湖的相关工作，协调各部门有关工作的部署和落实，督促跨界河湖有关决策以及重要事项的办理落实情况，及时反馈工作进展和办理结果，总结跨界河湖管理成效，对跨界河湖的“一河(湖)一档”和“一河(湖)一策”、文件、合同、协议、会议纪要等归档和管理、汇总和上报，并在此过程中受民间河长和沿河群众居民的监督。因此，联合河湖长制管理的事务内容和信息数量较多，组织管理所涉及的时空领域较大，对管理的科学性、准确性、系统性要求更高，综合管理解决了这些

① 丁春梅，吴宸晖，戚高晟，高士佩. 水体监测物联网技术在河长制工作中的应用[J]. 人民黄河，2018.

管理难题。另一方面，联合河湖长制从直线式管理走向矩阵式管理，在跨界河湖管理过程中涉及多方利益群体的情况下更为适用。直线式管理易于保持良好的纪律，不易发生责权混乱的现象，但可能导致管理方式死板，难以保障整体目标和整体利益，可能因某位领导的岗位调动而影响整个工作。矩阵式管理加强了不同部门之间的交流配合，管理结构中的人员分别来自不同部门，有着不同的技能和知识，为了跨界河湖管理这个特定目标而共同工作，并提高了人员的利用率，如相应级别的跨界河湖长同时担任联合河湖长，在跨界河湖重要决策问题上提高了发言权，增加了参与者的责任感和积极性，但也需要一定的奖罚机制或优化绩效评估方式来克服组织低效率和不稳定性，因为往往联合河湖长的任务更重，在河湖管理过程中可能受到双重指挥。

从协同路径层面来看，联合河湖长制可由工作的目标或重点不同分为两种类型。一是问题导向型。问题导向就是以解决问题为指引，集中全部力量和有效资源全力化解工作中的突出矛盾和问题，联合会商、联合巡查、联合监测、联合治理、联合执法等便是针对跨界河湖存在的特定问题而制定的联防联控机制。二是效果导向型。一方面是以工作成效为标准，在跨界河湖管理中便是以跨界河湖水质优劣为标准。部分地区在跨界河湖管理中建立了流域横向生态补偿机制，即基于“受益者付费和破坏者付费”原则，由传统的单一水资源为主导的流域管理转变为以生态补偿协同管理为目标的公共管理，使上下游地区间产生稳定的污染协同治理行为。另一方面是看是否受到广大人民群众的认可，在跨界河湖上便是要用沿河居民的幸福感来衡量。习近平总书记指出“人民对美好生活的向往，就是我们的奋斗目标”①。因此，跨界河湖治理需要聘任民间河长对官方河湖长工作进行力量补充和监督，是为了建立拥有平等内涵的治理结构②。民间河长作为公意的代表，体现了各类主体的共同参与和在平等前提下以合作为导向的协同治理，避免了公众在集权的治理方式中往往由于参与并不能发挥理想作用而导致参与热情受到消解，从而构建起“人人有责、人人尽责、人人享有”的社会治理共同体。

三、南京都市圈联合河湖长制工作的未来展望

国务院建立水利部牵头的全面推行河湖长制工作部际联席会议制度，指出要强化水污染流域协同防治，切实形成流域统筹、区域协同、部门联动、全社会关心参

---

① 中共中央宣传部. 习近平新时代中国特色社会主义思想学习纲要[M]. 学习出版社、人民出版社，2019.

② Wu C H, Ju M S, Wang L F, et al. Public Participation of the River Chief System in China: Current Trends, Problems, and Perspectives[J]. Water, 2020.

与的河湖管理保护格局。水利部也先后出台了相关政策，要求各地加强跨界河湖联合治理，例如：2021 年《河长湖长履职规范（试行）》中指出，明晰河湖上下游、左右岸、干支流地区的管理责任，推动河湖跨界地区建立联合会商、信息共享、协同治理、联合执法等联防联控机制；2021 年《河长制办公室工作规则（试行）》中指出，推动建立联合共治机制，统一管理目标任务和治理标准，共享河湖管理和保护信息，联合开展执法监督活动，着力实现流域区域联防联治；《2023 年河湖管理工作要点》中指出，指导各省份建立完善跨省界及省内跨界河湖管理保护协作机制，落实好流域“四统一”要求，深化目标统一、任务协同、措施衔接、行动同步的联防联控联治机制。南京都市圈联合河湖长制的建立，为团结治水、合力护水搭建了新平台、拓展了新空间。下一步将在南京都市圈联合河湖长制框架内，强“协同”之举、走“融合”之路、增“共赢”之效，同心同德，精诚合作，齐心建设美丽的、绿色的、生态的南京都市圈。

（一）以习近平生态文明思想为引领，科学把握联合河湖长制建设方向

联合河湖长制是在习近平生态文明思想的指引下，现阶段河湖管理的要求下，以及深化河湖长制的要求下应运而生的。其作为一项新的制度设计，与习近平生态文明思想高度契合，将尊重自然、顺应自然、保护自然的生态文明理念落实到跨界河湖管理保护中，打破了行政区域壁垒，以有效解决跨地区水资源保护、水污染防治、水环境治理等河湖问题，在协调各方利益相关者上展现了明显的优势，是生态文明建设的具体体现，同时也是习近平生态文明思想的具体实践，关于“绿水青山就是金山银山”“共抓大保护，不搞大开发”“山水林田湖草沙系统治理”等科学论断从此也有了更加具体的实践形态。

习近平生态文明思想为联合河湖长制建设指引了方向①。借鉴“共抓大保护、不搞大开发”的思想，在联合河湖长制的建设之中，要构建跨区域跨系统的流域综合治理体系，从“以经济、社会目标为中心”向“以环境为中心”转变，统筹考虑上下游、左右岸、干支流的水资源、水环境、水生态等多方面的有机联系，增强大局意识，持续推进流域协同共治，实现跨界河湖边界区域治理全覆盖、监管无盲区，把人类活动限制在生态环境能够承受的限度内，提升流域生态系统质量和稳定性。借鉴“统筹推进山水林田湖草沙系统治理”的思想，各行政区域谋求自身生态环境健康发展时，要兼顾同流域内其他行政区域的生态环境，倡导“流域命运共同体”意识，基于协同治理理论与多元共治理论的视角，关注协调好跨界河湖不同区域主体之

① 习近平. 习近平谈治国理政(第四卷)[M]. 外文出版社，2022.

间在分配和享用环境资源、分担环境责任、维持自身生存与发展的利益关系，保持区域间环境利益的公正性，因地制宜、分类施策，协同推进跨界河湖流域大治理，实现跨界河湖可持续发展、人与自然和谐共生现代化。借鉴“良好生态环境是最普惠的民生福祉”的思想，在联合河湖长制建设中要重视公众力量，在跨界河湖治理保护中加强民间河长以及社会组织的力量补充和监督，引导形成保护水生态环境的思想意识和行动自觉，打造共建共治共享的社会治理格局。

（二）以南京都市圈为依托，充分发挥联合河湖长制制度潜力

1. 强化统一规划，编制都市圈“幸福水网”

按照《南京都市圈发展规划》中明确的生态环境联保共治的任务要求，注重河流的整体性和流域的系统性，共同做好流域保护性规划，在堤岸防洪、断面水质、河湖管养等方面逐步形成相对统一的标准，保障“水生态环境共保联治能力显著提升”“跨界河流国考断面水质100%达标”等目标完成。

2. 强化统一调度，实现都市圈“兴水利民”

根据流域特点，充分兼顾各方利益，分层次、分类别、分阶段联合研究出台一系列有利于流域绿色健康发展的法规制度，建立健全各方利益协调统一的调度体制机制，建立跨界流域水安全水资源水环境信息共享机制，探索流域防洪规划一体修编、跨界水体连片养护、水环境区域补偿等创新做法，保障流域治理的协调有序。

3. 强化联合管理，形成都市圈“治水合力”

充分发挥联合河湖长制在流域层面的协调促进作用，突出跨界河湖联合治理，推进上下游、左右岸、干支流联防联控联治。以共抓长江大保护为抓手，突出“长江岸线治理”“十年禁渔”“禁采江砂”“国考断面水质达标”“船舶污染治理”“生物多样性保护”等部门和区域联动，完善水行政执法跨区域联动机制、跨部门联合机制，推动“流域统筹、区域协调、部门联动”，实现河湖功能永续利用。

作者：鞠茂森　吴宸晖（河海大学）　胡文杰（南京市水务局）

深化东西部协作促进共同发展的江宁新实践

习近平总书记指出，开展东西部协作和定点帮扶，是党中央着眼推动区域协调发展、促进共同富裕做出的重大决策。江宁区和洛南县结对帮扶始于1991年，已走过32年的历程。特别是近年来，江宁区对口帮扶洛南县联络组深入贯彻习近平总书记关于深化东西部协作的重要指示精神，按照江宁洛南两地党委和政府的部署要求，紧扣巩固拓展脱贫攻坚成果同乡村振兴有效衔接中心工作，主动适应新形势，创新工作新机制，宁洛双方加强互访交流、突出产业协作、推进资源互补、拓展消费渠道、强化区域联动、助力乡村振兴，探索出了深化东西部协作促进共同发展的江宁新实践。洛南县联络组被陕西省评为2022年苏陕协作工作突出贡献集体。

一、江宁洛南东西部协作开展情况分析

（一）两地区域发展现状

1. 江宁区区域发展现状

江苏省南京市江宁区，地处“吴头楚尾”，是南京连接苏锡常地区、辐射皖江经济带的重要门户，浩荡长江、百里秦淮穿境而过，入驻包括世界500强在内的各类企业研发机构750多家。2022年，地区生产总值超3000亿元，连续3年位列中国综合竞争力百强新城区第3位，连续3年获得省高质量发展先进区。

2. 洛南县区域发展现状

陕西省商洛市洛南县，地处秦岭东段南麓，位于“河洛文化”交融地带，是中国汉字故里，也是华夏文明发祥地之一，境内拥有“四源五宝”①。县辖 16 个镇(办)，247 个村(居)委会，面积 2830 平方公里，人口 46.1 万。洛南矿产资源丰富，共有钼、金等 39 种矿产资源。平均海拔 1200 米，夏季平均气温 21.8℃，森林覆盖率 68.9%以上，有“天然氧吧”之称。另外，洛南被誉为全国“十大金牌核桃之乡”、秦岭“天然药库”。2022 年，洛南县地区生产总值 144.6 亿元。

(二) 两地对口协作开展情况

1991 年以来，江宁区坚决贯彻党中央有关东西部协作的决策部署，与秦岭深处的商洛市洛南县建立对口帮扶协作机制，32 年来，两地已建立了深厚协作友谊。特别是 2017 年以来，两地认真落实中央关于打赢脱贫攻坚战三年行动的指导意见，紧扣“两不愁、三保障”总体要求，从产业帮扶、乡村振兴、人才互动、劳务协作、社会民生等方面，开展不同层次的深度帮扶协作。2020 年 2 月 27 日，经陕西省政府批复同意，洛南县正式退出贫困县序列，实现整县脱贫摘帽的目标②。2021 年起，根据中央、省市东西部协作工作部署和要求，江宁区继续协助洛南县开展巩固拓展脱贫攻坚成果同乡村振兴有效衔接工作。

1. 加强互访交流，提高协作组织保障

不断拓宽衔接渠道，深入开展人才互动交流，宁洛两地每年开展双方党政代表团高层互访交流活动，选派党政干部相互开展挂职交流，积极开展党政干部、乡村振兴干部和专业技术人员培训。江宁区 23 家单位与洛南县 5 家学校、2 家医院、4 个乡镇、12 个(社区)开展结对共建。举办江宁专场招商推介会、“丹青翰墨 · 文润宁洛”书画摄影展，推动了宁洛协作务实开展。两地相继开展党政互访、部门交流 266 批次、2634 人次；江宁选派优秀“三支”人才③ 116 人次到洛南开展帮扶工作。

2. 突出产业合作，强化区域协同联动

持续推动区域协同联动，不断优化营商环境，扩大项目招商引资，推进招商企

---

① “四源”是指人类之源、文化之源、汉字之源、音乐之源。夜塬旧石器时代遗址的发掘证实，洛南 110 万年前便有古人类活动，是人类最早的起源地之一；洛南是“河图洛书源、灵龟负书地”，发端于洛河流域的“河洛文化”，是中华文化的源头之一；黄帝史官仓颉 5000 多年前在洛南指掌而创 28 字，结束了人类结绳记事的历史，成为中华汉字的起源；所谓音乐之源，是轩辕帝乐官伶伦在河南呼伦山上听凤鸣而制乐，首创汉乐的五音十二律。“五宝”是指洛南县以大鲵、苍鹭、页山古柏、核桃、豆腐而闻名。

② 2022 年 2 月 27 日，陕西省人民政府门户网站发布公告，经省政府批复同意，洛南县等 29 个贫困县(区)正式退出贫困县序列。

③ “三支”人才是指选派到对口协作开展支教、支医和支农工作的专业技术人才。

业落地开工，招引东部企业17家，引资入洛31.7亿元。总投资3.8亿元的江苏煌朝年产100万平方米真空玻璃项目主体厂房基本建成，总投资3.35亿元的南京卫岗乳业绿色生态循环奶牛产业示范园项目开工建设，宁洛产业示范园12万平方米标准化厂房正式投入使用。资源互补助推特色农业发展，横溪小西瓜推广种植面积扩大到1000亩，并向周边区县进行辐射带动。从江宁引进明香粳813等新品种在洛南试种成功并喜获丰收，打破了地处秦岭深处的商洛全市多年不种水稻的历史。江宁贝贝南瓜等高附加值农业产品跨区域引进试种成功，并返销江宁市场受到热销。120万株南京优质草莓苗在洛南实现规模化跨地繁育，助力南京莓农抢占“头茬”市场。

3. 做好有效衔接，加大民生领域扶持

江宁区不断加大资金扶持力度，完成宁洛友谊桥改扩建，宁洛幼儿园、宁洛小学、宁洛中学等建设。动员社会力量参与教育帮扶，推动江苏企业家“蓝鲸之爱”西部支教送教联盟在洛南设立助学金和乡村教师助教金计划。新建洛南县村（社区）标准化卫生室100余个，配备医疗远程会诊和数字化预防接种门诊系统，筑牢基层卫生屏障。支持洛南暴雨洪灾重建工作和打赢疫情防控攻坚战，携手共克难关。围绕主导产业、乡村特色产业、消费协作等方面，累计投入帮扶资金6.4亿元，安排实施对口协作项目157个。发挥社会帮扶力量，捐资捐物4346万元，开展助学圆梦、儿童微心愿、助力出行等爱心系列活动，建成83个村级基础设施和社会事业项目，资助困难家庭学生3558人次。

4. 优化协作机制，全面助力乡村振兴

积极打造苏陕协作乡村振兴示范村，江宁援建亲农·溪乐谷美丽乡村获“2022年中国森林康养人家”授牌。以苏陕协作“四方双结对、共建示范村”①为契机，完成草店村田园综合体总体规划编制，集中资源，整合力量推进核桃王片区精品民宿项目建设。加大劳务转移就业，积极搭建就业供需平台，挂牌建立“洛南县苏陕协作劳务输出基地”，开展各类招聘活动100余场次，提供就业岗位3.5万余个，通过东西部协作帮助洛南农村劳动力实现转移就业6000余人，“点对点、一站式”向南京输送3000余人次。提高消费帮扶能级，政府采购和市场消费双驱动，启动江宁来洛职工疗休养活动，多渠道推广洛南农特产品，设立消费帮扶专馆，先后举办首

① 2022年，为深入贯彻落实习近平总书记关于深化东西部协作工作的重要指示精神，江苏省对口陕西省工作队在陕西56个脱贫县组织开展“四方双结对、共建示范村”工作。其中，“四方双结对”指的是在陕西56个脱贫县各选择一个村与江苏一个经济强村形成结对关系，再选择一名苏陕工作队队员与陕西共建村的党支部书记结对，形成“四方双结对”的帮扶关系。

届苏陕美食节、首届苏陕协作西瓜节暨农产品展销会。近三年来，采购和帮助销售洛南农产品和手工艺品达到 2.7 亿元。

经过多年的协作发展，两地已探索形成了多层次、宽领域、常态化的对口协作新格局，走出了一条东西部协作促进共同发展的新路子，推动洛南经济建设、政治建设、文化建设、社会建设、生态建设等方面取得了长足发展，但在双方协作中还面临着资源共享不充分、内生发展动力不足等问题。

二、 深化对口协作促进共同发展的江宁经验

经过宁洛双方持续优化帮扶机制，创新协作方式，无论从机制建设、深层次领域协作都取得了令人欣喜的成效，形成了“帮扶协作、优势互补、长期合作、共建共赢”的良好局面，推进宁洛协作工作迈上新台阶。

（一）实施科技赋能，着力增添乡村振兴新动能

党的二十大报告提出：“发展乡村特色产业，拓宽农民增收致富渠道。”江宁区牢牢抓住产业振兴这个“牛鼻子”，充分利用江宁农业科技力量优势，结合洛南农业产业及气候、环境特点，通过苏陕协作政策和资金支持，打造了一批紧贴当地生态资源禀赋特点的优质项目。先后在洛南成功实现“南瓜北移”[①]、“南稻北种”[②]、“南苗北育”[③]等有益尝试。同时，加快基础设施建设，打造以苏陕协作引进高品质农产品为主，种植、采摘、销售为一体的综合农业产业示范园。通过示范引领，加速新品种推广运用和产业化开发，“以点带面”带动更多群众通过大力发展特色产业来实现增收致富，激发起乡村振兴产业兴农的蓬勃动能。

（二）供销两端发力，着力拓宽消费协作新渠道

“十四五”时期继续大力实施消费帮扶，对带动脱贫人口增收致富、促进特色产业提质增效、激发振兴发展内生动力具有重要意义[④]。为了让更多的秦岭珍品走出大山，江宁与洛南两地围绕特色优质农产品做文章，从供销两端协同发力，加强农产品供应链体系建设，支持一批农产品企业新建或改造精深加工项目，延长农业

---

① 2021 年，江宁区农业科技团队在深入考察调研洛南当地西瓜种植、土壤结构、降雨量、日照等情况的基础上，利用江宁区横溪小西瓜先进成熟的种植技术，因地制宜，大胆试点，成功实现南瓜北移。

② 2022 年，江宁区根据洛南县“旱改水”产业发展实际，从江宁引进明香粳 813 和徐稻 119 粳稻等新品种在洛南试种，最终取得成功并喜获丰收，亩产达 600 公斤，打破了地处秦岭深处的商洛全市多年不种水稻的历史，引起了社会各界的广泛关注。新华社、人民日报等 175 家媒体相继报道。

③ 2023 年，由江宁区农业农村局联合南京市农业科学研究所创新培育的新技术——草莓跨地种苗繁育，利用洛南夏季凉爽湿润的气候优势，有效避开南京 7—8 月高温天气，在洛南凉爽环境下完成花芽分化，实现草莓提前挂果上市。

④ 国家发展改革委等 30 部门印发《关于继续大力实施消费帮扶巩固拓展脱贫攻坚成果的指导意见》。

产业链，提升农产品质量和附加效益。支持洛南“洛味缘”农产品区域公用品牌建设，提高产品价值链。同时，通过政府搭建平台方式，引导社会力量参与消费帮扶，举办洛南首届苏陕美食节、首届苏陕协作西瓜节等重大节会，组织洛南农特产品参加南京等地各类展销活动，进一步突出市场导向，为两地企业之间连接起互通纽带、搭建起合作的平台。另外，整合线上线下资源，将洛南农特产品与江宁本地农特产品同展示、共销售，着力拓宽消费协作新渠道。并在华东地区最大的农产品批发市场—众彩农副物流中心设立消费帮扶专馆，广泛宣传和推介洛南农特产品，助力洛南消费帮扶驶入“快车道”，有效激发洛南特色产业的内生动力，让消费帮扶成为助力乡村振兴的“新引擎”。

（三）坚持互补共赢，着力探索产业协作新路径

“实现产业互补、人员互动、技术互学、观念互通、作风互鉴，共同发展。”以习近平总书记重要指示精神为指引，宁洛两地在产业梯度转移、发展理念借鉴等方面蹚出了新路。立足洛南资源禀赋，嫁接江宁先行优势，创新产业协作模式。江宁区不断释放在区域产业布局、园区功能定位、招商信息捕捉等方面的综合优势，依托洛南核桃、硅石、畜牧养殖等优势资源和产业基础，瞄准大项目大企业，加大招商引资力度。一批“量身定做”的龙头项目起到了“点石成金”的效果。引进江苏维维集团核桃深加工项目，延长洛南核桃产业链，促进洛南绿色农特产品资源优势转化为经济优势；落地江苏煌朝年产100万平方米真空玻璃项目，依托洛南硅石资源优势，发挥江苏煌朝真空玻璃制造的产业链“链主”优势和技术优势，打造绿色循环硅石产业链；建设南京卫岗乳业绿色生态循环奶牛产业示范园，助力洛南县培育奶牛特色产业，打造从“种养殖到餐桌”的完整产业链条；投资支持的岭南生物等一批紧贴当地生态资源特点的优质企业，已经在联农带农、惠农富农方面产生了巨大的经济效益和社会效益。这些重点项目和优质企业，通过产业导入方式，实现从原来的到村、到户、到人的定点帮扶向带动县域整体发展帮扶模式转变，用市场化的手段挖掘发展潜力。

三、宁洛对口协作未来发展思路探索

党的二十大对全面推进乡村振兴、促进区域协调发展作出了重要部署。为了在更高起点上做好宁洛对口协作工作，下一步将立足于洛南县“三大定位”①，找准对口协作契合点，从人才交流、产业协作、劳务就业、消费帮扶、乡村振兴等多个领

① 洛南县立足陕南优质农产品基地、陕西循环产业示范县、中国秦岭健康城“三大定位”。

域谋划推进，重点聚焦增强县域经济和脱贫群众内生发展动力，共同打造宁洛协作升级版。

（一）聚焦重点，建成一批示范协作项目

统筹省市县镇四级协作资金，结合实际情况，分清轻重缓急，不撒胡椒面，不搞平均主义，集中安排一批具有带动性和示范性的项目，重点向乡村特色产业发展和乡村振兴示范村建设倾斜。坚持科技赋能，有效推动江宁区农业科技成果转化，强化要素支撑，在“南瓜北移”“南稻北种”“南苗北育”等成功经验的基础上，进一步加速新品种和新技术推广，培育一批新的符合当地实际的特色产业，推动农村生态资源价值化。另外，以苏陕协作“四方双结对共建示范村”为契机，借鉴江宁美丽乡村规划布局和实践，打造可复制可推广的1—2个乡村振兴示范村。

（二）聚集人才，激活乡村振兴内生活力

深化劳务协作，完善跨区域就业信息平台，重点锚定江宁产业工人需求，强化两地职业技能培训，采取“点对点”输送方式，拓展转移渠道，实现洛南富余劳动力转移就业，既促进当地群众稳定增收，又满足江宁企业用工需求，实现双方互惠共赢。同时，把人才援助、本土化培养作为重点。在原有“三支”人才帮扶的基础上，根据洛南现实需要，探索柔性人才引进，针对性选派一批产业招商、乡村振兴规划、康养及文旅项目运营等方面的专业人才，帮助当地在文旅项目策划质量提升、招商信息挖掘等方面大胆创新、锐意进取。深化双方基层交流培训，积极开展以村（社区）书记、家庭农场、合作社、返乡创业青年等为主体的系列交流培训活动，提高乡村干部人才“实操实干”本领，帮助建立本土人才帮带机制，让更多“土专家”“田秀才”“乡创客”成为乡村振兴的生力军，逐步建立一条优势互补、高度协同的“人才培养链”。

（三）聚合力量，推动消费帮扶提档升级

支持提升洛南农产品品牌品质，在提升加工工艺、包装设计、文化创意等方面为特色农产品赋能，提高产品附加值。紧扣优势农业深化产业协作，协助培育一批龙头企业，提高生产的组织化、规模化、标准化程度。同时，招引一批农业科研院所和农业龙头企业，围绕品种更新、科技种植、加工销售，协助洛南完善“绿色农特产品种植加工销售产业链”，不断提升农特产品的识别度。坚持政府定向采购与开拓市场销售双加强。加大政府定向采购的组织力度。同时，推动洛南农产品进市场、进超市、进社区，提高消费者认知度。鼓励开展江宁职工洛南疗休养活动，支持做好相关配套服务，丰富疗休养产品供给。

（四）聚变模式，立足优势强化产业协作

坚持量质并举、科学衔接的原则，以宁洛共建产业示范园为载体，打通江宁优质企业与洛南的切合点。围绕江宁优势产业链上下游环节，结合洛南正在推进的有色金属循环利用、新能源、中药材、新材料等重点项目，坚持市场导向，探索“企业＋资源”“市场＋产品”“总部＋基地”“研发＋制造”等模式，发展飞地经济，引导东部产业链梯度向洛南转移。加强跟踪服务，重点加快推进江苏煌朝真空玻璃和南京卫岗两个重大协作项目建设，及早发挥龙头企业优势，不断激发县域经济高质量发展新动能。强化文化旅游深度合作发展，利用江宁文旅平台优势，帮助挖掘洛南深厚的文化底蕴，全方位打造洛南“汉字故里”文化名片。同时，发挥苏陕协作平台作用，鼓励通过“以企招商”“以商招商”方式，构建完整产业链，形成产业集群，实现产业生态化。逐步由原来的到村、到户、到人的定点帮扶向通过产业发展带动区域经济增长帮扶模式转变，用市场化的手段实现宁洛协作互利共赢。

作者：南京市江宁区对口帮扶洛南县联络组

南京都市圈科技创新协同发展进展、经验与对策建议

作为长三角城市群的重要组成部分，南京都市圈是全国首个由国家发改委正式批复建设的跨省域都市圈，其发展对推动长三角一体化发展乃至长江经济带高质量发展、支撑长三角城市群建设、助力长三角区域率先形成新发展格局具有重要战略意义。2022 年，南京都市圈科技创新整体能力和水平得到较大提升，各城市积极争取，主动担当国家战略科技任务。国家第三代半导体技术创新中心、集成电路设计自动化技术创新中心等获批建设，南京入选国家科技人才评价改革试点城市、国家科创金融改革试验区，滁州、淮安获批建设国家创新型城市，滁州高新区成功升级国家高新区。持续发力创新主体培育，科创企业集群不断壮大。2022 年，都市圈内高新技术企业共 17512 家，同比增长 17.36%；科技型中小企业达 32150 家，同比增长 19.71%，高校院所实力不断增强，新一轮“双一流学科”增加 6 个达 43 个。不断强化科技合作，创新生态持续优化。连续召开都市圈科技创新合作大会，持续实施长三角(南京都市圈)科技合作计划，支持中介服务机构为都市圈中小企业对接创新资源，共同编制《南京争创区域科技创新中心建设方案》，以都市圈为底座布局区域创新资源，重点推进宁淮、宁滁对口合作，都市圈创新资源的高效配置路径更加顺畅。

一、南京都市圈科技创新合作的发展现状

（一）技术合作成效显著

2022年，南京都市圈各市技术合同成交总额（输出）达2335.4亿元，同比增长14.98%；南京都市圈各市技术合同成交总额占苏皖两省技术合同成交总额（输出）的39.84%，占长三角区域技术合同成交总额（输出）的19.15%，占全国技术合同成交总额（输出）的4.89%。南京都市圈各市技术合同总数（输出）达53345项，同比增长8.70%，占苏皖两省技术合同数（输出）的45.52%，占长三角区域技术合同数（输出）的26.88%，占全国技术合同数（输出）的6.91%。

南京都市圈内部异地技术输出合同数达3243项，输出合同金额达100.91亿元。异地技术输出合同项数排名前三的依次是南京（1635项）、镇江（684项）、扬州

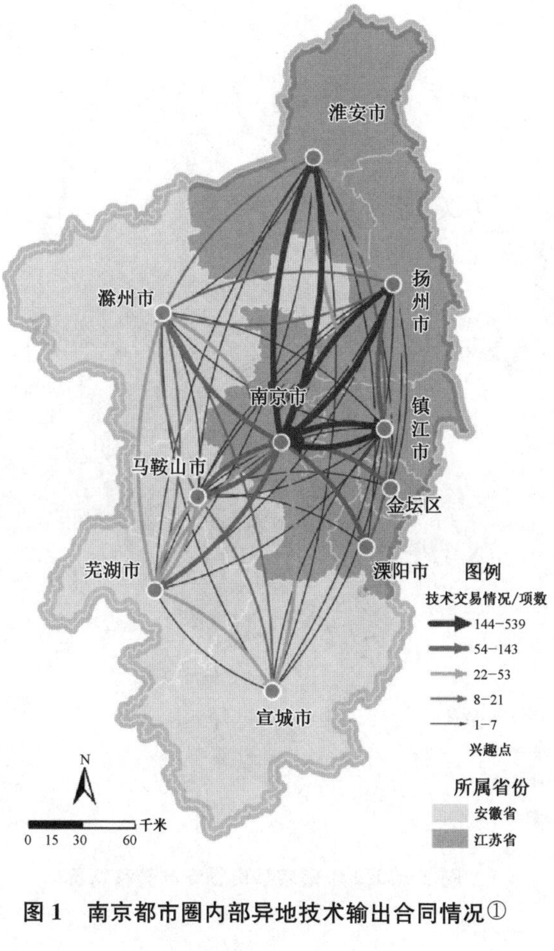

图1　南京都市圈内部异地技术输出合同情况①

① 本文中未注明资料来源的图表均为作者绘制。

(387 项)。技术输出金额排名前三的依次是扬州(23.6 亿元)、马鞍山(22.31 亿元)、镇江(22.15 亿元)。从中心城市辐射能力看,南京向都市圈其他城市技术输出合同数量占 50.42%,其中,输出数量排名前三的依次是扬州(454 项)、淮安(454 项)、镇江(426 项)[①](如图 1 所示)。

(二) 知识共创效应突出

南京都市圈知识共创的网络更加织密,2022 年,南京都市圈城市之间合作发表 SCI 论文近 2000 篇,其中,南京、芜湖、滁州市实现都市圈合作城市的全覆盖,扬州、镇江、马鞍山、淮安等有论文合作城市在 5 个以上。南京的中心度进一步凸显,与所有城市均匀合作,其中,南京作者与镇江作者合作发表论文 851 篇,与扬州作者合作发表论文 541 篇,与淮安作者合作发表论文 152 篇,分列前三位。

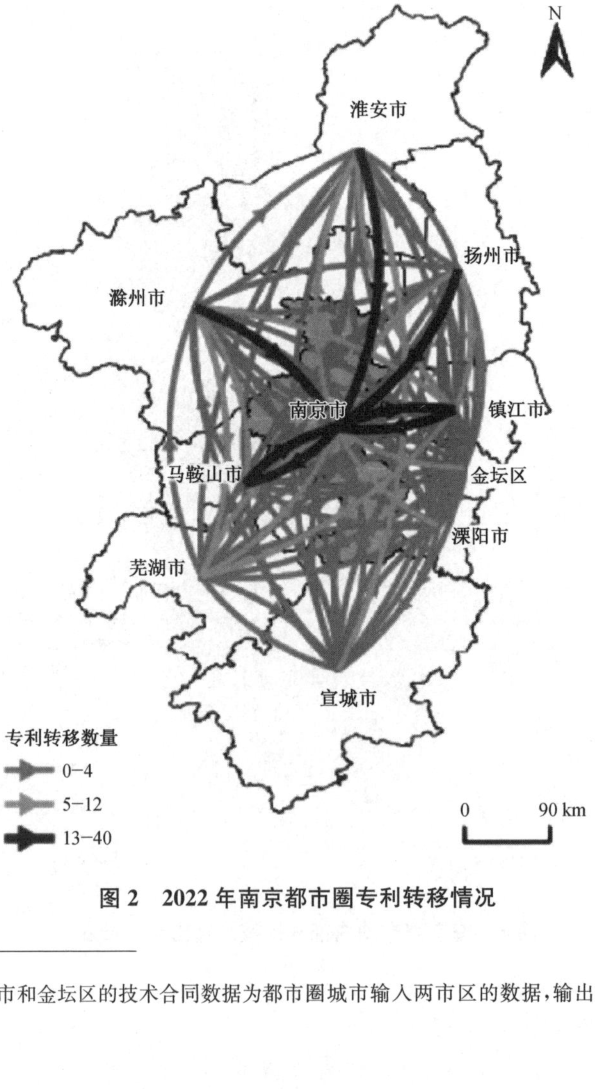

图 2　2022 年南京都市圈专利转移情况

① 注:本段中溧阳市和金坛区的技术合同数据为都市圈城市输入两市区的数据,输出数据因统计口径,未计入两市区。

从合作申请专利看，2022 年，南京都市圈各市（区）间合作申请专利数量 536 件，继续呈现与南京合作为主的态势。其中，南京与镇江合作申请专利 118 件，与马鞍山合作申请专利 87 件，与扬州合作申请专利 68 件，分列前三位。

2022 年南京都市圈各市（区）间专利转移总量 350 件，与 2021 年基本一致，转移关系以邻近城市间转移为主。其中，南京向镇江及滁州专利转移分别为 33 件和 23 件，镇江与扬州向南京专利转移分别为 40 件和 33 件（如图 2 所示）。

（三）产业协同趋势明显

从上市企业异地投融资看，都市圈内上市企业在各市（区）之间异地投资共 304 次；其中，南京上市企业投资 178 次，占南京都市圈总投资次数的 58.55%，位列第一，主要投向扬州（43 次）、镇江（42 次）、淮安（38 次）、马鞍山（17 次）、芜湖（16 次）①（如图 3 所示）。

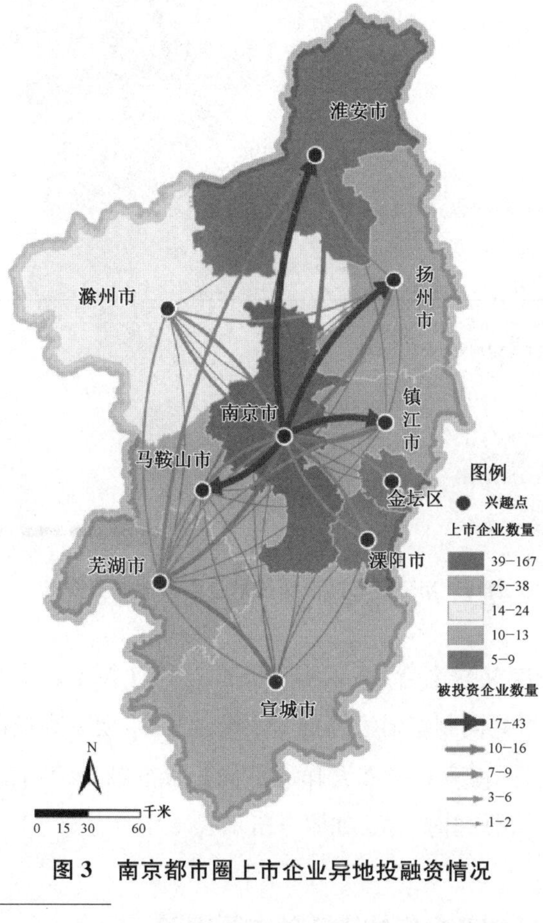

图 3　南京都市圈上市企业异地投融资情况

① 注：A 股上市，包括沪主板、深主板、创业板、科创板、北交所、上市辅导。南京都市圈 A 股上市企业共 341 家。南京都市圈 A 股上市企业对外投资企业数共 5055 个，其中，圈内异地投资 304 个。

从高新技术企业投资来看，2022年都市圈高新技术企业累计在各城市投资企业1252家，其中，南京高新技术企业在都市圈9个市区投资全覆盖，累计共投资662家企业，占总数的52.88%，镇江高新技术企业投资都市圈7个城市，140家企业，扬州6个城市，138家企业，马鞍山企业投资8个城市，88家企业(如图4所示)。

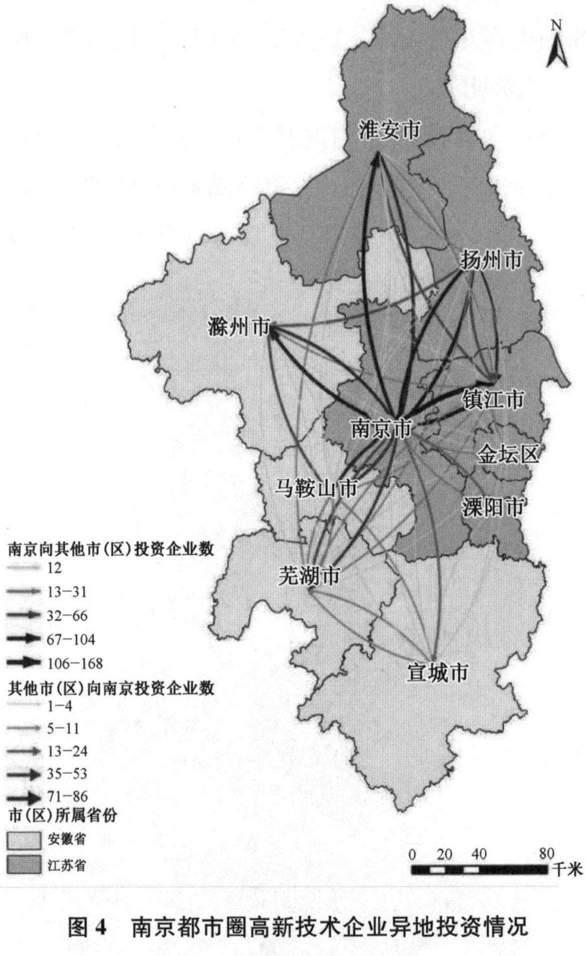

图4　南京都市圈高新技术企业异地投资情况

从产业行业标准共建来看，南京都市圈产业行业标准的共创更加突出，截至2023年3月，各城市共同制定国家标准532个。其中，南京和扬州单位企业合作起草国家标准数206件，南京和镇江合作起草国家标准数94件，南京和芜湖合作起草国家标准数75件，分列前三位(如图5所示)。

二、推进科技创新合作的南京都市圈经验

2022年，都市圈各市(区)围绕区域科技创新中心建设，在创新合作的体制机

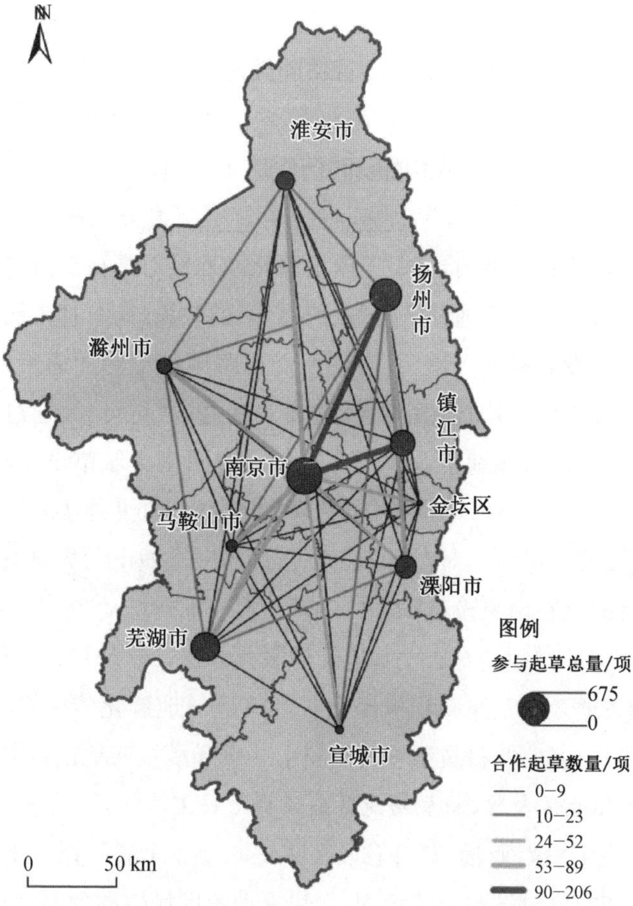

图5　南京都市圈合作起草行业标准情况

制上求突破，在园区合作上不断探索新模式，持续推进科技资源深度融合，促进产业融通发展，都市圈知识共创、技术联合攻关的网络更加织密，科技企业间的联动发展更加频繁，区域科技创新资源的配置更加高效。

（一）深化体制机制创新，创新都市圈一体化协调机制

南京都市圈各市（区）在苏皖两省领导下，围绕建设"创新都市圈"的目标定位，不断强化工作机制，充实工作力量，区域科技创新中心建设走深走实。省级层面，江苏省出台《关于支持南京创建区域科技创新中心推动高质量发展的意见》，全面支持南京争创区域科技创新中心。市级层面，在各行业部门专委会的基础上，设立常态化推进的南京都市圈建设办公室，成立科创产业部等4个部门，专人专班围绕都市圈各城市主导产业发展、科技协同创新、统一市场建设、商务开放合作等方面，

深化都市圈创新合作，构建开放型、网络型、融合型区域协同创新体系，联合打造创新都市圈。区级层面，江北新区与盱眙、江宁与博望、浦口与南谯等毗邻地区围绕特别合作区、新型功能区建设，建立项目共同推进、人才挂职交流、产业链互补合作等工作路径和推进机制。

（二）探索合作新模式，都市圈园区合作形成典范

1. 开展“科创飞地”探索，异地“研发＋孵化”模式日渐成熟

近年来，苏皖两省分别出台《关于印发深化南北结对帮扶支持科创飞地建设的通知》《关于开展开发区“飞地经济”试点的通知》的政策，南京都市圈各市（区）积极响应，在中心城市设立科创飞地，打通创新资源跨区域流动的通道（如图 6 所示）。马鞍山出台《马鞍山市支持“研发飞地”建设实施办法（试行）》，通过打破行政区域限制，弥补人才“短板”，鼓励企业在南京等创新资源密集城市设立研发飞地，目前在南京设有 6 个“研发飞地”。滁州出台《滁州市关于加快科技成果转化推动国家创新型城市建设若干措施》，对在科创资源密集的中心城市设立研发飞地的企业给予相应支持，目前已在南京设有“人才飞地”。淮安加速推动“宁淮科创走廊”建设，会同南京出台《宁淮科创走廊研发基地管理服务办法（试行）》，并签订相关协议，已推动建成科创飞地 3 个。溧阳积极探索科创飞地异地孵化的模式，在南京雨花台区购置载体，用于初创型、科技型项目的招引培育和承接两地创新资源对接协作。

2. 深化毗邻地区合作，新型功能区建设成效凸显

2022 年，顶山—汊河、浦口—南谯、江宁—博望 3 个省际毗邻地区新型功能区紧盯“一体化”和“高质量”两个关键词，加快推动跨区域协同发展，取得积极成效。

（1）在合作机制上，宁马、宁滁签订跨界一体化示范区共建框架协议，成立一体化发展示范区建设工作领导小组，由双方政府主要负责同志担任双组长，统筹协调示范区建设。

（2）在产业项目上，顶山—汊河、浦口—南谯新型功能区围绕电子信息、生物医药两大主导产业上下游龙头企业开展招商，已签约重大项目 12 个，总投资 476 亿元；江宁—博望新型功能区围绕高端数控机床、新材料、新能源汽车等主导产业，坚持全员招商、产业链招商、基金招商等模式，围绕“一高三新”产业定位开展招商，打造南京都市圈产业承接和配套基地，累计招引产业类项目 6 个，总投资 120.5 亿元。

（3）在平台共建上，在“共商、共建、共享”原则基础上，宁马新型功能区和江宁经济技术开发区合资共建宁博创智谷；浦口区与南谯区共建 50 平方公里一体化发展示范区，成立滁州南浦合作开发有限公司，打造南浦合作产业园，推进科技创新、

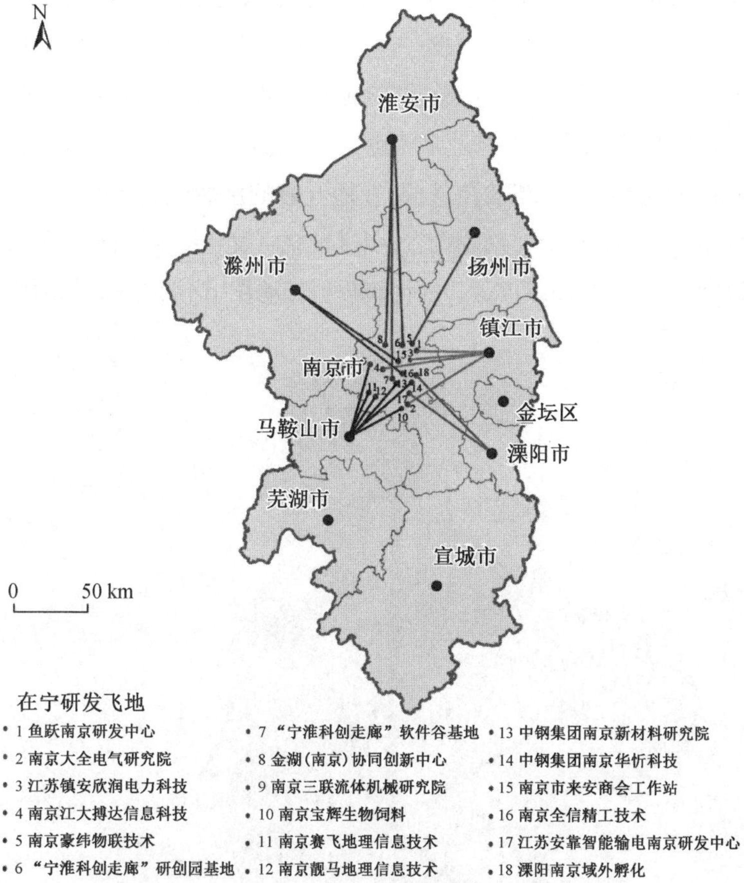

图 6　部分都市圈城市在南京设立科创飞地情况

成果转化与产业协同发展。

3. 打造园区合作标杆，宁淮智能制造产业园成效显著

宁淮智能制造产业园是宁淮两市落实江苏省“南北挂钩”战略，集聚资源、创新机制、深化合作共同打造的新型现代园区，园区围绕打造“创新资源＋平台机构＋种子基金”市场化的开放创新生态，推进宁淮科创走廊建设，集聚创新优势资源，探索创新要素流通渠道，取得初步成效。

（1）出台《宁淮科创走廊研发基地管理服务办法（试行）》，在南京江北新区研创园和雨花台区软件谷设立科创飞地，目前软件谷基地已有 7 家企业入驻。

（2）围绕主导产业提升创新能力，与南师大合作全面走深走实，签署省三维打印装备与制造省重点实验室签署共建协议，引进南京师范大学电气自动化学院人才团队共建宁淮智能高端装备产业研究院，共建人工智能领域新型研发机构。

（3）完善创新链条优化创新生态，引进专业化创新服务机构，成立种子基金，为园区主体提供配套服务，打通研发—产业流通渠道。目前宁淮智能制造产业园成为省级高质量发展创新试点园区，新能源动力系统、百灵鸟微生物创新研发基地、岚江科技等20个高成长性产业项目落户，总投资额约133亿元。

（三）推进科教资源深度融合，打造互通互融的区域创新生态

都市圈各市（区）积极对接南京高校，引进设立研发和技术转移机构，导入创新资源，南京高校院所对都市圈各市（区）的创新辐射带动作用不断增强（如图7所示）。

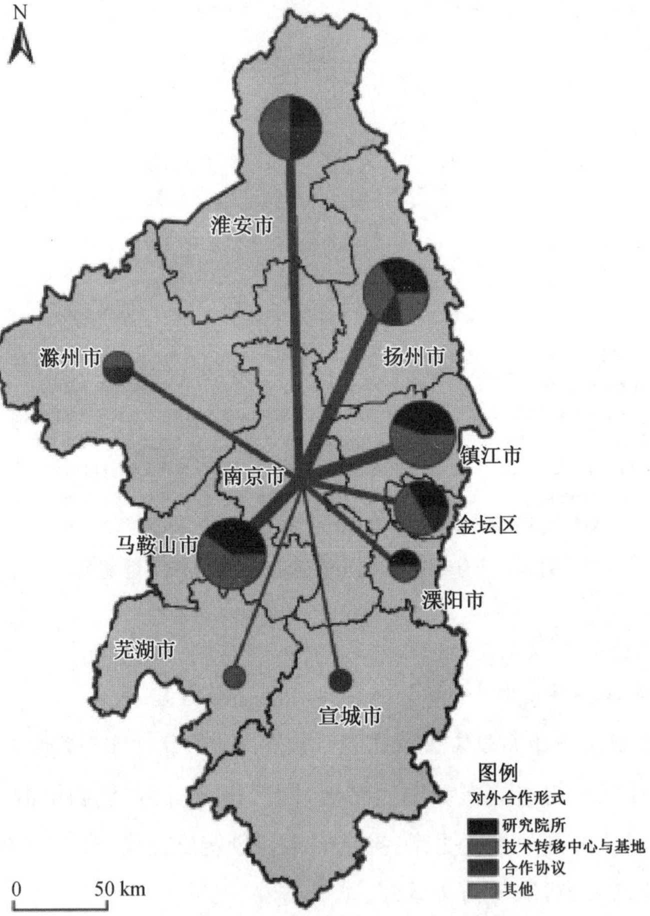

图7　南京高校院所与都市圈市（区）科技合作情况

1. 顶尖高校示范效应突出

南京大学自2009年起，在都市圈4个城市设有异地研发机构，2022年，南京大学与安徽工业大学签订战略合作协议，围绕学科共建、平台建设、人员交流、干部培训、成果转化等方面开展合作；东南大学在都市圈5个城市设立异地研发机构和技术转移中心。

2. 众多高校积极布局

南京师范大学、南京工业大学、南京邮电大学等高校与都市圈各市(区)的合作也日趋紧密,众多科技成果转化落地在都市圈,涌现出南工大开元环保科技、全椒南大光电材料等企业。

3. 共建一批新型研发机构成效突出

都市圈各市(区)与南京高校共建的一批新型研发机构正成为各城市技术创新、人才集聚、产业升级的引擎与支撑,比如:溧阳市与东南大学共建的东南大学溧阳研究院已累计申请国家发明专利202件,累计授权发明专利80件,孵化科技企业、团队21家,其中6家获得"龙城英才"人才计划资助资格。

三、南京都市圈推进科技创新合作的对策建议

牢记习近平总书记"形成推动高质量发展区域新增长极"嘱托,坚持教育、科技、人才一体谋划、融合发展,推进创新链产业链资金链人才链深度融合,以创建南京区域科技创新中心为抓手,瞄准"产业科技创新"主攻方向,聚焦"有全球影响力"目标定位,着力将南京都市圈打造成全国科技创新和产业创新高地。

(一)积蓄战略科技硬核力量

强化全球科技创新资源配置功能,加快推动紫金山实验室、未来网络试验设施、信息高铁综合试验设施等重大科技基础设施建设,支持更多国家级科技创新平台在南京都市圈落地,推动形成具有世界水平的一流学科集群,解决一批"卡脖子"问题,更好辐射带动区域创新发展。一是加快建设大科学装置集群。推动现有重大科技基础设施项目建成应用,加快拟建重大科技基础设施建设,强化重大科技基础设施前瞻性布局。二是构建高水平实验室体系。积极争创国家实验室和省实验室,建设国家级和省级重点实验室,聚焦平台性、综合性、交叉性,整合新建一批省级重点实验室,积极争取国家重点实验室重组试点。三是优化布局关键技术创新平台。建设一批国家技术创新中心,争创国家产业创新中心和制造业创新中心。四是建设世界一流大学和一流学科,提升高校服务经济社会发展能力,优化高校学科设置,将服务南京都市圈产业发展的特色专业纳入学校转型发展体系。五是支持大院大所制定都市圈产业研发攻关计划,支持大院大所承担国家、省基础研究和应用基础研究项目,参与国家重大创新基地、重大科技基础设施建设,建立面向南京都市圈需求的研发机制。

（二）培育未来产业新兴赛道

把握“十四五”国家前瞻谋划未来产业的科创布局机遇，围绕新一代人工智能、第三代半导体、基因与细胞、元宇宙、未来网络与先进通信、储能与氢能等领域着力培育未来战略性产业新赛道。一是打造未来产业科技原始创新策源地，重点突破一批填补国内空白的关键核心技术。加快未来技术创新平台建设，前瞻打造一批未来技术学院、未来产业技术研究院，加快新型实验室体系和技术（制造业/产业）创新中心建设，构建基础研究、产品开发、商业应用、产业化、效益化全流程闭环的创新体系。二是打造未来产业技术创新发展示范区。建设国内人工智能创新发展先行区，建设未来网络技术创新引领区，打造区块链技术高地。三是发展未来产业发展集聚地。培育未来产业企业梯队，布局未来产业重大项目，培育新型都市圈产业生态。

（三）打造全国重要人才高地

一是推动建设“双一流”高校和高水平研究型大学，加强南京大学、东南大学世界一流高校重点学科建设，支持南京航空航天大学、南京理工大学等建设一流学科，带动学校进入世界同类高校前列。支持江苏大学（镇江）、扬州大学（扬州）、安徽师范大学（芜湖）等高校加快建设高水平研究型大学，做强优势学科和特色领域，加快进入“双一流”高校行列。二是实施产业领军人才联合支持计划，建立南京都市圈高端人才联合支持机制，除联合基金给予支持之外，各市（区）在重点研发计划、基金项目、各类创新平台和人才项目中予以持续稳定支持。研究制定南京都市圈高端人才一体化支持政策，推动高层次人才培养与重大工程、重大项目、科研计划、基地计划深度融合。三是以企业为主体加快专业技术人才培养，通过政府授牌、给予补贴等方式，在都市圈范围内推广建立一批高技能人才公共实训基地和技能大师工作室，支持企业与全国人力资源服务机构、职业教育集团、职业学校等采取“订单式”、委托代培等方式开展技能人才培养。推动南京都市圈人才中介服务机构资质互认和支持政策一体化，建立内外融通的专业性、行业性人才市场。

（四）探索区域创新体制机制

一是建立国家科技体制机制改革示范区，加强都市圈发展规划统筹，深化科技管理体制机制改革，充分发挥南京作为全国唯一科技体制综合改革试点城市的示范作用，积极探索跨都市圈科技资源配置、研发组织、成果转化、人才评价等方面的体制改革与政策创新。二是探索创新都市圈一体化协调机制，健全常态化协商机制，建立政策协同服务互通互认机制，建立成本共担和利益共享机制。三是推动都市圈地方政绩联合考核，进一步科学精准地细化针对都市圈不同成员的考评指标设计，增加对都市圈整体技术创新、产业升级、生态建设、公共服务等指标的考评；根据各地区在都市圈发展中的角色定位和功能分工，差别化地设置指标及其权重①。

作者：南京市科技局发展规划处　南京市科技信息研究所②

① 文章数据来源于各支持、合作单位以及专业化数据平台。

② 执笔人：李秋梅、潘琪、高春南、曹海月、李金伟、肖自强、王爱民。

基于区域协调的南京都市圈国土空间规划协同机制

一、发展背景

（一）国家区域协调战略深化推进

党的二十大报告提出，“深入实施区域协调发展战略、区域重大战略、主体功能区战略、新型城镇化战略，优化重大生产力布局，构建优势互补、高质量发展的区域经济布局和国土空间体系”。2019 年，习近平总书记在《求是》杂志发表文章指出，杭州、南京、武汉、郑州、成都、西安等大城市发展势头较好，形成推动高质量发展的区域增长极。2020 年，习近平总书记在合肥主持召开扎实推进长三角一体化发展座谈会，要求长三角区域率先形成新发展格局，勇当我国科技和产业创新的开路先锋，加快打造改革开放新高地，更好地推动长三角一体化发展。

（二）都市圈成为构建“双循环”新发展格局的主体形态

2019 年，国家发改委发布《关于培育发展现代化都市圈的指导意见》，提出要以促进中心城市与周边城市同城化发展为方向，从推动统一市场建设、基础设施一体高效、公共服务共建共享、产业专业化分工协作、生态环境共保共治等方面，培育发展一批现代化都市圈。2020 年，《中共中央关于制定国民经济和社会发展第十四个五年规划和二〇三五年远景目标的建议》提出要发挥中心城市和城市群带动作用，建设现代化都市圈。

（三）南京都市圈成为推动长三角更高质量一体化发展的重要战略支点

南京都市圈地处长江下游，承东启西、连南接北，是我国最早启动建设的跨省都市圈，空间范围包括南京、镇江、扬州、淮安、芜湖、马鞍山、滁州、宣城 8 市全域及常州市金坛区和溧阳市（如图 1 所示），土地面积 6.6 万平方公里。截至 2022 年末，都市圈常住人口约为 3571 万人，经济总量约为 4.9 万亿元，占全国的比重约为 4.0%，人均 GDP 约为 13.7 万元，人口城镇化水平近 70%。

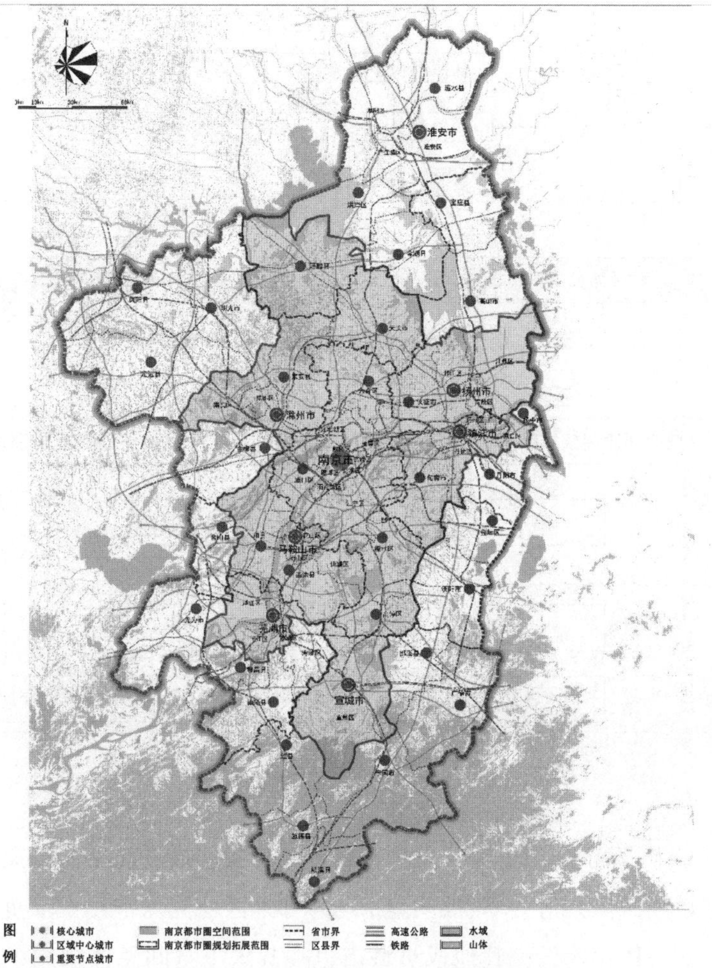

图 1　南京都市圈空间范围示意图

注：资料来源于《南京市国土空间总体规划（2021—2035 年）》。

早在 2012 年，南京都市圈各成员城市就自下而上、自发联合推进空间规划协同工作，成立了“南京都市圈城市发展联盟”，构建了“决策—协调—执行”三级运作机制（如图 2 所示），兼顾城市政府间的独立性和协同性，深层次推进南京都市圈空间规划协同工作。2015 年,南京都市圈八市①联合编制了《南京都市圈城乡空间协同规划》(以下简称《规划》)并共同批复实施,有效指导了都市圈内各市县国土空间总体规划等法定规划编制工作(如图 3 所示)。2021 年,《南京都市圈发展规划》经国家发改委批复、苏皖两省共同发布实施,作为国家层面批复同意的第一个都市圈发展规划,标志着南京都市圈建设上升到新的战略高度。

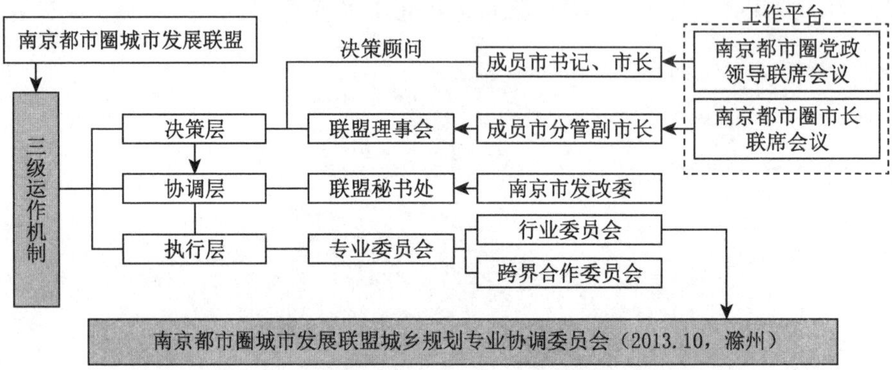

图 2　南京都市圈城市发展联盟组织架构图

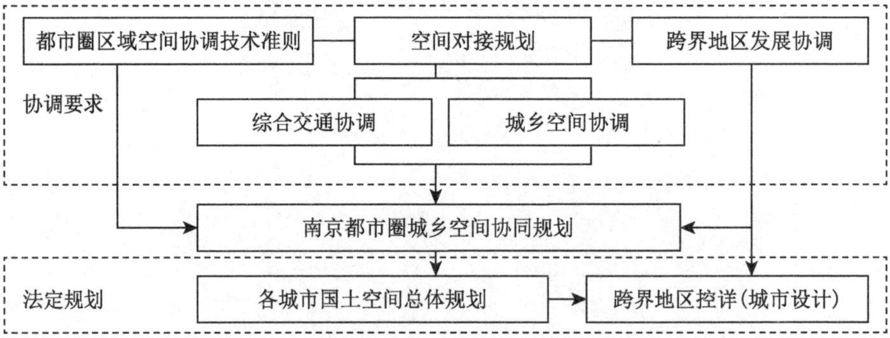

图 3　南京都市圈城乡空间协同规划体系图

在此背景下,南京市国土空间总体规划提出分圈层推进南京都市圈协同发展、积极推动城市间共保共治共享、推动南京与相邻地区协同保护建设等重点策略,引领南京都市圈一体化建设。其他成员城市也在其国土空间总体规划中,从生态共保、设施共建、产业协同等领域加强规划协同。深度融入南京都市圈,推动都市圈一体化发展成为各成员城市的发展共识。

未来,需要进一步落实《南京都市圈发展规划》要求,结合国土空间总体规划编

① 南京都市圈八市包括南京、镇江、扬州、淮安、芜湖、马鞍山、滁州、宣城,现范围拓展到八市全域及常州市金坛区和溧阳市。

制契机，落实国家区域协调发展战略要求，积极协调各成员城市区域协同发展诉求，以解决现实问题为出发点，完善都市圈国土空间规划体系，把南京都市圈建设成为具有全球影响力的现代化都市圈。

二、南京都市圈城乡空间协同规划实施评估

《规划》实施以来，南京都市圈的规划协同水平全面提升，在空间布局结构、生态空间系统格局、综合交通线网、基础设施共建共享、产业分工协作及体制机制建设等领域均取得了显著成效，但同时也面临诸多问题。在此背景下，南京都市圈适时开展《规划》实施评估工作，通过实地调研、座谈访谈等途径，摸清都市圈城际间规划协同工作存在的问题、摸准未来协同规划的工作重点。

（一）区域空间布局结构基本形成，但政策配套机制缺乏，区域空间规划要求传导不足

1. 多中心、网络化的区域空间布局基本形成

《规划》对接都市圈内各城市总体规划，形成"一核两极三元、两带五轴三片"的区域空间布局结构，与各城市国土空间总体规划的用地现状拼合图对比来看，总体实施情况较好（如图4所示）。

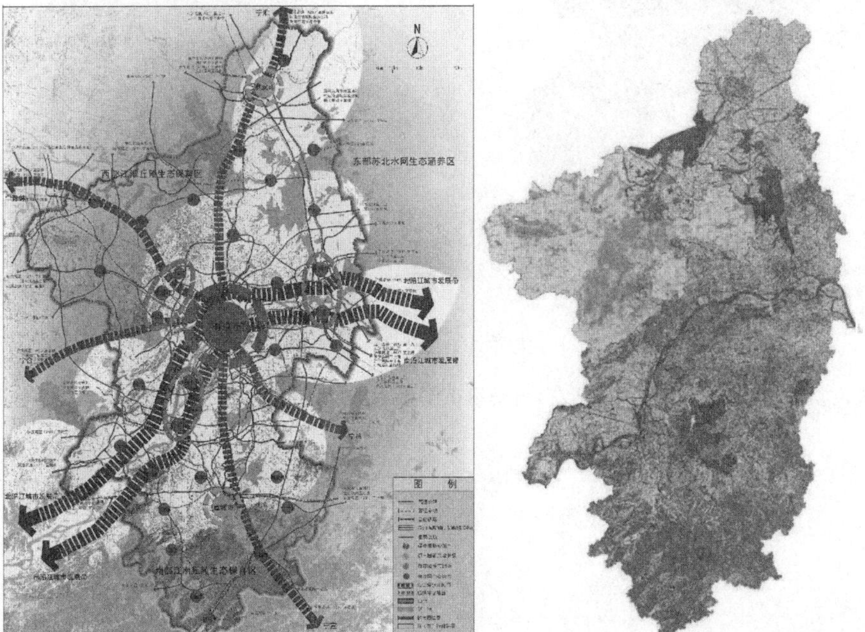

图4 《规划》区域空间结构规划图（左）与各市国土空间总体规划用地现状拼合图（右）

注：左图资料来源于《南京都市圈城乡空间协同规划（2013—2030年）》。

2. 主体功能区规划与市级国土空间规划缺乏有效衔接

由于顶层设计的缺失，主体功能区规划过于强调空间管制，缺乏实施手段，主体功能定位未能实现自上而下的有效传导。例如，青龙山—大连山片区是南京市的重要生态廊道，南京市国土空间总体规划将其划分为生态控制区，而南京市主体功能区实施规划将其划分为重点开发区，二者在功能划分上相互矛盾（如图 5 所示）。又如，在南京市国土空间总体规划中，南京市六合区（省级城市化地区）的永久基本农田占比较高，高淳区（省级农产品主产区）的生态红线占比较高（如图 6 所示）。未来的主体功能分区需加强与“三区三线①”划定方案的衔接，探索以街镇为单元的主体功能区划定。

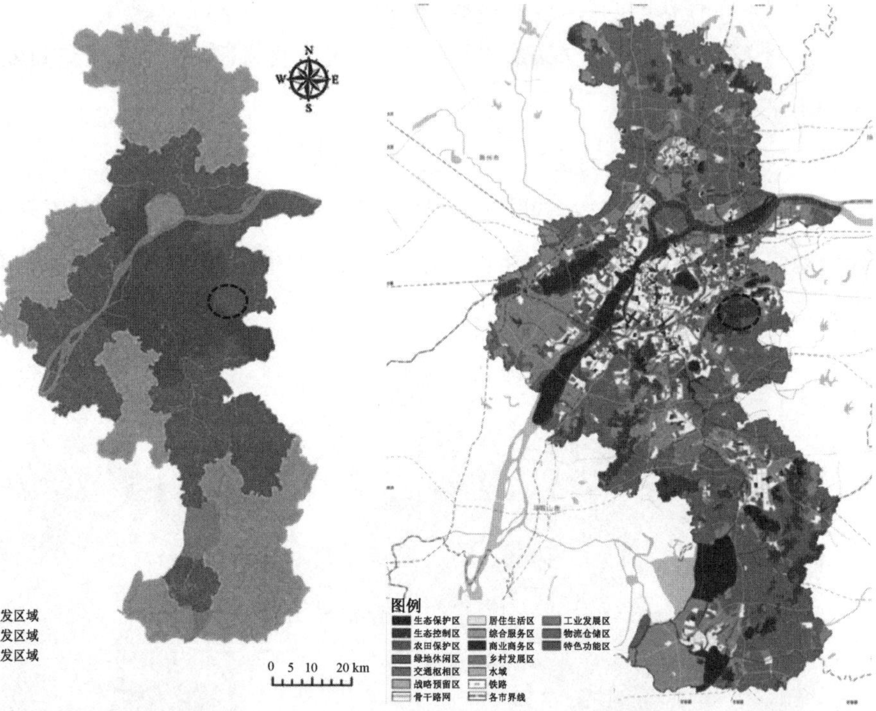

图 5　南京市主体功能区规划（左）与南京市国土空间总体规划（右）：青龙山—大连山片区

---

① “三区”是指城镇空间、农业空间、生态空间三种类型的国土空间；“三线”分别对应在城镇空间、农业空间、生态空间划定的城镇开发边界、永久基本农田、生态保护红线三条控制线。

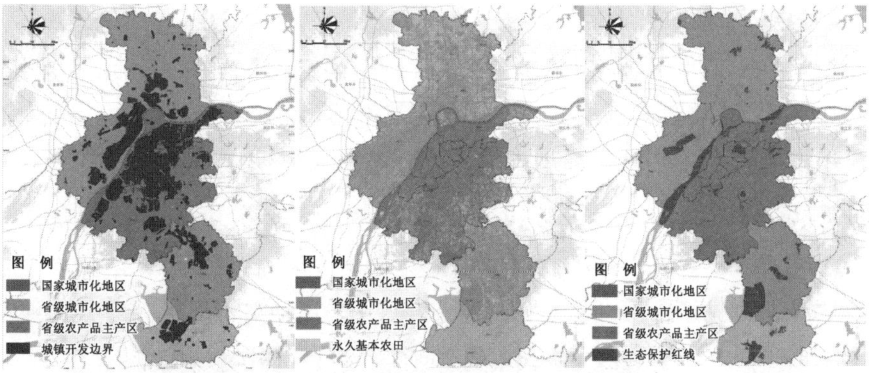

图 6　南京市国土空间总体规划中主体功能分区与城镇开发边界(左)、永久基本农田(中)、生态保护红线(右)叠图

(二) 生态系统完整,但区域生态空间管控体系仍有待完善

1. 区域生态系统完整

通过与都市圈各成员城市“三线”拼合图进行对比,《规划》提出构建的“一带、五廊、多楔、多点”生态空间系统格局保护完整性较好(如图 7 所示),尤其是长江沿岸生态系统修复治理成效明显。此外,都市圈各成员城市在本轮国土空间总体规划中已对区域结构性生态空间廊道做了规划预留。

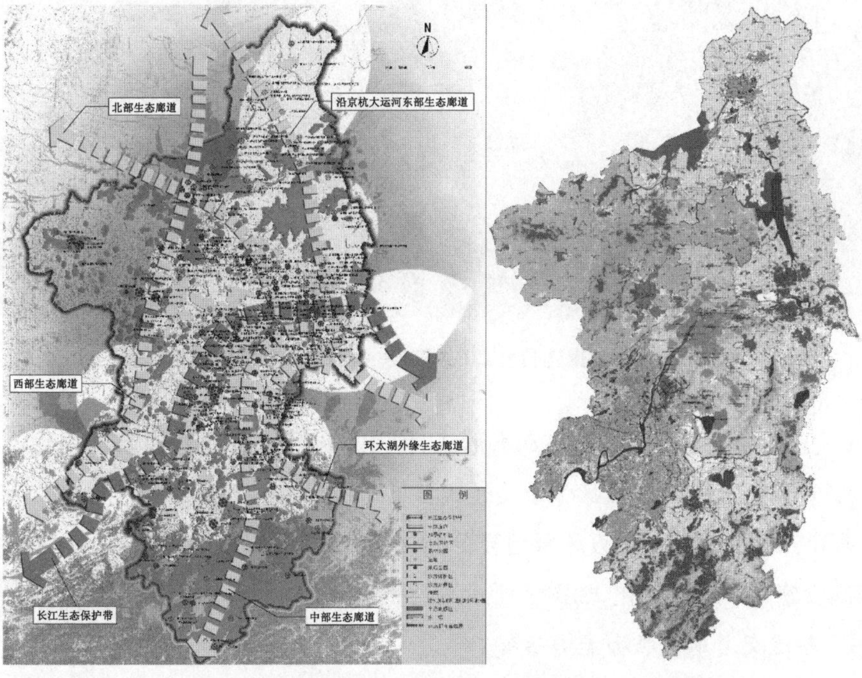

图 7　《规划》区域生态廊道规划结构图(左)与各城市“三线”拼合图(右)

注:左图资料来源于《南京都市圈城乡空间协同规划(2013—2030 年)》。

2. 区域生态管控体系仍不健全

由于苏皖两省及都市圈各成员城市间行政壁垒的客观存在，各省、市政府多立足于自身利益，生态保护红线的划定缺乏相互衔接和整合，区域性生态管控体系仍不健全。例如，江苏省在《江苏省生态空间管控区域规划》中明确划定了生态管控区，而安徽省则尚未划定。

3. 部分生态廊道连通性有所降低

例如，《规划》提出的中部生态廊道与宁宣城镇发展轴空间重合，受建设用地影响，连贯性有所降低，对片区蓝绿生态板块的连通性产生了一定的影响(如图 8 所示)。

图 8　部分生态廊道连贯性 2010 年(左)至 2020 年(右)变化示意图

(三) 区域性交通干线网络基本形成，但交通网络一体化建设有待强化

1. 都市圈城际间区域性骨干交通线网格局已经形成

都市圈城际交通基础设施廊道充分衔接，公路、铁路、航道、机场等各类区域交通基础设施布局有所优化(如图 9 所示)。

2. 轨道交通通道服务能力不够

目前，宁天、宁安、宁启、宁句城际先后建成投运，宁滁、宁淮、宁扬城际也相继开工建设，但是部分方向的城际交通仍不通畅，如宁镇之间缺少城际快速交通联系。

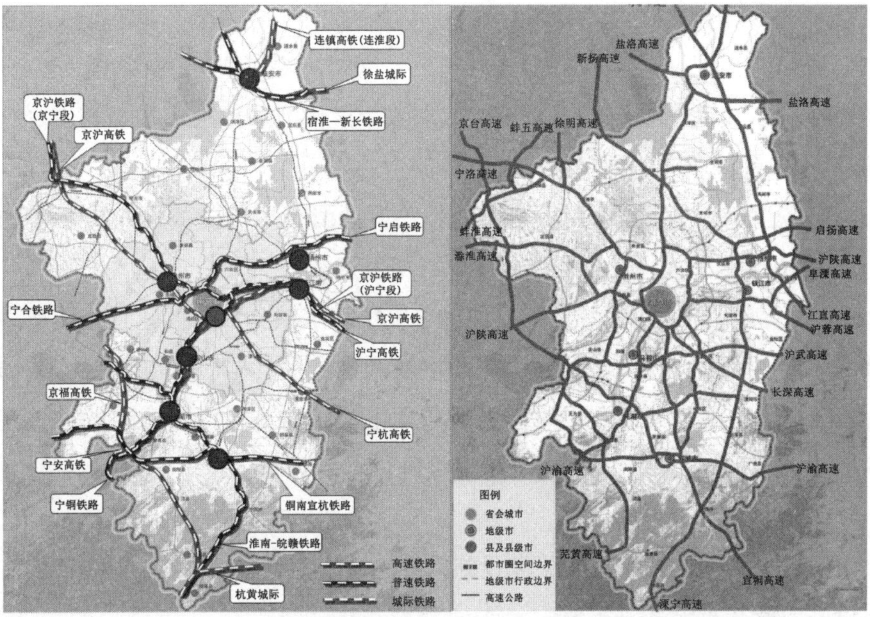

图 9　都市圈铁路网(左)、公路网(右)现状

3. 道路交通网络不完善

都市圈跨界地区仍然存在不少需要协调的“瓶颈路”“断头路”,影响区域交通便捷性,亟待协调。例如,南京的经天路与镇江的狮子山路、南京的广志路与镇江的牡丹路尚未连通(如图 10 所示)。

图 10　南京—镇江(句容)跨界地区断头路(经天路—狮子山路、广志路—牡丹路)示意图

4. 部分道路通道资源利用率不高

例如,宁滁快速通道起于滁州市花园路与滁乌路交叉口,终点位于南京市长江隧道江北出口收费站,通行效率一般。

5. 跨界线路的建设时序互不对接

主要受制于财力、空间等发展条件约束。例如，宁滁南浦公路滁州段已完成项目规划编制工作并进入实施阶段，而接入南京段区域因跨越永久基本农田，项目整体推进困难，区域交通协同实施机制亟待健全。

（四）公共设施共建共享持续推进，但跨界均衡布局和统一服务供给难度较大

1. 同城化地区基础设施共建共享取得明显成效

例如，宁镇扬同城化地区已建立仙林—宝华跨市城乡公共设施服务体系，龙潭新城的跨界供水设施和污水处理设施建设顺利推进等。同时，都市圈各成员城市也在本轮国土空间总体规划中对跨区域重大市政廊道进行预留，并对流域性主要河湖堤防、行洪通道、排涝等水利工程建设进行对接协调。

2. 跨界设施不均衡

由于市政基础设施和公共服务设施以地方政府为独立的供应主体，自成体系，跨界设施的均衡布置难以实现。

（五）区域产业园区合作共建深入推进，但产业同质化竞争明显，产业分工与协作不足

1. 园区合作共建取得明显成效

都市圈各成员城市产业形式趋于多样化，跨界产业合作深入推进，园区合作共建取得明显成效。例如，宁滁、宁马之间部分园区初步探索了利益共享的路径（如图 11 所示）。

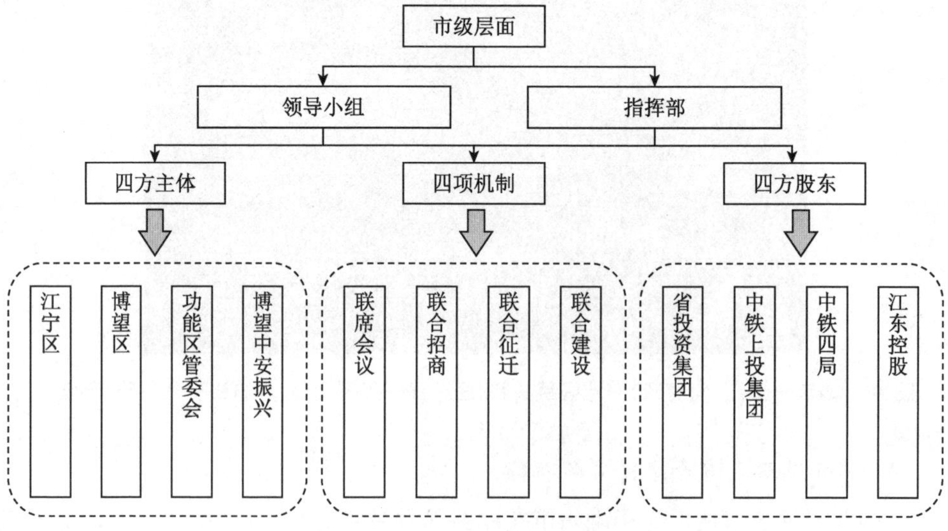

图 11　宁马建立共建机制示意图

2. 功能载体持续完善

跨界一体化合作示范区等功能载体持续完善，例如，和县—浦口、花山—江宁、慈湖高新区—滨江开发区、当涂—高淳开展多层次、多模式的毗邻区域合作，先后建立浦和产业合作示范区、江宁—博望跨界一体化合作示范区等合作园区。郑蒲港新区加快打造产城一体、城乡融合的现代化新城区，主要经济指标稳定增长。

3. 产业转移承接不足、区域产业发展协同不足

一方面，明晰的都市圈产业分工体系尚未建立，区域产业同质化竞争明显，在整体经济下行的影响下，企业生产供应和市场消费需求总规模没有实质性增加，区域产业互补发展明显不足；另一方面，产业跨区域合作未建立有效的利税分成、利益平衡机制，产业分工协作效应没有形成，都市圈产业协同的市场化动力和产业经济活力不足。

（六）跨界协同发展成效显著，但区域发展共识难以达成

1. 跨界地区协同发展成效显著

都市圈跨界协同发展在生态保护、综合交通、空间布局、产业协同等方面均有所推进。例如，乌江新市镇的交通一体化持续推进，宁和城际南京段已建成通车。

2. 跨界空间无序发展

在市场经济环境下，都市圈内与南京邻接的非连片发展跨界地区由于发展目标不统一，普遍存在单边“贴边开发”的现象（如图12所示）。例如，马鞍山、滁州在

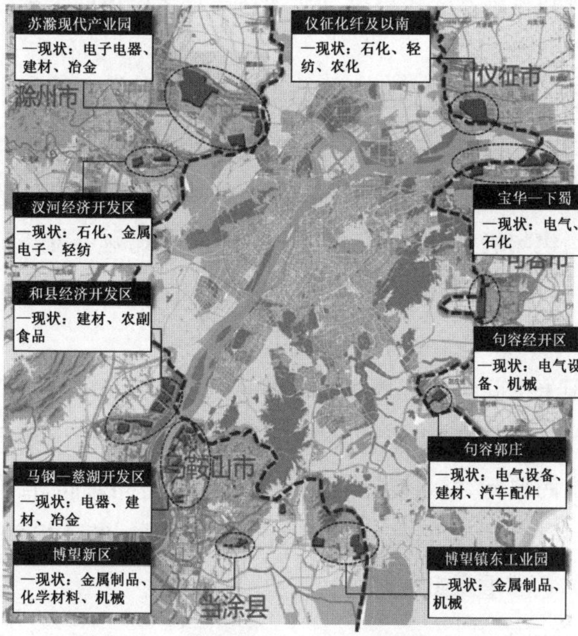

图12 南京市域外围规划工业“贴边开发”示意图

毗邻南京的部分区域贴边界布局了大量的居住、产业空间，导致都市圈跨界空间无序发展。

3. 跨界地区空间功能导向不协同

由于各城市之间针对外围跨界地区发展目标导向存在偏差，跨界地区在空间功能导向不协同。例如，南京外围地区以承担基本农田和生态保护任务为主，而滁州、马鞍山市等城市的外围地区则以产城融合发展为导向，两地在道路贯通、用地选址等方面存在规划脱节，造成土地资源的浪费。

（七）区域协调机制已初步建立，但省级以上层面的高位协调有待加强

1. “自下而上”区域协调准则法定性不强

南京都市圈成立了“南京都市圈城市发展联盟”，在建立多层次联席会议制度，区域跨界联防联治，公共服务、基础设施和产业园区共建共享，生态补偿机制，规划成果与法律法规宣传，社会公众监督机制，规划设施动态监测等方面已实施诸多举措，成效较为显著。但常态化的考核机制难以建立，对各城市的规划建设约束力不足；在信息沟通机制上，目前未在共享基础地理信息、城乡规划成果、专业技术人才等资源、共建规划资源信息服务平台等方面有具体实施。

2. “自上而下”的高位统筹有待健全

由于上位实施政策仍然缺失，加上地方层面协调力度不足、信息沟通不畅，导致涉及复杂事项且利益重大的跨区域合作项目审批实施协同不足，推进困难。

三、南京都市圈国土空间协同规划思路

（一）总体思路

聚焦同城化、高质量，贯彻落实《南京都市圈发展规划》要求，结合本轮市级国土空间规划体系构建契机，找准都市圈国土空间协同规划定位，界定空间范围、明确区域协调要点，提出南京都市圈协同发展新思路(如图 13 所示)。

1. 明确专项规划定位

南京都市圈国土空间协同规划应是在国家区域重大战略、国家/省国土空间规划指导下，针对特定区域对国土空间保护开发利用和修复作出专门安排的专项规划。以都市圈为空间单元，立足跨行政区底线统筹和空间协同，面向城市外部空间规划条件的衔接，提出下层次国土空间规划引导性要求，健全规划实施传导机制，是国土空间规划体系的重要组成部分。

2. 合理界定空间范围

南京都市圈应以南京城区范围为主体，识别与中心城市城区通过人口密度、交

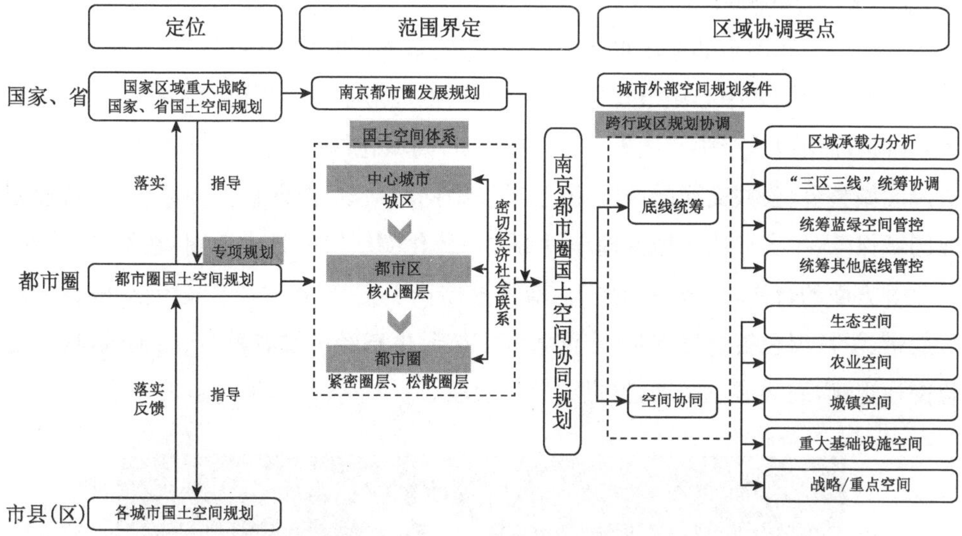

图 13　南京都市圈国土空间协同规划思路示意图

通通勤、非农化等指标呈现连续变化的空间分布，并借助和以大数据手段识别与中心城市城区在人员往来和货物流通上存在紧密社会经济联系的实体地域，建立“中心城市（城区）—都市区（核心圈层）—都市圈（紧密圈层、松散圈层）”的国土空间体系，并结合《南京都市圈发展规划》的范围，综合确定国土空间规划的范围，并可分时序、分层次确定实施策略。

3. 突出规划协调重点

都市圈国土空间规划协同要厘清上下级政府事权，立足都市圈区域规划协调，聚焦城市外部空间要素的协同，而非全要素管控，重点为跨行政区的空间规划协同，而非城市内部空间。区域协调要点应包括区域承载力分析、“三区三线”统筹协调、蓝绿空间及其他底线管控的统筹，以及生态空间、农业空间、城镇空间、重大基础设施空间、战略/重点空间等空间的协同。

（二）协同策略

1. 突出生态绿色

立足南京都市圈整体利益和长远利益，合力打造长江生态保护带，加快建设江淮生态大走廊等水生态走廊，共建东北部水网、西部江淮丘陵、南部江南丘陵等生态保护区域，提升整体生态环境质量，着力打造绿色宜居都市圈。同时，加大区域环境污染联防联治力度，完善跨区域生态环境监管机制，健全环境风险协同应对机制，健全跨区域生态补偿和环境损害赔偿机制。

2. 突出功能协同

发挥南京我国东部地区重要中心城市、南京都市圈核心城市引领示范功能，提升省会城市功能和中心城市首位度。分圈层推进南京都市圈协同发展(如图 14 所示)，推进新街口市级中心向外 40 千米范围“同城化圈层”(一小时通勤圈)的教育资源同城整合、公共交通同城覆盖、基础设施同城共享、医保社保同城统筹、就业服务同城保障、生态环境同城治理等；加强“一体化圈层”(一日生活圈)在经济、交通、文化等方面的合作，形成协同效力，增强整体竞争力。依托“沪宁合创新服务中枢发展带、沿江绿色智造发展带、宁淮宣和宁杭滁生态经济发展带”八向轴带，构建复合交通走廊，引导城镇布局，促进差异化发展。

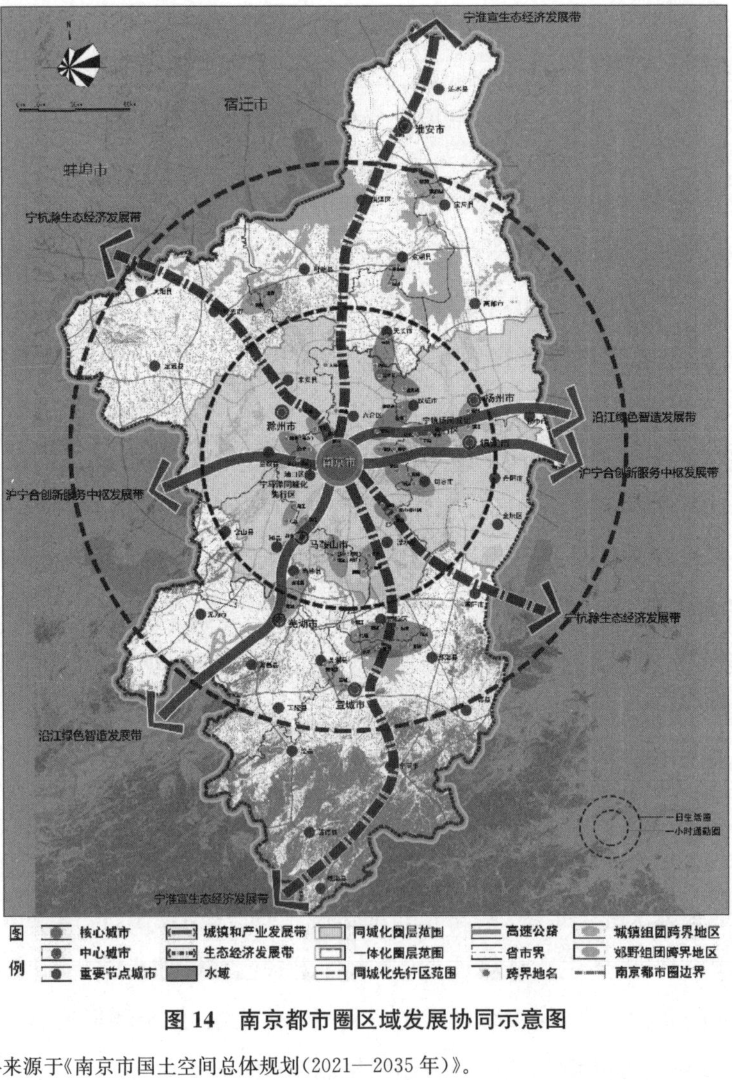

图 14　南京都市圈区域发展协同示意图

注：资料来源于《南京市国土空间总体规划(2021—2035 年)》。

3. 突出交通先导

强化南京与都市圈其他城市的联系，建立以市域快线（含市郊铁路）、快速道路（含高速公路、区域快速路、一级公路）为主体的“十廊放射”复合交通走廊，着力打造畅达都市圈：以宁镇线、宁句线、宁溧线、宁高线、宁马线、宁和线、宁滁南线、宁滁北线、宁天线、宁扬线等市域快线为主体，加快快速轨道建设，支撑都市圈区域交通的融合；依托高速公路、一级公路，打造“一主一辅助”的通道配置，实现都市圈至其他城市的快速联系。

4. 突出跨界示范

加快推动宁镇扬、宁马滁两个片区在基础设施、创新创业、产业体系、公共服务、生态环境等领域的同城共建，成为我国都市圈同城化发展的先行示范区。加快推进南京宁镇扬同城化核心区功能实现，建设高效一体化交通网络，打造 G312 产业创新走廊，深化宁镇一体化区域创新合作；发挥南京江北新区国家级新区和自由贸易区优势，通过跨界合作等形式，全面提速宁马滁同城化。推进顶山—汊河、浦口—南谯、江宁—博望跨界一体化发展示范区和宁镇合作示范区建设，在规划管理、土地管理、重大项目管理、生态环境、公共服务等方面探索南京都市圈样板。

四、南京都市圈国土空间协同规划对策举措

（一）规划先行，加快构建都市圈空间规划体系

一是积极谋划新一轮都市圈国土空间规划协同工作。对上版规划实施情况进行评估，摸清现状发展水平，发现和找出问题，并同步开展南京都市圈一体化发展评估、南京都市圈区域空间规划布局协调研究、南京都市圈交通协同和设施建设研究等专题研究，开展《规划》修编工作。二是“承上启下”，构建都市圈国土空间规划体系。“南京都市圈空间协同规划”跨江苏和安徽两省，应在国家“十四五”规划、《全国国土空间规划纲要》及《南京都市圈发展规划》指导下编制，其规划内容应与江苏和安徽两省的发展规划和国土空间规划充分衔接，并有效传导市县国土空间规划中，实现区域协同规划的层层传导落实（如图 15 所示）。

（二）底线统筹，加强跨行政区底线管控

1. 加强“双评价”整合分析

将都市圈各成员城市“三区三线”划定成果作为构建都市圈高质量空间格局的基础。结合各成员城市国土空间总体规划中资源环境承载力和国土空间开发适宜性评价成果，加强整合分析，立足都市圈区域协调发展要求和资源环境禀赋条件，

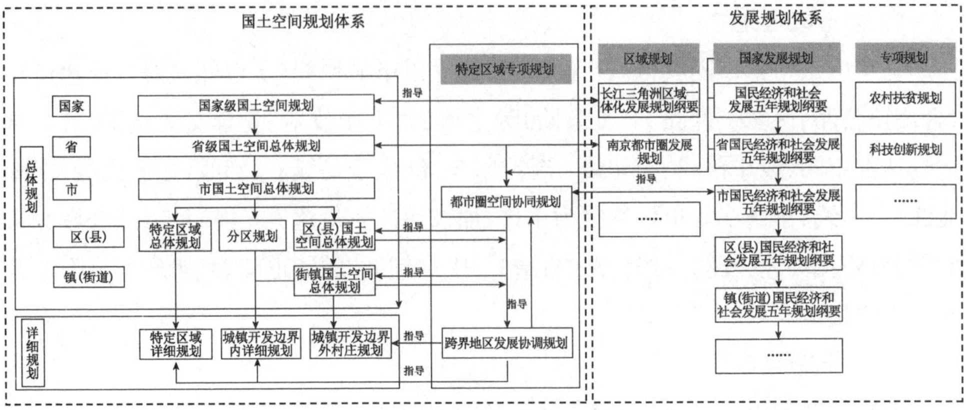

图 15　都市圈国土空间规划体系图

落实上位规划中明确的各类底线约束条件，识别都市圈重要生态、农业、城镇和基础设施空间，为各成员城市“三区三线”方案优化提供基础依据。

2. 统筹协调“三区三线”

以整体提升都市圈国土空间承载能力和区域综合竞争力为目标，结合“双评价”整合分析结果，坚持耕地保护优先、生态系统修复、土地节约集约、绿色低碳发展，提出都市圈跨行政区资源要素优化配置的对策，提出市县“三区三线”方案优化建议，统筹区域农业、生态、城镇和基础设施空间布局，重点协调好跨界地区空间协同，实现都市圈跨行政区生态共治共保、设施共建共享、产业共兴、市场共融。

3. 统筹结构性蓝绿空间管控

落实国家生态保护红线，结合风景名胜区、自然保护地、结构性绿地、生态廊道系统等，统筹区域饮用水水源地、骨干河道、湿地、蓄滞洪区、生态公益林等重要生态要素，明确生态

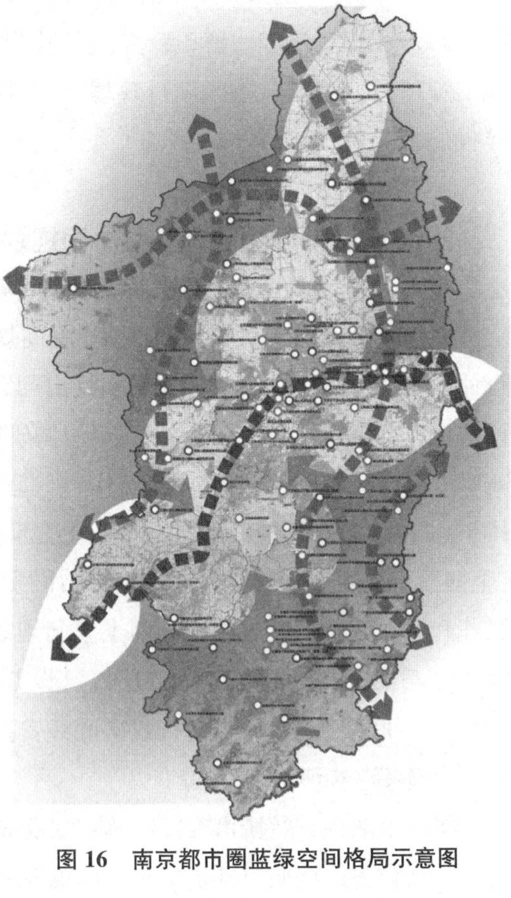

图 16　南京都市圈蓝绿空间格局示意图

保护红线和城镇开发边界之外的区域结构性蓝绿空间（如图16所示），作为区域重要生态管控区，并确定其刚性管控和弹性引导要求，构建分级保护、分层管理的生态空间管控体系。

4. 统筹其他底线管控

统筹包括都市圈内跨区域的历史文化保护线、矿产资源控制线、重大基础设施廊道控制范围等底线管控要求，做好预控措施安排，提高城市和区域安全韧性。

（三）空间协同，统筹配置跨行政区资源要素

1. 生态空间

（1）加强跨行政区重点生态功能区空间结构。深化完善都市圈生态空间网络布局，加强跨区域生态廊道衔接，强化跨区域生态空间的连通性与结构完整性，提升生态系统服务功能，构建都市圈整体生态安全格局（如图17所示）。

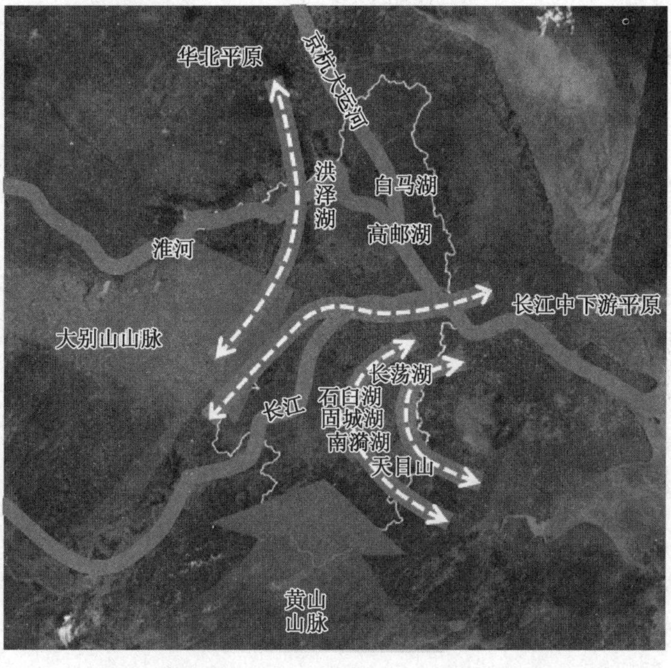

图17　南京都市圈区域生态空间格局示意图

（2）强化全域生态治理和流域综合治理的系统性。明确都市圈生态空间系统保护和修复的重点区域，制定相应保护修复策略。按国家生态保护红线和重要生态管控区两类实行分级保护和管理。其中，国家生态保护红线严禁不符合主体功能定位的各类开发活动，严禁任意改变用途；重要生态管控区以生态保护为前提，突出跨行政区的系统性保护修复，可适度允许与生态功能相兼容的行为活动，实现跨界地区在新兴产业、美丽乡村等方面的协同发展。

(3) 明确跨区域生态修复工程和重点项目布局。分析跨区域生态损害状况，评估生态系统退化程度和恢复可行性，提出生态保护修复策略。

2. 农业空间

(1) 加强跨区域农业空间协同发展。加强跨行政区农产品主产区的空间协同，特别是要加强跨行政区农业空间协同发展，鼓励成片化、规模化农业发展和高标准农田布局，跨区域推广绿色生态农业科技和现代农业生产组织方式。

(2) 统筹推进耕保指标跨区域流转。通过指标流转，推动一、二、三产业融合发展，形成优势互补、结构合理、布局优化、功能复合的区域高质量农业空间布局(如图 18 所示)。

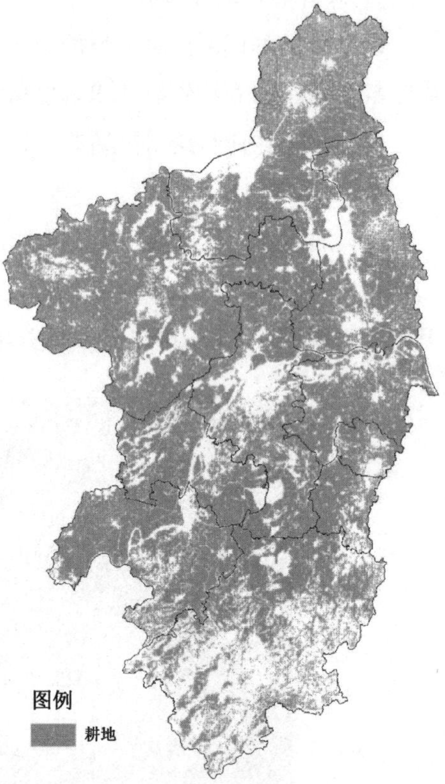

图 18　南京都市圈现状耕地分布图

(3) 合理引导乡村和低效工业用地减量。加强土地集约节约利用，合理引导乡村集中布局，推动低效工业用地转型升级，引导人口合理分布。

3. 城镇空间

(1) 统筹配置区域公共服务。强化教育、医疗、文化、体育等区域性高等级公共服务设施的协同共建。结合人口分布和流动特征、都市圈城乡空间格局，发挥核心城市资源优势，分类引导各类设施优化布局，扩大优质公共服务资源的覆盖范围，提高都市圈公共服务整体质量。

(2) 构建区域整体综合防灾体系。以都市圈为空间单元，构建区域整体综合防灾体系，提出地质灾害防治、地震及其次生灾害防治、防洪排涝抗旱等区域联防联治的规划要求。统筹都市圈应急物资储备库布局，优先保障分布式网络化应急设施、防灾减灾救灾设施和救援设施体系建设的空间需求。考虑突发性重大安全风险，提出平急两用的城乡空间布局转换指引。

(3) 统筹挖掘和整合区域性历史文化资源和景观资源。立足跨界融合发展和空间魅力彰显，统筹发掘和整合区域性历史文化和自然景观资源，促进跨界地区生态共保、产业共建、城乡共融，并提出相应功能衔接、产业链接引导和空间管控要求。

4. 重大基础设施空间

(1) 构建内畅外联的都市圈一体化交通网络(如图 19 所示)。首先，要立足城际职能分工，统筹布局区域机场、港口、铁路站等区域性枢纽港站，形成以南京禄口国际机场为枢纽的现代化机场群，优化完善铁路站点布局，进一步推进区域航运物流中心建设，强化多式联运。其次，要明确都市圈城际铁路、市域(郊)铁路、城市轨道交通网络布局，并与干线铁路融合发展，共建轨道上的都市圈。再次，要完善都市圈干线公路网络，推动实现都市圈城市间高速公路“无差别”免费通行，强化跨界地区道路网络的对接，实施“断头路”“瓶颈路”贯通工程，提高区域通道资源的利用效率。此外，要强化交通物流基础设施对都市圈产业布局的优化支撑作用，提高多式联运发展水平。

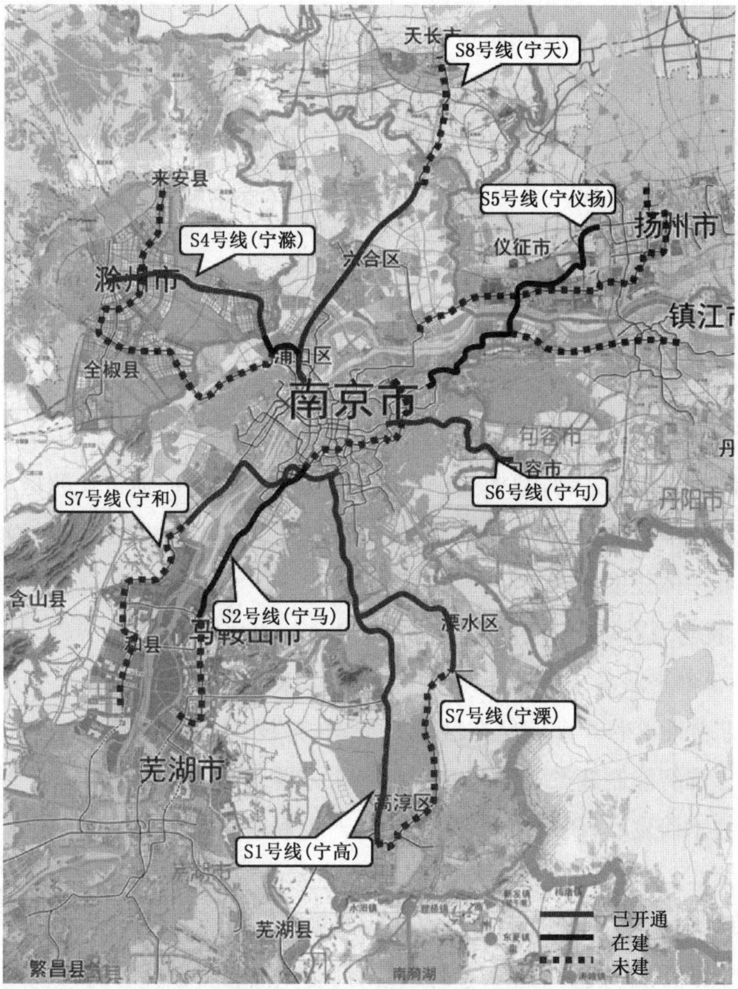

图 19 南京都市圈城市轨道交通规划与建设现状图

(2) 要统筹安全、高效、共享的都市圈市政基础设施布局。首先，要明确都市圈内水利、能源、环卫、信息通信等区域性重大基础设施的空间布局规划要求，提出区域重大引调水与供水工程、骨干能源通道、通讯骨干网等重大基础设施廊道布局和通道衔接，保障国家和区域重大基础设施、新能源基础设施、新一代通信网络等空间需求。其次，针对跨界地区基础设施网络，尤其是具有邻避效应的设施提出协同布局要求，如大型危废处理企业选址，要在其规划布局上设立建设准则，加强退界距离控制和市政运行过程中环境危害的共同防治，实现设施的共建共享。

5. 战略/重点空间

(1) 推动跨界地区协同发展(如图 20 所示)。首先，要开展跨界地区发展协调规划实施评估，总结不足并剖析原因，并结合各成员城市国土空间总体规划的具体安排和现实需求，同步编制跨界地区空间规划和专项规划等，推进跨界规划实施。其次，要按照城镇、郊野、生态跨界分类型、分重点推进跨界地区差异化引导，重点统筹仙林—宝华、滨江—慈湖等城镇组团跨界地区的居住、产业、公共设施等用地布局，共保高淳—宣城、金牛湖—天长等郊野组团跨界地区的山水资源，生态跨界地区共同设置生态管控区域等。此外，针对与南京邻接的非连片发展地区"贴边开发"的现象，进一步加强底线约束，要在满足生态和耕地的基本保护要求下进行有序开发。同时，加强跨界地区国土空间规划的衔接，充分对接跨界片区发展导向，促进跨行政区的底线管控要素协同保护和战略性空间资源统筹配置，统筹片区在生态保护、空间布局、产业发展、道路交通、市政和公共服务设施等方面的一体化规划建设，形成规划共识。

(2) 推动产业园区(新型功能区)协作共建。主要是加强产业园区(新型功能区)的跨区域空间协同和产业联动，积极探索财税分成、土地供放等制度机制，推动都市圈产业一体化发展。

(四) 优势互补，提升产业分工协作水平

1. 加强都市圈各城市间对口合作园区间的跨界交流

进一步强化合作产业园区在区域间资本、科技、人才等方面的合作。例如，进一步推动宁淮智能制造产业园与南京师范大学深度合作，为宁淮两地及园区企业提供关键技术研发、科研成果转移、转化和产业科技升级，培养科研领军人才和高端技术人才。

2. 积极推广跨省、跨市重点功能区共建模式

总结宁淮智能制造产业园、宁博创智谷、滁州高教科创城等跨区域产业园区在资金、人才、技术、配套等方面的合作机制，形成可复制、可推广的模式，在都市圈内

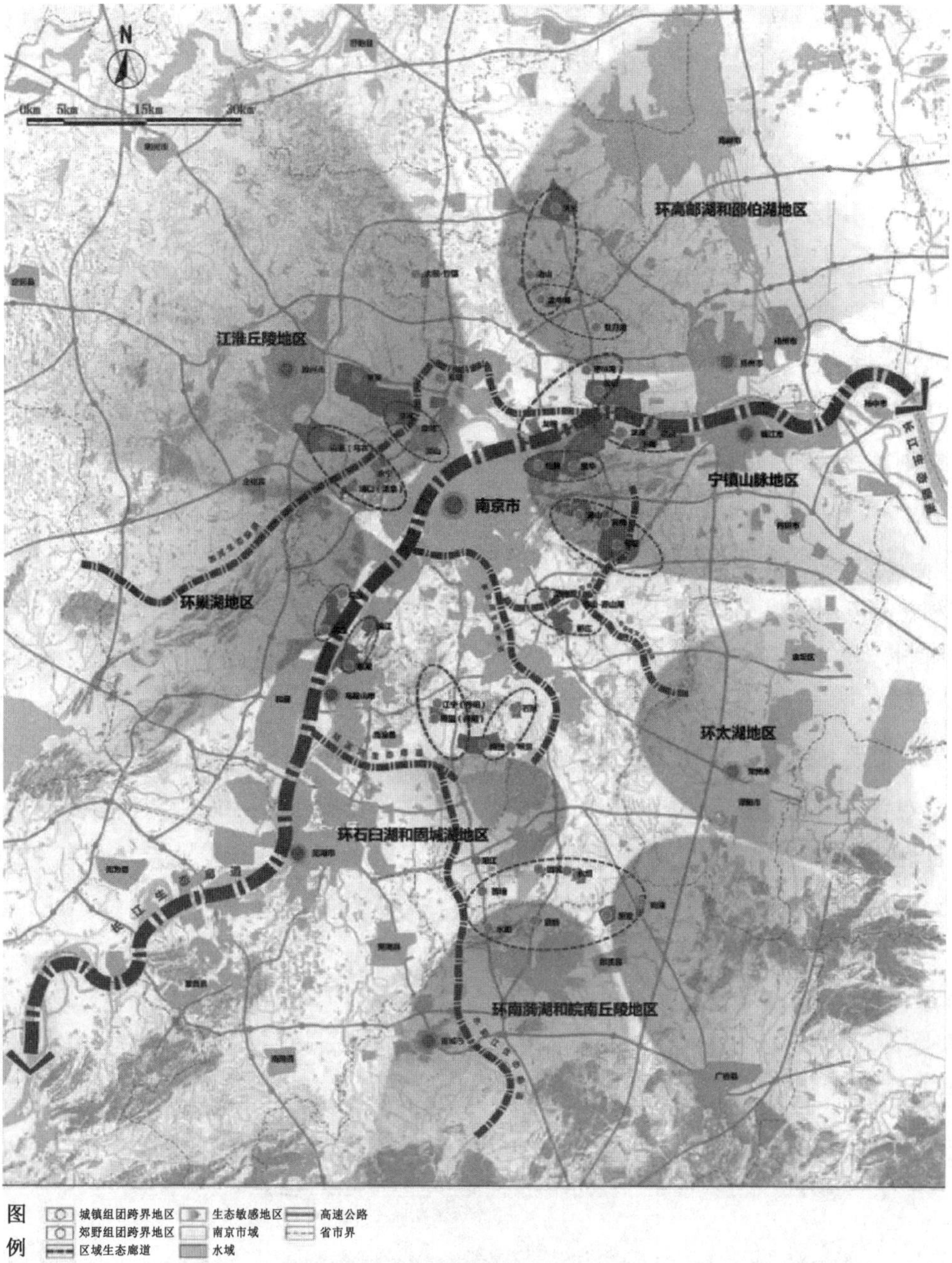

图 20　南京周边跨界地区协调图

注:资料来源于《南京都市圈城乡空间协同规划(2013—2030 年)》。

推广成功经验。

3. 推动都市圈内各跨界合作园区的产业差异化发展

将地区资源特色与优势产业结合起来,实现优势互补、差异竞争和错位发展。

例如，滁州南谯—南京浦口产业合作园区发挥自身资源禀赋、空间广阔等优势，建设南京产业的“协作区”“承载地”，以半导体和电子信息为主导产业；宁淮智能制造产业园区依托江北新区“两城一中心”主导产业方向，重点打造新能源、智能制造和机器人等主导产业。

（五）区域共治，创新区域协调体制机制

1. 协同配置自然资源要素

引导自然资源要素跨行政区合理配置，建立都市圈规划土地指标库，探索都市圈各类自然资源要素和区域建设用地指标统筹配置机制。构建国土空间开发保护重大问题跨界地区协商管理机制，制定规划协调区域用地计划，统筹规划技术标准，保障跨界地区发展的整体性与系统性。

2. 完善区域利益协调机制

进一步完善飞地经济、共建园区等在招商开发、税收分成等方面的成本共担、利益共享制度机制，探索区域市政公用设施和公共服务设施建设上的风险共担机制。

3. 完善跨界生态补偿等制度

借鉴其他地区经验，建立市场化、多元化的区际利益补偿机制，利用生态资源受益者应该支付成本费用，相应的保护者应该收取合理补偿费用，形成转移支付的良性循环，探索将单一资金激励补偿机制变为涵盖水质、上下游产业人才合作等的综合补偿机制。

4. 完善高位协调机制，建设区域基础信息平台

积极争取国家以及苏皖两省在土地指标、资金等方面的政策支持，“自下而上”与“自上而下”共同发力，协同推进南京都市圈更高质量一体化建设（如图 21 所示）。同时，依托国土空间基础信息平台，构建图数一致的都市圈国土空间规划“一

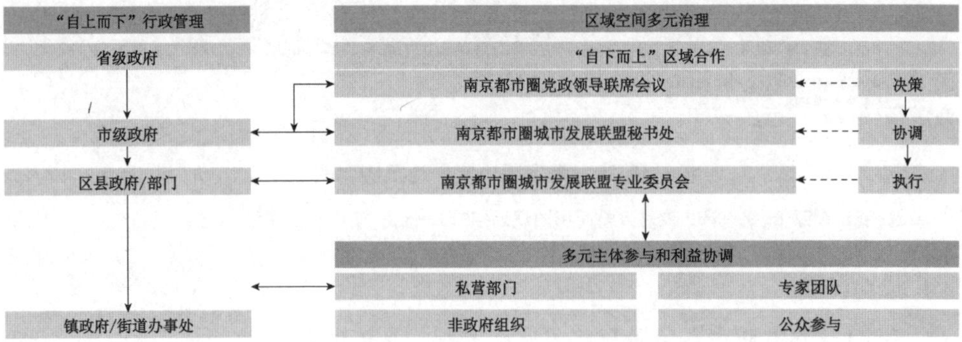

图 21 “自下而上”与“自上而下”结合的区域协调机制示意图

张图”实施监督信息系统。对规划主要目标、空间布局、重大工程等执行情况定期开展区域体检评估，对规划实施情况开展动态监测和预警，强化规划全生命周期管理。

五、结语

（一）实现都市圈“1＋1＞2”整合效应，赋能高质量发展

深入落实国家区域协调重大战略，以国土空间规划编制和实施为契机，在都市圈空间规划协同工作中更加强调以跨界利益协调和区域公平为核心，突出政府与市场相结合、“自上而下”与“自下而上”相结合，“以人为本、共建共享共治共赢”，聚焦都市圈空间规划体系完善、生态共保共兴、交通互联互通、设施共建共享、产业强链补链、区域协调制度完善等重点内容，加快推进南京都市圈内外协同发展。

（二）遵循市场经济发展规律，重在解决区域要素错配、各级行政区发展不协同的问题

以市场主导、政府引导、多元参与、共同规划、发展共赢为原则，在尊重地方行政区独立发展权的基础上，尊重市场经济发展规律，重在解决跨界生态不协同（河湖上游污染下游）、空间不协同（邻接区域功能相互冲突）、交通基础设施不协同（通道不衔接不互联不互通，生命线工程缺乏区域韧性）、公共设施不协同（不共建不共享）、制度体系不协同（相互分割、缺乏一体化协同）等问题。

（三）以利益协调为核心，依托城市外部空间规划条件衔接，完善都市圈空间规划体系

突出跨行政区空间规划协同和要素配置，强调建立“高位协调、上下联动、共同规划、共同行动、社会参与、区域共治”多层次空间规划协同机制。以此兼顾城市政府间的独立性和协同性，同时优化完善都市圈空间规划编制体系。强调立足都市圈区域规划协调，而非全要素管控，聚焦于城市外部空间规划条件的衔接，重点为跨行政区的规划协调，而非城市内部空间布局。

作者：官卫华　宋佳（南京市城市规划编制研究中心）